版本目錄學研究
Bibliographical Studies of Traditional Chinese Texts

復旦大學中華古籍保護研究院資助

學術顧問（以生年爲序）：

白化文　傅熹年　尾崎康　袁行霈
李致忠　安平秋　李　零

編　委（以姓氏拼音爲序）：

陳紅彦　陳　捷　陳先行　程有慶　杜偉生　杜澤遜　方廣錩
高橋智　郭立暄　顧永新　李際寧　劉玉才　劉　薔　羅　琳
橋本秀美　沈乃文　史　梅　宋平生　吳　格　嚴佐之　楊光輝
張麗娟　張志清　趙　前

主　　編：沈乃文
編 輯 部：張麗娟　劉　薔

版本目錄學研究

袁行霈題

Bibliographical Studies of Traditional Chinese Texts

復旦大學出版社

本書學術顧問白化文先生於 2021 年 7 月 6 日因病逝世,享年 91 歲。
先生一生於逆境中苦學,曾借一語寄望後來:天行健,君子以自强不息。
音容宛在,謹致深切哀悼。

目録

目録

《經義考》引文來源辨誤　曹景年 …………………………………… 3
《四庫全書總目》儒家類提要辨證　王勇 …………………………… 16
上海圖書館藏《四庫全書總目》殘稿目次校理　罗毅峰 …………… 33
誦芬室叢刻本《鐵琴銅劍樓藏書目錄》的文化意義　葉憲允 ……… 59
《新編唐代墓誌所在總合目錄》"題名"匡補　馮雷 ………………… 67

寫本

是影抄抑或仿寫？
　　——以毛氏汲古閣影抄本爲例　丁延峰 ………………………… 91

版本

宋本《長短經》版本再議
　　——兼及書中所闕卷十內容的擬測　黃煥波 …………………… 101
《禹貢說斷》版本考　張彧 …………………………………………… 132
《國朝文類》元刊小字本探微　徐隆垚 ……………………………… 144
彭元瑞《石經考文提要》研究二題　井超 …………………………… 157
現存李若水《忠愍集》（三卷本）版本發覆　趙昱 ………………… 168

日人輯《佚存叢書》滬上黃氏重刊本探析　涂　亮……………………182
北師大館藏清抄本《絸齋詩集》考　丁之涵…………………………194
學術贊助與版本之謎：以天真書院本《陽明先生年譜》爲例　向　輝………207
古籍初印、後印本例析十種　樊長遠……………………………………243

校勘

天曆本《漢書·楊雄傳上》校勘價值探微　陸駿元……………………261
稀見元人總集《武夷詩集》考論　杜春雷…………………………291
麥都思與《馬可福音》中譯本　馬小鶴　楊麗瑄　王　系……………301

人物

百擁樓主人鄒百耐遺事及貢獻　邵　妍……………………………317

收藏

芝加哥大學東亞圖書館藏吳引孫藏書考述
　　附録：芝加哥大學東亞圖書館藏原吳引孫藏書目録　洪　琰………331
徐恕校書題跋輯釋　羅　恰………………………………………342

目録 版本目錄學研究

《經義考》引文來源辨誤

曹景年

　　《經義考》是清初學者朱彝尊(1629—1709)編纂的一部大型經學目録學著作,全書三百卷(闕三卷),著録條目8 000餘條,存佚并收,基本上囊括了清初之前曾經出現過的所有經學文獻,因而具有很大的學術價值和實用價值。此書目前最精善的版本爲林慶彰等主編的《經義考新校》(2010年上海古籍出版社出版,以下簡稱《新校》),以朱氏原刻(前一百六十七卷)、乾隆二十二年盧見曾續刻(後一百三十卷)本爲底本,參校了《四庫全書薈要》本、《文淵閣四庫全書》本、《文津閣四庫全書》本、《四部備要》本等多個版本,并廣泛吸收前人的補正、校勘成果。《經義考》屬於輯録體目録學著作,在各條目下輯録了大量文獻資料作爲解題,據粗略估計約有15 000條。其所輯資料多直接稱"某某曰",部分不適合稱作者名的資料則稱書名,如史書、方志等。由於其所輯資料來源極爲複雜,百密一疏,難免有弄錯引文來源的問題。對此,前人偶有發現,如卷一百二十"周官經"條引徐勉語,《新校》即指出:"此陸倕《與徐勉書》文,見《南史》、《梁書·儒林傳》,非徐勉語。"(6册2214頁,指《新校》册數、頁碼,下同)卷十九"吕氏大防周易古經"條引元董真卿語,據楊新勲先生考證,實爲其師胡一桂語①。卷九十八"古詩"條引章如愚語,潘雲俠先生考證爲明章潢語②。卷二百三十一"孟子"條引蘇轍語,張

---

① 楊新勲:《吕祖謙經部著作四庫提要辨正四則》,《歷史文獻研究》第四十二輯,廣陵書社,2019年,第330頁下注。
② 潘雲俠:《〈經義考·詩類〉引章如愚説文誤及其影響》,《書品》第二輯,中華書局,2016年,第125頁。

宗友先生考證爲蘇軾語①。不過,由於目前尚没有人對《經義考》引文作全面的考源工作,致使其中仍有不少引文來源錯誤未被糾正,這些錯誤如同陷阱,給研究和利用《經義考》帶來很大麻煩。筆者不揣譾陋,僅就閱讀學習過程中發現的此類訛誤,詳考於下,不妥之處,請前輩方家指教。

(1) 卷二"連山"條引劉敞曰:"艮其背,不獲其身,人之道也,以寅爲正。穆姜之筮,遇艮之八,是謂艮之隨者。此連山之易。"(2册14頁)

今按,此語轉引自宋王與之《周禮訂義》卷四十二"掌三易之法"注引劉氏曰②,而不見於劉敞《七經小傳》。考《周禮訂義》卷首引用名氏列有劉敞、劉恕、劉彝、劉迎四位劉姓學者,其於劉敞云:"見《七經小傳》,今作劉氏。"於劉恕云:"間有數説,今作劉氏。"劉彝、劉迎則稱分別作"劉執中""劉迎"③。劉敞與劉恕皆稱劉氏,而此語又不見《七經小傳》,可知應爲劉恕語,而非劉敞語。劉恕,北宋人,曾參與編纂《資治通鑑》。

(2) 卷二"連山"條引王應麟又曰:"意夏商卦下亦各有辭,故周人並存以爲占。"(2册17頁)

今按,此語轉引自元胡一桂《周易啓蒙翼傳》下篇"文王始稱易名之疑"條引馮厚齋語④,厚齋,宋代學者馮椅之號,此語原文見馮椅《厚齋易學》卷一⑤。王應麟亦號厚齋,朱氏可能是一時疏忽,故誤馮厚齋爲王厚齋。

(3) 卷二"連山"條引孫宜又曰:"八卦以序相循環,連山、歸藏亦各有序,而其義未備。"(2册19頁)

今按,引文見明郝敬《易領序》,《經義考》卷六十"郝氏敬易領"條引此序全文(3册1100頁),中有此句,故此處當稱"郝敬曰"。

(4) 卷三"歸藏"條引孔穎達又曰:"孔子曰:'吾得坤乾焉。'殷易以坤爲首,故先坤後乾。"(2册23頁)

今按,引文見《禮記·禮運》孔穎達《正義》引熊氏語,原文爲:"先言坤者,熊氏:殷易以坤爲首,故先坤後乾。"⑥熊氏即北朝禮學家熊安生,故此處當稱"熊安

---

① 張宗友:《〈經義考〉孟子條校考——兼論〈經義考〉之整理》,《傳統中國研究集刊》第十八輯,上海社會科學院出版社,2018年,第49頁。
② 〔宋〕王與之:《周禮訂義》,《景印文淵閣四庫全書》第93册,臺灣商務印書館,1986年,第674頁。
③ 同上書,第17—18頁。
④ 〔元〕胡一桂:《周易啓蒙翼傳》下篇,《景印文淵閣四庫全書》第3册,第111頁。
⑤ 〔宋〕馮椅:《厚齋易學》卷一,《景印文淵閣四庫全書》第16册,第6頁。今本《厚齋易學》係四庫館臣從《永樂大典》中輯出,《經義考》卷三十一著録馮椅《厚齋易學》云"未見",故其所引馮椅之語皆係轉引。
⑥ 〔唐〕孔穎達:《禮記正義》卷二十一,《十三經注疏》,中華書局,1980年,第1415頁。

生曰"。

（5）卷四"周易"條引陸績曰："孔子易云有四易，一世二世爲地易，三世四世爲人易，五世六世爲天易，遊魂歸魂爲鬼易。"（2 册 35 頁）

今按，引文見《京氏易傳》卷下①，此稱"陸績曰"，誤，蓋世傳《京氏易傳》爲陸績注本，故朱彝尊誤爲"陸績曰"。又"孔子易云"似當作"孔子云易"。

（6）卷四"周易"條引程子曰："周者，著代也，言文王之書，以別連山、歸藏也。"（2 册 39 頁）

今按，此語轉引自元董真卿《周易會通》卷一"周易上經"纂注引程氏曰②，按此程氏非程子，董真卿爲程朱後學，其《會通》一書於程頤皆尊稱"程子"，不稱"程氏"。《會通》多稱程迥爲程氏，此程氏當爲程迥，明初胡廣等編《周易大全》引此語正作沙隨程氏③。

（7）卷五"卜子商易傳僞本"條引程伯子曰："子夏易雖非卜商作，必非杜子夏所能爲，必得於師傳也。"（2 册 62 頁）

今按，此語見《程氏外書》卷十④，然未明確爲程伯子語，故《經義考》應非直接引自《外書》；此語又見宋方聞一編《大易粹言》卷首"論易"，其段首稱"明道先生曰"⑤，朱彝尊可能轉引自此處，而誤以"明道先生曰"貫穿全段，故以此句爲程伯子語，然此段分爲數節，"明道先生曰"不能貫穿全段。

（8）卷五"漢淮南王劉安道訓"條引劉向曰："九師道訓者，淮南王安所造。王聘善爲易者九人，從之采獲，故中書著爲淮南九師書。"（2 册 66 頁）

今按，引文見王應麟《漢藝文志考證》卷一"淮南道訓二篇"條："《七略》曰：'九師道訓者，淮南王安所造。'張平子《思玄賦》……劉向《別錄》：'所校讎中《易傳》淮南九師道訓，除複重，定著十二篇。淮南王聘善爲易者九人，從之采獲，故中書著曰淮南九師書。'"⑥《經義考》將此處所引《七略》與劉向《別錄》的相關內容合併。然《七略》爲劉歆所作，統稱"劉向曰"似有不妥。

（9）卷五"五鹿氏充宗周易略說"條引張華曰："五鹿充宗受易於弘成子，成子少時，嘗有人過之，授以文石，大如燕卵，成子吞之，遂大明悟，爲天下通儒。成子後病，吐出此石，以授充宗，充宗又爲碩學也。"（2 册 75 頁）

今按，引文見《西京雜記》卷一⑦，《西京雜記》舊多以爲漢劉歆撰、晉葛洪輯，

---

① 〔漢〕京房撰，〔吳〕陸績注：《京氏易傳》卷下，《四部叢刊》影印天一閣刊本。
② 〔元〕董真卿：《周易會通》卷一，《景印文淵閣四庫全書》第 26 册，第 145 頁。
③ 〔明〕胡廣等纂：《周易傳義大全》卷一，《景印文淵閣四庫全書》第 28 册，第 66 頁。
④ 《程氏外書》卷十，《二程集》上册，中華書局，2004 年，第 404 頁。
⑤ 〔宋〕方聞一編：《大易粹言》卷首，《景印文淵閣四庫全書》第 15 册，第 7—8 頁。
⑥ 〔宋〕王應麟：《漢藝文志考證》卷一，《景印文淵閣四庫全書》第 675 册，第 5 頁。
⑦ 《西京雜記》卷一，《四部叢刊》影印明嘉靖刊本。

此作張華,誤。或因張華《博物志》與《西京雜記》同爲魏晉筆記,故朱彝尊抄録時混淆其作者。

(10) 卷六"焦氏延壽《易林》"條引《崇文總目》:"焦贛以一卦轉之六十四卦,各有繇言,著吉凶占驗,然不傳推用之法。"(2册78頁)又卷一百三十"《儀禮》"條引《崇文總目》:"《儀禮》乃儀度委曲之書,若後世儀注,其初蓋三千餘條。"(6册2414頁)又卷一百六十三"聶氏崇義《三禮圖集注》"條引《崇文總目》"《三禮圖》二十卷,聶崇義,周顯德中……"云云。(6册2993頁)

今按:第1條見王應麟《玉海》卷三十五"漢易林"條引"書目"①,第2條見《玉海》卷三十九"周儀禮"條引"書目"②,第3條見《玉海》卷三十九"建隆三禮圖"條引"書目"③。《玉海》所謂"書目"爲南宋淳熙間陳騤編《中興館閣書目》,這三條皆誤以"書目"爲《崇文總目》。《經義考》於第2條下又引陳騤曰:"《儀禮》者,乃周家行禮涉於儀度委曲之書,若後世所謂儀注者是也。其初蓋三千餘條,秦焚書,漢訪求之,止得此十七篇,故多亡禮云。"(6册第2417頁)見於章如愚《群書考索》前集卷五引《館閣書目》④,引文較《玉海》爲詳,可知《玉海》係約引。

(11) 卷六"焦氏延壽《易林》"條引程迥曰:"漢天水焦延壽傳《易》於孟喜,此其所著書也。書皆韻語,與《左氏傳》載'鳳凰于飛,和鳴鏘鏘',《漢書》所載'大橫庚庚,予爲天王'之語絶相類,豈古之卜者各有此等書耶?"(2册79頁)

今按,引文見元馬端臨《文獻通考》卷二百二十"焦氏易林十六卷"條引晁氏曰⑤,原文見晁公武《郡齋讀書志》卷一"焦氏易林十六卷"條⑥,故此爲晁公武語,非程迥語。《經義考》此條下一條引陳振孫語,亦抄録自《文獻通考》⑦,故知其本欲題晁公武曰,而偶誤爲程迥。

(12) 卷十"王氏弼《周易注》"條引李石曰:"王弼注《易》,刻木偶爲鄭玄像,見其所誤,輒呼叱之。"(2册137頁)

今按,引文見明董斯張《廣博物志》卷二十六⑧,非李石語。李石,宋代人,有《續博物志》,其中無此語。或因二書書名相近,故朱彝尊混淆其作者。

---

① 〔宋〕王應麟:《玉海》卷三十五,《景印文淵閣四庫全書》第944册,第20頁。
② 〔宋〕王應麟:《玉海》卷三十九,《景印文淵閣四庫全書》第944册,第89頁。
③ 同上書,第100頁。
④ 〔宋〕章如愚:《群書考索》前集卷五,《景印文淵閣四庫全書》第936册,第65頁。
⑤ 〔元〕馬端臨:《文獻通考》卷二百二十,中華書局,2011年,第6106頁。
⑥ 〔宋〕晁公武著,孫猛校證:《郡齋讀書志校證》卷一,上海古籍出版社,1990年,第11頁。
⑦ 陳振孫《直齋書録解題》後世流傳甚稀,今本係四庫館臣輯自《永樂大典》,朱彝尊未得見,《經義考》所引陳振孫語絶大部分抄録自《文獻通考》。
⑧ 〔明〕董斯張:《廣博物志》卷二十六,《景印文淵閣四庫全書》第981册,第7頁。

（13）卷十"王氏弼《周易注》"條引張子曰："以老氏、以有無論《易》，自王弼始。"（2冊138頁）

今按，引文見宋晁説之《嵩山文集》卷十三，原文爲："横渠先生曰：'《易》不言有無，言有無，諸子之陋也。'説之謂以老氏有無論《易》者，自王弼始。"①故此語實晁説之語，朱彝尊因没看到中間的"説之謂"而誤爲張子語。又此語"有無"前衍"以"字。

（14）卷十"姚氏信《周易注》"條朱氏按語引《南史·姚察傳》讓選部書曰"臣九世祖信，名高往代"云云。（2冊153頁）

今按，引文見《陳書》卷二十七《姚察傳》，《南史》卷六十九《姚察傳》不載，此係朱彝尊記憶偶誤。

（15）卷十一"張氏璠《周易集解》"條朱氏按語云："按璠嘗撰《後漢紀》三十卷。所爲《易注》有云：'險而止，山也。險而動，泉也。'《太平御覽》引之。"（2冊171頁）

今按：《太平御覽》卷三十八引此語，然標"楊乂易卦序論"②，非張璠《易注》，朱氏誤。

（16）卷十三"關氏朗《易傳》"條引張昞《河東先賢傳》："關朗，字子明，河東解人。有經濟大器，或以占算示人，而不求宦達。魏太和末，并州刺史王虯奏署子明爲記室，因言於孝文帝，帝曰：'張彝、郭祚昔嘗言之，朕以卜筮之道，不足見爾。'虯曰：'此人言微道深，非彝、祚所能知也。'召見，帝問《老》《易》，子明寄言玄象，實陳王道，翼日帝謂虯曰：'關朗，管、樂之器，豈占算而已。'使虯與子明著成疑筮論數十篇。即今《易傳》。孝文帝崩，明年，虯卒，子明遂不仕，居臨汾山，授門人《春秋》《老》《易》，號關先生學。"（2冊204頁）

今按：引文節略自趙蕤注《關氏易傳》卷首之"傳"，下有小注云："張昞《河東先賢傳》與此傳文義略同。蕤爲此傳，蓋關氏門人弟子紀師事蹟於《易傳》首，尊其道也。"③據《經義考》本條所引《中興書目》，此書爲北宋阮逸刊正，故此小注當爲阮逸所注。據注所言，卷首之"傳"當爲趙蕤所撰，此稱"張昞《河東先賢傳》"，誤，不過趙蕤可能參考了《河東先賢傳》。

（17）卷四十四"程氏直方《啓蒙翼傳》"條引程鉅夫曰："大易之學，自伊川翁七分傳作，而理始明，自康節翁經世書出，而數始備。先生翼啓蒙以探理之賾，續玄玄以索數之隱，是先生於理數之學，重有功也。"（3冊788頁）

今按，引文見明程敏政編《新安文獻志》卷七十董時乂撰《前村程先生直方

---

① 〔宋〕晁説之：《嵩山文集》卷十三，《四部叢刊》影印舊抄本。
② 〔宋〕李昉等編：《太平御覽》卷三十八，《四部叢刊三編》影印宋刊本。
③ 〔北魏〕關朗著，〔唐〕趙蕤注，〔宋〕阮逸刊正：《關氏易傳》，《叢書集成初編》本，中華書局，1991年，第1頁。

傳》中"程雲樓爲文吊之曰"①,《新安文獻志》卷首《先賢事略》有"程雲樓樞,字伯機,苟軒從子"②,可知所謂"程雲樓"應爲程樞。不過,程鉅夫號雪樓,《新安文獻志》亦可能誤"雪樓"爲"雲樓"。然考董文稱程直方"生淳祐辛亥之正月,殁於泰定乙丑之前正月,享年七十有五",則生卒年爲1251—1325,而程鉅夫生卒年爲1249—1318③,先程直方七年卒,自不可能爲文吊之,可見,《新安文獻志》不誤。當是朱彝尊抄録時偶將"雲樓"誤認爲"雪樓",故誤程樞爲程鉅夫。

(18) 卷七十一"周子敦頤《太極圖説》"條引陳淳曰:"昔夫子之道,其精微在易。濂溪周子出,始發明孔子易道之藴。"(4册1330頁)

今按,此語見於明初所編《性理大全書》卷三十九引北山陳氏曰④,陳淳號北溪,朱彝尊誤以北山爲北溪。北山陳氏即陳孔碩,南宋人,號北山,《經義考》卷一百六十二著録其《中庸大學講義》引《閩書》云:"孔碩,字膚仲,侯官人,從張南軒、吕東萊、朱文公學,官秘閣修撰,學者稱北山先生。"(6册2960頁)此語原文見陳孔碩《濂溪書院記》⑤。

(19) 卷七十三"百篇之序"條引陳櫟曰:"漢劉歆曰:'孔子修《易》序《書》。'班固曰:'孔子纂《書》凡百篇,而爲之序,言其作意。'今考序文於見存之篇,雖頗依文立義,而識見淺陋,無所發明,其間至有與經相戾者,於已亡之篇,則依阿簡略,尤無所補,其非孔子所作明甚,顧世代久遠,不可復知。然孔安國雖云得之壁中,而亦未嘗以爲孔子所作,但謂書序序所以爲作者之意,與討論墳典等語隔越不屬。意亦可見。"(4册1384頁)

今按,引文見宋蔡沈《書集傳》附《書小序集傳》卷首語⑥,此爲蔡沈《書集傳》原文,非陳櫟語。陳櫟有《書集傳纂疏》,於《書集傳》原文下作疏,可能是朱彝尊翻閲此書,見有此段文字,故誤以爲陳櫟之語。

(20) 卷七十六歐陽生名下"尚書説義"條引葉適曰:"自漢迄西晉,言《書》者惟祖歐陽氏。"(4册1420頁)

今按,此語轉引自王應麟《漢藝文志考證》卷一"歐陽章句"條引葉氏曰⑦,而《文獻通考》卷一百七十七亦引此語,作石林葉氏曰⑧,引文長於王應麟所引,可見

---

① 〔明〕程敏政編:《新安文獻志》卷七十,明弘治十年(1497)祁司員、彭哲等刻本。《文淵閣四庫全書》本同,見第1376册,第189頁。
② 〔明〕程敏政編:《新安文獻志》卷首,《景印文淵閣四庫全書》第1375册,第23頁。
③ 生卒年據程鉅夫《雪樓集》所附年譜推算,見《景印文淵閣四庫全書》第1202册。
④ 〔明〕胡廣等編:《性理大全書》卷三十九,《景印文淵閣四庫全書》第710册,第813頁。
⑤ 〔宋〕周敦頤撰,梁紹輝等點校:《周敦頤集》卷十,嶽麓書社,2007年,第211頁。
⑥ 〔宋〕蔡沈:《書集傳》卷尾附《書序》,中國國家圖書館藏南宋淳祐十年刻本。
⑦ 〔宋〕王應麟:《漢藝文志考證》卷一,第675册,第14頁。
⑧ 〔元〕馬端臨:《文獻通考》,第5275頁。

此語應爲葉夢得語,朱氏誤以葉氏爲葉適。

（21）卷九十八"古詩"條引劉汲曰:"三百篇,什無定章,章無定句,句無定字,字無定音,大小、長短、險易、輕重,惟意所適。雖役夫室妾悲憤感激之語,與聖賢相雜而無愧,亦各言其志也已矣。"(5 冊 1837 頁)

今按,此語轉引自金元好問編《中州集》卷二劉西嵓汲小傳引"屏山所作西嵓集序"①,故此語乃屏山語,非劉汲語。屏山,金代文學家李純甫號,朱彝尊見此敍劉汲事,遂誤以爲劉汲語。

（22）卷一百二十"周官經"條引呂祖謙曰:"朝不混市,野不踰國,人不侵官,后不敢以干天子之權,諸侯不敢以僭天子之制……成王周公之遺化固隱然在此也。"(5 冊 2223 頁)

今按,此段文字見於宋鄭伯謙《太平經國書》卷一②,非呂祖謙語。考明丘濬《大學衍義補》卷七十五引此作呂祖謙曰③,《經義考》或抄自丘氏書而襲其誤。

（23）卷一百二十九"冬官考工記"條引《南齊書》:"文惠太子鎮雍州,有盜發楚王冢,獲竹簡書,青絲編簡,廣數分,長二尺,有得十餘簡以示王僧虔,曰:'是蝌蚪書《考工記》,《周官》所闕文也。'"(6 冊 2388 頁)

今按:此語有三處疑似來源。其一《南齊書》卷二十一《文惠太子傳》:"時襄陽有盜發古冢者,相傳云是楚王冢,大獲寶物:玉屐、玉屏風、竹簡書、青絲編簡,廣數分,長二尺,皮節如新。盜以把火自照,後人有得十餘簡以示撫軍王僧虔,僧虔云:'是科斗書《考工記》,《周官》所闕文也。'"其二,《南史》卷二十二《王僧虔傳》亦載此事:"文惠太子鎮雍州,有盜發古冢者,相傳云是楚王冢,大獲寶物:玉履、玉屏風、竹簡書、青絲綸。簡廣數分,長二尺,皮節如新。有得十餘簡以示僧虔,云是科斗書考工記,周官所闕文也。"④其三,王應麟《困學紀聞》卷四:"齊文惠太子鎮雍州,有盜發楚王冢,獲竹簡書,青絲編簡,廣數分,長二尺,有得十餘簡以示王僧虔,僧虔曰:'是科斗書《考工記》,《周官》所闕文也。'"⑤三條文獻,《困學紀聞》與《南史》接近而頗有簡省,而《經義考》與《困學紀聞》基本一致。因此,以上引文的關係應該是,《困學紀聞》約引《南史》文,而《經義考》則抄錄自《困學紀聞》,故此處文獻的原始出處當爲《南史》,稱《南齊書》,誤。《困學紀聞》引用時於句首加一"齊"字,朱彝尊抄錄時遂誤以爲出自《南齊書》。

---

① 〔金〕元好問編:《中州集》卷二,《四部叢刊》影印元刊本。
② 〔宋〕鄭伯謙:《太平經國書》卷一,《景印文淵閣四庫全書》第 92 冊,第 193 頁。
③ 〔明〕丘濬:《大學衍義補》卷七十五,京華出版社,1999 年,第 648 頁。
④ 〔唐〕李延壽:《南史》卷二十二,中華書局,1975 年,第 602 頁。"青絲綸",《南齊書》《困學紀聞》均作"青絲編"且於"簡"字下斷句。
⑤ 〔宋〕王應麟著,翁元圻等注:《困學紀聞》卷四,上海古籍出版社,2008 年,第 467 頁。

（24）卷一百六十三"崔氏靈恩《三禮義宗》"條引李受曰："靈恩達於禮，總諸儒三禮之説而評之，爲義宗，論議洪博，後世鮮能及。"（6册2987頁）

今按，此語見宋李燾《續資治通鑑長編》英宗治平元年十月壬子天章閣待制兼侍讀李受、天章閣侍講傅卞言①，爲李受、傅卞二人之言，此處單署李受名，似有不妥。

（25）卷一百六十七"樂經"條引王昭禹曰："《周禮》雖出於武帝之世，《大司樂》一章已傳於孝文之時。"（7册3055頁）又同卷"樂記"條引王昭禹曰："記有《樂記》，《樂》之傳也，非經也。《樂記》作於漢武帝時，河間獻王與諸儒共採周官及諸子言樂事者是也。"（7册3059頁）

今按，兩句均轉引自宋王與之《周禮訂義》卷三十八引王氏詳説②。查《周禮訂義》卷首名氏於"王氏詳説"云"未詳誰氏，建陽作王狀元"③，故此非王昭禹語。

（26）卷一百六十七"樂記"條引孔穎達曰："公孫尼子次撰《樂記》，通天地，貫人情，辨政治。"（7册3059頁）

今按，此語見《史記·樂書》張守節《正義》④，非孔穎達語。

（27）卷一百六十八"春秋古經"條引黃叔敖曰："以例求《春秋》，動皆逆詐億不信之心也。"（7册3075頁）

今按，此語轉引自元程端學《春秋本義》卷首綱領引黃氏曰⑤。程氏書卷首所列名氏有三黃氏，一黃氏敬密，二黃氏叔敖，三四明黃氏震東發。此黃氏當爲黃震，此語原文見黃震《黃氏日抄》卷七⑥，朱彝尊誤以爲黃叔敖。

（28）卷一百七十一"春秋決事"條朱氏按語云："按《藝文類聚》有引《決獄》'君獵得麑'一事。"（7册3120頁）

今按，"引決獄君獵得麑"一事見於《白孔六帖》卷二十六仁門"放麑"注，其引《春秋決獄》曰："君獵得麑，使大夫持以歸，大夫道見其母，隨而鳴，感而縱之，君愠，議罪未定，君病恐死，欲托孤幼，乃覺之，大夫其仁乎，遇麑以恩，況人乎，乃釋之以爲子傅，於議何如。"⑦而《藝文類聚》卷六十六引《韓子》曰與此文義接近："孟孫獵得麑，使西秦巴持之，其母隨而呼之，西秦巴不忍，而與其母。孟孫適至，求麑，對曰：余不忍而與其母。孟孫大怒，逐之。居三月，復召爲其子傅，曰：夫子

---

① 〔宋〕李燾：《續資治通鑑長編》卷二百三，中華書局，1985年，第4913頁。
② 〔宋〕王與之：《周禮訂義》卷三十八，《景印文淵閣四庫全書》第93册，第612頁。
③ 〔宋〕王與之：《周禮訂義》卷首，《景印文淵閣四庫全書》第93册，第18頁。
④ 《史記》卷二十四《樂書》張守節《正義》，中華書局，2013年，第1459頁。
⑤ 〔元〕程端學：《春秋本義》，《景印文淵閣四庫全書》第160册，第19頁。
⑥ 〔宋〕黃震：《黃氏日抄》卷七，《景印文淵閣四庫全書》第707册，第107頁。
⑦ 《白孔六帖》卷二十六，《景印文淵閣四庫全書》第891册，第423頁。又見單行本白居易《孔氏六帖》卷八仁第二十四"放麑"注，文物出版社1987年影印宋刻本。

不忍麑,又且忍吾子乎。"①兩處文義接近,而《白孔六帖》與《藝文類聚》又皆爲類書,朱彝尊或因記憶偶誤而將其混淆。

(29)卷一百七十七"許氏康佐等集左氏"條引李肇曰:"許康佐進新注《春秋列國經傳》六十卷,上問閽弑吴子餘祭事,康佐托以《春秋》義奧,臣窮究未精,不敢容易解陳。後上以問李仲言,仲言乃精爲上言之。上曰:'朕左右刑臣多矣,餘祭之禍安得不慮?'仲言曰:'陛下留意於未萌,臣願遵聖謀。'"(7册3247頁)

今按:引文見《資治通鑑》卷二百四十五文宗太和九年《考異》引《補國史》②。《通鑑考異》多處徵引《補國史》但基本上不題撰人,偶於卷二百三十七元和元年稱"林恩補國史"③。考《新唐書·藝文志》著録:"林恩補國史十卷,僖宗時進士。"④《崇文總目》著録六卷⑤,可見林書在北宋前期尚存,司馬光編《資治通鑑》當可取材,其所稱"補國史"當爲林恩《補國史》。李肇,唐憲宗時人,著有《唐國史補》一書,共三卷,主要記載唐代開元至長慶間事,此書今存,有《津逮秘書》本、《學津討原》本等。李書記事止於長慶(821—824),此文宗太和(827—835)時事,故不可能出自李書。朱彝尊熟知李肇《唐國史補》一書,《經義考》徵引多條⑥,見《考異》稱"補國史",遂誤以爲是李書⑦。

(30)卷一百八十四"江氏琦《春秋經解》"條引胡銓志墓曰云云。(7册3375頁)

今按:胡寅《斐然集》卷二十六有《左宣教郎江君墓誌銘》⑧,此誤胡寅爲胡銓⑨。

(31)卷二百十一"齊論語説"條引洪適曰:"《季氏》篇或以爲《齊論》。"(8册3854頁)

今按,此語轉引自《論語·季氏》篇朱熹《集注》引洪氏曰⑩。據學者研究,

---

① 〔唐〕歐陽詢等編:《藝文類聚》卷六十六,上海古籍出版社,1982年,第1172頁。
② 〔宋〕司馬光:《資治通鑑》,中華書局,1956年,第7903頁。
③ 同上書,第7636頁。
④ 〔宋〕歐陽修、宋祁:《新唐書》卷五十八,中華書局,1975年,第1467頁。
⑤ 〔宋〕王堯臣等撰,〔清〕錢東垣輯釋:《崇文總目》卷二,《宋元明清書目題跋叢刊·宋代卷》第1册,中華書局,2006年,第48頁。
⑥ 如卷二百四十一"熊執易九經化統"條、卷二百九十二"唐太學壁經"條所引李肇語均見《唐國史補》。
⑦ 楊果霖《〈經義考〉著録"春秋類"典籍校訂與補正》認爲此條引文出自王讜《唐語林》卷六(臺灣學生書局2012年版,第695頁),經查,《唐語林》卷六確實記載此事,但文句頗不同,且與李肇無任何關係,楊氏考據未詳。
⑧ 〔宋〕胡寅《崇正辯 斐然集》下册,中華書局,1993年,第577頁。
⑨ 楊果霖《〈經義考〉著録"春秋類"典籍校訂與補正》未指出此誤(參楊書881頁)。
⑩ 〔宋〕朱熹:《四書章句集注》,中華書局,1983年,第169頁。

《四書章句集注》一書所稱洪氏爲洪興祖,非洪適①。

(32)卷二百三十一"孟子"條引晁説之曰:"按此書,韓愈以爲弟子所會集,非軻自作。今考其書,則知愈之言非妄發也。書載孟子所見諸侯,皆稱謚,如齊宣王、梁惠王、梁襄王、滕定公、滕文公、魯平公是也。夫死然後有謚,軻著書時所見諸侯,不應皆死。且惠王元年至平公之卒,凡七十七年,孟子見惠王,王目之曰叟,必已老矣,決不見平公之卒,故予以愈言爲然。"(8册4166頁)

今按,此語見晁公武《郡齋讀書志》袁本"孟子"條②,而非晁説之語。考王應麟《漢藝文志考證》卷五"孟子十一篇"條引此語作晁氏曰③,而《文獻通考》卷一百八十四"趙岐注孟子十四卷"條引晁氏曰④見於《讀書志》瞿本"孟子"條,袁、瞿二本於此條文字差異較大。故推測《經義考》當轉引自王應麟《漢藝文志考證》,而王氏書有不少地方稱引晁氏爲晁説之,故朱彝尊抄録時誤以此處之晁氏爲晁説之。

(33)卷二百四十"隗氏禧《諸經解》"條引《世語》:"隗禧,字子牙,京兆人,黄初中拜郎中,年八十餘,以老處家,就之學者甚多。魚豢嘗從問《左傳》,禧答曰:'欲知幽微莫若《易》,人倫之紀莫若《禮》,多識山川草木之名莫若《詩》,《左氏》直相斫書,不足精意也。'豢因從問《詩》,禧説齊、韓、魯、毛四家義,不復執文,有如諷誦。又撰作《諸經解》數十萬言,未及繕寫而得聾,後數歲病亡也。"(9册4322頁)又卷二百八十八"魏三字石經"條引郭頒《魏晉世語》曰:"黄初之後,埽除太學之灰炭,補舊石碑之缺壞。"(10册5231頁)

今按:兩處引文並見《三國志》卷十三《王肅傳》裴松之注引《魏略·儒宗傳序》,原文爲:"《世語》曰:'遇子綏,位至秘書監,亦有才學。齊王同功臣董艾,即綏之子也。'《魏略》以遇及賈洪、邯鄲淳、薛夏、隗禧、蘇林、樂詳等七人爲儒宗,其序曰……"兩處引文皆爲"序曰"中語,朱彝尊忽略了中間"魏略"及"其序曰"二語,故誤爲《世語》之文。

(34)卷二百四十一"陸氏德明《經典釋文》"條引《舊唐書》:"太宗閲陸德明經典音義,美其弘益學者,歎曰:'德明雖亡,此書可傳習。'賜其家布帛百匹。"(9册4338頁)

今按:此語見《太平御覽》卷六百一引《唐書》又曰。按兩《唐書》德明本傳文句皆與此不同,《舊唐書》卷一百八十九本傳稱:"太宗後嘗閲德明《經典釋文》,甚嘉之,賜其家束帛二百段。"《新唐書》卷一百九十八本傳云:"太宗閲其書,嘉德明

---

① 申淑華:《〈四書章句集注〉徵引姓氏考》,《中國哲學史》2019年第3期。
② 《郡齋讀書志校證》卷十"趙岐孟子十四卷"條注1所録袁本,第415頁。
③ 〔宋〕王應麟:《漢藝文志考證》,《景印文淵閣四庫全書》第675册,第50頁。
④ 〔元〕馬端臨:《文獻通考》,第5430頁。

博辯,以布帛二百段賜其家。"考宋初流傳的以"唐書"爲名的著作尚不止今存之新舊《唐書》,《崇文總目》著錄唐韋述撰《唐書》一百三十卷①,《太平御覽》所稱之《唐書》或爲此書,朱彝尊未經詳考,遂徑認爲是《舊唐書》。

（35）卷二百四十二"王氏安石《三經新義》"條引《宋鑑》"紹興九年,沙縣陳淵爲右正言,入對,因論程頤、王安石學術同異"云云。（9 册 4366 頁）

今按,此語見《宋史》卷三百七十六《陳淵傳》,朱氏偶誤《宋史》爲《宋鑑》。《宋鑑》,又稱《宋史全文》,作者不詳,係南宋人所編的北宋編年史。

（36）卷二百六十二禮遺句"珪博三寸"條引孔穎達曰:"逸禮記文。"（9 册 4704 頁）

今按,此語見唐賈公彥《周禮疏》卷十八春官大宗伯"以蒼璧禮天"段疏,原文作:"云'半璧曰璜'者,逸《禮記》文。"②"半璧曰璜"爲鄭注文,"逸禮記文"爲賈公彥語。《玉海》卷八十七"周白琥"條引此言稱疏③,《經義考》或轉引自此,而誤以爲"疏"指《禮記疏》。

（37）卷二百六十三"易考靈緯"條引鄭康成曰:"神農法古《易》爲《考靈緯》》。"（9 册 4719 頁）

今按,引文見《乾坤鑿度》卷下《坤鑿度》注。今存《乾鑿度》與《乾坤鑿度》實爲二書,《乾鑿度》爲鄭玄注,向無異議。《乾坤鑿度》又稱《坤鑿度》,題"庖犧氏先文、公孫軒轅氏演古籀文、倉頡修爲上下二篇",分上下二卷,上卷稱《乾鑿度》,下卷稱《坤鑿度》,宋以來始見流傳,學者多疑爲僞書④。因《乾鑿度》與《乾坤鑿度》宋以來多合刊,故古人於此二書常常混淆,《乾坤鑿度》之注文亦常常誤認爲鄭玄注。《乾坤鑿度》卷首"頡修爲上下二篇"下有注:"蒼頡,黄帝史官,其注亦是蒼頡。"⑤稱倉頡注,顯系僞託,但已排除鄭玄爲注之可能。

（38）卷二百六十八"揚氏雄《太玄經章句》"條引袁準曰:"《太玄》幽虚而少效"（9 册 4806 頁）又卷二百七十八"揚氏雄法言"條引袁準曰:"《法言》雜錯而無主。"（10 册 5027 頁）

今按,兩條引文均見唐馬總《意林》卷四"正部十卷"下所引之語⑥。考《隋書·經籍志》著錄"梁有王逸《正部論》八卷,後漢侍中王逸撰……亡",可見《正部》作者應爲王逸。袁準,魏晉時人,《隋書·經籍志》著錄:"袁子《正論》十九卷,袁準撰,梁又有袁子《正書》二十五卷,袁準撰。"因書名相近,朱彝尊遂誤以王逸的《正

---

① 《崇文總目》卷二,第 37 頁。
② 〔唐〕賈公彥:《周禮疏》,《十三經注疏》,第 762 頁。
③ 〔宋〕王應麟:《玉海》卷八十七,《景印文淵閣四庫全書》第 945 册,第 369 頁。
④ 任蜜林:《易緯各篇形成考》,《中國哲學史》2009 年第 3 期。
⑤ 《乾坤鑿度》卷首,《叢書集成新編》第 24 册,新文豐出版公司,2008 年,第 122 頁。
⑥ 〔唐〕馬總輯,王天海、王韌校釋:《意林校釋》,中華書局,2014 年,第 438 頁。

部》爲袁準的《正書》或《正論》。

（39）卷二百七十七"吕氏不韋春秋"條引孔穎達曰："吕氏説月令而謂之春秋，事類相近焉爾。"（10册5001頁）

今按，此語見《禮記·禮運》鄭注①，朱彝尊誤以注爲疏。

（40）卷二百七十八"揚氏雄《法言》"條引胡宏曰："《論語》乃孔子弟子記諸善言，誠有是人相與問答也。《法言》則假借問答，以則《論語》，且又淺近特甚，有不必問、不必答、不必言者。"（10册5028頁）

今按，此語轉引自王應麟《漢藝文志考證》卷五"法言十三"條引胡氏曰②，原文見胡寅《致堂讀史管見》卷三"揚雄卒"條③，朱彝尊誤以爲胡宏語。

（41）卷二百八十八"魏三字石經"條引歐陽修《集古録》曰："古文、篆、隸三體遺字，凡八百二十有九。"（10册5232頁）

今按，此語轉引自宋洪適《隸釋》卷二十三"石經遺字"條④，《隸釋》此卷全部輯録歐陽修之子歐陽棐《集古録目》，故非出歐陽修《集古録》。

（42）卷二百八十九"後蜀石經"條引雷叔聞曰："僞蜀廣政七年，其相毋丘裔按雍都舊本九經，命平泉令張德剑書而刻諸石，是歲實晉開運甲辰也。蜀守胡宗愈作堂以貯石經，席益增葺爲記。"（10册5254頁）

今按：引文見明楊慎等編《全蜀藝文志》卷十李石府學十詠之"石經室"序⑤，此標雷叔聞誤。

綜合本文考證可知，《經義考》誤標引文來源，大致有幾個方面的原因。首先，《經義考》輯録的大量資料係轉抄自其它文獻所引，如晁公武語、陳振孫語大都轉抄自《文獻通考》所引之晁氏曰、陳氏曰。而在轉抄時由於理解出現偏差，又没有一一核對原文，故導致誤標引文來源。其次，因兩書書名、卷數、時代、性質接近等方面的因素，而誤此書爲彼書，如誤董斯張《廣博物志》爲李石《續博物志》。第三，閱讀資料不夠仔細，從而産生誤解，如見有"張子曰"而忽略了段中有"説之謂"，見有"世語曰"而忽略了段中有"魏略"，等等。第四，偶然疏忽致誤，如誤馮厚齋爲王厚齋，誤《宋史》爲《宋鑑》等。第五，承襲前人的錯誤，如誤鄭伯熊爲吕祖謙，是承襲丘濬《大學衍義補》的錯誤，以《乾坤鑿度》注爲鄭玄注，是承襲當時

---

① 《十三經注疏》，第1424頁。
② 〔宋〕王應麟：《漢藝文志考證》，《景印文淵閣四庫全書》第675册，第57頁。
③ 〔宋〕胡寅：《致堂讀史管見》，《四庫全書存目叢書》史部第279册，第799頁。
④ 〔宋〕洪適：《隸釋 隸續》，中華書局，1985年，第243頁。
⑤ 〔明〕楊慎等編：《全蜀藝文志》卷十，《景印文淵閣四庫全書》第1381册，第107頁。李石有《方舟集》，久佚，今本係四庫館臣輯自《永樂大典》，朱彝尊不得見，其卷二有《石經堂》一詩，與此略同，詳《景印文淵閣四庫全書》第1149册第529頁《方舟集》卷前提要及第553頁《石經堂》詩。

的一般錯誤看法。總體來説,《經義考》中誤標引文來源的情況並不多,白璧微瑕,這對於僅憑一人之力編纂《經義考》這樣一部三百卷的大書來説,是可以理解的,而這些訛誤絲毫也無損於《經義考》本身的學術價值。

曹景年　曲阜孔子研究院助理研究員　山東大學儒學高等研究院博士研究生

《四庫全書總目》儒家類提要辨證

王 勇

《四庫全書總目》(以下簡稱"《總目》")"辨章學術,考鏡源流",爲我國古典目錄學集大成之作,向被推爲"讀書門徑,治學津逮"。但《總目》卷帙浩繁,提要雜出衆手,自成稿至定稿多歷年所,加以傳抄訛、脱、衍、倒,舛誤尤煩。自民國以來,前輩學者胡玉縉、余嘉錫、李裕民、崔富章、杜澤遜、楊武泉等已多有匡補,近來亦有較多勘訂之文。今在前人研究基礎之上,新辨《總目》儒家類提要卌一種,敬祈教於方家。

1.《太極圖説述解》一卷《通書述解》一卷《西銘述解》一卷

《總目》:明曹端撰。……《通書》前後,又有孫奇逢序及跋,跋但言《通書》,而序則言澠池令張燝合刻三書。①

按:"張燝",殿本《總目》同。文淵閣庫本書前提要作"張璟"②。文淵閣《四庫全書》本《通書述解》有孫奇逢序,稱"丁酉秋澠令天弓張君"。《(民國)澠池縣志》卷三《職官表》"知縣"一欄清有:"張璟,(順治)十一年任,有傳。"其後有傳稱:"張璟,字天弓,良鄉舉人。順治十一年任。"③《(乾隆)河南府志》《(嘉慶)澠池縣志》均有其人相關記載。孫奇逢序所指當係此人。丁酉爲順治十四年

---

① 〔清〕永瑢等:《四庫全書總目》,中華書局,1965年,第776頁。以下皆隨文標注頁碼。
② 〔明〕曹端:《通書述解》,《景印文淵閣四庫全書》第697册,臺灣商務印書館,1986年,第21頁。
③ 上官駿謨等纂修:《(民國)澠池縣志》卷三,民國十七年(1928)石印本。

（1657），正在張璟澠池令任期之内，與孫奇逢序亦合。張璟爲良鄉人，檢康熙、光緒等《良鄉縣志》及清代相關省、府志，亦皆題"張璟"，知《總目》作"張燥"誤。

2.《張子全書》十四《附録》一卷

《總目》：宋張載撰。……康熙己亥，朱軾督學於陝西，稱得舊稿於其裔孫五經博士繩武家，爲之重刊。（第776頁）

按："康熙己亥"，殿本《總目》、文淵閣庫本書前提要並同，皆誤。《（雍正）陝西通志》卷二十三《職官四》"提督陝西學院"下載："朱軾，江西高安人。康熙四十八年提學道；潘從律，江南溧陽人，康熙五十一年任。"①即此朱軾，亦可知朱軾下任潘從律爲康熙五十一年（1712）任。而"康熙己亥"爲康熙五十八年（1719），時朱軾已不在督學之任，《總目》與《（雍正）陝西通志》矛盾。考《清史稿·朱軾傳》："（康熙）四十四年，行取，授刑部主事，累遷郎中。四十八年，出督陝西學政。修横渠張子之教，以知禮成性、變化氣質訓士。……五十二年，擢光禄寺少卿。歷奉天府尹、通政使。五十六年，授浙江巡撫。……五十八年，疏劾巡鹽御史哈爾金索商人賄，上命尚書張廷樞、學士德音按治，論如律。五十九年，擢左都御史。六十年，遭父喪，命在任守制，疏辭，上不許，請從軍自效。"②康熙五十九年（1720）乃"康熙己亥"之下一年，則可知康熙己亥時在浙江巡撫之任。核之《清聖祖實録》亦然。則此處之"康熙己亥"疑即"康熙己丑"（康熙四十八年，1709）之誤。其所刻之書當即清康熙四十九年（1710）臨潼横渠書院所刻《張子全書》。

3.《儒言》一卷

《總目》：宋晁説之撰。……然序稱作於元默執徐，實徽宗政和二年壬辰，在崇寧二年安石配享孔子後。（第779頁）

按："崇寧二年"乃"崇寧三年"之誤。殿本《總目》、文淵閣庫本書前提要同誤。考《宋史·徽宗一》，崇寧三年（1104）："六月……癸酉，以王安石配饗孔子廟。"③又，《宋史·王安石傳》："崇寧三年，又配食文宣王廟，列于顔、孟之次，追封舒王。"④皆可證。

4.《上蔡語録》三卷

《總目》：宋曾恬、胡安國所録謝良佐語，朱子又爲删定者也。……據朱子後序稱，初得括蒼吴任寫本一篇，皆曾天隱所記。最後得胡文定公寫本二篇，凡書四篇，以相參校。（第779—780頁）

按：《總目》稱"皆曾天隱所記"，則不止一篇，並胡文定寫本二篇，亦難足四

---

① 〔清〕劉於義等纂修：《（雍正）陝西通志》，《景印文淵閣四庫全書》第552册，第229頁。
② 趙爾巽等：《清史稿》，中華書局，1977年，第10243—10244頁。
③ 〔元〕脱脱等：《宋史》，中華書局，1985年，第369頁。
④ 同上書，第10550頁。

之數。《總目》僅言吴任寫本一篇,意所未安。據朱熹《謝上蔡語録後序》:"熹初得友人括蒼吴任寫本一篇,後得吴中板本一篇,二家之書皆温陵曾恬天隱所記。最後得胡文定公家寫本二篇於公從子籍溪先生。凡書四篇,以相參校。"①則《總目》此處脱漏吴中板本一篇。殿本《總目》、文淵閣庫本書前提要皆作"初得括蒼吴任寫本二篇"②,亦誤。此或館臣發覺數目不對,而妄改"一"字爲"二"字。

5.《戒子通録》八卷

《總目》:宋劉清之撰。……顧自宋以來,史志及諸家書目皆不著録。惟《文淵閣書目》載有二册,亦無卷數。(第782頁)

按:"二册"當作"二部"。《文淵閣書目》卷三《盈字號第五廚書目》中載:"劉清之《戒子通録》一部,一册;劉清之《戒子通録》一部,二册。"③計兩部,一部一册,一部兩册,皆無卷數。《總目》不得謂"載有二册",當言"載有二部"。又,此書明晁瑮《晁氏寶文堂書目》"子雜"類中亦見著録④。《總目》謂惟《文淵閣書目》著録亦不確。以上殿本《總目》、文淵閣庫本書前提要同誤。

6.《少儀外傳》二卷

《總目》:宋吕祖謙撰。……是書末有雲谷胡巖起跋及其弟祖儉後序。丹陽譚元獻嘗刻之於學宫,歲久散佚,久無刊本,故朱彝尊《經義考》注曰"未見"。(第783頁)

按:"譚元獻"當作"譚元猷",殿本《總目》同誤,文淵閣庫本書前提要作"譚元猷",不誤。考文淵閣《四庫全書》本書後有吕祖儉序,稱:"丹陽郡文學譚元猷,祖儉之同舍生也。欲刊其書於學宫,因識所聞於卷末。"⑤即《總目》所本。

7.《麗澤論説集録》十卷

《總目》:宋吕祖謙門人雜録其師之説也。……黎靖德所編《語類》,以論祖謙兄弟者别爲一卷(自注:第一百二十二卷),其中論祖謙者凡三十一條,惟病中讀《論語》一條,稍稍其善。答項平甫書與曹立之書一條,稱編其集者誤收他文。其餘三十條,於其著作詆《繫辭精義》者二,詆《讀詩記》者二,詆《大事記》者五,詆《少儀外傳》者一,詆《宋文鑑》者五,詆《東萊文集》者三,其餘十一條則皆詆其學問。(第783頁)

按:"其中論祖謙者凡三十一條"當作"其中論祖謙者凡三十二條"。魏小虎《四庫全書總目彙訂》疑"其餘三十條"當作"其餘二十九條"⑥,説亦誤。考殿本

---

① 曾棗莊、劉琳主編:《全宋文》第250册,上海辭書出版社,2006年,第291頁。
② 〔宋〕謝良佐:《上蔡語録》,《景印文淵閣四庫全書》第698册,第565頁。
③ 〔明〕楊士奇:《文淵閣書目》,《景印文淵閣四庫全書》第675册,第175頁。
④ 〔明〕晁瑮等:《晁氏寶文堂書目 徐氏紅雨樓書目》,上海古籍出版社,2005年,第107頁。
⑤ 〔宋〕吕祖謙:《少儀外傳》,《景印文淵閣四庫全書》第703册,第264頁。
⑥ 魏小虎:《四庫全書總目彙訂》,上海古籍出版社,2012年,第2870頁。

《總目》同誤,而文淵閣庫本書前提要作"論祖謙者凡三十二條",不誤。核之文淵閣《四庫全書》所收《朱子語類》卷一百二十二,自卷首至"伯恭亦嘗看藏經來"條,共三十二條,皆論呂祖謙。其下自"可憐子約一生"始,論呂祖儉,與書前提要所言合。知《總目》作"三十條"不誤。

又,"讀詩記者二","詩記"當作"《史記》",殿本《總目》、文淵閣庫本書前提要同誤。據《總目》所言順序,文中《繫辭精義》二條後,《大事記》者五條前,確有論及《史記》二條,而無論詩之條目。此二條,一條爲:"先生問向見伯恭有何説。曰:'呂丈勸令看史。'曰:'他此意便是不可曉。某尋常非特不敢勸學者看史,亦不敢勸學者看經。只《語》《孟》亦不敢便教他看,且令看《大學》。伯恭動勸人看《左傳》、遷《史》,令子約諸人抬得司馬遷不知大小,恰比孔子相似。'"一條爲:"伯恭子約宗太史公之學,以爲非漢儒所及,某嘗痛與之辨。子由《古史》言馬遷'淺陋而不學,疏略而輕',信此二句,最中馬遷之失,伯恭極惡之。"①云云。此處不排除館臣見此條所列皆呂祖謙著述,而呂氏恰有《讀詩記》著述傳世,故後來誤改作"讀詩記"。

8.《木鐘集》十一卷

《總目》:宋陳埴撰。……凡……史一卷。……史論惟及漢、唐,則伊、洛之傳不以史學爲重,偶然及之,非專門也。(第784頁)

按:據文淵閣《四庫全書》本,此書史之一卷所論雖以漢、唐爲主,而戰國時論亦有不少。如論"魯仲連"、"趙括"、趙長平之戰、毛遂等。《總目》不得言"史論惟及漢、唐"。

9.《先聖大訓》六卷

《總目》:宋楊簡撰。……其嘉泰二年擬陛辭劄子,稱"臣願陛下即此虛明不起意之心以行,勿損勿益,自然無所不照。"(第786頁)

按:此劄作於宋寧宗嘉泰四年(1204),非嘉泰二年(1202)。殿本《總目》、文淵閣庫本書前提要同誤。錢時《寶謨閣學士正奉大夫慈湖先生行狀》:"嘉泰四年,賜緋魚袋、朝散郎、權發遣全州。將陛辭,擬二劄,其一言:……臣願陛下即此虛明不起意之心以行,勿損勿益,自然無所不照……"②可證。《宋會要輯稿·職官七四》開禧二年(1206)正月:"二十三日……新知饒州毛嘉會、新知全州楊簡並罷新任。以臣僚言嘉會抱病臺參,幾致顛仆,簡性姿怪僻。"③由嘉泰四年赴任至開禧二年年初罷,前後不過一年餘,故得稱"新任",此亦可爲旁證。

---

① 〔宋〕黎靖德輯:《朱子語類》,《景印文淵閣四庫全書》第702冊,第494—495頁。
② 曾棗莊、劉琳主編:《全宋文》第307冊,第383頁。
③ 劉琳等校點:《宋會要輯稿》,上海古籍出版社,2014年,第5052頁。

10.《準齋雜説》二卷

《總目》：宋吳如愚撰。……少以父蔭補承信郎，監福州連江商税。再調常熟，解職歸。嘉熙二年，以丞相喬行簡奏薦，改授承信郎，差充秘閣校勘。三疏辭免，特轉秉義郎與祠。其仕履見於《館閣續録》及趙希弁《讀書附志》，而《宋史》不爲立傳，故行實不概見。（第787頁）

按："承信郎"當作"從事郎"。殿本《總目》、文淵閣庫本書前提要同誤。《總目》前既言以父蔭補承信郎，此不當又言改授之。《館閣續録》卷六："嘉熙二年五月十五日，左丞相喬行簡……奏：'成忠郎吳如愚墮身右列，尋即隱居，雖居都城，杜門不出。欲望聖慈特與如愚换授從事郎，併充秘閣校勘。'有旨，從之，並充秘閣校勘。"①是所授乃從事郎。又卷九"秘閣校勘"下"嘉熙以後"有："吳如愚，字子發，臨安府人。（嘉熙）二年五月十五日以成忠郎特换授從事郎，差充。辭免，特轉秉義郎，與祠。"②亦同。明葉盛《水東日記》卷十一摘録有其當時所見商弘載家所藏宋時公牒，中亦有喬行簡此上書，亦言："臣伏見成忠郎吳如愚……臣愚欲望聖慈特與如愚换授從事郎，併充秘閣校勘。……五月十日三省同奉聖旨：'依右劄，付秘閣錢校勘。'嘉熙二年五月日押押押。"③均言從事郎不誤。而宋徐元杰《準齋先生吳公行狀》載此事："于是特授從政郎、充秘閣校勘。先生力辭。"④言所授爲"从政郎"，當爲誤載。

11.《治世龜鑒》一卷

《總目》：元蘇天爵撰。……篇首天爵結銜，題中奉大夫，浙江等處行中書省參知政事。考《元史》天爵本傳，凡兩拜是官，一在至正七年，一在至正十二年。（第789頁）

按："浙江"爲"江浙"乙文，江浙等處行中書省爲元之行政建制，而無所謂浙江等處行中書省。《總目》所據爲《元史·蘇天爵傳》，亦皆稱"江浙"："至正……七年……拜江浙行省參知政事。……十二年，妖寇自淮右蔓延及江東，詔仍江浙行省參知政事。"⑤殿本《總目》同誤，文淵閣庫本書前提要作"江浙"不誤。

《總目》又云：天爵著述載於本傳者，……又載有《遼金紀元》。（第789頁）

按：《元史·蘇天爵傳》："其他所著文，有……《遼金紀年》《黃河原委》，未及脱稿云。"⑥又，蘇天爵《滋溪文稿》所附蘇氏友人宋本《滋溪書堂記》、吳師道《滋

---

① 〔宋〕佚名撰，張富祥點校：《南宋館閣續録》，中華書局，1998年，第228頁。
② 同上書，第355頁。
③ 〔明〕葉盛撰，魏中平點校：《水東日記》，中華書局，1980年，第126頁。
④ 曾棗莊、劉琳主編：《全宋文》第336册，第355頁。
⑤ 〔明〕宋濂等：《元史》，中華書局，1976年，第4226頁。
⑥ 同上書，第4226—4227頁。

溪書堂詩序》,皆稱"《遼金紀年》"①。所見元以來公私目錄,亦稱"《遼金紀年》",無作"《遼金紀元》"者。知《總目》"《遼金紀元》"當作"《遼金紀年》"。殿本《總目》、文淵閣庫本書前提要同誤。

12.《管窺外篇》二卷

《總目》:元史伯璿撰。……是書成於至元丁未,蓋繼《管窺》而作。(第789頁)

按:"至元丁未"誤,殿本《總目》同誤。至元爲元世祖年號,中無丁未歲。元順帝亦有至元年號,其中亦無丁未。考文淵閣庫本書前提要作"至正丁未",即元順帝二十七年(1367)。而文淵閣本前亦有作者自序,稱:"至正丁亥春,因朋友有所問辨,輒録之以備遺忘,且以爲他日就正有道之張本也。歲月既久,積累成册,題曰《管窺外編》,蓋欲與向所述《四書》者有別耳。……後三年,歲庚寅仲秋之望,平陽史伯璿文璣序。"②以序推之,此書當始於元順帝至正七年丁亥(1347),成於至正十年庚寅(1350)。《總目》蓋見此序"至正丁亥",即著之於撰成之年,而又誤"至正丁亥"爲"至元丁未"。

13.《內訓》一卷

《總目》:明仁孝文皇后撰。……前有永樂三年正月望日自序,內有"肅事今皇上三十餘年"之語。……考本傳,載后撰此書,頒行天下,在永樂三年。而《明朝典彙》載,五年十一月,以仁孝皇后《內訓》頒群臣,俾教於家。若五年以前已頒行天下,不應至五年之末始賜群臣。又考《名山藏·坤則記》,載后初爲此書,不過示皇太子諸王而已。至永樂五年七月以後,成祖乃出后《內訓》《勸善》二書,頒賜臣民,與《典彙》相合。此本爲明初刊本,首標"大明仁孝皇后"。考后於永樂五年七月乙卯崩,甲午謚曰仁孝,則此本刊於五年七月以後無疑。至十一月,特賜臣民,正屬刊行之始,《明史》本傳偶未及檢耳。(第790頁)

按:明仁孝文皇后即明成祖徐皇后。《總目》此條提要問題有三:

第一,《總目》所據之"本傳",當即《明史·后妃傳》。然考《明史·后妃傳》僅載徐皇后"嘗採《女憲》《女誡》作《內訓》二十篇,又類編古人嘉言善行,作《勸善書》,頒行天下"③,未言即頒行在永樂三年。並非"《明史》本傳偶未及檢",《總目》說非。《總目》常有明謂材料根據史傳而肆意增删材料者,此亦一例。

第二,此書之作,據明何喬遠《名山藏·坤則記》"徐皇后"條:"其命婦賜冠服、鈔幣,面諭曰:'婦之事夫,奚翅衣服饋食而已,必有助焉。常情,朋友之誠,從違時有。夫婦之言,聽入則異。吾侍上旦夕以生民爲意,每承顧問,多見受納。爾

---

① 〔元〕蘇天爵撰,陳高華、孟繁清點校:《滋溪文稿》,中華書局,1997年,第528、565頁。
② 〔元〕史伯璿:《管窺外篇》,《景印文淵閣四庫全書》第709册,第618頁。
③ 〔清〕張廷玉等:《明史》,中華書局,1974年,第3510頁。

輩勉之。'后觀《女憲》《女戒》諸家,約其要義,作《內訓》二十篇。復採儒道釋嘉言善行,類編《勸善書》,示皇太子諸王,而戒之曰:'積善如登山,久必高。積惡如穿坎,久必陷。'①此段以一"復"字隔作兩意。是作《女訓》乃承上"命婦"言之。示皇太子諸王者乃"儒道釋嘉言善行"。《總目》以"不過示皇太子諸王而已",亦可謂斷章取義。

第三,上諡之日,據《明史·后妃傳》:"永樂五年七月……是月乙卯崩,年四十有六。……十月甲午,諡曰仁孝皇后。"②是"甲午諡曰仁孝"前《總目》脫"十月"二字。考永樂五年(1407)七月壬子朔,本月無甲午,下一甲午在八月。《總目》徑連七月而來,誤。以上三處殿本《總目》、文淵閣庫本書前提要同誤。

《總目》又云:《明史·藝文志》不著其名。又《藝文志》載《內訓》一卷,高皇后撰;《勸善書》一卷,文皇后撰。與本傳所載不同,亦偶未檢點耳。(第790頁)

按:《勸善書》乃二十卷,《總目》子部雜家類存目八著錄。據《明史·藝文志》,亦作"《勸善書》二十卷"③。《總目》謂"《勸善書》一卷",誤。殿本《總目》、文淵閣庫本書前提要同誤。又,《內訓》一書,《明史·藝文志》確未著錄,但《明史》初稿、萬斯同《明史·藝文志》原載"仁孝皇后《內訓》二十篇",爲後來《明史》再修時刪去。

14.《性理大全書》七十卷

《總目》:明胡廣等奉敕撰。……廣等所採宋儒之説凡一百二十家。(第790頁)

按:胡廣所採儒説,文淵閣《四庫全書》本皆列之卷首"先儒姓氏"中,計之實一百一十八家。中如吳澄、揭傒斯等皆元人,《總目》謂"所採宋儒之説",亦不確。以上殿本《總目》同誤。

《總目》又云:其中自爲卷帙者,爲周子《太極圖説》一卷,《通書》二卷;張子《西銘》一卷,《正蒙》二卷;邵子《皇極經世書》七卷;朱子《易學啓蒙》四卷,《家禮》四卷;蔡元定《律吕新書》二卷;蔡沈《洪範皇極内篇》二卷;共二十六卷。自二十七卷以下,捃拾群言,分爲十三目,曰理氣,曰鬼神,曰性理,曰道統,曰聖賢,曰諸儒,曰學,曰諸子,曰歷代,曰君道,曰治道,曰詩,曰文。(第790頁)

按:據《總目》所列自爲卷帙者,乃二十五卷。核之文淵閣《四庫全書》本,亦爲二十五卷,而自二十六卷以下分十三目。則《總目》"二十六卷"當作"二十五卷","自二十七卷以下"當作"自二十六卷以下"。以上殿本《總目》同誤。

---

① 〔明〕何喬遠:《名山藏》,《續修四庫全書》第426冊,上海古籍出版社,1995年,第184頁。
② 〔清〕張廷玉等:《明史》,第3511頁。
③ 同上書,第2373頁。

15.《涇野子內篇》二十七卷

《總目》：明呂柟撰。……凡雲槐精舍語二卷,東林書屋語一卷,端溪問答一卷,解梁書院語、柳灣精舍語二卷,鷲峰東所語十二卷,太常南所附邵伯舟中語三卷,太學語二卷,春官外署語二卷,禮部北所語一卷。(第792頁)

按：此書凡二十七卷,而《總目》所列諸卷數疊加乃二十六卷。文淵閣庫本書前提要作"解梁書院語一卷",核之正文亦同,則《總目》此處"解梁書院語"下脫"一卷"。殿本《總目》亦脫"一卷"。

16.《張子鈔釋》六卷

《總目》：明呂柟撰。……首有嘉靖辛丑柟自序,稱張子書存者止二銘、《正蒙》、《理窟》、《語錄》、《文集》,而《文集》又未完,止得二卷於馬伯循氏。(第793頁)

按："嘉靖辛丑"誤。殿本《總目》、文淵閣庫本書前提要同誤。文淵閣《四庫全書》本前有自序,題"嘉靖五年三月辛丑後學高陵呂柟序"①,是乃嘉靖五年之序。嘉靖五年爲丙戌年(1526),辛丑爲嘉靖二十年(1541),此《總目》誤以序中"辛丑"爲紀年。

17.《格物通》一百卷

《總目》：明湛若水撰。……是編乃嘉靖七年若水任南京禮部侍郎時所進。(第793頁)

按："南京禮部侍郎"當作"南京吏部侍郎"。殿本《總目》、文淵閣庫本書前提要同誤。文淵閣《四庫全書》本前有湛若水進表一道,後題"嘉靖七年六月初一日南京吏部右侍郎臣湛若水謹上表"②,則此書爲湛若水嘉靖七年南京吏部侍郎任上所上。復考湛若水《湛甘泉先生文集》卷三十二有門人婺源洪垣所撰《墓誌銘》,稱："(嘉靖)戊子夏,陞南京吏部右侍郎。己丑秋,轉禮部右侍郎。"③嘉靖戊子爲嘉靖七年(1528),己丑爲嘉靖八年(1529),與進表年代、官職均合,湛若水時爲南京吏部右侍郎甚明。知《總目》誤作"禮部"。

18.《御製日知薈説》四卷

《總目》：考三代以前,帝王訓誡多散見諸子百家中,真贗相參,不盡可據。《漢書》所載黃帝以下諸目,班固已注爲依託,亦不足憑。惟所載高帝八篇、文帝十二篇爲帝王御製著錄儒家之始,今其書不傳。(第796頁)

按："八篇"當作"十三篇","十二篇"當作"十一篇"。《漢書·藝文志》儒家

---

① 〔明〕呂柟：《張子鈔釋》,《景印文淵閣四庫全書》第715册,第32頁。
② 〔明〕湛若水：《格物通》,《景印文淵閣四庫全書》第716册,第10頁。
③ 〔明〕湛若水：《湛甘泉先生文集》,《四庫全書存目叢書》集部第57册,齊魯書社,1997年,第246頁。

類載"《高祖傳》十三篇。高祖與大臣述古語及詔策也。……《孝文傳》十一篇。文帝所稱及詔策。"①可知《總目》誤。殿本《總目》、文淵閣庫本書前提要同誤。

19.《御定孝經衍義》一百卷

《總目》：謹案：是書爲順治十三年奉敕所修，至康熙二十一年告成。（第796頁）

按：告成之日，"康熙二十一年"，殿本《總目》、《四庫全書薈要總目提要》、文淵閣庫書提要同。然考《清聖祖實錄》卷一百四十一、康熙二十八年（1689）五月："壬戌，禮部右侍郎張英等以編纂《孝經衍義》告成，進呈御覽。得旨：'《孝經》一書，皇考世祖章皇帝以孝爲萬事之綱，五常百行皆本諸此。命儒臣博採群書，加以論斷，名曰《孝經衍義》。朕繼述先志，特命纂修。今書已告成，著刊刻頒發，以副皇考孝治天下至意。'"②則是書告成於康熙二十八年。《總目》作"康熙二十一年"乃"康熙二十八年"之誤。

20.《御纂性理精義》十二卷

《總目》：康熙五十六年聖祖仁皇帝御定。初，朱子門人陳淳撰《性理字義》，熊剛大又撰《性理群書》，性理之名由是而起。（第797頁）

按："熊剛大"，殿本《總目》、文淵閣庫本書前提要同。然當作"熊節"。《四庫全書薈要總目提要》即作"熊節"③，不誤。《總目》子部儒家類二著錄《性理群書句解》二十三卷，宋熊節編，熊剛大注。稱："剛大所注，蓋爲訓課童蒙而設，淺近之甚，殊無可採。以其原附此書以行，姑並錄之，以存其舊焉。"④知《性理群書》編者爲熊節甚明。

21.《御定執中成憲》八卷

《總目》：雍正六年春世宗憲皇帝敕撰。雍正十三年夏，書成奏進。仰蒙裁定，宣付武英殿校刊。乾隆三年告蕆，御制序文頒行。（第797頁）

按："乾隆三年"，殿本《總目》、《四庫全書薈要總目提要》⑤、文淵閣庫本書前提要均同。疑皆當作"乾隆元年"。此書僅八卷，且係敕撰，不應刊刻三年之久。文淵閣《四庫全書》本前有"乾隆丙辰三月望日"御撰之序。"乾隆丙辰"即乾隆元年（1736），則此書當成於是時。雖然，亦不排除此爲乾隆帝預爲之序。復考清嵇曾筠《師善堂詩集》卷八，所收詩乃依年月日繫聯，丁巳年中有"二月四日蒙賜《執中成憲》恭紀"⑥一詩。丁巳年爲乾隆二年（1737），則乾隆二年二月前書已刻成，

---

① 〔漢〕班固：《漢書》，中華書局，1962年，第1726頁。
② 《聖祖仁皇帝實錄（二）》，《清實錄》第5冊，中華書局，1985年，第546頁。
③ 江慶柏：《四庫全書薈要總目提要》，人民文學出版社，2009年，第293頁。
④ 〔清〕永瑢等：《四庫全書總目》，第787頁。
⑤ 江慶柏：《四庫全書薈要總目提要》，第294頁。
⑥ 〔清〕嵇曾筠：《師善堂詩集》卷八，清雍正十三年（1735）刻本。

頒賜臣子,知作"乾隆三年"必誤。據此推之,此書當刻成於乾隆元年。

22.《讀朱隨筆》四卷

《總目》:國朝陸隴其撰。……是編乃其讀《朱子大全集》時取所心得,隨筆標記。於正集二十九卷以前,凡詩賦劄子人所共知者,即不復置論。自正集三十卷起至別集五卷止,則摘其精藴,分條纂録,而各加案語以申之。(第798頁)

按:"別集五卷"當作"別集八卷"。殿本《總目》、文淵閣庫本書前提要同誤。此書以《朱子大全集》卷次標題,所録《朱子大全集》別集之範圍,實則只有卷一、卷四、卷五、卷六、卷七、卷八,共六卷,從目次則云"至別集八卷止"。《總目》作"五卷"誤。清刻《陸子全書》本卷前有陸氏門人趙鳳翔跋,亦稱"原本自三十卷起,至別集八卷止"①。文淵閣《四庫全書》本無此跋,而正文卷四最後之標目,正爲"朱子別集卷八"②。

23.《太極集注》一卷

《總目》:國朝孫子昶撰。……聞喜人。康熙己未進士。官垣曲縣知縣。(第802頁)

按:垣曲屬清山西絳州府,檢與孫子昶相涉之清康熙以來山西絳州、垣曲諸府縣志,康熙知縣中均未見有孫子昶。《(乾隆)聞喜縣志》卷七《人物下》:"孫子昶……由進士授長垣知縣。廉介自持,民有'白菜孫公'之號。庚午,分校北闈。以協馬違限奪官,民環衙而泣者萬計。復職,補通許令,除積弊十款。撫軍集州縣官,面囑以孫令爲法。"③其後事蹟不載,然亦不言其任垣曲令。又據《(咸豐)大名府志》卷十,康熙二十七年(1688),孫子昶爲大名府訓導④,則此前亦不大可能爲縣令,而《(康熙)重修長垣縣志》卷三載其任縣令亦在康熙二十七年。其繼任者焦本興,康熙三十六年(1697)任⑤。則其任長垣令在康熙二十七年至康熙三十六年間。又《(乾隆)通許縣志》卷五載其康熙四十一年任(1702)。期間相隔四年,當係《(乾隆)聞喜縣志》所謂"以協馬違限奪官"之時。《(乾隆)通許縣志》卷五附其傳記,稱:"官通許知縣。……兼攝陽武令。……以疾告歸。未行,卒於署邑。"⑥則孫子昶卒於通許縣令任上。綜上,孫子昶宦蹟連貫,未任垣曲縣知縣。"官垣曲縣知縣"疑當作"官長垣縣知縣",殿本《總目》亦當同誤,此蓋《總目》記憶偶混。

---

① 〔清〕陸隴其:《讀朱隨筆》,清刻《陸子全書》本。
② 〔清〕陸隴其:《讀朱隨筆》,《景印文淵閣四庫全書》第725册,第559頁。
③ 〔清〕王肇書等纂修:《(乾隆)聞喜縣志》卷七,清乾隆三十一年(1766)刻本。
④ 〔清〕朱煐德等纂修:《(咸豐)大名府志》卷十,清咸豐三年(1853)刻本。
⑤ 〔清〕王元烜增纂:《(康熙)重修長垣縣志》卷三,明萬曆三十一年(1603)刻清康熙增刻本。
⑥ 〔清〕阮龍光等纂修:《(乾隆)通許縣志》卷五,民國二十三年(1934)重印本。

24.《周張全書》二十二卷

《總目》：明徐必達編。周子書自《太極圖説》《通書》而外，僅得詩文、尺牘數首，附以年譜、傳志及諸儒之論爲七卷。（第802頁）

按："數首"，殿本《總目》同，皆當作"數十首"。《四庫全書存目叢書》（以下簡稱《存目叢書》）收有明萬曆三十四年（1606）徐必達刻本，據是刻，卷一爲《太極圖解》，卷二、卷三爲《通書》。卷四文四篇，賦一篇，各體詩二十八首，書四篇，則知作"數首"不確。

25.《二程語録》十八卷

《總目》：國朝張伯行編。……初朱子輯《程氏遺書》二十五篇……又取諸集録爲《程氏外書》十二篇，又附録一卷爲行狀、墓誌之類，凡八篇。是書篇目次第，悉依朱子原本，而稍加删訂。……又附録一卷内以明道先生行狀一篇，墓誌一篇，《門人朋友敍述序》一篇，皆伊川所作，已入《二程文集》，故不復載。（第803頁）

按：二"墓誌"，殿本《總目》同，皆當作"墓表"。據《存目叢書》所收清同治重刻《正誼堂叢書》本，目録卷十八附録下有張伯行按語："中有明道先生《行狀》一篇，《墓表》一篇，門人朋友敍述序一篇，皆伊川先生所作，今已刻入《二程文集》中"①云云，則所不收者乃《墓表》，非《墓誌》。考文淵閣《四庫全書》本《二程遺書》附録、《二程文集》卷十二所收，皆題《明道先生墓表》。"墓表"與"墓誌"乃古人不同之文體，其施放位置亦異，一於壙外，一於壙内，一字之差，而意義迥别，未可輕相溷耳。

《總目》又云：其《遺書》第六卷中伯行注云："此一卷朱子原分三卷，今爲一卷。又下二卷專説《孟子》者，已與《經説·易傳》另行别録，概不載集中。"考朱子原本卷六以下本四卷，無篇名。卷九本一卷，專説《論》《孟》。今伯行以四卷爲三卷，以説《論》《孟》一卷爲二卷，又第九卷兼説《論》《孟》，而伯行云專説《孟子》，殆偶然筆誤，刊版者失於校讎歟？（第803頁）

按：據《存目叢書》所收清同治重刻《正誼堂叢書》本，張伯行卷六之注在卷目下。《總目》駁張注之誤雖是，然亦有失。據《二程遺書》，卷五以下凡四卷無篇名，卷九本則專説《論》《孟》。《總目》作"卷六"，當涉上論張書第六卷而誤，實當作"卷五"。殿本《總目》亦誤此。

26.《浩齋語録》二卷

《總目》：舊本題宋過源撰。……上卷爲其門人永新龍圖所録。下卷爲其門人白城章偉所録，而其從孫勛刊之。（第803頁）

按："下卷爲其門人白城章偉所録"，殿本《總目》同。據《存目叢書》所收明萬曆三十三年（1605）過繼美刻本，此書上卷爲門人永新龍圖所録無誤，下卷前半爲

---

① 〔清〕張伯行：《二程語録》，《四庫全書存目叢書》子部第3册，第180頁。

門人白城章偉録,後半爲《學庸定本》,則乃門人青田陸時録。《總目》言"下卷爲其門人白城章偉所録"不確。

27.《小學集解》六卷

《總目》:國朝黄澄撰。……其書取朱子《小學》内外篇參會舊注,附以己見。章分句釋,援引頗爲賅洽。然亦不免於過冗。(第804頁)

按:"黄澄",《(乾隆)莆田縣志》《(民國)莆田縣志》均作"黄潒",未詳孰是。《總目》此條之上乃張伯行《小學集解》六卷,《存目叢書》收有清同治重刻《正誼堂全書》本。而本條據杜澤遜先生《四庫存目標注》則未著録版本,蓋已亡佚。考《(乾隆)莆田縣志》卷二十八《人物》:"黄潒,字庭聞。……撫院張伯行知其徹性理學,聘入鼇峰書院。每公謁,呼字而不名。嗣撫江蘇,聘修《小學集解》,謂堪以傳。"①張伯行《小學集解》卷前張序雖不言黄氏,然序題"姑蘇之正誼堂",與《莆田縣志》所言此書修於巡撫江蘇之任合。則不排除張伯行之《小學集解》與此本當係同書,實皆黄潒所修。而《總目》兩篇提要評價迥異,亦疑出二人手筆。

28.《紫陽宗旨》二十四卷

《總目》:舊本題宋王佖撰。……惟《内閣書目》有佖《紫陽宗旨》三十八卷,《千頃堂書目》則作二十八卷。書名、撰人均與此本相合,而卷數復異,未詳其故。(第804—805頁)

按:"二十八卷",殿本《總目》同,皆誤。《千頃堂書目》卷十一儒家類著録"王佖《紫陽宗旨》三十八卷"②,考文淵閣《四庫全書》本亦同。則《總目》此處疑所據有誤,又因之議論。

29.《聖賢語論》二卷

《總目》:元王廣謀編。……卷首有孔子像、《素王事實》。又載至元十年所定廟制及祭祀、儀注、樂章,後有嘉靖癸巳書林余氏自新齋跋語,蓋明人所重刊也。(第806頁)

按:"至元十年",殿本《總目》同,皆當作"至大二年"。《存目叢書》收有明嘉靖十二年(1533)刻本,前有元武宗正大二年(1309)正月二十二日集賢院上書所定孔子祭祀春秋二丁用太牢之奏,下列所定之祭祀、廟制、儀注、樂章等。次爲至元十年(1273)奏定有關丁祭之時官員及諸儒所用服制之事。可知廟制及祭祀、儀注、樂章乃元武宗至大二年所定,《總目》將此二時間混淆。

---

① 〔清〕汪大經等纂修:《(乾隆)莆田縣志》卷二十八,清乾隆二十三年(1758)刻、光緒五年(1879)潘文鳳補刻、民國十五年(1926)吳輔再補刻本。
② 〔清〕黄虞稷撰,瞿鳳起、潘景鄭整理:《千頃堂書目》,上海古籍出版社,2001年,第317頁。

30.《性理備要》十二卷

《總目》：明王三極撰。……仙游人。是書成於萬曆丁亥，取《性理大全》，摘其要語，以便誦習。（第807頁）

按：此書據《總目》乃安徽巡撫採進本，故疑王三極爲安徽人，而仙游於明屬福建興化府，與安徽所進不牟。考王三極，實爲明安徽寧國府太平縣人。《（嘉慶）太平縣志》卷六《文苑》有傳，列爲明末，言："王三極，字美之，由邑庠生入監，兩中副車。博貫經史，深晰義蘊，著有《通鑑備要》《性理備要》刊刻行世。"①殿本《總目》同誤。

31.《月川語錄》一卷

《總目》：明曹端撰。端講學之書，有《理學要覽》一卷，《性理論》一卷。……並載《千頃堂書目》，今皆未見。（第807頁）

按："《理學要覽》一卷"，殿本《總目》同。考《千頃堂書目》卷十一儒家類所載曹端《理學要覽》爲二卷②，非一卷。《明史·藝文志》亦爲二卷③。則《總目》作"一卷"者誤。

32.《慎言》十三卷

《總目》：明王廷相撰。……事迹具《明史》本傳。……本傳稱"廷相博學好議論，以經術稱。於星曆、輿圖、樂律、河圖、洛書及周、程、張、朱之書皆有所論駁，然其說多乖僻。"良得其實云。（第809頁）

按："周、程、張、朱"，殿本《總目》同，皆當作"周、邵、程、張"。《總目》此引《明史》之原文，自當以《明史》爲據。《明史·王廷相傳》："廷相博學好議論，以經術稱。於星曆、輿圖、樂律、河圖、洛書及周、邵、程、張之書，皆有所論駁，然其說頗乖僻。"④中無朱子，有邵子，則"周、程、張、朱"當作"周、邵、程、張"。

33.《南雍誡勖淺言》一卷

《總目》：明傅新德撰。……萬曆己丑進士。官至國子監祭酒。贈禮部右侍郎，謚文恪。（第816頁）

按：傅新德官至太常寺卿，管國子監祭酒事，非官至國子監祭酒。殿本《總目》同誤。錢謙益《牧齋初學集》卷六十三有《嘉議大夫太常寺卿管國子監祭酒事贈禮部右侍郎謚文恪傅公神道碑》，載傅新德生平大概云："己丑舉進士。選翰林院庶吉士，教習三年，請假歸。……甲午，除翰林院簡討，又六年，遷南京國子監司

---

① 〔清〕陸仁虎等纂修：《（嘉慶）太平縣志》卷六，清嘉慶十四年（1809）刻本。
② 〔清〕黃虞稷撰，瞿鳳起、潘景鄭整理：《千頃堂書目》，第298頁。
③ 〔清〕張廷玉等：《明史》，第2426頁。
④ 同上書，第5156頁。

業。三年滿考,復任。又二年,始陞右春坊右中允。丁太公憂。……丙午,主南京試。歷本坊右諭德、庶子。又四年,始陞太常寺卿,管國子監祭酒事。……故有弱疾,寢劇,辛亥七月十四日卒於官舍。"①可知管國子監祭酒事乃其兼攝,非其實官。且據《明史》,太常寺卿爲正三品,國子監祭酒爲從四品,二職品秩亦有高低之别。②

34.《劉子節要》十四卷

《總目》:明憚日初編。……宗周生平著述曰《劉子全書》。曰《儀禮經傳》,……曰《保民要訓》……。其子汋彙而訂之,凡百餘卷。(第817頁)

按:"《保民要訓》",殿本《總目》同,皆當作"《保民訓要》"。據劉宗周之子劉汋所編《先君子蕺山先生年譜》卷上:"先是,大清兵集城下,先生以宗社爲重,不暇問職掌。及解圍,復留心民隱。念移風易俗,終無逾鄉保者,乃拜疏申明之。上命彈力舉行,仍諭都察院通行五城,一體申飭。遂輯《保民訓要》一書以獻。"③乃是書撰寫之始末,書名正作"《保民訓要》"。今人吳光主編《劉宗周全集》中亦收入《保民訓要》④。

35.《家誡要言》一卷

《總目》:明吳麟徵撰。……明亡殉難,世祖章皇帝賜諡貞肅,事迹具《明史》本傳。(第819頁)

按:"貞肅",殿本《總目》作"忠節",非。《明史·吳麟徵傳》:"贈兵部右侍郎,諡忠節。本朝賜諡貞肅。"⑤考《清世祖實録》卷七十八、順治十年(1653)十月:"戊子……遣禮部右侍郎高珩諭祭明末殉難諸臣范景文等十六人,各予諡。……吳麟徵曰'貞肅'。"⑥以上均可證。

36.《理學傳心纂要》八卷

《總目》:國朝孫奇逢撰,漆士昌補。……奇逢原書,錄周子、二程子、張子、邵子、朱子、陸九淵、薛瑄、王守仁、羅洪先、顧憲成十一人,以爲直接道統之傳。人爲一篇,皆前敍其行事而後節錄其遺文,凡三卷。又取漢董仲舒以下至明末周汝登,各略載其言行以爲羽翼理學之派,凡四卷。奇逢殁後,士昌復删削其語録一卷,攙列於顧憲成後,共爲八卷。(第822頁)

按:此書杜澤遜先生《四庫存目標注》未著録版本,亦未見有所著録,蓋已亡

---

① 〔清〕錢謙益撰,〔清〕錢曾箋注,錢仲聯標校:《牧齋初學集》,上海古籍出版社,1985年,第1483—1484頁。
② 〔清〕張廷玉等:《明史》,第1795、1789頁。
③ 〔清〕劉汋編:《先君子蕺山先生年譜》,清乾隆四十二年(1777)劉毓德刻本。
④ 吳光主編:《劉宗周全集》第四册,浙江古籍出版社,2012年,第824—837頁。
⑤ 〔清〕張廷玉等:《明史》,第6858頁。
⑥ 《世祖章皇帝實録》,《清實録》第3册,第619頁。

佚。唯《湖北巡撫呈送第一次書目》題作"《理學宗傳傳心纂要》",與《總目》題名小異。《總目》此處似有語病。孫奇逢《理學宗傳》有清康熙六年(1667)刻本,前有康熙五年(1666)孫奇逢序。共二十六卷,卷次、内容與《總目》所言合,當即《總目》議論所本。此書直接道統之十一人,爲十一卷,即《總目》所論"奇逢原書,錄周子、二程子、張子、邵子、朱子、陸九淵、薛瑄、王守仁、羅洪先、顧憲成十一人,以爲直接道統之傳。人爲一篇",其體例亦如《總目》所言"皆前敘其行事而後節錄其遺文"。其後十五卷,即《總目》所謂"又取漢董仲舒以下至明末周汝登,各略載其言行以爲羽翼理學之派"者。然《總目》於敘述之中,又插入"凡三卷""凡四卷"兩句,頗爲不倫。此"凡三卷""凡四卷",實乃漆士昌《理學傳心纂要》之分卷,故下言"奇逢殁後,士昌復刪削其語錄一卷,攙列於顧憲成後,共爲八卷"。如此,"凡三卷""凡四卷"前當添加漆士昌纂取之類語,方爲條理,不至淆混。

《總目》又云:湯斌慕其爲人,至解官以從之游。(第822頁)

按:殿本《總目》同。然湯斌從游孫奇逢,在其家居時,非特解官而往就也。清錢儀吉《碑傳集》卷十六載有汪士鋐《湯潛庵先生墓表》:"以父老乞假歸,里居二十年,讀書奉親,布衣蔬食,蕭然自樂。丁父憂,服除,聞孫徵君講學蘇門,公從之學,學益醇。尋以薦舉,還爲翰林。"①則從學在其家居之時。同卷方苞《湯司空逸事》:"年四十,從孫徵君講學。"②以其生年推之,時在康熙五年(1666),至再還朝應康熙十八年(1679)博學宏詞科,已爲十數年後。

37.《常語筆存》一卷

《總目》:國朝湯斌撰。……是書凡二十餘條,……末有斌子溥跋。蓋此乃斌平時常語以教子弟生徒,溥及斌門人姚岳生等所追記者。(第824頁)

按:此書乃湯斌弟子姚岳生等所述,湯溥無與焉。《常語筆存》,《叢書集成新編》收有排印清道光十一年(1831)六安晁氏木活字《學海類編》本,書後有其子湯溥識語,稱"姚岳生記者十之五,竇敏修記者十之二,沈昭嗣記者十之三"③。又,文淵閣《四庫全書》本《湯子遺書》卷一亦此語錄,前題:"仁和門人沈佳、柘城竇克勤、鞏縣姚爾申手述二十三條。"④後有其子湯溥識語,與《學海類編》本略有不同而稍略,然亦稱:"此編爲姚岳生、竇敏修、沈昭嗣各因所聞而識之者。"⑤均可證此書之成與湯溥無關。

---

① 〔清〕錢儀吉纂,纂靳斯校點:《碑傳集》,中華書局,1993年,第474—475頁。
② 同上書,第450頁。
③ 〔清〕湯斌:《常語筆存》,《叢書集成新編》第23冊,新文豐出版公司,1986年,第354頁。
④ 〔清〕湯斌:《湯子遺書》,《景印文淵閣四庫全書》第1312冊,第425頁。
⑤ 同上書,第427頁。

38.《小學稽業》五卷

《總目》:國朝李塨撰。……卷二爲……九年教數目……。(第829頁)

按:"數目",殿本《總目》同,皆當作"數日"。據《存目叢書》所收清光緒五年(1879)定州王氏謙德堂刻《畿輔叢書》本,目錄卷二中有子目"九年教數日",即《總目》所引,字作"數日"。核之卷二中"九年教之數日"條,引鄭注:"日,朔望與六甲也。"①則爲"日"字甚明。

39.《張子淵源錄》十卷

《總目》:國朝張鏐編。……樂陵人。雍正壬子舉人,官內閣中書。(第832頁)

按:"官內閣中書",殿本《總目》所無。楊武泉先生《四庫全書總目辨誤》已指出,樂陵張鏐乃乾隆甲子舉人,官臨清州學正,未嘗官內閣中書。②然尚未言明其致誤之由。考《(民國)無棣縣志》卷二十《藝文志》載李烋《張舍人傳》:"張鏐,字完質,號企齋。……歲己酉,拔入成均。(雍正)壬子,領北闈鄉薦,考授中書舍人。(乾隆)己未,成進士。丁內外艱,服闋,補中書。……以中書卒於官。"③是山東無棣別有一張鏐,與本書作者同名,乃雍正壬子舉人,乾隆己未進士,嘗官內閣中書。此蓋《總目》檢求不謹,誤合二人爲一。

40.《讀書小記》三十一卷

《總目》:國朝范爾梅撰。……洪洞人,雍正中貢生。(第833頁)

按:"雍正中貢生",殿本《總目》同。考清洪洞縣屬平陽府。《(雍正)平陽府志》卷十一《選舉》諸貢生中"康熙年"下有范爾梅④,《(民國)洪洞縣志》卷十二《人物志上》:"范爾梅……康熙壬辰歲貢。"⑤同書卷四《選舉表》載其爲康熙五十一年(1712)壬辰歲貢。則范氏乃康熙中貢生,非雍正中貢生。

41.《三立編》十二卷

《總目》:國朝王梓編。梓字琴伯,郘陽人。官崇寧縣知縣。(第834頁)

按:"崇寧",殿本《總目》同,皆當作"崇安",疑"寧""安"形近而訛。崇寧縣屬四川成都府,崇安縣屬福建建寧府。王梓所任爲福建建寧府崇安縣知縣,非四川成都府崇寧縣知縣。《(乾隆)郘陽縣志》卷之三《人物》:"王梓,字琴伯,號適庵。……不試舉子業,弱冠遠游。後以賑荒例,除知孝感縣。丁母憂,服闋,補任崇安。九載秩滿,康熙壬辰,陞絳州牧。十月至漢口,卒於舟中。"⑥知其爲崇安知

---

① 〔清〕李塨:《小學稽業》,《四庫全書存目叢書》子部第25冊,第5頁。
② 楊武泉:《四庫全書總目辨誤》,上海古籍出版社,2001年,第130頁。
③ 張方墀等纂修:《(民國)無棣縣志》卷二十,民國十四年(1925)鉛印本。
④ 〔清〕范安治等纂修:《(雍正)平陽府志》卷十一,清乾隆元年(1736)刻本。
⑤ 韓垌等纂修:《(民國)洪洞縣志》卷十二,民國五年(1916)鉛印本。
⑥ 〔清〕席奉乾等纂修:《(乾隆)郘陽縣志》卷之三,清乾隆三十四年(1769)刻本。

縣,陞绛州知州,未任而卒。知其履歷之中,並無崇寧。《(乾隆)福建通志》卷二十七《職官》崇安縣知縣中亦載"王梓,邰陽人,歲貢,康熙四十二年任"①。《(民國)崇安縣新志》卷九亦有傳。檢康熙以來《成都府志》《四川通志》《崇寧縣志》,均未著録王梓。綜上可知,"崇寧"當爲"崇安"之誤。

       王勇　山東理工大學齊文化研究院　講師

---

① 〔清〕郝玉麟等纂修:《(乾隆)福建通志》,《景印文淵閣四庫全書》第528册,第395頁。

上海圖書館藏《四庫全書總目》殘稿目次校理

罗毅峰

上海圖書館庋藏之《四庫全書總目》稿本(以下省稱"上圖稿")①,自1982年經沈津撰文揭示以來②,已成爲學人重點關注的"四庫學"文獻材料之一,因其中包含四庫館臣大量的修改批語,上圖稿在《總目》纂修史的研究方面具有舉足輕重的作用。沈文雖未就該稿的編纂背景進行深入探討,但於全稿整體面貌的揭露還是較爲詳細的,尤其是從中將不見於定本《總目》(包括浙本、殿本,下同)的多篇禁毀提要輯出,略作考證,單獨排印,極便後來學者查考。綜合來看,上圖稿存卷數之多(據館方公佈的數據爲一百二十二卷)③,爲他館藏本遠遠不及,但就提

---

① 索書號:862922-45,館藏著録爲:欽定四庫全書總目二百卷(殘)。詳http://data.library.sh.cn/gj/resource/instance/w2oyvx9yph8ex8c1.html(2020年11月27日)。

② 沈津:《校理〈四庫全書總目提要〉殘稿的一點新發現》,《中華文史論叢》1982年第1期,第133—178頁。以下省稱"沈文"。

③ 館藏著録:存卷一、卷三、卷六、卷十一至卷十四、十六、十九、二十、二十二至二十五、二十七、二十八、三十二、三十四至三十八、四十至四十四、五十四至五十六、六十二至七十二、七十四至七十七、九十、九十一、九十三至一百零九、一百十一、一百十三、一百十五、一百十六、一百十八至一百十九、一百二十一至一百二十三、一百三十五至一百三十七、一百三十九至一百四十二、一百四十六至一百五十四、一百五十六至一百五十八、一百六十、一百六十一、一百六十三、一百六十四、一百六十六、一百六十八、一百七十至一百七十六、一百七十八、一百八十至一百八十六、一百八十九、一百九十三、一百九十五、一百九十八至二百。

要內容體量而言，此稿與中國國家圖書館、天津圖書館等藏本相比，却未見佔優，原因就在於上圖稿所存提要多殘篇零簡，某一卷次僅存一篇甚至半篇的情況也並不鮮見。而在進一步仔細翻閱全稿、查閱文獻的過程中，我們發現自沈文以下，現有的研究成果，多建立在未對此稿面貌進行全面梳理的基礎上，以致諸家結論間有疏失。此外，上圖公佈的卷次數據其實也並不準確，亟待重新校理。

經細緻清點，上圖稿實存卷一、三、六、十一至十四、十六、十九、二十、二十二至二十五、二十七、二十八、三十二、三十四至三十八、四十至四十四、五十四至五十六、六十二至七十二、七十四至七十七、九十一、九十三至一百九、一百十一至一百十三、一百十五、一百十六、一百十八、一百十九、一百二十一至一百二十三、一百三十五至一百三十七、一百三十九至一百四十二、一百四十六至一百五十四、一百五十六至一百五十八、一百六十、一百六十一、一百六十三、一百六十四、一百六十六、一百六十八、一百七十至一百七十六、一百七十八、一百八十至一百八十六、一百八十九至一百九十三、一百九十五、一百九十八至二百，凡一百二十二卷，①與上圖公佈數據相比，缺卷九十，多卷一百十二。其中，卷九十可能是館方據原書第七冊第二十九頁版心統計的，但這裏其實是抄胥誤植，原因有二：首先，本頁內容爲《廬山記附廬山紀略》（殘）、《㵋水志》、《赤松山志》，三篇均是地理類圖籍，不應劃歸卷九十之史評類；其次，該頁頁B與下頁頁A內容相接，爲完整的《赤松山志》提要，且本頁版心題字"史部　地理類三"與下頁版心同，而本頁頁碼爲三，下頁頁碼爲四，均可證明此處前後兩頁本應相連，所以我們認爲該頁版心所書"卷九十"應屬誤抄。另外，卷一百十二位於原書第十四冊第十一至十二頁，內容爲《法書考》（殘）、《圖繪寶鑑》，此二頁版心無卷次、部類、頁碼，二書均爲藝術類圖籍，故不可能接續上頁術數類，定本《總目》中是二書均屬卷一百十二子部藝術類一，今據以歸類。卷次之外，我們還對上圖稿收錄的提要篇數做了全面的梳理，包含殘篇在內，全稿實存提要一千五百三十八篇，除去一書多篇提要的情況，共計收錄圖書一千四百五十四種，就收書數量而言，確實在其餘諸館藏本之上。

關於上圖稿內文之零亂，沈文已有部分概述，但較爲簡略，茲再舉幾例，以爲旁證。首先是卷次顛倒錯亂的情況。如原書第一冊，卷十六與卷十九之間插入了卷二十三、卷二十五、卷三十五的部分內容，計有十六頁；再如原書第十八冊，卷一百四十七後，接續了卷一百十八、一百十九、一百二十一、一百二十二的部分內容，計有二十五頁。其次還有提要篇章零亂的問題。關於這一點，夏長樸在梳理上圖

---

① 需加以説明的是，因上圖稿爲早期稿本，收錄圖書的分類尚未固定，存在某書先分置甲類，後被調整至乙類的情況。我們這裏統計根據的是底稿內該書現處的卷次與分類。

稿編纂時間時曾有提及①,但實際情況更爲複雜。我們略作梳理,總結如下:一是同一書存在兩篇甚至多篇提要。這其中又包含兩種情況,其一爲夏文論述的以他稿摻入上圖稿,因此同一部書存有兩篇提要;其二爲重裝時將同一篇提要割裂分裝至兩處乃至三處,如《老子説略》,其後半部分被裝訂至原書第十七册卷一百三十九子部類書類之後,而前半部分則仍在原書第十八册卷一百四十六子部道家類中,再如《廿二史記事》提要甚至被分裝至前後不相連的三處位置。二是一些提要僅殘存部分,掐頭、去尾、腰斬等情況甚夥。尤其部分禁毁提要,不見於定本《總目》,佚去篇題後極難查出原書名,如沈文於子部儒家類輯録出尹會一著作一篇,因篇題不存,即未能查考出原書名,夏文論述時,仍以"書名不詳"代指;再如原書第十七册卷一百三十六子部類書類二的第一篇提要,審其文句即與前文不諧,且前文爲卷一百三十五,可證此的爲殘篇,然翻檢定本《總目》,不見載録相關内容,後經與劉奉文抄出的《諸史同異》提要相較,方得考出該篇提要實爲李清《諸史同異》,而李氏諸書後因字句違礙,被悉數禁毁,定本《總目》自然不載。凡此種種,無疑都會爲使用上圖稿製造繁難,所以我們認爲若欲充分發揮上圖稿的研究作用,全面揭櫫其價值,實有必要先對此稿詳加董理,分别甲乙,排出目次。

基於以上認識,今不揣淺陋,試編上海圖書館藏《四庫全書總目》殘稿目次如下。

凡　例

一、本目録針對今上海圖書館所藏《欽定四庫全書總目》殘稿(索書號:862922-45)編定,此稿原書經人重裝,現分爲二十四册。

二、目録以原書册次爲序,以所在册數爲大題,分別標爲"原書册某";次爲小題,據版心依次著録卷次、部類、小類,中以間隔號隔開,如"卷一·經部一·易類一"。

三、上圖稿所收提要與定本《總目》(包括浙本、殿本,下同)相較,存在部類更易、"著録書"降爲"存目書"、違礙書禁毁等諸多複雜情況,今謹遵照上圖稿底稿之分卷和分類著録。

四、本目録著録範圍僅包含上圖稿提要之書名、卷數,上圖稿與定本《總目》相比,提要先後次序不同的情況較多,今謹遵照上圖稿提要出現順序之先後著録。

---

① 夏長樸:《上海圖書館藏〈四庫全書總目〉殘稿編纂時間蠡探》,載《四庫學》(第一輯),社會科學文獻出版社,2017年。以下省稱"夏文"。

五、上圖稿所收提要存在一書多篇提要與同一提要被割裂分置的情況，今亦據其順序之先後照多篇著録。

六、上圖稿所收提要書名、卷數間或有與定本《總目》不同者，今謹遵照上圖稿底稿著録。底稿誤處不作更改，遇有館臣修改處，以特殊符號標出，具體説明詳後。

七、遇有館臣對底稿提要之書名、卷數修改的情況，今以不同符號注出，以示區别。( )表修改，如"原(願)學編二卷"，意爲底稿"原學編二卷"，館臣改"原"作"願"；〈 〉表删除，如"洛學編四卷〈續編一卷〉"，意爲底稿"洛學編四卷續編一卷"，館臣删去"續編一卷"。

八、上圖稿存卷次多而實際體量小，蓋因多殘篇提要，今亦一一檢出，詳加著録。其中佚去篇題者，據内容考出篇名，於書名卷數外加[ ]以示區别。

九、佚去篇題提要之書名、卷數，如提要仍爲上圖稿收録且具書名卷數，輒依上圖稿著録；如未見上圖稿他處收録而見於定本《總目》收録，輒依殿本《總目》著録；如既未見上圖稿他處收録亦未見定本《總目》收録，輒依此書現存最早版本之卷端著録。

十、沈津嘗輯出不見於今定本《總目》之提要，作爲附録刊於文末。其中失收者，今以脚注出示，以便利用。

目　次

原書册一

卷一・經部一・易類一
　　子夏易傳十一卷、周易鄭康成注一卷、周易正義十卷

卷三・經部三・易類三
　　[淙山讀周易記二十一卷]、易原八卷、周易本義十二卷、周易古占法一卷古周易章句外編一卷

卷六・經部六・易類六
　　周易淺釋四卷、周易訂疑十五卷序例一卷易學啓蒙訂疑四卷周易本義原本十二卷、周易辨畫四十卷、周易圖書質疑無卷數、易深八卷、[易翼述信十二卷]

卷十一·經部十一·書類一
　　［絜齋家塾書抄十二卷］、書集傳六卷

卷十二·經部十二·書類二
　　尚書注考一卷

卷十三·經部十三·書類存目一
　　禹貢説一卷、古書世學六卷、書經直解十三卷、書經説意十卷、書經講義會編十二卷、禹貢山川郡邑考四卷、禹貢元珠一卷

卷十四·經部十四·書類存目二
　　［虞書箋二卷］、禹貢匯疏十五卷、尚書傳翼十卷、禹貢解八卷

卷十六·經部十六·詩類二
　　讀詩略記六卷、田間詩學無卷數、［三家詩拾遺十卷］、詩瀋二十卷、詩序補義二十四卷、詩疑辨證六卷、虞東學詩十二卷

卷二十三·經部二十三·禮類存目一附錄
　　周禮井田譜二十卷、周禮沿革傳四卷、讀禮紀略六卷附婚禮廣義一卷、五服集證六卷、讀禮問一卷、服制圖考八卷

卷二十五·經部二十五·禮類存目三
　　鄉射禮儀節無卷數、儀禮節要二十卷、儀禮經傳內編二十三卷外編五卷、重刊朱子儀禮經傳通解六十九卷

卷三十五·經部三十五·四書類一
　　論語義疏十卷、論語正義二十卷

卷十九·經部十九·禮類一
　　［周禮全經釋原十四卷］、周禮注疏刪翼三十卷

卷二十·經部二十·禮類二
　　禮書綱目八十五卷、儀禮小疏一卷

原書册二

卷二十二·經部二十二·禮類四
　　廟制圖考一卷、參讀禮志疑二卷

卷二十三·經部二十三·禮類存目一
　　周禮井田譜二十卷、周禮補亡六卷、周禮集注七卷、周禮沿革傳四卷、周禮定本四卷、讀禮疑圖六卷、考工記述注二卷、周禮訓雋二十卷、周禮因論一卷、周禮發明一卷、周禮述注六卷、[周官析疑三十六卷考工記析義四卷]、周禮質疑五卷、周禮輯義十二卷、周禮拾義無卷數、周禮三注粹抄二卷、釋宮一卷、五服集證六卷、鄉射禮儀節無卷數、儀禮節解十七卷、讀儀禮略記十七卷、讀禮問一卷、儀禮惜陰錄八卷、讀禮紀略六卷附婚禮廣義一卷、喪禮吾説篇十卷、儀禮訓義十七卷、儀禮經傳内編二十三卷外編五卷、儀禮節要二十卷、服制圖考八卷、重刊朱子儀禮經傳通解六十九卷、儀禮釋例一卷、儀禮易讀十七卷

卷二十四·經部二十四·禮類存目二
　　禮記詳説無卷數、禮記章義十卷、校補禮記纂言三十六卷、禮記述注二十八卷、戴記緒言四卷

卷二十五·經部二十五·禮類存目三
　　學校問一卷、明堂問一卷、郊社考辨一卷、禮學彙編七十卷、三禮會通二卷、禮樂合編三十卷、儀禮節要二十卷、鄭氏家儀無卷數

卷二十七·經部二十七·春秋類二
　　春秋本例二十卷、春秋例要一卷、[春秋集解三十卷]

原書册三

卷二十八·經部二十八·春秋類三
　　[春秋胡傳附錄纂疏三十卷]、春王正月考二卷、春秋鈎元〈無卷數〉、春秋大全七十卷

卷二十七·經部二十七·春秋類二
　　春秋本例二十卷、春秋例要一卷

卷三十二·經部三十二·孝經類
　　孝經問一卷二三五
　　孝經類存目
　　孝經本旨一卷、孝經句解一卷、孝經外傳二十二卷、孝經正誤一卷附録一卷、孝經宗旨一卷、孝經綱目十四卷、孝經通釋十卷

卷三十四·經部三十四·五經總義類存目
　　五經繹十五卷

卷三十五·經部三十五·四書類一
　　[論語正義二十卷]、論語義疏十卷、論語意原二卷、癸巳論語解十卷、癸巳孟子説七卷、四書集編二十六卷、孟子集疏十四卷

卷三十六·經部三十六·四書類二
　　[四書留書六卷]、四書近指二十卷、孟子師説無卷數

卷三十七·經部三十七·四書類存目
　　[經言枝指一百卷]、別本四書名物考二十四卷、[翼藝典略十卷]、讀大學中庸日録二卷、江漢書院講義十卷、四書説注厄詞十卷、四書順義解十九卷、四書就正録十九卷、四書晰疑無卷數、虹舟講義二十卷、四書句讀釋義十九卷、四書講義尊聞録二十卷、四書窮抄十六卷、古本大學解二卷、雜説八卷

卷三十八·經部三十八·樂類
　　古樂經傳五卷、古樂書二卷、竟山樂録四卷、聖諭樂本解説二卷、皇言定聲録八卷、李氏學樂録二卷、樂律表微八卷、律吕新論二卷、律吕闡微十卷

原書册四

卷四十·經部四十·小學類一
　　埤雅二十卷、爾雅翼三十二卷、駢雅七卷

卷四十一·經部四十一·小學類二
　　説文解字篆韻譜五卷、重修玉篇三十卷、汗簡三卷目録敘略一卷、佩觿三卷、群經音辨七卷、古文四聲韻五卷、[龍龕手鑑四卷]、六書故三十三卷、六藝綱目二卷、漢隸分韻七卷、六書本義十二卷、俗書刊誤十二卷、字彎四卷、隸辨八卷、篆隸

考異二卷

卷四十二·經部四十二·小學類三
　　奇字韻五卷、古音略例一卷、轉注古音略五卷、古音駢字一卷續編一卷

卷四十三·經部四十三·小學類存目一
　　六書指南二卷、摭古遺文二卷補遺一卷

卷四十四·經部四十四·小學類存目二
　　併音連聲字學集要四卷、交泰韻一卷、音聲紀元六卷、正韻彙編四卷、字學元元十卷、韻表無卷數

原書册五

卷五十四·史部十·雜史類存目三
　　平播始末二〈十〉卷、建文朝野彙編二十卷、明祖四大法十二卷、肅皇外史四十六卷、聖典二十四卷、倭患考原二卷、典故紀聞十八卷、使琉球錄二卷、遜國正氣紀二卷、嘉靖大政類編二卷、平巢事蹟考一卷、定保錄無卷數、蜀國春秋十八卷、先撥志始二卷、守汴日志一卷、[高廟紀事本末無卷數]、談往一卷、平叛紀二卷、平寇志十二卷、明倭寇始末一卷、見聞隨筆二卷、遜代陽秋二十八卷、二申野錄八卷、衡湘稽古五卷

卷五十五·史部十一·詔令奏議類
　　[胡端敏奏議十卷]、何文簡疏議十卷、諸臣奏議一百五十卷、歷代名臣奏議三百五十卷、名臣經濟錄五十三卷

卷五十六·史部十二·詔令奏議類存目
　　奏對稿十二卷、[奏對稿十二卷]、大儒奏議六卷、明疏議輯略三十七卷、嘉隆疏抄二十卷

卷六十二·史部十八·傳記類存目四
　　戰國人才言行錄十卷、鎮平世系記二卷、江右名賢編二卷、宗譜纂要一卷、貂璫史鑑四卷、[雲間志略二十四卷]①、歷朝璫鑑四卷、鹽梅志二十卷、漢唐宋名臣

---

① 按：據《四庫禁毀書叢刊》影印北京大學圖書館藏明天啟刻本著錄。

錄五卷、棲眞志四卷、開國臣傳十三卷、遜國臣傳五卷、獻徵錄一百二十卷、熙朝名臣實錄二十七卷、四侯傳四卷、歷代內侍考十卷、梅墟先生別錄二卷、明十六種小傳四卷、夥壞封疆錄一卷、東林點將錄一卷、東林籍貫一卷、東林同志錄一卷、東林朋黨錄一卷、天鑑錄一卷、盜柄東林夥一卷、事編內篇八卷、廉吏傳無卷數、歷代名臣芳躅二卷、聖學嫡派四卷、宰相守令合宙十三卷、毗陵人品記十卷、名世編八卷、安危注四卷、明表忠記十卷、壺天玉露四卷

卷六十三·史部十九·傳記類存目五
[孔庭神在錄八卷]、五朝三楚文獻錄十六卷、畿輔人物志二十卷、四朝人物略六卷、益智錄二十卷、顧氏譜系考一卷、檇李往哲續編一卷、金華徵獻略二十卷、松陵文獻十五卷、聖學知統錄二卷、聖學知統翼錄二卷、希賢錄五卷、洛學編四卷〈續編一卷〉、續表忠記八卷、二續表忠記八卷、天中景行集無卷數、伊洛淵源續錄二十卷、人瑞錄一卷、北學編四卷、修史試筆二卷、道學淵源錄一卷、節婦傳十五卷

卷六十四·史部二十·傳記類存目六
西征記一卷、華陽宮紀事一卷、乙巳泗州錄一卷、己酉避亂錄一卷、艮嶽記一卷、逢辰記一卷、勤王記一卷、西征道里記一卷、烏臺詩案一卷、客杭日記一卷、靖海編八卷、定變錄六卷、南征紀略二卷、李贄一卷、蜀道驛程記二卷、南來志一卷、北歸志一卷、秦蜀驛程後記二卷

原書冊六

卷六十五·史部二十一·史鈔類
通鑑紀事本末四十二卷、諸史提要十五卷、兩漢博聞十二卷、通鑑總類二十卷、春秋左氏傳事類始末五卷、十七史詳節二百七十三卷、古今紀要十九卷、春秋別典十五卷、左傳紀事本末五十三卷、南史識小錄八卷北史識小錄八卷
史鈔類存目
史記法語八卷、南朝史精語十卷、東漢精華十四卷、漢雋十卷、十八史略二卷、讀史備忘八卷、史略詳注補遺大成十卷、綵綫貫明珠秋縈錄一卷、廿二史記事提要八卷、[十八史略二卷]、春秋紀傳五十一卷、平播全書十五卷、[廿二史記事提要八卷]、[平播全書十五卷]、史要編十卷、左國腴詞八卷、太史華句八卷、兩漢雋言十六卷、春秋貫玉四卷、四史鴻裁四十卷、全史論贊八十卷、[廿二史記事提要八卷]、廿一史識餘三十七卷、史異編十七卷、[全史論贊八十卷]、[史異編十七卷]、左傳經世十卷、讀史蒙拾一卷、史緯三百三十卷、元史節要十四卷、[史緯三百三十卷]、兩晉南北集珍六卷、[元史節要十四卷]

卷六十六・史部二十二・載記類
　　吳越備史四卷補遺一卷、五國故事二卷

卷六十八・史部二十四・地理類一
　　景定嚴州續志十卷、至元金陵新志十五卷、延祐四明志〈二〉十七卷、齊乘六卷、長安志圖三卷、〈至正〉無錫縣志四卷、姑蘇志六十卷、武功縣志三卷、朝邑縣志二卷、嶺海輿圖一卷

卷六十七・史部二十三・時令類
　　［荊楚歲時記一卷］、歲時廣記四卷

原書册七

卷六十八・史部二十四・地理類一
　　元和郡縣志四十卷、太平寰宇記一百九十三卷、元豐九域志十卷、輿地廣記三十八卷、方輿勝覽七十卷、明一統志九十卷、吳地志一卷附後集一卷、長安志二十卷、新安志十卷、雍錄十卷、剡錄十卷、嘉泰會稽志二十卷〈會稽〉開慶續志八卷、嘉定赤城志四十卷、寶慶四明志二十一卷開慶續志十二卷、景定建康志五十二卷、［嶺海輿圖一卷］、吳興備志三十二卷、滇略十卷、歷代帝王宅京記二十卷、蕭山縣志刊誤三卷、關中勝蹟圖志三十二卷

卷六十九・史部二十五・地理類二
　　敬止集無卷數

卷七十・史部二十六・地理類三
　　［廬山記三卷附廬山紀略一卷］、澉水志八卷、赤松山志一卷、京口三山志十卷、西湖遊覽志二十四卷志餘二十六卷、慧山記三卷、鄧尉山志一卷、［洛陽伽藍記五卷］、洛陽名園記一卷、洞霄圖志六卷、汴京遺蹟志二十四卷、武林梵志十二卷、江城名蹟四卷

卷六十八・史部二十四・地理類一
　　［關中勝蹟圖志三十二卷］

卷六十九・史部二十五・地理類二
　　北河紀八卷紀餘四卷

卷七十·史部二十六·地理類三

　　[江城名蹟四卷]、[桂海虞衡志一卷]、禁扁五卷、歲華紀麗譜一卷附牋紙譜一卷蜀錦譜一卷、平江記事一卷、淞故述一卷、江漢叢談二卷、桂勝十六卷桂故八卷、益部談資三卷、蜀中廣記一百八卷、[增補武林舊事八卷]、顏山雜記四卷、閩小紀二卷、天府廣記四十四卷、營平二州地名記一卷、嶺南風物紀一卷、柳邊紀略五卷、金鰲退食筆記二卷、臺海使槎錄八卷、龍沙紀略一卷、東城雜記二卷、石柱記箋釋五卷

原書册八

卷七十一·史部二十七·地理類四

　　[諸蕃志二卷]、溪蠻叢笑一卷、安南志略十九卷、真臘風土記一卷

卷七十二·史部二十八·地理類存目一

　　新定九域志十卷、歷代地理指掌圖一卷

卷七十四·史部三十·地理類存目三

　　[湖南通志一百七十四卷]、澳門記略二卷

卷七十五·史部三十一·地理類存目四

　　[膠萊新河議一卷]、[西漢大河志五卷]、千金堤志八卷、潞水客談一卷、西漢大河志五卷、[東關圖一卷]、修攘通考四卷、四鎮三關志無卷數、九邊考十卷、海防圖論一卷、萬里海防圖說二卷、江防圖考一卷、江防考六卷、兩浙海防類考續編十卷、溫處海防圖略二卷、海防纂要十三卷、籌海重編十卷

卷七十六·史部三十二·地理類存目五

　　天台山志一卷、武夷山志十九卷、震澤編八卷、金山雜志一卷、雁山志四卷、衡嶽志十三卷、廬山紀事十二卷、玉華洞志六卷、羅浮山志會編二十二卷、羅浮山志十二卷、羅浮山志會編二十二卷、羅浮外史無卷數、惠陽山水紀勝四卷、西樵志六卷

卷七十七·史部三十三·地理類存目六

　　大滌洞天記三卷、故宮遺錄一卷、西嶽神祠事錄七卷、石湖志略一卷文略一卷、石鼓書院志四卷、淨慈寺志十卷、雲門志略五卷、白鷺洲書院志二卷、歷代山陵考一卷、廬陽客記一卷、蜀都雜抄一卷、閩部疏無卷數、秦錄一卷、[楚書一卷]、山東考古錄一卷、京東考古錄一卷、譎觚一卷、四州文獻摘鈔四卷、甌江逸志一卷、粵

述一卷、星餘筆記一卷

原書册九

卷九十一·子部一·儒家類一
　　申鑒五卷、中論二卷

卷九十三·子部三·儒家類三
　　[大學衍義補一百六十卷]、楓山語錄一卷、東溪日談錄十八卷、居業錄十二卷、泰泉鄉禮七卷、涇野子内篇二十七卷、周子抄釋三卷、張子抄釋六卷、二程子鈔釋十卷、[楊子折衷六卷]、世緯一卷、[呻吟語摘二卷]、小心齋劄記十六卷、[格物通一百卷]、楊子折衷六卷、甿記四卷、聖學宗要一卷學言三卷、人譜一卷〈類記二卷〉、留書別集二卷

卷九十四·子部四·儒家類四
　　太極圖說遺議一卷、正學隅見述一卷、思辨錄輯要三十五卷、[理學要旨無卷數]、性理譜五卷、紫陽大旨八卷、雙橋隨筆十二卷、讀朱隨筆四卷、三魚堂賸言十二卷、問學錄四卷、檢心集十四卷

卷九十三·子部三·儒家類三
　　呻吟語摘二卷

原書册一〇

卷九十六·子部六·儒家類存目二
　　後渠庸書一卷、同異錄二卷、心性書無卷數、遵道錄八卷、甘泉新論一卷、論學要語一卷洞語一卷接善編一卷人倫外史一卷、閑闢錄十卷、苑洛語錄六卷、原(願)學編二卷、近取編二卷、海樵子一卷、東石講學錄十一卷、心學錄四卷、大儒心學語錄二十七卷、性理群書集覽七十卷、三難軒質正無卷數、[群書歸正集十卷]、呻吟語六卷、呂語集粹四卷、呂子節錄四卷補遺二卷、呢言十卷、[道學正宗十八卷]、顧端文公遺書三十七卷附年譜一卷、聖學範圍圖無卷數、諸儒學案八卷、憲世編六卷、群書歸正集十卷、[聖學範圍圖無卷數]、性理備要十二卷、南雍誠臬淺言一卷、馮子節要十九(四)卷、殘本文華大訓箴解三卷、荷薪義八卷、[三難軒質正無卷數]、正學編二卷、經世碩畫三卷、思聰錄一卷、作師編一卷、人模樣一卷、傳習錄論述參一卷、巳未留二卷、性理綜要二十二卷、性理標題彙要二十二卷、家

誠要言一卷、讀書劄記四卷、弟經一卷

卷九十七·子部七·儒家類存目三
　　［溯流史學鈔二十卷］、閑道錄三卷、下學堂劄記三卷、大儒粹語二十八卷、會語支言四卷、性理大中二十八卷、憤助編二卷、體獨私鈔四卷、王劉異同五卷、學術辨一卷、信陽子卓錄八卷、王學質疑一卷附錄一卷

卷九十八·子部八·儒家類存目四
　　［健餘先生講習錄二卷］①、載道集六十卷、恥亭遺書十卷、棉陽學準五卷、女學六卷

卷九十九·子部九·兵部類
　　［兩浙兵制四卷］

卷一百·子部十·兵部類存目
　　西番事蹟一卷、海寇議一卷、塞語一卷、備倭記二卷、將將紀二十四卷、運籌綱目八卷決勝綱目十卷、［古今將略四卷］、嶺西水陸兵紀二卷、［嶺南客對一卷］、左氏兵略三十二卷、類輯練兵諸書十八卷、火器圖一卷、古今兵鑑三十五卷、兵機類纂三十二卷、廣名將譜十七卷、［備倭記二卷］

卷九十九·子部九·兵部類
　　兩浙兵制四卷

原書册一一

卷一百一·子部十一·法家類
　　管子二十四卷

卷一百二·子部十二·農家類
　　［齊民要術十卷］、農書三卷附蠶書一卷、農桑輯要七卷、［野菜博錄四卷］

卷一百二·子部十二·農家類存目
　　耒耜經一卷、耕織圖詩無卷數、經世民事錄十二卷、野菜譜一卷、農說一卷、學

---

①　按：據《四庫禁燬書叢刊補編》影印中國國家圖書館藏清乾隆敢崇堂刻本著錄。

圃雜疏一卷、群芳譜三十卷、汝南圃史十二卷、花史左編二十七卷、別本農政全書四十六卷、花史十卷、沈氏農書一卷、倦圃蒔植記三卷、梭山農譜三卷、北墅抱甕錄一卷、豳風廣義三卷、名花譜一卷

卷一百三・子部十三・醫家類一
　　［太平惠民和劑局方十卷］、衛生十全方三卷奇疾方一卷

卷九十三・子部三・儒家類三
　　［二程子鈔釋十卷］

卷一百四・子部十四・醫家類二
　　局方發揮一卷、金匱鈎元三卷、仁端錄十六卷、保嬰撮要八卷、薛氏醫案七十八卷、鍼灸問對三卷、外科理例七卷附方一卷、［醫門法律十二卷附寓意草四卷］、張氏醫通十六卷、傷寒纘論二卷緒論二卷、本經逢原四卷、診宗三昧一卷、傷寒舌鑑一卷、傷寒兼證析義一卷、絳雪園古方選注三卷附得宜本草一卷、續名醫類案六十卷、神農本草經百種錄一卷、蘭臺軌範八卷、傷寒類方一卷、醫學源流論二卷

卷一百五・子部十五・醫家類存目
　　［崔真人脈訣一卷］、東垣十書二十卷、珍珠囊指掌補遺藥性賦四卷、傷寒心鏡一卷、傷寒心要一卷、醫方選要十卷、袖珍小兒方十卷、安老懷幼書四卷、醫學管見一卷、神應經一卷、醫開七卷、醫史十卷、馬師津梁八卷

原書册一二

卷一百六・子部十六・天文算法類一
　　新法算書一百卷、測量法義一卷測量異同一卷勾股義一卷、渾蓋通憲圖說二卷、圜容較義一卷、乾坤體義二卷、表度說一卷、簡平儀說一卷、天問略一卷、歷體略三卷、天官翼無卷數、曉庵新法六卷、中星譜無卷數、天經或問前集無卷數、天學會通一卷、天步真原一卷、曆算全書六十卷、大統書志十七卷、勿庵曆算書記一卷、中西經星同異考一卷、莊氏算學八卷、全史日至源流三十二卷、算學八卷續一卷

卷九十五・子部五・儒家類存目一
　　家語正義十卷

原書册一三

卷一百七・子部十七・天文算法類二

　　數術記遺一卷、九章算術九卷、海島算經一卷、孫子算經三卷、張邱建算經三卷、五曹算經五卷、五經算術二卷、夏侯陽算經三卷、緝古算經一卷、[數學九章十八卷]、測圓海鏡十二卷、益古演段二卷、測圓海鏡分類釋術十卷、弧矢算術一卷、幾何原本六卷、幾何論約七卷、數學鑰六卷、少廣補遺一卷、九章録要十二卷、[礪庵槧一卷]、天經或問後集無卷數、璇璣遺述七卷、秦氏七政全書無卷數、曆算叢書六十二卷、萬青樓圖編十六卷、八線測表圖説一卷、算法統宗十七卷、勾股述二卷、隱山鄙事四卷、圍徑真旨無卷數

卷一百八・子部十八・術數類一

卷一百九・子部十九・術數類二

　　星命溯源五卷、[星命溯源五卷]、易林十六卷、京氏易傳三卷、靈棋經二卷、六壬大全十二卷、徐氏珞琭子賦注二卷、珞琭子三命消息賦注二卷、通元五星論無卷數、三命指迷賦一卷、演禽通纂二卷、星學大成十卷、三命通會十二卷、月波洞中記二卷、[遁甲演義二卷]、太乙金鏡式經十卷、禽星易見一卷

原書册一四

卷一百十一・子部二十一・術數類存目二

　　[六壬兵占二卷]、皇極數三卷、皇極生成鬼經數一卷、九天元妙課一卷、易占經緯四卷、籤易一卷、周易懸鏡十卷、大易通變六卷、易數總斷無卷數、易冒十卷、相掌金龜卦一卷、貴賤定格三世相書一卷、易衍二卷、貴賤定格五行相書一卷、五星要録無卷數、[百中經無卷數]、呂氏摘金歌無卷數、五曜源流二卷、五星考三卷

卷一百十二・子部二十二・藝術類一①

　　[法書考八卷]、圖繪寶鑑五卷續編一卷

卷一百十三・子部二十三・藝術類二

　　書史會要九卷補遺一卷續編一卷、珊瑚木難八卷、鐵網珊瑚十六卷、墨池瑣録

---

① 按：本卷存二葉，版心無卷次、部類、頁碼，分類據殿本《總目》。

四卷、〔繪事微言四卷〕、書法雅言一卷、寒山帚談二卷拾遺一卷附錄一卷、琴史六卷、松絃館琴譜二卷、松風閣琴譜二卷附抒懷操一卷、琴旨二卷

卷一百十五・子部二十五・譜錄類一
　　〔墨譜三卷〕、〔硯史一卷〕、硯譜一卷、墨經一卷、歙硯說一卷辨歙石說一卷、端溪硯譜一卷、硯箋四卷、墨史二卷、墨法集要一卷、奇器圖說三卷諸器圖說一卷、香譜二卷、香譜四卷、香乘二十八卷、熬波圖無卷數、茶經三卷、煎茶水記一卷、茶錄二卷、品茶要錄一卷、宣和北苑貢茶錄一卷附北苑別錄一卷、東溪試茶錄一卷、續茶經三卷附錄一卷、北山酒經三卷、酒譜一卷、糖霜譜一卷、南方草木狀三卷、竹譜一卷、筍譜一卷、益部方物略記一卷、洛陽牡丹記一卷、荔枝譜一卷、揚州芍藥譜一卷、劉氏菊譜一卷、橘錄三卷、史氏菊譜一卷、范村梅譜一卷、范村菊譜一卷、金漳蘭譜三卷、菌譜一卷、百菊集譜六卷菊史補遺一卷、海棠譜三卷、禽經一卷、異魚圖贊補三卷閏集一卷、〔異魚圖贊箋四卷〕、雲林石譜三卷、異魚圖贊箋四卷、〔雲林石譜三卷〕

原書冊一五

卷一百十六・子部二十六・譜錄類存目
　　銅劍讚一卷、別本考古圖十卷、燕几圖一卷、紹興內府古器評二卷、古玉圖譜一百卷、泉志十五卷、百寶總珍集十卷、古奇器錄一卷、蟫衣生劍記一卷、劍筴二十七卷、古器具名二卷附古器總說一卷、分宜清玩譜一卷、槎居譜一卷、歙硯志三卷、程氏墨苑十二卷、方氏墨譜六卷、文苑四先生集四卷、雪堂墨品一卷、漫堂墨品一卷、曹氏墨林二卷、冠譜一卷、冠圖一卷、汝水巾譜一卷、蝶几譜一卷、香國三卷、焦山古鼎考一卷、水品二卷、茶寮記一卷、煮泉小品一卷、茶約一卷、別本茶經三卷、茶董二卷、茗笈二卷、茗史二卷、茶疏一卷、湯品無卷數、茶史二卷、酒譜一卷、酒史六卷、觴政一卷、酒概四卷、疏食譜一卷、飲膳正要三卷、易牙遺意二卷、飲食須知八卷、饌史一卷、天廚聚珍妙饌集一卷、居常飲饌錄一卷、酒部彙考十八卷、唐昌玉蘂辨証一卷、天彭牡丹譜一卷、蘭譜一卷、蘭易一卷附錄蘭易十二翼一卷蘭史一卷、亳州牡丹志一卷、牡丹史四卷、永昌二芳記三卷、瓊花譜一卷、香雪林集二十六卷、澹圃芋紀一卷、瓶花譜一卷、筍梅譜二卷、荔支通譜十六卷、花裏活三卷、箋卉一卷、蓺菊志八卷、竹譜一卷、茶花譜三卷、苔譜六卷、禽蟲述一卷、蟫衣生馬記一卷、虎薈六卷、蟲天志十卷、畫眉筆談一卷、烏衣香牒四卷春駒小譜二卷、蛇譜一卷、晴川蟹錄四卷後錄四卷、素園石譜四卷、石品二卷、怪石贊一卷、漢甘泉宮瓦記一卷、觀石後錄一卷

原書册一六

卷一百十八·子部二十八·雜家類二
　　[白虎通義四卷]、風俗通義十卷附錄一卷、獨斷二卷、示兒編二十三卷、蘆浦筆記十卷、野客叢書三十卷附野老記聞一卷、坦齋通編一卷、愛日齋叢抄五卷、考古質疑六卷、[鼠璞一卷]、朝野類要五卷、困學紀聞二十卷

原書册一七

卷一百二十三·子部三十三·雜家類七
　　都氏鐵網珊瑚二十卷、竹嶼山房雜部三十二卷、遵生八牋十九卷、清秘藏二卷、[七頌堂識小錄一卷]、意林五卷、自警編九卷、琴堂諭俗編二卷、言行龜鑑八卷、說郛一百二十卷、[玉芝堂談薈三十六卷]、儼山外集三十四卷、[古今說海一百四十二卷]

卷一百三十五·子部四十五·類書類一
　　白孔六帖一百〈六〉卷、小名錄二卷、[事類賦三十卷]、太平御覽一千卷、[雞肋一卷]、小字錄一卷補錄六卷、翰苑新書前集七十卷後集上二十六卷後集下六卷別集十二卷續集四十二卷

卷一百三十六·子部四十六·類書類二
　　[諸史同異六十八卷]①、清異續錄三卷、元明事類鈔四十卷、格致鏡原一百卷、行年錄無卷數

卷一百三十七·子部四十七·類書類存目一
　　永樂大典二萬二千八百七十七卷目錄六十卷

卷一百三十九·子部四十九·類書類存目三
　　同姓名錄八卷、古事苑十二卷、石樓臆編五卷、五經類編二十八卷、同人傳四

---

①　本篇提要沈文失收，殘存內容爲：……季楊行密殺朱延壽一事，既見於"義"，復見於"智"之類，頗爲複出。又載李氏家中"有聲若黃牛吼，自外入竈下來"，以其家瑣屑異聞攙入諸史，亦近不經。然其配合切當，掇拾精詳，如璧合珠聯，悉歸經緯，於考古者頗亦有神。至若"忠見後史"一條，載前史所漏略者，自《漢書》至《元史》共三十六事，此類尤爲讀書得間，非穿穴功深，必不能貫串如此也。

卷、古事比五十三卷、政典彙編八卷、典引輯要十八卷、根黃集十卷、三體摭韻十二卷、文獻通考節貫十卷、考古略八卷

卷一百四十六・子部五十六・道家類
　　老子說略二卷

卷一百四十・子部五十・小說家類一
　　世說新語三卷、朝野僉載六卷

卷一百四十一・子部五十一・小說家類二
　　鐵圍山叢談六卷、春渚記聞十卷、國老談苑二卷、道山清話一卷、墨客揮犀十卷、唐語林八卷、楓窗小牘二卷、侯鯖錄八卷、東軒筆錄十五卷、萍洲可談三卷、泊宅編三卷、珍席放談二卷、高齋漫錄一卷、默記三卷、揮麈前錄四卷後錄十一卷第三錄三卷餘話二卷

原書冊一八

卷一百四十一・子部五十一・小說家類二
　　［揮麈前錄四卷後錄十一卷第三錄三卷餘話二卷］、玉照新志六卷、投轄錄一卷、張氏可書一卷、聞見前錄二十卷、清波雜志十二卷別志二卷、雞肋編無卷數、聞見後錄三十卷、中吳紀聞六卷、北窗炙輠錄一卷、南窗記談一卷、過庭錄一卷、步里客談二卷、獨醒雜志十卷、耆舊續聞十卷、東南記聞三卷、四朝聞見錄五卷、癸辛雜識前集一卷後集一卷續集二卷別集二卷、隨隱漫錄五卷、歸潛志十四卷、吳中舊事一卷、小(山)房隨筆一卷、山居新話四卷、遂昌雜錄一卷、輟耕錄三十卷、水東日記三十八卷、菽園雜記十五卷、先進遺風二卷、觚不觚錄一卷、何氏語林三十卷、［侯鯖錄八卷］、泊宅編三卷

卷一百四十二・子部五十二・小說家類三
　　［博物志十卷］、西京雜記六卷、述異記二卷、酉陽雜俎二十卷續集十卷、雲仙雜記十卷、清異錄二卷

卷一百四十六・子部五十六・道家類
　　［老子說略二卷］、關尹子一卷、亢倉子注九卷、元真子一卷附天隱子一卷、悟真篇注疏三卷附直指詳說一卷、古文龍虎經注疏三卷

卷一百四十七子部五十七·道家類存目
　　華山志一卷、元學正宗二卷、爐火監戒錄一卷、海瓊傳道集一卷

卷一百十八·子部二十八·雜家類二
　　［困學紀聞二十卷］、識遺十卷

卷一百十九·子部二十九·雜家類三
　　藝彀三卷彀補一（三）卷、筆精八卷、［拾遺錄一卷］、名義考十二卷、日知錄三十二卷、義府二卷、藝林彙考二十四卷、［畏壘筆記四卷］

卷一百二十一·子部三十一·雜家類五
　　嬾真子五卷、辨言一卷、墨莊漫錄四卷、寓簡十卷、［雲麓漫鈔十五卷］、游宦紀聞十卷、密齋筆記五卷續記一卷、［老學庵筆記十卷續筆記二卷］、桯史十五卷、石林燕語十卷附考異一卷、［紫微雜說一卷］、［桯史十五卷］、愧郯錄十五卷、袪疑說一卷、鶴林玉露十六卷

卷一百二十二·子部三十二·雜家類六
　　雪履齋筆記一卷、樂郊私語一卷、霏雪錄無卷數（二卷）、蠹海集一卷、［餘冬序錄六十五卷］、雨航雜錄二卷、戒庵漫筆八卷、採芹錄四卷、畫禪室隨筆四卷、六研齋筆記四卷二記四卷三記四卷、物理小識十二卷

原書册一九

卷一百四十八·集部一·別集類一
　　揚子雲集六卷、何水部集一卷

卷一百四十九·集部二·別集類二
　　東皋子集三卷、寒山子詩集一（二）卷附豐干拾得詩一卷、王子安集十六卷、［杜詩攟四卷］、杜詩詳注二十五卷附編二卷、類箋王右丞集十卷附文集四卷

卷一百五十·集部三·別集類三
　　［五百家注音辨柳先生文集二十一卷外集二卷新編外集一卷龍城錄二卷附錄八卷］、增廣注釋音辯柳集四十三卷、李文公集十八卷

卷一百五十一·集部四·別集類四
　　［温飛卿集箋注九卷］、梨岳集一卷附録一卷、皮子文藪十卷

卷一百五十二·集部五·別集類五
　　宋元憲集四十卷、［河南集二十七卷］、孫明復小集一卷、徂徠集二十卷、蔡忠惠集三十六卷、［古靈集二十五卷］、傳家集八十卷、清獻集十卷

卷一百五十三·集部六·別集類六
　　［錢塘集十四卷］、陳副使詩一卷、净德集三十八卷

卷一百五十四·集部七·別集類七
　　［東坡全集一百十五卷］、施注蘇詩四十二卷東坡年譜一卷王注正譌一卷蘇詩續補遺二卷、補注東坡編年詩五十卷、欒城集五十卷欒城後集二十四卷欒城第三集十卷應詔集十二卷、山谷内集三十卷别集二十卷外集十四卷（外集十四卷別集二十卷）詞一卷簡尺二卷年譜三〈十〉卷〈附伐檀集二卷〉、山谷内集注二十卷外集注十七卷別集注二卷、［青山集三十卷本續集七卷］、畫墁集八卷

卷一百五十六·集部九·別集類九
　　西渡集二卷補遺一卷〈附洪龜父詩一卷洪駒父詩一卷〉、老圃集二卷、石林居士建康集八卷、簡齋集十〈五〉卷

卷一百五十七·集部十·別集類十
　　［鄱陽集四卷］、澹齋集十八卷、韋齋集十二卷附玉瀾集一卷

卷一百五十八·集部十一·別集類十一
　　嵩山居士集五十四卷、志道集一卷、默堂集二十二卷、知稼翁集二卷、唯室集四卷附錄一卷、［于湖集四十卷］、太倉稊米集七十卷

原書册二〇

卷一百六十·集部十三·別集類十三
　　乾道稿一卷淳熙稿二十卷章泉稿五卷、雙溪集二十七卷、止堂集二十卷、劍南詩稿八十五卷、南湖集十卷

卷一百六十一·集部十四·別集類十四
　　［後樂集二十卷］、竹齋詩集四卷、華亭百詠一卷、梅山續稿十七卷

卷一百六十三·集部十六·別集類十六
　　［後村集五十卷］、瓊琯集十二卷、澗泉集二十卷

卷一百六十四·集部十七·別集類十七
　　［文山集二十一卷］、文信公集杜詩四卷

卷一百六十六·集部十九·別集類十九
　　松鄉文集十卷、［還山遺稿二卷附錄一卷］、魯齋遺書八卷附錄二卷、静修集三十卷、［秋澗集一百卷］、雪樓集三十卷

卷一百六十八·集部二十一·別集類二十一
　　［鹿皮子集四卷］、林外野言二卷、傲軒吟稿一卷

卷一百七十·集部二十三·別集類二十三
　　［蘭庭集二卷］、廖恭敏佚稿一卷、古穰集三十卷

卷一百七十一·集部二十四·別集類二十四
　　［劉清惠集十二卷］、垂光集二卷、東田遺稿二卷、沙溪集二十三卷、洹詞十二卷、梅國集四十一卷、莊渠遺書十二卷、儼山集一百卷續集十卷、迪功集六卷附談藝錄一卷、鄭少谷集二十五卷、太白山人漫稿八卷、苑洛集二十二卷

卷一百七十二·集部二十五·別集類二十五
　　四溟集十卷、蠛蠓集五卷、壯遊編三卷、亦爲堂集四卷、小辨齋偶存八卷附事定錄三卷、敬亭集十卷補遺一卷附錄一卷

原書册二一

卷一百七十三·集部二十六·別集類二十六
　　梅村集四十卷、湯子遺書十卷、兼濟堂文集二十卷、學餘堂文集二十八卷詩集五十卷外集二卷、志壑堂詩十五卷、闇修齋稿無卷數、忠貞集十卷、愚庵小集卷五（十）卷、二曲集二十二卷、陳士業全集十六卷、聰山集十四卷、蒿庵集三卷、安静子集十三卷、抱犢山房集六卷、文端集四十六卷、西河文集一百七十九卷、陳檢討

四六二十卷、蓮洋詩鈔十卷、完玉堂詩集十卷、耿巖文選無卷數、古懽堂集三十六卷附黔書二卷長河志籍考十卷、樂圃詩集七卷、榕村集四十卷、三魚堂文集十二卷外集六卷附錄一卷、耐俗軒詩集三卷、鬲津草堂詩集無卷數、因園集十三卷、馮舍人遺詩六卷、懷清堂集二十卷、于希堂文集十二卷、[存硯樓文集十六卷]、蓄齋初集十六卷二集十卷、笠洲文集十卷、香屑集十八卷、金管集一卷、鹿洲初集二十卷、樊榭山房集二十卷、果堂集十二卷

卷一百七十四・集部二十七・別集類存目一
　　樊紹述集注二卷、香山詩鈔二十卷、玉川子詩集注五卷、西崑發微三卷、李長吉歌詩彙解五卷、豐溪存稿一卷、范文正公尺牘三卷、別本公是集六卷、居士集五十卷、歐陽遺粹十卷、別本蘆川歸來集六卷、陳文正公集十三卷

卷一百七十五・集部二十八・別集類存目二
　　淡軒稿十二卷補遺一卷、吳竹坡文集五卷詩集二十八卷、西征集無卷數、半江集十五卷、柴墟齋集十五卷

卷一百七十六・集部二十九・別集類存目三
　　[白石野稿十七卷]、水南稿十九卷、周恭肅集十六卷、樗林摘稿三卷附錄一卷、未齋集二十二卷、鈐山堂集三十五卷、洹詞別本十七卷附錄四卷、甘泉集三十二卷、白沙詩教解十卷詩教外傳五卷、石川集四卷附集一卷、孟有涯集十七卷、寶制堂私錄二卷、玉巖集九卷附錄一卷

原書册二二

卷一百七十八・集部三十一・別集類存目五
　　石西集八卷附崇禮堂詩一卷、石盂集十七卷、石門詩集一卷、東厓遺集三卷、[小漁遺稿十二卷]、春煦軒集十二卷、春明稿十四卷、徐氏海隅集四十卷、李子田文集四卷、馬文莊集選十五卷、近溪子文集五卷、愧非集十四卷、震堂集六卷、潛學稿十二卷、耿天臺文集二十卷、[賜閒堂集四十卷]、王文肅集五十二卷附錄二卷、觀我堂摘稿十二卷、敬和堂集八卷、玉介園存稿十八卷附錄四卷、長水文鈔無卷數、衛陽集十四卷、海亭集四卷、覆瓿草六卷、天池草二十六卷、許文穆公集二十卷、文穆集六卷、謝山存稿十卷、萬一樓集五十五卷續集六卷外集十卷、震川文集初本三十二卷、俞仲蔚集二十四卷、說劍齋別梓無卷數、天隱子遺稿十七卷、汪山人集十八卷、大鄣山人集五十三卷、何翰林集二十二卷、芸暉館稿十四〈三〉卷、兔園草六卷、黃說仲詩草十八卷、被褐先生稿十七卷、童子鳴集六卷、松韻堂集十二

卷、王世周集二十卷、吳越游八卷、涉江詩選七卷、翏翏集四十卷、江山人集七卷、王校書全集四十二卷、尚元草八卷詠物詩二卷、少嶽集四卷、石谿詩稿六卷、蛣蜣集八卷、[隆池山樵集二卷]、甲秀園集四十七卷、止止堂集五卷、句漏集四卷、赤城集三卷、卯洞集四卷、傅山人集三卷、包參軍集六卷、滄漚集八卷、栗齋文集十一卷、檗庵集三(二)卷、湛然堂詩稿無卷數、孫孝子文集二十卷、龜川詩集四卷、田子藝集二十一卷、[龜川詩集四卷]、田子藝集二十一卷、方建元詩集十二卷續集一卷、[石西集八卷附崇禮堂詩一卷]

卷一百八十·集部三十三·別集類存目七
　　太古堂集二卷、泊水齋文鈔三卷

卷一百七十八·集部三十一·別集類存目五
　　[東厓遺集三卷]、儗寮集一卷、松菊堂集二十四卷

卷一百八十·集部三十三·別集類存目七
　　[漆園卮言二十四卷]、銅馬編二卷、許靈長集無卷數、無欲齋詩鈔一卷、讀書堂稿十二卷、明德堂文集二十六卷、建霞樓詩集二十一卷、逸園新詩一卷詠懷詩一卷、平山堂詩集三卷、文敏遺集三卷、蘭雪堂集八卷、月湖草六卷、豐麓集七卷、簡齋集十五卷、春浮園文集二卷詩集一卷附春浮園偶錄二卷南歸日錄一卷汴游一卷日涉錄一卷蕭齋日記一卷、博望山人稿二十卷、青來閣合集二十卷、賜餘堂集十卷、陳靖質集六卷、蘧園集十卷、劍津集八卷附冶園暇筆一卷、白下集十一卷、高素齋集二十九卷、黃淳父集二十四卷、元蓋副草二十卷、汲古堂集二十六卷、皆非集二卷附一枝軒吟草一卷、[石秀齋集十卷]、段黃甫詩稿無卷數、靜嘯齋存草十二卷、汪遺民詩一卷、環翠堂坐隱集選四卷、笑拙墅稿一卷、古雪齋近稿一卷、蔯堂集十卷、江皋吟一卷、潘象安詩集四卷、素翰堂文集八卷、中弇山人稿五卷、[天啟宮中詞一卷]、曲洞遺稿十五卷、炳燭齋集無卷數、齋志齋集十卷、聖雨齋集十三卷、玩梅亭詩集二卷、叢桂堂全集四卷詩集四卷、吳非熊集八卷、宗伯文集十六卷、隴首集一卷、瑤光閣集十三卷、涂子一杯水五卷、更生吟無卷數、章格庵遺書五卷、紋山集十六卷、鶴和篇三卷、花王閣賸稿一卷、雅似堂文集十卷詩集三卷、文嘻堂詩集三卷、小寒山詩文合集二十九卷、心遠堂集二十卷、野獲園集二卷、梧叟集十三卷、懸榻編六卷

　　　　　原書册二三

卷一百八十一·集部三十四·別集類存目八
　　[灌研齋集四卷]、用六集十二卷

卷一百七十八·集部三十一·別集類存目五

　　黃說仲詩草十八卷、被褐先生稿十七卷、童子鳴集六卷、松韻堂集十二卷、王世周集二十卷、吴越游八卷、涉江詩選七卷、翏翏集四十卷、江山人集七卷、尚元草八卷咏物詩二卷、少嶽集四卷、蛣蜣集八卷、[滄漚集八卷]、栗齋文集十一卷、壁庵集二卷、湛然堂詩稿無卷數、孫孝子文集二十卷、龜川詩集四卷、田子藝集二十一卷

卷一百八十一·集部三十四·別集類存目八

　　九山游草一卷、梅花百詠一卷、二槐草存無卷數、直木堂詩集七卷、南耕草堂詩稿無卷數、南雷文定十一卷文約四卷、紫峰集十四卷、白茅堂集四十六卷、溉堂前集九卷續集六卷後集六卷詩餘二卷、五公山人集十四卷、雲龕遺稿一卷、茂綠軒集四卷、芋庵二集十二卷、水田居士文集五卷、藕灣全集二十九卷、[東苑文鈔二卷詩鈔一卷]、小匡文鈔四卷、蕊雲集一卷晚唱一卷、學園集六卷續編〈二〉卷、榆墩集選文九卷詩二卷、筠谿集七卷、橘苑詩抄十一卷、冬關詩鈔六卷、[熊學士詩文集三卷]、湯潛庵文集節要八卷、寶綸堂集五卷、漫餘草一卷、循寄堂詩稿無卷數、鶴静堂集十九卷、貽清堂集十三卷補遺四卷、願學堂集二十卷、月巖集五卷、容庵詩集十卷辛卯集一卷

卷一百八十二·集部三十五·別集類存目九

　　[萊山堂集八卷遺稿五卷]、杲堂文鈔六卷詩鈔七卷、魏伯子文集十卷

卷一百八十三·集部三十六·別集類存目十

　　雙溪草堂詩集十卷附遊西山詩一卷、老雲齋詩删十卷、馮舍人遺詩六卷、居業齋文集二十卷別集十卷、艾納山房集五卷、德星堂文集八卷續集一卷河工集一卷詩集五卷、素嚴文稿二十六卷、周廣庵全集三十八卷、奉使滇南集無卷數、嶺南二紀二卷、正誼堂集十二卷、愛日堂詩二十七卷、鶴侶齋集三卷、寶宸堂集四卷、倚雲閣詩集一卷、岈老編年詩鈔十三卷、崑崙山房集三卷、冐津草堂詩集無卷數、匡山集六卷、綺樹閣稿一卷、箐庵遺稿一卷、耐俗軒詩集三卷、一溉堂詩集一卷、尋壑外言五卷、陽山詩集十卷、黄葉邨莊詩集十卷、白漊文集四卷、璇璣碎錦二卷、强恕堂詩集八卷、芙蓉集十七卷、不礙雲山樓稿無卷數、重知堂詩二卷、寵壽堂詩集三十卷

卷一百八十二·集部三十五·別集類存目九

　　魏季子文集十六卷、魏興士文集六卷、耕廡文稿十卷、爲谷文稿八卷、孔天徵文集無卷數、懷葛堂文集十五卷、草亭文集一卷、孔鍾英集十卷、孔惟敍集六卷、江泠閣詩集十四卷、江泠閣文集四卷續集二卷、懷舫集三十六卷、秋水集十六卷、偶

然云集十卷

卷一百八十三·集部三十六·別集類存目十

一溉堂詩集一卷、尋壑外言五卷、陽山詩集十卷、黃葉邨莊詩集十卷、白漊文集四卷、璇璣碎錦二卷、强恕堂詩集八卷、芙蓉集十七卷、不礙雲山樓稿無卷數、重知堂詩二卷、寵壽堂詩集三十卷、雲庵詩存二卷

卷一百八十四·集部三十七·別集類存目十一

十峰集五卷、蓬莊詩集六卷、雄雉齋選集六卷、青溪詩偶存十卷、退谷文集十五卷詩集七卷、圭美堂集二十六卷

卷一百八十五·集部三十八·別集類存目十二

蔗尾詩集十五卷文集二卷、健餘詩草三卷、樹人堂詩七卷、涵有堂詩文集四卷、南陔堂詩集十二卷、己山文集十卷別集四卷、江聲草堂詩集八卷、謙齋詩稿二卷補遺一卷、司業文集四卷、[明史雜詠四卷]、絳跗閣詩稿十一卷、賜書堂詩選八卷、小山全稿二十卷、松源集無卷數、金管集一卷、春及堂詩集四十三卷、四焉齋詩集六卷附梯仙閣餘課一卷拂珠樓偶鈔二卷、[寒玉屏集二卷碎金集二卷]、荻翁集六卷、薪樗集四卷、璞堂文鈔十一卷、禹門集四卷

卷一百八十六·集部三十九·總集類一

[三劉家集一卷]、二程文集十三卷附錄二卷、宋文選三十二卷

原書册二四

卷一百八十九集部四十二·總集類四

元音十二卷、風林類選小詩一卷、雅頌正音五卷

卷一百九十·集部四十三·總集類五

明文海四百八十二卷、唐賢三昧集三卷、二家詩選二卷、唐人萬首絕句選七卷、明詩綜一百卷、宋詩鈔一百六卷、宋元詩會一百卷、粵西詩載二十五卷粵西文載七十五卷粵西叢載三十卷

卷一百九十一·集部四十四·總集類存目一

[唐詩說二十一卷]、元朝野詩集無卷數、尺牘筌蹄三卷、武彝山詩集一卷、庚辛唱和詩一卷、靜安八咏詩集一卷、殘本諸儒奧論策學統宗二十卷、贈言小集一卷

卷一百九十二·集部四十五·總集類存目二
　　[二戴小簡二卷]、振鷺集一卷、聯句私抄四卷、古黃遺蹟集一卷、文翰類選大成一百六十三卷、古括遺芳四卷、宸章集錄一卷、翊學詩一卷、詩學正宗十六卷、明文範六十六卷、四明風雅四卷、樂府原十五卷、金石文七卷、六朝聲偶七卷、五十家唐詩無卷數、麻姑集十二卷、武夷遊詠一卷、驪珠隨錄五卷

卷一百九十三·集部四十六·總集類存目三
　　嵩少集四卷、古文輯選六卷、中原文獻二十四卷、三忠文選三卷、世玉集選二卷、小孤山詩集一卷、四六類編十六卷、明文雋八卷、明百家詩選三十四卷、[史漢文統十五卷]、南國(園)五先生集二卷、三忠文選十六卷、小瀛洲社詩六卷、成氏詩集五卷、玉臺文苑八卷續玉臺文苑四卷

卷一百九十五·集部四十八·詩文評類一
　　對床夜語五卷、草堂詩話二卷、文章精義一卷、竹莊詩話二十四卷、浩然齋雅談三卷、詩林廣記前集十卷後集十卷

卷一百九十八·集部五十一·詞曲類一
　　[樂章集一卷]、壽域詞一卷、六一詞一卷、哄堂詞一卷、逃禪詞一卷

卷一百九十九·集部五十二·詞曲類二
　　[詞綜三十四卷]、十六家詞三十九卷、顧曲雜言一卷、中原音韻二卷、[詞話二卷]、詞苑叢談十二卷、詞律二十卷、[中原音韻二卷]

卷二百·集部五十三·詞曲類存目
　　後山詞一卷、近體樂府一卷、白石詞集一卷、朝野新聲太平樂府八卷、[碧山樂府五卷]

　　　　　　　　　　　　　　　　　　羅毅峰　上海科學技術文獻出版社　編輯

誦芬室叢刻本《鐵琴銅劍樓藏書目録》的文化意義

葉憲允

常熟古里鐵琴銅劍樓是晚清全國四大藏書樓之一,因其藏書珍貴富足而揚名中外。《鐵琴銅劍樓藏書目録》自瞿鏞始編,經三代歷五十餘年之艱辛努力而成稿並開雕刻印,至清光緒二十四年(1898)終告問世。《鐵琴銅劍樓藏書目録》還有1897年武進董康誦芬室叢刻本,折射出中國近現代史以及當代史的進程,是藏書文化的興衰起伏的生動體現。

一、《鐵琴銅劍樓藏書目録》的艱辛與新生

中華文化有五千年文明史,文明的中心有明顯的遷移路綫,先是夏商周時期的中原地帶,然後是秦漢時期的關中地帶,再就是唐宋時期的中原地帶。宋以來,文化經濟中心南移,江南以及長三角成爲中國最耀眼的地域。歷代人民與文人在思想情感以及詩文歌賦、琴棋書畫中反復塑造孕育了江南意象,具有無比豐富的内涵以及美不勝收的意藴。這其中就包括了藏書文化。單常熟一地,歷史上就有明末清初毛晉的汲古閣、錢謙益的絳雲樓、錢曾的述古堂,嘉、道年間,陳揆的稽瑞樓、張金吾的愛日精廬、瞿紹基的恬裕齋。此外,常熟産生了聞名天下的藏書樓鐵琴銅劍樓,其風流文雅與藏書實績,也見證了中國由衰到盛的歷史過程,瞿氏一族五代人前仆後繼的艱苦卓絶更是中華民族自强不息、艱苦奮鬥精神的生動體現。

瞿紹基(1772—1836),字厚培,號蔭棠,堂號恬裕齋。廩貢生。曾任陽湖縣學訓

導,不一年即卸任返鄉,並終身不出仕。性好藏書,廣購四部,旁搜金石,歷十年,積書十萬餘卷,收藏多宋元善本,奠定了鐵琴銅劍樓的藏書基礎。瞿紹基實際上是鐵琴銅劍樓的第一代樓主。鐵琴銅劍樓之名得於紹基之子瞿鏞。瞿氏於紹基時,嘗得鐵琴銅劍,俱遠古之物,後來瞿鏞遂以之名其藏書樓。而恬裕齋之名,後因犯光緒帝之名諱,改名爲敦裕齋,反鮮爲人知。瞿鏞(1794—1846),字子雍,貢生。受其父影響,益嗜收藏。其時"海宇升平,江表無事。於是大江南北,浙水東西,書賈雲萃,自前明暨國初以來諸家舊藏之本,咸集其門。府君出重價購之,不足則輟質庫以應之。視愛日張氏、稽瑞陳氏諸先輩家,殆有過焉。"(張瑛《潛之瞿君家傳》)瞿鏞收書之時,恰值蘇州藏書家日漸式微之際,當時蘇州最大的藏書家汪氏藝芸精舍藏書散出,半歸瞿氏。而藝芸精舍藏書,當年承蘇州"藏書四友"黃氏士禮居、周氏水月亭、袁氏五研樓、顧氏小讀書堆等大家之緒,僅宋版書即達二百餘種,抄校精本難計其數。瞿氏得此一大宗藏書,鐵琴銅劍樓之名遂驟然而起,於清末四大藏書樓中先占一席,清代藏書家莫不盛道"南瞿北楊"。鏞嘗自詠其樓曰:"吾廬愛,藏弆一樓書。玉軸牙籤頻自檢,鐵琴銅劍亦兼儲。大好似仙居!"(《鐵琴銅劍樓詞稿·望江南》)①

瞿鏞不但廣爲收藏圖書,也是學問博洽之人,撰有《續海虞文苑詩苑稿》《續金石萃編稿》《集古印譜》《鐵琴銅劍樓詞稿》《恬裕齋碑目》《罟里瞿氏邑人著述目》等。大致藏書家都是愛書之人,往往把書視爲珍寶,有一部分藏書家還爲了記錄以及發揚藏書成就,擴大影響,編撰書目。瞿鏞就編撰了《鐵琴銅劍樓藏書目錄》,初稿甫成,瞿鏞即不幸病逝,其後,經歷了多位學者的大量修訂增補。

鐵琴銅劍樓的第三代樓主是瞿鏞的次子瞿秉淵(1820—1886)和第五子瞿秉清(1828—1877)二人。瞿秉淵,字鏡之,一曰敬之。瞿秉清,字潛之。兄弟二人並爲諸生,皆未仕,"更承先志,旁搜博采,日累月積,相與編摩",延請季錫疇、王振聲館於家,任校勘之事,並對《鐵琴銅劍樓藏書目錄》進行校訂增補。季、王二人的校補工作大約自咸豐三年(1853)起,斷斷續續進行到咸豐十年(1860)基本完成,並開始付刻。但剛刊得經部三卷,適逢太平軍攻來,從咸豐十年(1860)四月,到同治二年(1864)五月太平軍退去,秉淵、秉清兄弟將家藏古籍東寄西藏,捆載往返於大江南北,凡歷四年、遷移七次而後載書歸里,嘔心瀝血、艱辛備嘗,終保其藏書大半幸存,但不便攜帶的《鐵琴銅劍樓藏書目錄》前三卷書版却盡毀於兵火。

《鐵琴銅劍樓藏書目録》的第二次集中修訂是在光緒元、二年間,由秉淵、秉清兄弟邀請葉昌熾、管禮耕、王頌蔚等人進行的。光緒二年四月十四日至二十六日,葉昌熾同管禮耕、王頌蔚齊至瞿家,爲其校訂《鐵琴銅劍樓藏書目錄》。同年九月十四日至十八日,葉昌熾同王頌蔚再至瞿家,繼續校訂《鐵琴銅劍樓藏書目

---

① 姚伯岳:《〈鐵琴銅劍樓藏書目録〉初探》,《常熟理工學院學報(哲學社會科學)》2008年9月第9期,第110頁。

錄》。三人兩次集中的校訂,完成了經、史二部及子部一部分。但子部剩餘部分和集部尚需繼續校訂,於是光緒三年(1877)八月初,秉清又偕其表兄張瑛同赴蘇州,"面邀諸友來鄉卒業。留滯兩日,約以重九赴虞山看菊,兼校子集兩種,君聞約欣然。初七日於舟中遘暑疾,……行至陸墓卒,年五十歲。""重編書目,臨歿不忘,功不可沒,志尤可憫,君不特爲一家保守遺書,實爲東南文獻留一綫之傳。"(張瑛《濬之瞿君家傳》)

瞿秉清遽而辭世,隨後葉、王諸人又各奔東西,即將完成的《鐵琴銅劍樓藏書目錄》校訂刊印工作不得不暫時停頓下來,直到第四代樓主瞿啓甲長成。瞿啓甲(1873—1940),字良士,別號鐵琴道人,秉清幼子。民國初曾任國會眾議院議員,1915年創辦常熟縣立圖書館,任首任館長。瞿啓甲受家學薰陶,年輕即精於版本目錄之學,與其兄啓文、啓科繼續增補、校正《鐵琴銅劍樓藏書目錄》。兩兄早逝,瞿啓甲乃獨力支持,終於在光緒二十四年(1898)完成了《鐵琴銅劍樓藏書目錄》的校訂刻印工作。至此該書耗費了瞿氏一家祖孫三代約五十餘年的精力,可謂歷盡艱辛與波折。藏書與編目之難,在《鐵琴銅劍樓藏書目錄》一書上得到了充分的體現。參加《鐵琴銅劍樓藏書目錄》增補校訂工作的季錫疇、王振聲、葉昌熾、管禮耕、王頌蔚諸人都是飽學之士,又都是當世的校勘名家,他們精於考據之學,勤於校勘古籍,充分繼承和發揚了乾嘉學風。

1986年,上海古籍出版社有意標點重印《鐵琴銅劍樓藏書目錄》,並延請鐵琴銅劍樓的第五代樓主瞿鳳起承擔標點整理工作。瞿鳳起(1908—1987),名熙邦,字鳳起,一字千里,版本目錄學家,1951年進入上海圖書館從事古籍整理工作。從1986年夏開始,78歲高齡的瞿鳳起將全部精力投入《鐵琴銅劍樓藏書目錄》的校補工作,他邀請同宗瞿果行標點文字,自己則負責覆校和做注,將所有後來被影印出版的藏本一一注出。至1987年春節後,全部完成校讎、增補及文字糾正工作。同年2月23日,書稿送交出版社,瞿鳳起3月1日即與世長辭,距書稿送出尚不及10日!此後由於出版經費的問題,遷延至2000年9月,在常熟地方志辦公室的多次協商下,該書目乃得問世,算來重版的過程又經歷了十五年!清末四大藏書家皆有藏書目錄,其中江蘇常熟古里瞿氏的鐵琴銅劍樓,其藏書目錄的編撰出版,更是迭經四代樓主之手,命運多舛,而其獨特風格却日益爲人所看重,歷久而彌新。① 全書50.8萬字,排版古樸,裝幀清雅,富有研究與珍藏價值。(江蘇常熟市志辦英南)②此應該是《鐵琴銅劍樓藏書目錄》在1897年刊刻之後,最爲重要的一次出版工作。

---

① 姚伯岳:《〈鐵琴銅劍樓藏書目錄〉初探》,《常熟理工學院學報(哲學社會科學)》2008年9月第9期,第110—112頁。

② 《中國地方志》2001年Z1期,第17頁。

二、董康誦芬室叢刻本的輾轉多舛的命運

《鐵琴銅劍樓藏書目錄》自瞿鏞始編,經三代歷五十餘年之艱辛努力而成稿並開雕刻印。清光緒二十四年(1898),瞿啟甲再次刊刻了《鐵琴銅劍樓藏書目錄》二十四卷。此稱瞿氏家塾本。另外,清光緒二十三年(1897)還刊刻了《鐵琴銅劍樓藏宋元本書目》四卷,四册。也是瞿鏞編,此爲元和江標刻本。

值得注意的是1898年《鐵琴銅劍樓藏書目錄》瞿氏古里家塾刻本的前一年,還有一個刻本面世,即1897年武進董康誦芬室叢刻本。此爲華東師範大學圖書館所收藏,其他圖書館也有不少收藏,如中國國家圖書館、天津圖書館、南開大學圖書館、遼寧省圖書館、哈爾濱市圖書館、復旦大學圖書館、常州市圖書館、鹽城市圖書館、江蘇師範大學圖書館、安徽師範大學圖書館、商丘市梁園區圖書館、湖南圖書館、西南大學圖書館、貴州省圖書館等都有收藏,應該説流傳的版本比較多。

大致應該是在《鐵琴銅劍樓藏書目錄》編撰完成之後,武進董康搜集到抄本,其有誦芬室叢刻本,於清光緒二十三年(1897)雕版刊刻,稱校刻本。共10册二十四卷。此刻本12行22字,小字,雙行,同黑口,左右雙邊,雙魚尾。魚尾下方版心有"誦芬室叢刻之一"字樣。《鐵琴銅劍樓藏書目錄》誦芬室叢刻本應該是最早刻本之一。誦芬室叢刻本有前序,内容與家塾本一致,却没有家塾本的後記,正好表明其所依據的版本與刊刻時間要早於家塾本。

董康《誦芬室叢刻》是近代董康編輯的彙編叢書。初編收書十三種,二編收書八種。晉陸機《文賦》:"詠世德之駿烈,誦先人之清芬。"董康室名"誦芬"本此。董康(1867—1947),字授經,號誦芬室主人,江蘇武進(今常州)人。光緒十六年(1890)進士,官刑部主事。民國時任司法總長、上海政法大學校長。日本侵佔華北,任僞最高法院院長,1945年日本投降,被捕,死獄中。所刻《叢刻》極精,向爲學界重視。二編中的《盛明雜劇》,中華人民共和國成立後曾影印出版。見《民國人物傳》卷一〇、《文獻家通考》卷二四。① 關於董康,當時的媒體也有報導,"司法界前輩董康,勝利後以漢奸嫌疑下獄,至去年秋間因病保釋。董已年近八十,在法可望減刑,故保釋出外也。董任華北僞職,不脱書生本色,未知居積,入獄後一貧如洗。……病中景況,備極淒涼,淹化僅旦夕間事耳。"②"華北巨奸董康,四日晨病死北平私邸,年八十一歲。勝利之初,董經軍委會捕獲,移送河北高等法院公訴,因患糖尿病保出就醫,結果没有明正典刑可謂便宜他了。董字授經,江蘇武進

---

① https://baike.baidu.com/item/%E8%AF%B5%E8%8A%AC%E5%AE%A4%E4%B8%9B%E5%88%BB/22707942? fr=aladdin。

② 《鐵報》1947年3月16日。

人。民國初年,就司法部長,故論資歷,比之章士釗更老。他不僅是位法家,同時也是校讎家,於古董鑒定版本,分析異同等,在國內足當第一流而無愧。由於精研校讎,他的藏書甚富,而且搜集的統屬宋元精槧,與南潯劉氏嘉(業)堂,稱當代兩大家。董康一死不足惜,他所藏古書下落如何?令人十分關心!"①董康在聚集古籍,刊刻校讎古籍方面的貢獻不可小視,作爲於古董鑒定版本,分析異同等,在國內足當第一流而無愧的專家,他的《誦芬室叢刻》收錄《鐵琴銅劍樓藏書目錄》,自然是頗有眼光的。誦芬室刻本《鐵琴銅劍樓藏書目錄》甚至還比瞿氏自家的家塾刻本還要早一年面世。誦芬室叢刻本《鐵琴銅劍樓藏書目錄》現在收藏頗多。

董康誦芬室刻本《鐵琴銅劍樓藏書目錄》圖錄如下:

---

① 《東方日報》1948年5月7日。

華東師範大學大學所藏的誦芬室叢刻本《鐵琴銅劍樓藏書目錄》,每册封面上右下方有"澤存書庫藏書"(篆體)字樣,表明華東師範大學所藏,來自民國時期國民黨元老陳群(1890—1945)的私人藏書。解放前的南京,有一個規模較大的私人藏書樓,名"澤存書庫",取《禮記》中"父殁而不能讀,手澤存焉"句之意。這座藏書樓位於今天的鼓樓區頤和路口,爲陳群私人所有。據文獻記載,"澤存書庫"是陳群出資230萬,建於1941年,澤存書庫建築外型爲不等邊多邊形三層樓,建築面積有3540平方米,當時有書庫12個。建築內部佈局合理,雅致而典雅。書庫建成後,共收集舊圖書達40餘萬册之多。陳群將祖傳的珍貴古籍,全部收藏於此,汪精衛、江亢虎、梁鴻志、徐良等名人也在此寄存了一大批圖書,這批藏書中,善本達4 500餘部,共約4.5萬册,如宋元刊本及清抄稿本、石印本之類,堪稱精品的爲數不少。陳群特雇員工40名,進行書庫的整理編目工作。1943年底,澤存書庫的普通類藏書對外開放,供人閱覽。抗戰勝利後,1945年8月17日,陳群畏罪自殺,其在遺囑中申明,"澤存書庫"藏書全部歸還國家。[①] 1942年至1946年間的報紙《國藝》《同聲月刊》《萬壽山》《東方日報》等有澤存書庫的報導,能感受澤存書庫收書之盛況。

　　至於誦芬室叢刻本《鐵琴銅劍樓藏書目錄》怎樣進入華東師範大學圖書館有待考證,但此藏書之存世,可謂頗爲艱難,刊刻者董康是日僞最高法院院長,1945年日本投降,被捕,保釋而出,淒涼而死。收藏者陳群也是僞政府高官。1938年3月,陳群應同鄉梁鴻志之邀,出任僞維新政府內政部長;1943年10月,任僞江蘇省省長;1944年8月,任僞考試院院長。1945年8月日本投降後,陳群自感末日來臨,於17日在家中自殺身亡。雖然,此《目錄》與兩大僞政府高官有關,但是書籍本身的價值不會因此而減損。賣國投敵之人,作爲漢奸,自然遭人痛恨唾罵,但是他們仍然在維護國家的圖書典籍上具有貢獻,《鐵琴銅劍樓藏書目錄》就是其中典型的一例。由此,也反應了《鐵琴銅劍樓藏書目錄》具有良好的影響與學術價值。

三、《鐵琴銅劍樓藏書目錄》的價值與意義

　　《鐵琴銅劍樓藏書目錄》雕版刊刻之後,現代出版業越發發達興盛,刊刻書籍進入新時期,《鐵琴銅劍樓藏書目錄》也反覆刊刻,但基本上都是以清光緒二十三年(1897)與清光緒二十四年(1898)刊刻本等爲基礎。1985年,有江蘇廣陵古籍刻印社影印本。1989年,臺灣廣文書局有限公司再版《鐵琴銅劍樓藏書目錄》,分上中下三册。1990年,中華書局出版《鐵琴銅劍樓藏書目錄》,也是影印本。其他

---

① http://blog.sina.com.cn/s/blog_69bb24e00101712t.html.

大型叢書中也有出版《鐵琴銅劍樓藏書目錄》的情況。《鐵琴銅劍樓藏書目錄》也被不少著述以及書目所記載,説明其充分引起了注意。《清史稿》志一百二十八藝文二、《清續文獻通考》卷二百六十八經籍考十二、《緣督廬日記抄》卷四、《(同治)蘇州府志》卷第一百三十八、《書林清話》卷一、《八千卷樓書目》卷九史部等都紛紛記載了《鐵琴銅劍樓藏書目錄》的信息,充分説明,它的面世引起了當時學者與藏書家的注意。

鐵琴銅劍樓的藏書業績可謂成果突出,聞名遐邇。"鐵琴銅劍樓者,則其先人學博君所搆藏書之室也。蓋其所收藏,皆宋元舊刻暨舊鈔之本,至明而止,則從邑中及郡城故家展轉搜羅,卷逾十萬,擁書之多,近世未有過之者也。"繆荃孫在《錢唐丁氏八千卷樓藏書志序》中稱:"自粵逆跳梁,東南淪陷,縹緗之厄,幾等秦灰。近海内稱藏書家,曰海源閣楊氏、曰鐵琴銅劍樓瞿氏、曰皕宋樓陸氏與八千卷樓爲南北四大家。"①其他近現代學者以及藏書家對鐵琴銅劍樓的種種評述難以盡舉,無不有稱賞讚歎之意緒。

《鐵琴銅劍樓藏書目錄》的刊刻尚且一波三折,充滿悲歡成敗,鐵琴銅劍樓的整個藏書事業之艱辛不易也是可以想象的。《鐵琴銅劍樓藏書目錄》是一本憂患之書,命途多舛。對於《鐵琴銅劍樓藏書目錄》,我們自然要瞭解其版本文獻學價值,知道其在藏書史上的地位。我們也更要知道,其自身之産生與流傳,實際上見證了中華民族的百年歷程。從十九世紀開始,中國經歷了百年恥辱,備受列強的欺凌,處於亡國滅種的危急時刻,加上内憂外患的折辱,鄉邦文獻圖籍的命運也與整個國家社會的命運是一致的。《鐵琴銅劍樓藏書目錄》經歷了四十多年才得以刊刻面世,面世後的輾轉流傳事實上也是要面對時代的風雲變化。進入了新中國,特别是在世紀之交,我們國力強盛,經濟文化興盛發達,也正是在此時,《鐵琴銅劍樓藏書目錄》經歷了瞿氏五代人接續努力,才完成了藏書的搜集整理增補修訂工作,得以最後完成。其中間所藴含的時代性因素是不可完全忽略的。鐵琴銅劍樓的歷史體現了中華民族的精神傳統與文化底藴,一樓雖小,但其所沾染宣洩的文化意象則是博大精深、美不勝收的真實存在。

鐵琴銅劍樓藏書的聚散都是與中國社會歷史狀況緊密結合在一起的,可謂是中華民族多災多難而又自強不息的民族精神的寫照。藏書,特别是收藏大量的宋元珍本圖書,需要大量的財力物力,在戰亂中帶著大量珍貴圖書避難,要冒着生命危險。民族危亡之秋,每一個人的生存與發展都要面對種種難以預料的困境。如此這般,没有對文化的熱愛,不是真正的愛書以及熱愛中國傳統文明,是難以做到的。瞿家五代人的持續努力,造就了鐵琴銅劍樓在中華文明序列中的豐碑,使之成爲藏書史以及文化史的一個閃耀的標誌。

---

① 〔清〕繆荃孫:《藝風堂文續集》卷五,清宣統二年刻民國二年印本。

如今，進入新世紀，國泰民强，全國上下焕然一新，我們也在推進"一帶一路"建設，構建人類命運共同體。但是中華民族的文化精神與人文品格仍然需要傳承，《鐵琴銅劍樓藏書目録》所體現的悠久文化的價值與意義，在新的時代仍然是中華文明的有效構成部分。隨着中華民族的全面復興，中華傳統文化也必將全面復興，對中國以及整個世界都會產生越來越大的吸引力，諸如天一閣、鐵琴銅劍樓等這般具有豐厚文化價值與文化象徵符號早已名滿天下，也必將繼續享譽世界。

葉憲允　華東師範大學圖書館古籍部　副研究員

《新編唐代墓誌所在總合目録》
"題名"匡補

馮 雷

  關于"地下之新材料"的史料價值,王國維先生有言:"吾輩生于今日,幸於紙上之材料外,更得地下之新材料。由此種材料,我輩固得據以補正紙上之材料,亦得證明古書之某部分全爲實録,即百家不雅馴之言亦不無表示一面之事實。"①墓誌就是這種可補史、正史及證史的"地下之新材料"。墓誌的史料價值在唐人墓誌上表現得尤爲明顯。因爲唐代是墓誌最終定型和成熟的時期,志墓之俗深入人心,墓誌的行用階層和人群更爲廣泛普遍,由此"催生出了一批數量龐大的墓誌。這些墓誌保留了志主乃至與之相關人物的家世、郡望、仕宦等多方面信息,絶大部分屬於當朝人寫當代國人行事,爲我們留下了大量有關唐代政治、經濟、軍事、文化、民俗、地理、宗教、對外交流等方面不見於傳世典籍的原始資料。……不僅爲唐史研究提供了新材料,也開拓了唐史研究的新領域"②。墓誌之于唐史研究的意義正如前揭所示,然其體量龐大且收録分散,如欲將其用於唐史研究,而無全面系統的墓誌目録助力,將會困難重重。氣賀澤保規先生主編的《新編唐代墓誌所在總合目録》③就是這樣的一部墓誌目録,它是目前收録唐人墓誌最爲齊全清晰、查考唐人墓誌最爲便利快捷的工具書。《新編目録》有功於唐史研究自不待

---

① 王國維:《古史新證》,湖南人民出版社,2010年,第2頁。
② 彭文峰:《唐代墓誌中的地名資料整理與研究》,人民日報出版社,2015年,《前言》第1頁。
③ 以下簡稱《新編目録》。

言,但是由于工程浩繁等原因,尚存在不少問題,尤以題名方面的問題爲多。《新編目錄》題名所存在的問題大體可分兩種:第一,部分唐人墓誌的題名問題,前賢業已指出①,而《新編目錄》著録時未能吸收前賢研究成果;第二,尚未被發現的題名問題。第一種情況占比較小且業經辨明,第二種情況則占了《新編目錄》題名問題的絕大部分而未經辨析。故本文擬就第二種情況略作匡補,敬待高明教示。

1. 題名訛誤

(1) P.4/NO.103②:□襌墓誌。按:《新編目録》登録的此志拓本以《北京圖書館藏中國歷代石刻拓片彙編》③所收最爲清晰,可以清楚地看出志主諱"襌"而非"褋",當據改。因"襌""褋"形近,《新編目録》將"襌"誤録爲"褋"的條目還有:"P.102/NO.2647:李襌及妻馮氏墓誌"、"P.156/NO.4052:劉襌之及妻裴氏墓誌"、"P.168/NO.4322:蕭襌墓誌"、"P.232/NO.6045:李襌妻吕氏墓誌"、"P.236/NO.6115:張玄襌墓誌"、"P.248/NO.6458:陳襌及妻李氏段氏墓誌"等。

(2) P.10/NO.221:楊公謨墓誌。按:志文云:"公諱孝蕃,字寶藏,弘農華陰人也。"④,據此,志主名諱,條目題作"公謨",誤,當據改。

(3) P.12/NO.318:李明妻梁氏磚銘。按:該條目唯一出處"河洛57"曰:"貞觀十八年歲次甲辰三月九日壬午朔,前舒州埕江縣令李明府夫人梁氏之墳表。子

---

① (1)葉國良《初唐墓誌考釋六則》(中國唐代學會編輯委員會編:《唐代文化研討會論文集》,文史哲出版社,1991年):《周孝敏墓誌》。志主姓"孟"而非"周"。(2)葉國良:《失姓碑誌考證方法及其相關問題》(《王叔岷先生八十壽慶論文集》編委會編:《王叔岷先生八十壽慶論文集》,大安出版社,1993年):①《韓遠墓誌》當爲《應遠墓誌》;②《□堯墓誌》當爲《鮑堯墓誌》。(3)張忱石《〈隋唐五代墓誌彙編〉舉正》(中國文物研究所編:《出土文獻研究》第3輯,中華書局,1998年):①洛陽卷第八册111頁《朱感及夫人□氏合葬墓誌》。夫人姓氏處所缺字爲"丁"。②洛陽卷第十五册14頁《□伯饒墓誌》。"伯饒"姓賈氏。③洛陽卷第三册107頁《高士明妻王净墓誌》。此志應作《明君妻王净墓誌》。④洛陽卷第五册188頁《裴君妻皇甫氏墓誌》。此"裴君"當是裴公緯。⑤洛陽卷第九册95頁《司馬君妻盧氏墓誌》。"司馬君"乃司馬鍠。⑥洛陽卷第九册113頁《李君夫劉氏墓誌》。"李君"當是李尚貞。⑦洛陽卷第十一册138頁《李君妻韋小孩氏墓誌》。"李君"當是李行休。⑧洛陽卷第十二册24頁《孫君墓誌》。"孫君"乃孫視。⑨洛陽卷第十二册110頁《孫君及妻李氏合葬墓誌》。"孫公"乃孫造。⑩洛陽卷第十二册135頁《源君妻蔣婉墓誌》。"源公"當是源溥。⑪洛陽卷第十三册12頁《崔公及夫人鄭正合葬墓誌》。"崔公"乃崔溉。⑫洛陽卷第十三册28頁《崔公後夫人竇氏墓誌》。"崔公"當是崔潛。(4)王勁《唐〈文雅墓誌〉墓主姓氏考》(李家駿主編:《西安交通大學博物館藏品集錦:碑石書法卷》,陝西人民美術出版社,2013年,第215頁):墓誌當姓"狄"。

② "P.x"代表墓誌條目所在的頁碼,"NO.x"代表墓誌條目的編號。

③ 北京圖書館金石組編:《北京圖書館藏中國歷代石刻拓片彙編》第11册,中州古籍出版社,1989年,第32頁。

④ 吴鋼主編:《全唐文補遺:千唐志齋新藏專輯》,三秦出版社,2006年,第2頁。

李元質記。"①"明府"是唐人對縣令的尊稱,《新編目錄》將"明"字作"梁氏"夫名諱,誤。故題名應作"李君妻梁氏磚銘"。

(4) P.16/NO.387:殷秦州及妻蕭氏墓誌。按:據志文②,"蕭氏"乃志主母,志主妻爲"吳氏"。故題名應作"殷秦州及妻吳氏墓誌"。

(5) P.32/NO.845:程舜墓誌。按:該條目唯一出處"長碑(371)"曰:"公諱俊,字處俠,濟北東阿人也。"③據此,志主諱"俊"而非"舜",當據改。

(6) P.40/NO.1005:陶梭興墓誌。按:該志圖版志主名諱處以《西安碑林全集》④所收最爲清晰,作"俊興",故此條目當作"陶俊興墓誌"。

(7) P.40/NO.1032:史參及妻梁氏墓誌。按:"史參",該條目唯一出處"秦續235"⑤作"史叁",當據改。

(8) P.40/NO.1052:李員墓誌。按:志文曰:"君諱貟,潞州長子人也。"⑥據此,志主諱"貟",作"員"誤,當據改。

(9) P.56/NO.1451:正延及妻蘽氏墓誌。按:該志首題"大唐故處士王君墓誌銘並序"⑦。據此,志主姓"王"而非"正",當據改。

(10) P.58/NO.1470:邊敏及妻高氏墓誌。按:志文曰:"夫人汝南之高族。"⑧志文並未交代志主夫人姓氏,只是説夫人本家是汝南的高門望族,而《新編目錄》誤以"高族"之"高"爲夫人姓氏,當據改。

(11) P.58/NO.1516:源君妻趙懿墓誌。按:志文曰:"司邢太常伯武安公世子奉冕直長源側室趙五娘墓誌銘並序。趙娘諱懿懿,雍州渭南人也。"⑨由此可知,條目題名似有二誤:第一,趙五娘乃源君側室(即妾)而非"妻";第二,趙五娘諱"懿懿"而非"懿"。

(12) P.60/NO.1527:辛姝(妹)墓誌。按:據該志圖版及録文,辛氏諱"姝"而非"妹"。

(13) P.60/NO.1542:宋徵樹生墓誌。按:該條目唯一出處"衡水42"曰:"宋徵君墓誌銘。君諱樹生,字齊聃,魏州衡水人也。"⑩朝廷徵辟而不就的士人稱"徵

---

① 趙君平、趙文成編:《河洛墓刻拾零》上册,北京圖書館出版社,2007年,第64頁。
② 趙文成、趙君平編:《秦晉豫新出墓誌蒐佚續編》第1册,國家圖書館出版社,2015年,第240頁。
③ 吳敏霞主編:《長安碑刻(下):録文》,陝西人民出版社,2014年,第371頁。
④ 高峽主編:《西安碑林全集》第74卷,廣東經濟出版社,1999年,第2016頁。
⑤ 趙文成、趙君平編:《秦晉豫新出墓誌蒐佚續編》第2册,第284—285頁。
⑥ 張乃翥輯:《龍門區系石刻文萃》,國家圖書館出版社,2011年,第447頁。
⑦ 周紹良主編:《唐代墓誌彙編》上册,上海古籍出版社,1992年,第443頁。
⑧ 同上書,第446頁。
⑨ 周紹良、趙超主編:《唐代墓誌彙編續集》,上海古籍出版社,2001年,第164頁。
⑩ 衡水市文物局編:《衡水出土墓誌》,河北美術出版社,2010年,第42頁。

士","徵君"是對"徵士"的尊稱。《新編目録》誤以志文首題"宋徵君墓誌銘"之"宋徵"爲志主姓氏,當據改。

（14）P.62/NO.1598：張法曹妻蕭字墓誌。按：該條目唯一出處"西交博54"曰："前鄯州都督府張法曹故妻蕭夫人墓誌。夫人諱　，字　，雍州渭南人也。"①此處"法曹"是唐代法曹長官"法曹司法參軍事"的省稱，"掌鞫獄麗法、督盜賊、知贓賄没入"②。《新編目録》以官名作人名，誤。張氏的"諱"與"字"，志文並未交代，因"字"在"諱"下，《新編目録》遂誤以爲蕭氏諱"字"。綜上，此條目當題作"張君妻蕭氏墓誌"。因"諱""字"具體內容未交待致使"'諱'與'字'"二字相連，《新編目録》從而誤以"字"字爲志主"諱"的條目還有"P.230/NO.5988：李宗（字？）墓誌"等。

（15）P.62/NO.1626：孫政墓誌。按：志文曰："公諱君，字政。"③《新編目録》題名的慣例是只有在志主之"諱"闕或漫漶不可辨識時才以"字"代替，故此條目應題作"孫君墓誌"。

（16）P.72/NO.1867：夏侯絢妻李叔姿墓誌。按："叔姿"，該志圖版及録文均作"淑姿"，當據改。

（17）P.98/NO.2560：李懿及妻君侯氏墓誌。按：該條目唯一出處"孟州169"云："夫人，清化郡君侯氏。"④"郡君"是命婦封號，根據唐代的外命婦之制，"四品、若勳官二品有封，母、妻爲郡君"⑤。夫人受封"清化郡君"，姓"侯"，《新編目録》不解名物制度，誤以"清化郡"後"君侯氏"即爲夫人姓氏，當據改。

（18）P.100/NO.2574：王徵君臨終口授銘。按：志文首題"大唐中嶽隱居太和先生琅耶王徵君臨終口授銘並序"⑥，"徵君"，前已辨明是對不就朝廷徵辟的徵士的尊稱。《新編目録》誤以尊稱作名諱。志文云志主"姓王名玄宗，字承真"⑦，故條目應題作"王玄宗臨終口授銘"。

（19）P.118/NO.3051：王恩惠妻孟大乘墓誌。按：該志圖版志主夫君王君名諱處以《唐代墓誌銘彙編附考》⑧所收最爲清晰，可以清楚地看出名諱首字作"思"

---

① 李家駿主編：《西安交通大學博物館藏品集錦：碑石書法卷》，陝西人民美術出版社，2013年，第54頁。
② 〔宋〕歐陽修、宋祁撰：《新唐書》卷四九下《百官四下》，中華書局，1975年，第4冊，第1313頁。
③ 洛陽市文物工作隊編：《洛陽出土歷代墓誌輯繩》，中國社會科學出版社，1991年，第307頁。
④ 孟州市政協文史資料研究委員會編著：《孟州文物》，第171頁。
⑤ 李林甫等撰、陳仲甫點校：《唐六典》卷二《尚書吏部》，中華書局，1992年，第39頁。
⑥ 周紹良主編：《唐代墓誌彙編》上冊，第744頁。
⑦ 同上。
⑧ 毛漢光撰：《唐代墓誌銘彙編附考》第12冊，歷史語言研究所，1992年，第391頁。

而非"恩",當據改。

（20）P.118/NO.3071：劉基及妻泰氏墓誌。按：志主妻姓氏,該志圖版及錄文皆作"秦",當據改。

（21）P.122/NO.3144：萬師及妻陳氏墓誌。按：志主姓氏,該條目出處皆作"萬俟",當據改。

（22）P.128/NO.3326：殷平及妻荀氏墓誌。按："荀氏",該志圖版及錄文皆作"苟氏",當據改。

（23）P.130/NO.3358：薛剛及妻載氏墓誌。按："載氏",該志圖版及錄文皆作"戴氏",當據改。

（24）P.144/NO.3726：李仙惠（永泰公主）墓誌。按：永泰公主諱"仙蕙"①而非"仙惠",當據改。

（25）P.144/NO.3728：徐承先妻孔氏墓誌。按：志文曰："夫人諱堅,字真陁,會稽山陰人也。"②據此,孔氏名"堅",當據改。

（26）P.146/NO.3757：劉仁及妻張氏墓誌。按："張氏",該志圖版及錄文均作"趙氏",當據改。

（27）P.154/NO.4007：李令渾及妻張氏墓誌。按：該條目唯一出處"秦續387"曰："君諱渾金,字全□,隴西姑臧人也。"③據此,志主諱"渾金"而非"令渾",當據改。

（28）P.178/NO.4625：魏華墓誌。按：該條目唯一出處"邙洛115"曰："公諱華,字茂實,鉅鹿下曲陽人。有唐銀青光禄大夫太子左庶子上柱國武陽縣開國男太師鄭文貞公之孫。"④據此,志主姓"鄭"而非"魏",當據改。

（29）P.184/NO.4761：鄭若勵墓誌。按：從圖版看,志主名諱後一字"礪"清晰可辨,當據改。

（30）P.190/NO.4915：喬崇隱及妻司馬氏墓誌。按：該志圖版志主妻姓氏後一字,唯《北京圖書館藏中國歷代石刻拓片彙編》⑤所收可辨識,作"空",故志主妻姓"司空"而非"司馬"。

（31）P.196/NO.5100：程晦及妻康氏墓誌。按："康氏",該條目唯一志文出處"秦晉423"作"席氏"⑥,當據改。

---

① 周紹良主編：《唐代墓誌彙編》上册,第1058頁。
② 趙君平、趙文成編：《秦晉豫新出墓誌搜佚》第2册,國家圖書館出版社,2012年,第382頁。
③ 同上書,第494頁。
④ 趙君平編：《邙洛碑誌三百種》,中華書局,2004年,第136頁。
⑤ 北京圖書館金石組編：《北京圖書館藏中國歷代石刻拓片彙編》第22册,第124頁。
⑥ 趙君平、趙文成編：《秦晉豫新出墓誌搜佚》第2册,第539頁。

（32）P.202/NO.5256：孫傅碩墓誌。按："傅"，該志圖版及錄文皆作"博"，當據改。

（33）P.208/NO.5409：鄭君妻長孫氏墓誌。按：該志首題"唐故左豹韜衛兵曹參軍柳府君夫人長孫氏墓誌銘並序"①，據此，志主夫姓"柳"而非"鄭"，當據改。

（34）P.226/NO.5854：張李伯妻魏淑墓誌。按："李"，該志圖版及錄文皆作"季"，當據改。

（35）P.234/NO.6093：盧君及妻薛氏墓誌。按：該條目唯一出處"新編7－4129"曰："維天寶三載五月五日，故修文館學士著作郎京兆杜君諱某之繼室、范陽縣太君盧氏，卒于陳留郡之私第，春秋六十有九。嗚呼！以其載八月旬有一日發引，歸葬於河南之偃師。以是月三十日庚申，將入著作之大塋，在縣首陽之東原。"②據此，該條目應題作"杜君妻盧氏墓誌"。

（36）P.236/NO.6135：郭元訨父墓誌。按："訨"，該條目唯一出處"邯鄲碑031"作"讓"③，當據改。

（37）P.242/NO.6310：侯莫懲墓誌。按："莫"，該條目唯一出處"汾陽23（46）"作"法"④，當據改。

（38）P.244/NO.6379：盧英哲墓誌。按："哲"，該條目唯一出處"秦續571"作"惪"⑤，當據改。

（39）P.254/NO.6609：李玠墓誌。按：該條目唯一出處"秦續589"，蓋題"大唐故楊府君墓誌銘"⑥，志題"唐故豫章郡司馬楊君墓誌銘並序"⑦，故志主姓氏應作"楊"。

（40）P.264/NO.6887：李咄墓誌。按：該志圖版志主名諱處，以《隋唐五代墓誌彙編·洛陽卷》所收最為清晰，作"朏"⑧，當據改。

（41）P.268/NO.7001：陳景仙及妻賈氏墓誌。按："賈氏"，該志圖版及錄文作"覃氏"，當據改。

（42）P.280/NO.7308：蕭遇及妻郭氏墓誌。按：該條目唯一出處"秦續649"

---

① 胡戟、榮新江主編：《大唐西市博物館藏墓誌》中冊，北京大學出版社，2012年，第475頁。
② 周紹良主編：《全唐文新編》第2部第3冊（總第7冊），吉林文史出版社，2000年，第4129頁。
③ 任乃宏：《邯鄲地區隋唐五代碑刻校錄》，中國文聯出版社，第74頁。
④ 王仲璋主編：《汾陽市博物館藏墓誌選編》，三晉出版社，2010年，第46—47頁。
⑤ 趙文成、趙君平編：《秦晉豫新出墓誌蒐佚續編》第3冊，第763頁。
⑥ 同上書，789頁。
⑦ 同上書，790頁。
⑧ 陳長安主編：《隋唐五代墓誌彙編·洛陽卷》第11冊，天津古籍出版社，1991年，第230頁。

曰:“大唐故太子典設郎贈光禄卿隴西李府君墓誌銘並序。公諱熖,隴西成紀人也。”①據此,志主姓“李”名“熖”,條目題名當據改。

(43) P.284/NO.7439: 薛擔及妻辛氏墓誌。按: 該志圖版志主名諱處,以《陝西碑石精華》所收最爲清晰,作“坦”②,當據改。

(44) P.290/NO.7549: 索道莊及妻劉氏墓誌。按:“莊”,該志出處均作“疖”,當據改。

(45) P.296/NO.7749: 桑萼墓誌。按: 該志圖版志主名諱處,以《隋唐五代墓誌彙編・洛陽卷》所收最爲清晰,作“坦”③,當據改。

(46) P.300/NO.7842: 睦述墓誌。按: 該條目唯一出處“新編 9-6076”曰:“睦王墓誌銘。王諱述,有唐代宗睿文孝武皇帝之第幾子,今皇帝之愛弟也。某年封睦王。”④考之《舊唐書》:“睦王述,代宗第四子。……德宗朝,述爲諸王之長。”⑤是則志主姓“李”名“述”,封“睦王”,當據改。

(47) P.302/NO.7871: 陽鉽及妻于氏墓誌。按:“鉽”,該條目唯一出處“碑林續 132”作“钍”⑥,當據改。

(48) P.306/NO.8013: 宋文武墓誌。按: 該條目唯一出處“西市 323”曰:“公京兆人,姓宋,名斌。”⑦據此,志主諱“斌”,當據改。

(49) P.322/NO.8453: 李小安墓誌。按:“小”,該條目唯一出處“新編 9-5919”作“少”⑧,當據改。

(50) P.338/NO.8850: □沘得墓誌。按:“沘”,該條目唯一出處“施唐 280”作“泚”⑨,當據改。

(51) P.338/NO.8876: 王妣妻楊氏墓誌。按: 此志是權德輿爲亡祖母所寫。志文首題“王妣夫人弘農楊氏祔葬墓誌銘並序”⑩。因“王妣”在“夫人弘農楊氏”之前,《新編目録》遂誤以“王妣”爲志主夫。據《舊唐書》卷一四八《權德輿傳》⑪

---

① 趙文成、趙君平編:《秦晉豫新出墓誌搜佚續編》第 4 册,第 879 頁。

② 余華青、張廷皓主編:《陝西碑石精華》,三秦出版社,2006 年,第 147 頁。

③ 陳長安主編:《隋唐五代墓誌彙編・洛陽卷》第 12 册,第 111 頁。

④ 周紹良主編:《全唐文新編》第 3 部第 1 册(總第 9 册),第 6076 頁。

⑤ 劉昫等撰:《舊唐書》卷一一一六《睦王述傳》,中華書局,第 10 册,第 3391—3392 頁。

⑥ 趙力光主編:《西安碑林博物館新藏墓誌續編》下册,陝西師範大學出版總社有限公司,2014 年,第 404—405 頁。

⑦ 胡戟、榮新江主編:《大唐西市博物館藏墓誌》中册,第 701 頁。

⑧ 周紹良主編:《全唐文新編》第 3 部第 1 册(總第 9 册),第 5919 頁。

⑨ 潘思源編:《施蟄存北窗唐志選萃》,上海古籍出版社,2014 年,第 280 頁。

⑩ 周紹良主編:《全唐文新編》第 3 部第 1 册(總第 9 册),第 5920 頁。

⑪ 劉昫等撰:《舊唐書》卷一四八《權德輿傳》,第 4001 頁。

及《新唐書》卷一九四《權皋傳》①,權德輿父爲權皋,祖父爲權倕。綜上,本條目應題作"權倕妻楊氏墓誌"。

(52) P.348/NO.9103:楊君妻達奚鏻墓誌。按:該條目唯一出處"房山25"曰:"唐故嬀州懷戎縣令楊府君夫人河南達奚氏墓誌銘並序。府君諱鏻,字子鏻,弘農華陰人也。"②據此,志主夫諱"鏻"而非志主諱"鏻",當據改。

(53) P.356/NO.9356:趙廣興及妻赫氏郭氏墓誌。按:"赫",該志圖版及錄文皆作"郝",當據改。

(54) P.356/NO.9361:趙逸及妻孟昌墓誌。按:該條目唯一出處"安陽選52"曰:"夫人清河孟氏,皇考諱昌。"③據此,"昌"乃孟氏父諱而非孟氏諱,當據改。

(55) P.358/NO.9369:裴誼墓誌。按:"誼",該條目唯一出處"裴氏153"作"誼"④,當據改。

(56) P.376/NO.9881:趙坯墓誌。按:"坯",該志圖版及錄文均作"岯",當據改。

(57) P.384/NO.10060:孫伯達妻劉氏墓誌。按:據志文⑤,劉氏先嫁南陽張閏,張過世後,再嫁樂安孫伯達。劉氏過世後與張閏合葬,故條目題名應作"張閏妻劉氏墓誌"。

(58) P.384/NO.10074:周廣及妻戒氏墓誌。按:"戒",該志圖版及錄文皆作"戎",當據改。

(59) P.384/NO.10099:張士請墓誌。按:"請",該志最早出處《西安西郊熱電廠基建工地隋唐墓葬清理簡報》作"清"⑥,當據改。

(60) P.392/NO.10302:舟濟律師(魏君)墓誌。按:該條目唯一出處"補遺9-413"曰:"唐故舟濟律師墓誌銘並序。……師,大理第五女。"⑦據此,條目"魏君"應作"魏氏"。

(61) P.398/NO.10439:張勳妻張氏墓誌。按:據該條目志文唯一出處"秦晉

---

① 〔宋〕歐陽修、宋祁撰:《新唐書》卷一九四《權皋傳》,第18册,第5566頁。
② 陳亞洲著:《房山墓誌》,2006年,第27頁。
③ 安陽市文物考古研究所、安陽博物館編著:《安陽墓誌選編》,科學出版社,2015年,第188頁。
④ 裴王旗編著:《裴氏碑誌集》,東方文化藝術出版社,2004年,第153頁。
⑤ 周紹良主編:《唐代墓誌彙編》下册,第2236頁。
⑥ 西安市文物管理處:《西安西郊熱電廠基建工地隋唐墓葬清理簡報》,《考古與文物》1991年第4期,第89頁。
⑦ 吳鋼主編:《全唐文補遺》第9輯,三秦出版社,2007年,第413頁。

788"①,志主爲"趙氏"而非"張氏"。

（62）P.402/NO.10568：郭子禮墓誌。按：該條目志文唯一出處"秦晉795"曰："唐故鄭氏小娘子墓誌。娘子諱子禮,滎陽人也。"②據此,志主姓"鄭"而非"郭",當據改。

（63）P.408/NO.10739：趙士節墓誌。按：據該條目唯一出處"江揚54"③,志主姓"張"而非"趙",當據改。

（64）P.410/NO.10792：鄭逢及妻郭氏墓誌。按："逢",該條目唯一出處"秦晉804"作"逢"④,當據改。

（65）P.412/NO.10833：載偃及妻豐氏墓誌。按：該條目唯一出處"補編中-972"首題"唐故譙國戴府君夫人豐氏墓誌銘"⑤,據此,志主姓"戴",條目題名作"載"誤,當據改。

（66）P.414/NO.10878：孫悊妻閭氏墓誌。按：志主夫姓氏,該條目唯一出處"北大06374"作"王"⑥,當據改。

（67）P.432/NO.11391：崔藝卿墓誌。按："藝",該志圖版及錄文皆作"芸",當據改。

（68）P.442/NO.11652：馬公亮及妻李氏墓誌。按：志主妻姓氏,該志圖版及錄文皆作"王氏",當據改。

（69）P.446/NO.11721：杜光乂墓誌。按：志文曰："文德元年十一月十二日,前義成軍節度推官、試協律郎杜光乂妻隴西李夫人遘疾,終於長安通化里。……夫人諱綽,字友之。……其年其月二十七日葬於長安之東南弘原鄉龐流村,祔杜氏之先塋,禮也。"⑦據此,此志是杜光乂妻李綽之志,條目題名作"杜光乂墓誌"誤,當據改。

2. 題名脱漏

（1）P.4/NO.63：崔志及妻趙氏墓誌。按：據志文⑧,與志主崔志合葬的不僅有原配趙氏,還有繼室刁氏,故題名應作"崔志及妻趙氏刁氏墓誌"。

（2）P.4/NO.89：□伯仁及妻宋氏墓誌。按：交代志主姓氏信息的蓋題及志

---

① 趙君平、趙文成編：《秦晉豫新出墓誌蒐佚》第4册,第1015頁。
② 同上書,第1026頁。
③ 吴煒、田桂棠編著：《江蘇揚州唐五代墓誌簡介》,第54頁。
④ 趙君平、趙文成編：《秦晉豫新出墓誌蒐佚》第4册,第1036頁。
⑤ 陳尚君輯校：《全唐文補編》卷中,中華書局,2005年,第972頁。
⑥ 北京大學圖書館金石組等編：《北京大學圖書館藏歷代墓誌拓片目録》上册,上海古籍出版社,2013年,第738頁。
⑦ 趙文成、趙君平編：《秦晉豫新出墓誌蒐佚續編》第5册,第1329頁。
⑧ 周紹良主編：《唐代墓誌彙編》上册,第10頁。

題缺失,故《新編目錄》登録此志題名作"□伯仁及妻宋氏墓誌"。志文在追溯志主先祖時云:"援摽武烈,建銅柱於前代;融擅儒宗,釋典經於後葉。"①《後漢書》卷二四《馬援傳》"李賢注"引《廣州記》曰:"援到交阯,立銅柱,爲漢之極界也。"②據此,"援摽武烈,建銅柱於前代"指的是東漢初著名將領馬援。《後漢書》卷六〇上《馬融傳》:"融才高博洽,爲世通儒,教養諸生,常有千數。涿郡盧植,北海鄭玄,皆其徒也。……嘗欲訓《左氏春秋》,及見賈逵、鄭衆注,乃曰:'賈君精而不博,鄭君博而不精。既精既博,吾何加焉!'但著《三傳異同説》。注《孝經》《論語》《詩》《易》《三禮》《尚書》《列女傳》《老子》《淮南子》《離騷》。"③據此,"融擅儒宗,釋典經於後葉"指的是東漢著名經學家馬援從孫馬融。綜上,志主應爲馬氏後裔,故題名應作"馬伯仁及妻宋氏墓誌"。

(3) P.4/NO.99:□諒墓誌。按:交代志主姓氏信息的蓋題及志題缺失,故《新編目錄》登録此志時志主姓氏闕如。志文交代志主先祖時曰:"昔帝唐纂業,爰登四岳之尊;宗周撫運,誕隆五等之列。"④"昔帝唐纂業,爰登四嶽之尊",指志主是"四岳"後裔;"宗周撫運,誕隆五等之列",這個典故的主人公是輔周滅商立國、爵位公爵、封於齊地的太公望,意謂太公望亦是志主先祖。關於太公望的祖源及姓氏,《史記》卷三二《齊太公世家》云:"太公望吕尚者,東海上人。其先祖嘗爲四岳,佐禹平水土甚有功。虞夏之際封於吕,或封於申,姓姜氏。"⑤據此,太公望乃"四岳"後裔,"四岳"後裔以姜爲姓。綜上,志主姓姜⑥,本條目題名應作"姜諒墓誌"。

(4) P.8/NO.213:楊保救妻張氏墓表。按:志文曰:"張氏女台女墓表。"⑦據此,"張氏女"諱"台女",故題名應作"楊保救妻張台女墓表"。

(5) P.14/NO.320:大智律師塔記(智瓊造);P.14/NO.321:大智律師塔記(智炬造)。按:據志文⑧,律師法號"智焱",條目題名作"智",誤,當據補。

(6) P.20/NO.522:珍法師塔銘。按:據志文⑨,法師法號爲"法珍"而非"珍",當據補。

---

① 趙力光等編著:《西安碑林博物館新藏墓誌彙編》上册,綫裝書局,2007年,第58頁。
② 〔南朝宋〕范曄撰,〔唐〕李賢等注:《後漢書》卷二四《馬援傳》,中華書局,1965年,第3册,第840頁。
③ 〔南朝宋〕范曄撰,〔唐〕李賢等注:《後漢書》卷六〇上《馬融傳》,第7册,第1972頁。
④ 周紹良、趙超主編:《唐代墓誌彙編續集》,第8頁。
⑤ 〔漢〕司馬遷撰,〔南朝宋〕裴駰集解,〔唐〕司馬貞索隱,〔唐〕張守節正義:《史記》卷三二《齊太公世家》,中華書局,1959年,第5册,第1477頁。
⑥ 關於此志志主姓氏的問題,筆者曾向任乃宏先生請益,特此致謝。
⑦ 周紹良、趙超主編:《唐代墓誌彙編續集》,第54頁。
⑧ 周紹良主編:《唐代墓誌彙編》上册,第70頁。
⑨ 同上書,第139頁。

（7）P.22/NO.534：韓才及妻□氏墓誌。按：據該志拓本，志主妻姓氏"侯"清晰可辨，故題名應作"韓才及妻侯氏墓誌"。

（8）P.30/NO.783：李揚及妻劉氏墓誌。按：該條目唯一出處"晉中7"云："夫人石氏女，大業十年八月九日卒於室。繼夫人劉氏女，永徽五年三月二日卒於室。並閨闈備德，姻婭傳芳。前後相從，俱之玄夜。粵以永徽六年歲次乙卯十二月景申朔十四日己酉，合葬於祁縣城東北二里。"①據此可知，與志主李揚合葬的不僅有繼夫人劉氏，還有夫人石氏，故此條目應作"李揚及妻石氏劉氏墓誌"。

（9）P.32/NO.838：張君妻吕氏墓誌。按：該志首題"大唐故張方君吕夫人墓誌"②，據此，張君諱"方"，此條目應作"張方妻吕氏墓誌"。

（10）P.38/NO.962：王舉及妻張氏及王禄墓誌。按：據該條目唯一出處"西市56"③，"王禄"是志主長子，故此條目應作"王舉及妻張氏及子王禄墓誌"。

（11）P.42/NO.1086：鮑□墓誌。按：志主名諱，該條目唯一出處"北大01587"④作"□連"，當據補。

（12）P.44/NO.1153：梁洽墓誌。按：志文曰："君諱君洽，字訶奴，安芝烏氏人也。"⑤據此，志主諱"君洽"，條目作"洽"誤，當據補。

（13）P.56/NO.1438：長孫君妻柳雲墓誌。按：該條目唯一出處"秦續250"曰："夫人諱雲彩，河東解人也。"⑥據此，柳氏諱"雲彩"，條目應作"長孫君妻柳雲彩墓誌"。

（14）P.64/NO.1630：楊君妻程令淑墓誌。按：該條目唯一出處"西市74"曰："夫人諱　，字令淑，廣平人也。楊郎將傑之妻，蒲州刺史、右驍衛將軍振之女也。"據此，楊君諱"傑"，此條目應題作"楊傑妻程令淑墓誌"。

（15）P.64/NO.1664：□德瑋墓誌。按：該志唯一出處"衡水44"曰："公諱德瑋，字元寶，貝州漳南人也。原夫麗山，介氏啓駕岫之鴻基。"⑦據此，志主姓"介"，當據補。

（16）P.74/NO.1910：□師墓誌。按："□師"，該條目唯一出處"北大02048"⑧作"□師言"，當據補。

（17）P.78/NO.2035：成昭妻陳氏墓誌。按：該條目唯一出處"秦晉172"云：

---

① 張晉平編著：《晉中碑刻選萃》，山西古籍出版社，2001年，第8頁。
② 周紹良、趙超主編：《唐代墓誌彙編續集》，第90頁。
③ 胡戟、榮新江主編：《大唐西市博物館藏墓誌》上冊，第121頁。
④ 北京大學圖書館金石組等編：《北京大學圖書館藏歷代墓誌拓片目錄》上冊，第188頁。
⑤ 趙文成、趙君平編：《秦晉豫新出墓誌搜佚續編》第2冊，第290頁。
⑥ 同上書，第307頁。
⑦ 衡水市文物局編：《衡水出土墓誌》，第44頁。
⑧ 北京大學圖書館金石組等編：《北京大學圖書館藏歷代墓誌拓片目錄》上冊，第241頁。

"夫人諱隆,字璩耶,其先潁川人也。"①據此,陳氏諱"隆",該條目題名應作"成昭妻陳隆墓誌"。

(18) P.80/NO.2102:劉榮及妻李氏墓誌。按:據志文②,與志主合葬的不僅有後妻隴西李氏,還有妻琅琊王氏,故條目題名應作"劉榮及妻王氏李氏墓誌"。

(19) P.82/NO.2121:杜君墓誌。按:志文未交待志主杜君名諱。該志是以杜善達、杜義節等八人的名義爲曾祖杜君所撰,"志作碑式……陰題三代四諱及墓地廣狹"③。據碑陰題刻"曾祖諱行寶,周朝任豫州刺史諸軍事淮南公"④,可知志主諱"行寶",當據補。

(20) P.86/NO.2223:丁孝范及王氏墓誌。按:據志文⑤,丁孝范與王氏是夫妻關係,按照《新編目錄》的題名慣例,該條目應題作"丁孝范及妻王氏墓誌"。同樣的情況還有:"P.90/NO.2323:于君盧舍衛墓誌""P.104/NO.2713:游通及李夫人墓誌""P.108/NO.2790:張客及嚴氏墓誌""P.122/NO.3182:宋爽及陳氏墓誌""P.126/NO.3263:王望之及崔氏墓誌""P.160/NO.4127:杜嗣先及鄭氏墓誌""P.164/NO.4216:別智福及溫氏墓誌""P.164/NO.4226:週三及晉氏墓誌""P.214/NO.5584:程文琬及豆盧氏墓誌""P.250/NO.6522:郭盛及馮氏墓誌""P.318/NO.8322:張惟及王氏墓誌""P.320/NO.8376:范顏及井氏墓誌""P.330/NO.8630:張玉及關氏墓誌""P.350/NO.9184:李霸及張氏墓誌""P.358/NO.9403:高秀峰及桑氏墓誌""P.360/NO.9458:李清及賈氏墓誌""P.382/NO.10011:李郜及裴氏墓誌""P.410/NO.10800:向群及甘氏墓誌""P.418/NO.10991:程晏及宋氏墓誌""P.444/NO.11703:李讓及錢氏墓誌"等。

(21) P.88/NO.2275:袁雄及妻柳氏。按:志文首題爲"大唐故洛州偃師縣丞陳郡袁府君墓誌銘並序"⑥,據《新編目錄》的題名慣例,"袁雄及妻柳氏"後脱"墓誌"二字,當據補。同樣的情況還有:"P.116/NO.3006:韋玄祐及妻崔氏王氏""P.126/NO.3242:胡思言及妻白氏""P.134/NO.3486:劉才及妻司徒氏""P.300/NO.7851:苗君妻陳氏"等。

(22) P.98/NO.2539:爾朱君妻李氏墓誌。按:此志首題"大唐故銀青光禄大夫定州刺史爾朱公夫人李氏墓誌銘並序"⑦。葬於上元三年(676)的爾朱義琛,其

---

① 趙君平、趙文成編:《秦晉豫新出墓誌搜佚》第1册,第222頁。
② 趙文成、趙君平編:《秦晉豫新出墓誌搜佚續編》第2册,第373頁。
③ 北京圖書館金石組編:《北京圖書館藏中國歷代石刻拓片彙編》第16册,第53頁。
④ 周紹良主編:《唐代墓誌彙編》上册,第628頁。
⑤ 毛陽光、余扶危主編:《洛陽流散唐代墓誌彙編》上册,國家圖書館出版社,2013年,第61頁。
⑥ 趙君平、趙文成編:《秦晉豫新出墓誌搜佚》第2册,第242頁。
⑦ 吴鋼主編:《全唐文補遺:千唐志齋新藏專輯》,第54—55頁。

志文首題"大唐故銀青光禄大夫定州刺史上柱國爾朱府君墓誌"①。前志志主夫"爾朱公"與後志志主"爾朱義琛"職官基本相同,研讀兩志内容可以發現,"爾朱公"就是"爾朱義琛",當據補。

（23）P.106/NO.2773：樂王端及妻支氏墓誌。按：該條目唯一出處"臨潼102"曰："大唐雍州富平縣始昌里,朝議大夫樂王端妻支同合葬墓誌。"②據此,支氏諱"同",當據補。

（24）P.108/NO.2830：王朋及妻李氏墓誌。按：志文曰："夫人李氏、令狐氏並以早喪川娥,久空鸞鏡,行雲變質,雄劍長渝,鴒穴斯幽,當歸就日,以大周天授二年歲次辛卯九月十八日合葬於内村西三里之原,禮也。"③據此,與志主合葬的不僅有夫人李氏,還有夫人令狐氏,當據補。

（25）P.130/NO.3368：□建達墓誌。按：志文曰："君諱建達,字元禮,即隋朝鄭州管城縣□苑士徽之孫也。"④因"苑"前一字空缺,所以只能由此判定志主可能姓"苑"。志文又云志主"祖望朝歌"⑤。"朝歌"是殷商晚期都城,《史記正義》引《括地志》曰："紂都朝歌在衛州東北七十三里朝歌故城是也。本妹邑,殷王武丁始都之。"⑥《元和姓纂》在交代"苑"姓得姓由來時説："殷武丁子受封苑,因氏焉。"⑦綜上,始都"朝歌"的武丁,其子受封於"苑",後代以"苑"爲姓,以"朝歌"爲祖望。故志主應姓"苑",當據補。

（26）P.150/NO.3859：賈擬及妻□氏墓誌。按：該條目唯一出處"秦晉307"曰："夫人廉氏。"⑧據此,志主妻姓"廉",當據補。

（27）P.154/NO.3982：王婢墓誌。按：志文曰："七女名小婢,家本琅琊臨沂人。"⑨據此,志主諱"小婢",條目志主名諱脱一"小"字,當據補。

（28）P.172/NO.4429：李彥妻朱氏墓誌。按：志文曰："大唐海州録事文林郎李彥枚,開元六年十二月十四日,夫人朱氏卒于官舍。"⑩據此,志主夫李君名諱脱一"枚"字,當據補。

---

① 周紹良主編：《唐代墓誌彙編》上册,第618—619頁。
② 楊希哲主編：《臨潼碑石》,三秦出版社,2006年,第102頁。
③ 周紹良主編：《唐代墓誌彙編》上册,第810頁。
④ 同上書,第971頁。
⑤ 同上。
⑥ 〔漢〕司馬遷撰,〔南朝宋〕裴駰集解,〔唐〕司馬貞索隱,〔唐〕張守節正義：《史記》卷四《周本紀》,第1册,第123頁。
⑦ 〔唐〕林寶撰,岑仲勉校記：《元和姓纂》卷六《苑》,中華書局,1994年,第976頁。
⑧ 趙君平、趙文成編：《秦晉豫新出墓誌搜佚》第2册,第393頁。
⑨ 吴鋼主編：《全唐文補遺：千唐志齋新藏專輯》,第113頁。
⑩ 周紹良、趙超主編：《唐代墓誌彙編續集》,第468頁。

（29）P.202/NO.5216：喬夢松及妻鄭氏墓誌。按：志文曰："初，君婚長樂馮氏，終。繼室以滎陽鄭氏。……皆錦衣先悴，墳木早行。許其合焉，周公之禮；崇其封者，孔父之識。則以其年二月廿三日，同窆于北邙原，禮也。"①據此，與志主合葬的不僅有繼室"鄭氏"，還有原配"馮氏"，當據補。

（30）P.206/NO.5349：王惄及妻□氏墓誌。按：條目題名志主妻姓氏闕如，然據該條目唯一出處"秦晉442"可知其姓"孟"②，當據補。

（31）P.210/NO.5467：李寶會及妻無量壽墓誌。按：志文曰："夫人諱無量壽，字九九，姚氏，先吳興人也。"③據此，志主妻姓"姚"，名"無量壽"，條目題名志主妻姓氏脫，當據補。

（32）P.210/NO.5480：趙君妻張氏墓誌。按：志文雖未交待志主名諱，但交代了志主"字大娘"④。依照《新編目錄》題名慣例，該條目應題作"趙君妻張大娘墓誌"。

（33）P.220/NO.5722：張君墓誌。按：志文曰："君諱公，字表，京兆人也。"⑤據此，張君諱"公"，當據補。

（34）P.258/NO.6716：韓君妻馬氏墓誌。按：該條目唯一出處"安陽選48"曰："夫人諱花嚴，其先扶風人也。"⑥據此，條目題名"馬氏"應作"馬花嚴"。

（35）P.260/NO.6778：陳君妻韓氏墓誌。按：志文曰："夫人姓韓，南陽人也，今屬朔方焉。故朔方郡順化府右果毅都尉、上柱國感仁之季女，別將潁川陳令忠之嘉偶。"⑦據此，陳君諱令忠，當據補。

（36）P.286/NO.7468：盧友□墓誌。按："□"，該條目唯一出處"流散210"作"愻"⑧，當據補。

（37）P.288/NO.7517：王伷及妻墓誌。按：此志志主妻姓氏闕如，然據貞元元年（780）志主之子《王素墓誌》可知，志主妻姓"裴"⑨，當據補。

（38）P.292/NO.7647：徐君墓誌。按：該條目唯一出處"秦晉620"曰："夫人徐氏，濮陽人也。……笄年歸於劉氏。"⑩據此，該條目應作"劉君妻徐氏墓誌"。

（39）P.304/NO.7943：盧士舉妻李氏志文。按：該條目唯一出處"流散233"

---

① 周紹良、趙超主編：《唐代墓誌彙編續集》，第528頁。
② 趙君平、趙文成編：《秦晉豫新出墓誌搜佚》第2冊，第563頁。
③ 毛陽光、余扶危主編：《洛陽流散唐代墓誌彙編》上冊，第267頁。
④ 安陽市文物考古研究所、安陽博物館編著：《安陽墓誌選編》，第41頁。
⑤ 胡戟、榮新江主編：《大唐西市博物館藏墓誌》中冊，第507頁。
⑥ 安陽市文物考古研究所、安陽博物館編著：《安陽墓誌選編》，第48頁。
⑦ 周紹良主編：《唐代墓誌彙編》下冊，第1700頁。
⑧ 毛陽光、余扶危主編：《洛陽流散唐代墓誌彙編》下冊，第420—421頁。
⑨ 趙君平、趙文成編：《秦晉豫新出墓誌搜佚》第3冊，第802頁。
⑩ 同上書，第800頁。

曰："夫人字省,姓李氏,隴西成紀人。"①據此,條目應題作"盧士舉妻李省志文"。

（40）P.310/NO.8097：柳君妻楊氏墓誌。按：據該條目唯一出處"新編10－6726"②,此篇墓誌是柳宗元爲亡妻楊氏所寫,"柳君"應作"柳宗元"。

（41）P.314/NO.8189：史好直及妻崔氏墓誌。按：該條目唯一出處"碑林續141"曰："公先婚清河崔氏,即右衛中郎將昌嗣之長女,不幸以貞元七年四月廿四日先公而亡,有子嬰齊。公再婚京兆韋氏,右衛率府兵曹珣之第二女,不幸亦先公而亡,有子叔齊。悲夫,胤子等天性純懿,哀纏過禮,□護遠歸,以貞元十八年正月廿五日葬於長安高陽原。二夫人同祔幽穸,永閟泉扃。"③據此,與志主合葬的不僅有夫人崔氏,還有夫人韋氏,當據補。

（42）P.316/NO.8290：王君妻崔氏墓誌。按：該條目唯一出處"新編9－5923"曰："夫人姓崔氏,博陵安平人。……洋州刺史琅琊王君澄之嘉偶。"④據此,志主夫諱"澄",當據補。

（43）P.318/NO.8300：趙君妻韋氏墓誌。按：志文曰："夫人姓韋氏,京兆人也。……既筓而歸于天水趙君諱肅。"⑤據此,韋氏夫名"肅",當據補。

（44）P.320/NO.8350：翟□晉妻蕭氏墓誌。按：志文曰："蕭氏十九娘,漢中山相後,故舒州太湖縣令良玉長女。"⑥據此,條目應作"翟□晉妻蕭十九娘墓誌"。

（45）P.322/NO.8406：元君妻鄭氏墓誌。按：該條目唯一出處"新編11－7679"曰："有唐元和元年,九月十六日,故中散大夫、尚書比部郎中、舒王府長史河南元府君諱寬夫人滎陽縣太君鄭氏,年六十,寢疾歿於萬年縣靖安里私第。越明年,二月十五日,權祔於咸陽縣奉賢鄉洪瀆原,從先姑之塋也。"⑦據此,志主夫諱"寬",當據補。

（46）P.330/NO.8654：何君妻邊氏墓誌。按：志文曰："夫人貞懿端淑,麗容飾莊,行不踰於箴誡,志克修於蘋藻。適南陽何氏府君湊,鴛鴦和鳴,琴瑟合韻,内以崇四德,外以穆六姻,殆卅餘祀矣。"⑧據此,何君諱"湊",當據補。

（47）P.332/NO.8677：陳君妻白氏墓誌。按：該條目唯一出處"新編11－7680"曰："夫人太原白氏,其出昌黎韓氏,其適穎川陳氏,享年七十。唐和州都督諱士通志曾孫,尚衣奉御諱志善之元孫,都官郎中諱溫之孫,延安令諱鍠之第某

---

① 毛陽光、余扶危主編：《洛陽流散唐代墓誌彙編》下册,第469頁。
② 周紹良主編：《全唐文新編》第3部第2册（總第10册）,第6726頁。
③ 趙力光主編：《西安碑林博物館新藏墓誌續編》下册,第438頁。
④ 周紹良主編：《全唐文新編》第3部第1册（總第9册）,第5923頁。
⑤ 胡戟、榮新江主編：《大唐西市博物館藏墓誌》下册,第727頁。
⑥ 周紹良、趙超主編：《唐代墓誌彙編續集》,第797頁。
⑦ 周紹良主編：《全唐文新編》第3部第3册（總第11册）,第4101頁。
⑧ 周紹良主編：《唐代墓誌彙編》下册,第1987頁。

女,韓城令諱欽之外孫,故鄜城尉諱潤之夫人。"①據此,陳君諱"潤",當據補。

(48) P.334/NO.8725：白氏之殤墓誌。按：該條目唯一出處"新編11-7671"："唐太原白氏之殤墓誌銘並序。白氏下殤曰幼美,小字金剛奴,其先太原人。"②據此,白氏諱"幼美",當據補。

(49) P.340/NO.8897：郭君墓誌。按：該條目唯一出處"新編10-6716"曰："郭師名無名,無字。"③據此,志主諱"無名",當據補。

(50) P.344/NO.9026：張季及妻元氏墓誌。按：志文曰："公諱季鞏,汜人,家自得姓,史有詳焉。"④據此,志主名諱少一"鞏"字,當據補。

(51) P.350/NO.9175：孫君妻王清淨墓誌。按：該條目唯一出處"秦續796"曰："夫人王氏,法諱清淨智,太原之望族也。"⑤據此,志主法諱少一"智",當據補。

(52) P.360/NO.9454：陳琳妻施氏墓誌。按：志文曰："夫人吳郡也。故人諱小光,適陳氏之門。"⑥據此,施氏諱"小光",當據補。

(53) P.362/NO.9489：司馬□墓誌。按："□",該條目唯一出處"江揚34"作"寊"⑦,當據補。

(54) P.362/NO.9498：鄭弘易妻士墓誌。按：志文首題"唐前沁州刺史鄭弘易夫人范陽盧氏墓誌銘並序"⑧,據此,志主姓"盧",條目應題作"鄭弘易妻盧氏墓誌"。

(55) P.362/NO.9503：□君墓誌。按：該條目志主姓名闕失。其唯一出處"沁州175"曰："公諱□□,□海源夫大□,乃唐堯之□奚仲之苗裔,降至殷湯左相仲□。迄乎周末,見《春秋》隱公十一年,'滕侯、薛侯來朝,爭長。薛侯曰：我先封。公使羽甫對曰：寡人若朝於君,不敢與諸任齒。'姓因此興也。"⑨檢《春秋左傳》隱公十一年春"滕侯、薛侯來朝,爭長"條《正義》："《譜》云：'薛,任姓,黃帝之苗裔奚仲封爲薛侯,今魯國薛縣是也。奚仲遷於邳,仲虺居薛,以爲湯左相,武王復以其胄爲薛侯。'"⑩據上揭,志主姓"任"名"□□"。又,據志文⑪,此志是任君

---

① 周紹良主編：《全唐文新編》第3部第3册(總第11册),第7680頁。
② 同上書,第7671頁。
③ 周紹良主編：《全唐文新編》第3部第2册(總第10册),第6716頁。
④ 周紹良主編：《唐代墓誌彙編》下册,第2056頁。
⑤ 趙文成、趙君平編：《秦晉豫新出墓誌搜佚續編》第4册,第1101頁。
⑥ 吳鋼主編：《全唐文補遺》第2輯,三秦出版社,1995年,第578頁。
⑦ 吳煒、田桂棠編著：《江蘇揚州唐五代墓誌簡介》,2012年,第33頁。
⑧ 趙文成、趙君平編：《秦晉豫新出墓誌搜佚續編》第4册,第1131頁。
⑨ 梁曉光主編：《沁州碑銘集》,第175頁。
⑩ 〔晉〕杜預集解,〔唐〕孔穎達等正義：《春秋左傳正義》卷四《隱公十一年》,藝文印書館2001年影印清嘉慶二十年南昌府學刻《十三經注疏》本,第6册,第79頁。
⑪ 梁曉光主編：《沁州碑銘集》,第175—176頁。

與妻劉氏的合葬志。綜上,本條目應題作"任□□及妻劉氏墓誌"。

(56) P.386/NO.10106:周賁及妻張氏墓誌。按:據該條目唯一出處"分類105"①,與志主合葬的不僅有夫人張氏,還有夫人杜氏,當據補。

(57) P.392/NO.10276:王君十六娘墓誌。按:志文首題"唐太原郡王氏故笄女十六娘墓誌銘"②,據此,該條目應題作"王君女十六娘墓誌"。

(58) P.408/NO.10715:馮湍妻金氏墓誌。按:志文曰:"夫人金氏,諱淑□,京兆人也。"③據此,金氏諱"淑□",當據補。

(59) P.410/NO.10798:程雲及妻陳氏墓誌。按:據志文④,與志主合葬的不僅有夫人陳氏,還有夫人韓氏,當據補。

(60) P.422/NO.11077:盧氏小女墓誌。按:該條目唯一出處"新見48"曰:"盧氏女子小字邵孫。"⑤據此,該條目應題作"盧邵孫墓誌"。

(61) P.426/NO.11193:陳審及妻□氏墓誌。按:志文曰:"壯室必告,求藥氏之如賓;桃李當年,保宜家於偕老。"⑥據此,志主妻姓"藥",當據補。

(62) P.434/NO.11425:郭奕沖及妻張氏墓誌。按:該條目唯一出處"秦晉832"曰:"夫人姓張,乳名利華。"⑦據此,該條目應題作"郭奕沖及妻張利華墓誌"。

(63) P.454/NO.11934:李君墓誌。按:該條目唯一出處"新編9－6080"曰:"公姓李氏,諱某,隴西成紀人也,字曰公受。"⑧據此,該條目應題作"李公受墓誌"。

(64) P.456/NO.11988:賈君妻陳氏墓誌。按:該條目唯一出處"補遺7－433"曰:"夫人諱 ,字小□,潁川人也。"⑨依據《新編目錄》題名通例,該條目應題作"賈君妻陳小□墓誌"。

3. 題名衍羨

(1) P.52/NO.1348:蕭弘義及妻張氏墓誌。按:志文曰:"夫人安定張氏,禍生朝□,□起秋悲。痛金□之不天,罷玉珈之盛飾,敬闕如賓之禮,敢申空亥之儀。"⑩據此,張氏並未逝世,志文只是表達張氏對夫君逝世的悲痛之情。故該條

---

① 《山東石刻分類全集》編輯委員會編著:《山東石刻分類全集》第5卷《歷代墓誌》,青島出版社,2013年,第178頁。
② 周紹良、趙超主編:《唐代墓誌彙編續集》,第985頁。
③ 周紹良主編:《唐代墓誌彙編》下冊,第2366頁。
④ 胡戟、榮新江主編:《大唐西市博物館藏墓誌》下冊,第957頁。
⑤ 王連龍集釋:《新見隋唐墓誌集釋》,遼海出版社,2013年,第248頁。
⑥ 吳鋼主編:《全唐文補遺》第8輯,三秦出版社,2005年,第419頁。
⑦ 趙君平、趙文成編:《秦晉豫新出墓誌搜佚》第4冊,第1072頁。
⑧ 周紹良主編:《全唐文新編》第3部第1冊(總第9冊),第6080頁。
⑨ 吳鋼主編:《全唐文補遺》第7輯,三秦出版社,2000年,第433頁。
⑩ 趙文成、趙君平編:《秦晉豫新出墓誌搜佚續編》第2冊,第301頁。

目應題作"蕭弘義墓誌"。《新編目録》誤認志主妻逝世且與志主合葬的條目還有："P.216/NO.5619：鄭杳及妻盧氏墓誌""P.254/NO.6600：盧景初及妻李氏墓誌""P.254/NO.6610：杜壯木育①及妻墓誌""P.254/NO.6629：宇文倩及妻薛氏墓誌""P.278/NO.7269：盧清及妻鄭氏墓誌""P.294/NO.7651：陸守謙及妻李氏墓誌""P.296/NO.7718：陸士倫及妻韋氏墓誌""P.320/NO.8393：陳君及妻張氏墓誌"②"P.370/NO.9722：杜旻及妻李氏墓誌"等。

（2）P.68/NO.1764：李君妻王婉氏墓誌。按：志文云："夫人諱婉，字令璣，其先太原之望族也"③。據此，王氏諱"婉"而非"婉氏"，當據刪。

（3）P.248/NO.6480：崔賁及妻蕭氏墓誌。按：志文曰："夫人蘭陵蕭氏，先公終於豫章，未安卜兆，不時同穴。"④據此，蕭氏並未與夫合葬，條目題名"及妻蕭氏"當刪。

（4）P.274/NO.7145：李粹及妻楊氏墓誌。按：志文曰："夫人弘農楊氏，天寶中，先公而逝。窆於東周，卜遷不從，今未之合。"⑤據此，楊氏並未與夫君合葬，條目應題作"李粹墓誌"。

（5）P.294/NO.7652：王興滿墓誌。按：志主名諱，該條目題作"興滿"，然該條目唯一出處"洛鴛鴦33-1"作"興"⑥，"滿"字衍，當據刪。

（6）P.294/NO.7685：李緄及妻崔氏墓誌。按：志文曰："太傅博陵崔文貞公祐甫，公丈人行也，德重常世，爲詞林宗師。一見公，深所歎異，遂以其子妻之。公亦感于世親知己之義，尤自砥礪，而夫人柔嘉明淑，如公之志。内姻外姻，聆風企慕焉。"⑦志文述及"崔氏"的内容如上所述，並未提及其與夫君合葬之事，當據刪。

（7）P.294/NO.7695：裴虯及前妻崔氏後妻薛氏墓誌。按：志文曰："公夫人博陵崔氏，先公廿二年終於丹陽。昔已返葬，今即合袝，用周之禮也。公繼夫人河東薛氏，先公十年終於長安，遂於高陵永樹松柏，遵公之志也。"⑧據此，繼夫人薛

---

① "木育"，該條目唯一出處"流散184"作"楠"（毛陽光、余扶危主編：《洛陽流散唐代墓誌彙編》下册，第368頁），當據改。

② 志文曰：陳公"以元和元年十月五日終於私第。夫人聶氏，貞淑早著，母範逾彰，以逝經卅年矣。夫人南陽張氏，早承餘蔭，卅九年撫育，兒女並已成長，哀全晝哭，痛切崩城"（胡戟、榮新江主編：《大唐西市博物館藏墓誌》下册，第737頁）。據此，"張氏"並未亡故，與志主合葬的是夫人"聶氏"，當據改。

③ 周紹良主編：《唐代墓誌彙編》上册，第443頁。

④ 毛陽光、余扶危主編：《洛陽流散唐代墓誌彙編》下册，第357頁。

⑤ 胡戟、榮新江主編：《大唐西市博物館藏墓誌》中册，第607頁。

⑥ 郭茂育、趙水森等編著：《洛陽出土鴛鴦志輯録》，國家圖書館出版社，2012年，第131—132頁。

⑦ 毛陽光、余扶危主編：《洛陽流散唐代墓誌彙編》下册，第435頁。

⑧ 吴鋼主編：《全唐文補遺：千唐志齋新藏專輯》，第268—269頁。

氏並未與志主合葬,當據删。

（8）P.334/NO.8730：鄭紹方及妹鄭氏墓誌。按：據志文①,妹"鄭氏"並未逝世,當據删。

（9）P.336/NO.8801：譚亘及妻張氏墓誌。按：該條目唯一出處"秦續765"曰："府君諱亘……先婚後官,公遂娉清河張氏女。鸞鳳和鳴,綢繆琴瑟。隨侍江淮,無虧巾櫛。常詠雞鳴之詩,冀保齊齡之享。嗚呼！天假有後,不假其壽。太夫人即貞元九年殯於荆南,遂權殯江陵縣,崛山寺東。……合祔未啓,日月非良。"②據此,因日月非良,張氏並未與夫合葬,題名當據改。

（10）P.424/NO.11179：李韶墓誌。按：該條目唯一出處"秦晉822"只是提到崔氏"先公二歲而殁"③,並未言及其與夫君合葬之事,故"及妻崔氏"當删。

（11）P.428/NO.11283：盧彦方及妻鄭氏李氏墓誌。按：志文曰："府君先娶左補闕滎陽鄭綱女,無禄早逝。後娶殿中侍御史姑臧李宗本之女,先府君二十月而終。當府君潁邑之任,鄭夫人捐館,無嗣,故不克歸葬。及李夫人殁,則祔先塋,葬於河南府河南縣伊汭鄉尹樊村萬安山之南。孤子渠,以九月甲午,奉府君帷裳,合祔於李夫人之塋。"④據此,鄭氏並未與夫君合葬,當據删。

（12）P.448/NO.11768：崔潔及妻李氏盧氏墓誌。按：該條目唯一出處"秦晉847"曰："先妣隴西李氏夫人合祔焉。繼妣范陽縣君盧氏夫人權厝於京兆府咸陽縣,時屬多艱,未獲遷祔。"⑤據此,"盧氏"並未與夫君合葬,條目題名"盧氏"當删。

4. 題名存疑

（1）P.24/NO.602：宫宦（官）司設墓誌。按："宫"後一字應作"官",理由有二：第一,據該志拓本,志文標題"唐宫"下一字"官"雖有些許漫漶,但仍可辨識。第二,唐代有宫官而無宫宦,"唐代的宫官可指三類人,一是東宫官屬,二是宦官,三是後宫女官"⑥。因志文曰"司設者,洛陽宫人也"⑦,故此志的"宫官"當指後宫女官。

（2）P.114/NO.2952：咎（昝）斌墓誌。按：志主姓氏作"咎"抑或"昝",《新編目錄》存疑,然該志圖版及録文皆作"昝"。

---

① 周紹良、趙超主編：《唐代墓誌彙編續集》,第816頁。
② 趙文成、趙君平編：《秦晉豫新出墓誌搜佚續編》第4册,第1053頁。
③ 趙君平、趙文成編：《秦晉豫新出墓誌搜佚》第4册,第1058頁。
④ 吴鋼主編：《全唐文補遺》第8輯,第218頁。
⑤ 趙君平、趙文成編：《秦晉豫新出墓誌搜佚》第4册,第1089頁。
⑥ 羅彤華：《唐代後宫女官研究——宫官制度及其演變與影響》,《中華文史論叢》2018年第3期,第28頁。
⑦ 周紹良主編：《唐代墓誌彙編》上册,第170頁。

（3）P.126/NO.3252：崔玄藉（籍）及妻屈突氏墓誌。按：該志圖版志主名諱後一字以《千唐志齋藏志》①所收最爲清晰，"藉"字雖有些許模糊，但仍可辨識。

（4）P.130/NO.3374：浩頃（項）及妻李氏墓誌。按：志主名諱，圖版作"![字]"②，此字是"項"的異體字，故志主名諱當作"項"。

（5）P.144/NO.3738：路玄武（貳？）墓誌。按：志主名諱，該志圖版及錄文均作"玄式"，當據改。

（6）P.182/NO.4696：王謹（瑾？）妻柳氏墓誌。按：志主夫名諱，該志圖版及錄文皆作"瑾"，當據改。

（7）P.228/NO.5935：張狀（伏）墓誌。按：該志圖版志主名諱處，以《隋唐五代墓誌彙編·洛陽卷》所收最爲清晰，作"伏"③，當據改。

（8）P.230/NO.5997：寇鎬（鎬）及妻盧氏墓誌。按：該志圖版志主名諱處，以《隋唐五代墓誌彙編·洛陽卷》所收最爲清晰，作"鎬"④，當據改。

（9）P.258/NO.6716：裴處璀（璀）及妻趙氏墓誌。按：志主名諱後一字，該志圖版及錄文皆作"璀"，當據改。

（10）P.330/NO.8671：秦擇（樺）信妻張氏墓誌。按：志主夫名諱首字，以《隋唐五代墓誌彙編·北大卷》所收最爲清晰，作"樺"⑤，當據改。

（11）P.334/NO.8750：劉密（積）妻崔氏墓誌。按：志文曰："唐朝請大夫唐州長史兼監察御史彭城劉公故夫人崔氏墓誌銘並序。……劉公名密，積襲衣冠，門爲世重。"⑥據此，志主夫諱"密"，當據改。

（12）P.342/NO.8969：周球（珍）妻張氏墓誌。按：從該條目所收該志唯一圖版可以清晰地看出，志主夫名諱作"球"⑦，當據改。

（13）P.360/NO.9452：劉漢（溇）潤妻楊玭墓誌。按：志主夫名諱首字，該志圖版及錄文均作"溇"，當據改。

（14）P.388/NO.10156：黄季常（長？）墓誌。按：該志圖版志主名諱處，以《西安碑林全集》所收最爲清晰，作"長"⑧，當據改。

---

① 河南省文物研究所、河南省洛陽地區文管處編：《千唐志齋藏志》，文物出版社，1984年，第453頁。
② 常福江主編：《長治金石萃編》上册，山西春秋電子音像出版社，2006年，第148頁。
③ 陳長安主編：《隋唐五代墓誌彙編·洛陽卷》第11册，第11頁。
④ 同上書，第23頁。
⑤ 孫蘭風、胡海帆主編：《隋唐五代墓誌彙編·北大卷》第2册，天津古籍出版社，1992年，第111頁。
⑥ 周紹良主編：《唐代墓誌彙編》下册，第1999—2000頁。
⑦ 胡海帆、湯燕編著：《中國古代磚刻銘文集》，文物出版社，2008年，第320頁。
⑧ 高峽主編：《西安碑林全集》第88卷，第3877頁。

(15) P.392/NO.10287:李涣妻裴(王叔)墓誌。按:志主名諱,該條目唯一出處"碑林續190"作"俶"①,當據改。

(16) P.426/NO.11225:趙宗祐(祜)墓誌。按:據該志圖版,志主名諱次字"祜"清晰可辨,當據改。

馮雷　安徽大學歷史系　博士後

---

① 趙力光主編:《西安碑林博物館新藏墓誌續編》下册,第587—588頁。

寫本 版本目錄學研究

是影抄抑或仿寫?

——以毛氏汲古閣影抄本爲例*

丁延峰

抄本是古代文獻保存與傳播的基本途徑之一,即便在雕版技術發達的兩宋時期,抄寫也是無法取代的。明清時期,無論是在官方抑或民間,所流傳的抄本數量並不比刻本少,只是在流傳過程中更易爲人忽略,因此至今保存下來的抄本不如刻本多。就抄寫方式而言,隨着抄録使用的物質材料的不斷提升,人們對抄寫技術的不斷探索,經過千百年的演進,一種更爲先進的抄寫方式——影抄出現了。至明代,這種方式更加成熟,從而保存了大量"原汁原味"的古籍善本。毛氏汲古閣在刻書上取得了巨大成就,在抄書上同樣成績斐然,尤其是在抄寫方式上,大量採用影抄方式,將影抄技術發揚光大,在中國古代抄書史產生了重要影響。

毛氏抄本中,分一般抄本與影抄本兩種。比較而言,無疑影宋、影元本更爲珍貴,價值亦更高。在諸家書目及題跋中,對毛氏影抄本評價亦是最高的。《天禄琳琅書目》云:"明之琴川毛晉,藏書富有,所貯宋本最多。其有世所罕見而藏諸他氏不能購得者,則選善手以佳紙墨影鈔之,與刊本無異,名曰'影宋鈔'。於是一時好事家皆争仿效,以資鑒賞,而宋槧之無存者,賴以傳之不朽。"[①]孫從添《藏書

---

* 本文爲國家社科基金項目"汲古閣藏書、刻書、抄書研究"(14BTQ023)之部分成果。

① 〔清〕于敏中、彭元瑞等著,徐德明標點:《天禄琳琅書目 天禄琳琅書目後編》,上海古籍出版社,2007年,第97頁。

紀要》稱:"書之所以貴鈔錄者,以其便於誦讀也,歷代好學之士皆用此法。所以有刻本,又有鈔本,有底本。底本便於改正,鈔本定其字劃。於是抄錄之書,比之刊刻者更貴且重焉。況書籍中秘本,爲當世所罕見者,非鈔錄則不可得,又安可以忽之哉?……惟汲古閣影宋精抄,古今絕作。字畫、紙張、烏絲、圖章,追慕宋刊,爲近世無有繼其作者,所鈔甚少。"①段玉裁云:"毛子晉影抄宋本,每葉版心之底,皆有某人重開、某人重刊、某人重刀、某人者,刻工姓名也。每誤處,用白涂之,乃更墨書之。"②而對個案的稱讚亦不勝枚舉,如繆荃孫曾得"毛鈔影宋本"《松陵集》十卷,云"近時重毛鈔過於麻沙舊刻,荃孫止存此種,真工絕也"。③ 可見毛氏影抄本舉世公認。學者對毛氏影抄本的評價是綜合性的,既有書寫上的逼真性,亦有用紙、用墨的精良。然學者讚譽毛氏影抄本時,並未具體地指出毛氏是如何影抄的,孫從添的"皆用此法"並未有詳細交代。考察發現,人們對毛氏影抄宋元刻本的具體方式並不知曉。那麼毛氏究竟用何種方式影抄,其操作過程如何?在解決這一問題之前,需要首先弄清"影抄"一詞的具體含義,方可進一步討論該問題。

2006 年《古籍定級標準》④對影抄本的定義是:"依據某一底本覆紙影摹其圖文及版式而成的古籍傳本,又稱影寫本。""覆"即覆蓋之意義。一般而言,"影抄"是指將薄紙覆於原本上,照着原樣描摹鈎畫,其字體筆劃、標點、行款、版框尺寸甚至邊欄等格式與原本完全一樣,無毫釐之差。如將白紙覆蓋於宋、元、明刻本上,依樣描畫,所得則稱之爲影宋抄本或影元抄本或影明抄本。這樣的本子不僅文字上絲毫無差,且格式形式亦無兩樣,因此在保留底本原貌上,具有獨特優勢。通過影抄本即可一覽原本之面貌,故爲後人所追捧效法,譽稱"下真本一等"。細究"影"字發現,尚有另一含義。"影"爲形聲字,從彡,景声。《廣韻》曰:影,形影。彡(shān),毛飾花邊形。本義指影子,因擋住光綫而投射的暗影。《吕氏春秋·功名》云:"猶表之與影。"《淮南子·修務》:"吾日悠悠慚於影。"後又作"景"。其引申義爲描繪、描述、摹寫、描摹。其中"摹"者,爲形聲字,從手,從莫,莫亦聲。"莫"指"黄昏""昏暗"。"手"與"莫"聯合起來表示"在昏暗中照葫蘆畫瓢"。本義是指描畫事物輪廓。《説文》釋"摹"爲"規","規"畫的是圓周,圓周就是輪廓。既指輪廓,則僅描其大概,無法做到百分之百逼真。故有仿效之義,或作效仿、模仿。摹寫,即照原作謄寫或臨摹。從這個意義上講,則已與前揭影抄者將紙蒙在

---

① 〔清〕孫從添:《抄錄》,《藏書記要》,北京燕山出版社,1999 年,第 100 頁。
② 〔清〕陸心源:《皕宋樓藏書志》,卷十六《集韻》段懋堂校宋本,清光緒八年(1882)歸安陸氏十萬卷樓刻《潛園總集》本。
③ 〔清〕繆荃孫:《藝風藏書續記》,上海古籍出版社,2007 年,第 381 頁。
④ 《中華人民共和國文化行業標準·古籍定級標準·漢文古籍特藏藏品定級》第一部分《古籍》(簡稱《古籍定級標準》),備案號:18132。WH/T 20—2006。

底本描畫不同。此摹寫者則指將底本與仿寫紙分開，不接觸原本，一邊看記原本文字及格式，另一邊靠記憶重新在另一紙上仿寫臨錄下來，而不是蒙紙覆寫。當然這種仿寫在格式上亦與底本相同，但字形等仿真度上與覆寫本相比，已大打折扣。因此，從字義及習慣用法上，影抄者實有兩個意義，爲區別兩種之不同，前者我們姑稱之爲仿寫或臨對，後者稱之爲覆寫。顯然，仿寫本遠不如覆寫本逼真。覆寫之要求甚高，必須滿足一個必備條件，即抄紙必須很薄，能夠清晰地看到原本上的字，否則因厚紙看不清原本之字，則無法影抄描摹、無法透寫。當然，透寫對原本的損害也是很大的，因紙薄，墨跡很難不洇濕原本，再加覆寫時肯定會反復揉搓。如果同一原本覆寫多部，原本肯定會面目全非的。宋元刻本如此稀缺，誰會捨得如此摧殘？可想而知，這樣的覆寫本一定稀少罕見。而仿寫則無需考慮紙張厚薄。從現存大量所謂影抄本中，幾乎全爲仿寫本，覆寫本很難見到。但既然早在明末已有"影抄"這一概念，覆寫本肯定已經有了，只是由於特殊的薄紙覆寫難度大，保存下來更難一些，因此今存者少之又少。據説有一種透明的油紙，可以覆寫，但今亦未爲見寫品，有待繼續考見。

　　毛氏曾收藏多部影宋抄本，僅《汲古閣珍藏秘本書目》就著錄二十五部"宋板影抄"或"影宋板舊抄"，兩部"元人抄本影寫"。如著錄"《廣陵先生集》三本，影宋版舊抄，吳方山藏，前有王履吉印"。此本由明嘉靖間吳岫、王寵舊藏。又著錄"王黃州《小畜集》三十卷八本，影宋板抄，十八卷副頁有錢宗伯硃筆字，二十三卷後有趙清常題識"。此本由萬曆間趙用賢舊藏。毛氏一定從所藏前賢影宋抄本中，受到啓發，影抄了大量宋元本，而今見諸各家所藏及著錄爲毛氏影抄本者一百餘部。目驗這些今存毛氏影抄本，發現并非覆寫，實皆爲仿寫本。其理由有四：一、紙張幾乎皆爲白紙，較厚，並不透明，根本看不到底本之字，有的稍薄一點，也字跡較模糊，無法滿足透寫覆寫要求。天一閣藏有一部汲古閣影宋抄本《集韻》，被阮元稱爲"稀世之珍"，據該館古籍部李開升老師目驗，似爲較厚的開化紙，根本無法透寫。筆者曾赴日本静嘉堂文庫，查看所藏毛氏影抄本二十餘種，皆爲白綿紙，質地良好，但皆無法透寫。二、字體不同，經與現存原本對勘，字跡有異，或整體風格不同，或字畫稍變。三、毛氏影抄本中多有異體字，有的甚而有一些形近的誤字，有的則以朱筆或白粉塗改，然後再在塗處、行間或天頭改回原字，或以朱墨筆徑在原字上塗改。如是覆在原本上影抄的話，一般筆劃稍異的可能性是有的，但出現字形差異很大或抄錯的概率極低，但目驗一些毛氏影抄本并非這樣，有的一頁好幾個這樣的涂字。四、宋刻本原裝皆爲蝴蝶裝或包背裝，儘管至明清時大都改爲綫裝，然今存宋刻本中仍有不少是蝴蝶裝的，如《唐女郎魚玄機詩》《唐求詩集》等，而且毛氏所藏宋本中亦有蝴蝶裝的，如南宋末刻元初印本《新刊指南錄》四卷《附錄》一卷（文天祥撰），二册皆爲蝴蝶裝，文徵明、毛晉、汪文琛、汪士鐘、唐翰題、陸心源舊藏，今存静嘉堂文庫。但現存的毛氏影宋抄本皆爲綫裝，從裝池上顯然已非原裝。五、其他差異與不同，如刻工、版心題署、版框尺寸等等。最後，將紙覆蓋在原本上一筆一劃描摹底本筆畫，對底本肯定損害不少，玷污亦不可避免，書主人及影摹者不會不知。基於此，一般亦不會採用這種直接接觸原本之法的。因此《古籍定級標準》定義是否準確理解了"影抄"二字的真實含義頗可商榷。①

爲詳解上述之由，以上海圖書館藏宋刻本《杜工部詩》二十卷與静嘉堂文庫所藏毛氏影宋本對勘，可證并非覆寫，而是仿抄，或曰對臨。上圖藏本卷一首五葉，卷十七、十八、二十及補遺首六葉爲南宋紹興刻本，卷十至十二配宋紹興間建康郡齋刻本，卷一第六葉至卷九、卷十三至十六配清毛扆倩王爲玉抄本，卷一開首王原叔《杜工部集記》兩葉，卷十二第廿一後半葉，卷十九第一、二葉及《補遺》第七、八葉由張元濟補録。静嘉堂藏影抄本乃毛晉倩蒼頭劉臣影寫兩宋殘本及毛扆

---

① 《古籍定級標準》對影刻本的定義是："影刻本，依據某一底本覆紙影摹其圖文及版式，再行雕刻木版，經敷墨覆紙刷印而成的古籍傳本。"至近代亦發明照相技術，影刻古籍時，先採用照相洗出底片印樣，直接覆版雕刻。黎庶昌《古逸叢書》即採用此法。但近代以前採用"底本覆紙影摹"之法影刻，儘管存在，但數量不會多。明清時期宋版書已甚珍貵，用薄紙覆在書葉上描摹，極易損污底本。首先要拆開固定書葉，鋪展平整，用墨不能太濃，綜之，要十分細謹，操作起來難度不小。爲此，多數情況下採用的還是非直接接觸原本的仿寫複製原書。這可以從許多著録爲影刻本的現存影抄本中得到驗證，華蕾《古倪園本〈梅花喜神譜〉刊印考》云："袁廷檮在轉模宋本的過程中使用了不同的手法：梅瓣與枝幹部分用的應該是雙鉤法，因此連飛白都與宋本無異。花蕊用的是對臨，所以有時連數量都有出入。"（《圖書館雜志》2010 年第 6 期）所謂"對臨法"，亦可稱之爲仿寫，就是非接觸描摹法。其實梅幹與枝幹部分也未必不是用的"對臨法"；花蕊與宋刻出入大也未必由不由"對臨法"所致。在影宋刻本中恣意改動文字，甚至行款的現象並非個例。如《古逸叢書》影刻古籍時，就曾對其中《莊子注疏》《廣韻》等進行篡改（見《日本訪書記》卷七、《文録堂訪書記》卷一元刻本《廣韻》楊守敬跋）。張元濟《四部叢刊例言》云："近代影刻舊本，如黃丕烈《士禮居叢書》改小原書（重刻明嘉靖本《周禮》），黎庶昌《古逸叢書》移動行款（《杜工部草堂詩箋》），兹編力矯斯弊，識者鑒之。""對臨法"畢竟不是照相，無法達到百分之百的真實程度。臨摹者往往在大致保持原本字形的情況下，也往往留下自己特有的書寫筆跡。華蕾《古倪園本〈梅花喜神譜〉刊印考》一文又云："其實是有一點走形的。袁廷檮沒有亦步亦趨，既在間架上盡力保留原書版刻的特徵，又在筆劃的起承轉合處帶上了自己的用筆習慣。所以我們甚至會覺得，古倪園本比景定本更自然而不像翻刻本。"影抄本相對於影刻本而言，少了刻版與刷印兩道工序，成書難度大大減少，因此影抄本存世更多。就筆跡而言，影抄本仿真度不如影刻本，因刻版有明顯的雕鑿痕跡，棱角明顯，而抄本筆畫更加柔和潤澤，一般筆畫較細，棱角不明顯。且抄寫時有訛誤，如清影宋抄本《東家雜記》，不僅字形與原刻相差懸殊，甚至還恣意更改文字和行款，宋本卷一第一葉第二行"右朝議大夫"，影抄本誤作"左朝議大夫"，且第二、三行字數也發生變化。類似這樣的例子很多。《自莊嚴堪善本書目》著録一部《劉賓客文集》三十卷，冀淑英著録爲"明范氏臥雲山房照宋抄本"，不用影抄，因抄本只保留版式行款與文字內容，並未模仿原本字形，故用"照抄"比較貼切。參徐蜀《評〈古籍定級標準〉對"影刻本""影抄本"的定義及其他》。其實徐文所舉影抄本一例，在汲古閣毛氏影抄本尚可得到印證，因爲影抄本雖非毛氏發明，但將影抄技術發揚光大的非毛氏莫屬。

倩工補寫而成,今以上圖藏宋槧卷十與靜嘉堂藏本之劉臣影抄本卷十校之,區別明顯:一、影抄本白紙較厚,無法透寫。個別葉次受潮泛黃,紙色異化。二、字形筆畫不同。經審定筆跡,影抄本筆畫較軟潤綿厚,而刻本筆畫較版直,露出刀筆雕刻痕跡,筆畫粗細不如影抄本更明顯,感覺影抄本之神韻隱含於字裏行間,而刻本氣息貧弱。如果涉及個別字上,細細比對筆畫粗細、長短等,差異明顯。三、異體字頗多,且間有誤抄。如宋槧卷十首葉A面第六行"留別賈嚴二閣老兩院補闕一首"之"闕",影抄本作"闗";本葉第八行"收京三首"之"收",影抄本作"妆";第九行"哭長孫侍御一首"之"御",影抄本作"禦"。第二葉B面第三行"往事一首"之"往"字,影抄本作"徍"。第四葉A面第八行"辛苦賊中來"之"辛",影抄本"辛"作"幸","幸"字誤。第五葉B面首行"共被微官縛,低頭媿野人"之"縛""媿",影抄本分別作"縳""愧","縳"字誤。本葉末行"賞應歌枕杜"之"枕",影抄本作"杕"。第七葉A面第三行"通籍微班忝"之"忝",影抄本作"忝"。本葉B面第五行"慎爾參籌畫"之"畫",影抄本作"盡",誤。第九葉A面第八行"黃鳥時兼白鳥飛"之"兼"字,影抄本作"兼"。第十一葉A面第六行"春旗簇仗齊"之"仗"及第九行"曲江陪鄭八丈南史飲食"之"丈",影抄本皆作"仗""丈";本葉B面第九行"邂逅無端出餞遲"之"邂",影抄本作"鮮"。第十六葉A面第八行"秋草編山長"之"編",影抄本作"偏"。第十八葉B面第五行"但添新戰骨"之"但",影抄本作"俱"。第二十五葉A面第八行"俱議哭秦庭"之"俱"字,影抄本作"俱",誤。其中有不少字有書寫者自己的書寫習慣,如"妆""闗""丈"或"仗""俱"等字多次使用。他字如"微"作"徼""遲(尸下四橫中間一豎,左邊中間兩橫用一短樹連接)"作"遲"、"再(中間一橫兩邊出來)"作"再"、"搏"作"搏"、"肩"作"肩"、"甚"作"甚"、"簪"作"簪"等等,而訛字皆因形近而誤寫。① 又,宋槧第二十八葉A面第八行"謝氏尋山屐,陶公瀝酒申","申"字誤,旁改爲"巾",而影抄本徑作"巾",不作"申",則更說明並非覆寫。四、宋槧版心下間有刻工,影抄本全無。卷十至十二之刻工:楊茂、言清、言义、王祐、熊俊、鄭珣、黃淵、楊詵、翟庠等,卷十七、十八、二十之刻工:宋、宋道、洪茂、張逢、史彥、張由、余青、吳圭、茂、先、英、張謹、洪先、牛實、劉乙、徐彥、彥、施章、田中、駱、張清、寔、吕堅、蔡、王伸、方誠、朱贇、王、駱昇、昇、葛從、從等,而影抄本皆無。可見當時抄寫本並未計劃抄寫這些刻工。自以上這些諸多不同看出,所謂影抄者絕非覆寫,只能是仿寫。此六卷劉臣抄本不見校記,而其餘王爲玉抄本則用朱筆校改,因從另一抄本過錄,異文校多。王抄字

---

① 又,第十六葉A面第五行"秋聽殷地發"之"殷"、第七行"吾道竟何之"之"竟"字,影抄本皆缺末筆。細驗宋槧,兩字所缺末筆乃後人添寫補爲全字。如閱電子版或影印本,因所補亦爲墨筆,與原版字跡不易分辨,故須閱原本方能識出所補末筆。宋槧中有多處宋諱缺筆者,大多已補全,而影抄本多缺,要注意這些。

體亦仿宋,與劉臣抄録有異曲同工之妙。劉臣抄録者,除有個別因形近而誤者或有不影響字義的異體字外,別無他誤。而王爲玉抄本除有以上劉臣本問題外,則另有多誤。有誤字、倒文、脱文、衍文等,故校記頗多。因其底本未見,尚不知其差異幾何。但校以其他宋本,可知經過校改過的王抄尚佳。兩人抄寫字體風格亦有不同,王抄字大滿格,筆畫拙樸;劉抄字小,行間疏朗,秀雅俊美。毛扆在跋宋刻本《杜工部詩》云"命蒼頭劉臣影寫之""有甥王爲玉者,教導其影宋甚精,覓舊紙從鈔本影寫而足成之",無論是劉寫,還是王寫,皆稱"影寫",可見毛扆對這種臨寫而非覆寫的影寫方式是心知肚明的。《儀顧堂題跋》卷十著録静嘉堂藏本爲"影宋抄王洙本杜詩",《静嘉堂秘籍志》卷十著録同,兩家皆籠統稱之爲影抄。此本卷首貼有兩張紙簽,一題"影宋鈔本杜工部集殘本,七册",鈐有"醉經軒藏",另一題"王洙本杜工部集殘本,影宋抄,七本",其中"影宋"二字被朱筆塗抹,可知後者對"影抄"又予否定。王抄同劉抄一樣,雖稱影抄,然均非覆寫,實皆爲仿寫。這是經過實證考察得出的結論,毋庸置疑。

以上僅是詳舉一例説明之,而其他諸本亦屬此情況,如國圖藏清初影抄明嘉靖六年(1527)孫沐萬玉堂刻本《干禄字書》一卷,孫本卷末有紹興壬戌勾泳序,版心下有"萬玉堂雕"四字,此本均未抄,《楹書隅録》卷一著録誤作影宋精抄本。與《干禄字書》合裝一册的《佩觿》三卷,亦爲明嘉靖六年(1527)孫沐萬玉堂刻本,版心下"萬玉堂雕"及卷末徐充《題新刻佩觿後》,毛氏影抄本亦未抄。静嘉堂藏汲古閣毛氏影北宋天聖明道刻本《國語》二十一卷,卷中朱筆校改不少,更多的則爲脱文,所據校者爲底本。國圖藏明末影抄宋紹興九年(1139)臨安府刻本《漢官儀》三卷(宋劉攽撰),對勘兩本,影抄極精,未見異文,但白紙較厚,仍然無法透寫,且筆畫稍異。如從學術價值上考量,有些所謂影抄本存在的一個最大問題是抄録不謹,多誤字,如國圖藏一部《春秋繁露》八卷殘本,其底本爲宋嘉祐四年(1059)江右計臺本,與底本相校,訛字頗多。静嘉堂藏一部《北户録》,據目録後牌記、行款、字體可知,毛氏影抄自南宋臨安府尹家書籍鋪本,而底本今已不存。今查存世三部尹家書籍刻本《續幽怪録》《歷代名醫蒙求》《搜神祕覽》版心上象鼻皆題字數,下象鼻間題刻工,而《北户録》皆無。毛氏影抄所用底本有不少今已不存,無法一一對質,但通過目驗對校當下仍存於世的底本,綜合來看,這些所謂的影抄本大都不符合覆寫本的標準,客觀地講皆屬於仿寫本。但有的抄寫儘管字畫上有些微差異,但整體上確實與原版字體風格酷肖,如《永嘉四靈詩》,卷首標以"影宋抄本",實抄自於南宋陳氏書棚本,行款爲十行十八字,與現存書棚本《唐女郎魚玄機詩》等完全一樣。其字體與書棚本的細楷歐體完全一致,但檢驗抄紙,仍不能透寫,這種情況下如何解釋?意者毛氏在選擇寫工時,一定會從衆多寫工中挑選以歐體字見長、接近書棚本字體風格的抄手來特意完成這一特定任務。因此才會有上述抄字與原字酷似的情況。這對於毛氏來説,操作起來並不困難,因此毛抄中有不少這種酷似原本字體的幾可亂真的所謂影抄本。這樣情況當可進一步鉚足仿寫臨對而非覆寫的證據鏈。我們今天作這樣的解讀，應該符合毛氏抄書的實際情況的。

就字體而言，明末清初的寫工特別是如毛氏汲古閣這樣儲備大量寫工的特例來說，臨寫宋刻本的字體一般沒有問題。"入門僅僕盡抄書"，汲古閣的寫工應該具備一般書法技能，尤其是熟練書寫顏、歐、柳等字體風格。一個抄手，一旦形成自己的風格，一般是很難改變的，但個人風格的形成對臨寫宋刻本不同的字體來說，恐怕不是一件好事，其發生變異、出現與原本風格不一致的可能性因此會大大增加。所謂穩定性，是指歐體、顏體、柳體甚至趙體而言，總體上遵循這幾種相對固定的書法風格。但每種風格下肯定會有個人不同，完全有可能出現各自不同的些微變化，這就是毛抄中抄寫風格的總體特徵：既穩定又靈變的點面結合的書法風格。他們在臨對抄寫時，所記憶者都為文字內容，而非每個文字的形體特徵及筆畫變化，只需按自己的書寫風格順其自然地抄寫就是了，其抄寫的是內容，而非字體。如果遴選的寫手風格與原本一致或近似，則可能差異更小一些，而如與原本差異較大，則肯定差異亦較大。故此，才導致影抄本與原本在字形上的差異，甚而出現異體字或因形近而產生的誤字。一方面遴選字體風格相似的寫工臨寫原字，另一方面，肯定亦有不少與原書字體風格不一致甚至迥異的寫工，不論哪種都面臨一個問題，即只要是人寫，就無法做到百分之百的真實，因此從這個意義上來說，臨寫與原本永遠是一對矛盾，怎能比諸當今照相或掃描技術的逼真？

版本學家及諸家目錄著錄為影抄本，並非訛誤，只是要明白並非為蒙在原本上的覆寫，而是仿寫即可，實即影抄本中的一種而已。這種仿寫方式，其實早在三百多年的毛扆已經知曉。意者明清諸家、甚而書賈言之"影抄"者，多有炫耀甚至嘩眾取寵之意，以抬高售價故名。這從毛扆編製鬻售《汲古閣珍藏秘本書目》著錄影宋元抄本之售價即可知道，其僅次於宋元刻本，晚年的毛扆生活拮據，已然大不如從前，多賣些錢也是人之常情。

不幸的是，今人似乎熟視無睹，不作深究，常將其混作一種概念。然從版本學角度，應該疏證清楚，返惑歸真。2019年10月19日星期六下午，江蘇常熟召開"紀念毛晉誕辰420周年暨2019年圖書館史志編纂學術研討會"。會議期間，筆者發言時提及毛氏藏有很多影宋元抄本時，沈津先生遂即提出"影抄"問題，言及所目驗過的很多影抄本並非蒙在底本覆寫，而是臨對或仿寫。因此使用臨對本或仿寫本命名，當更準確。筆者亦曾目驗過多部毛氏影抄本，對此亦困惑不解。經請教沈先生後，豁然開朗，當以著錄為仿寫本更符合實際情況。據調研，當有一種覆寫使用的油紙，很薄，有一定的透明性，但筆者尚未發現這種真正意義上的影抄本。毛氏抄本幾乎全是白紙，目前沒有發現這樣油紙或更薄的白紙抄寫。

另一種情況是，所謂影抄者，並非影抄，亦即既非覆寫，又非仿寫，而是一般意義上的抄寫，其行款、字形、格式等皆已與底本不同，但因抄本抄寫精緻，用紙頗佳，字體仿宋元，常常被誤作影抄宋元本。如哈佛大學燕京圖書館藏一部宋吳仁傑撰《離騷草木疏》四卷（T52422321），《美國哈佛大學哈佛燕京圖書館藏中文善本書志》著録爲清初毛氏汲古閣抄本，卷端次署"通直即行國子録河南吳仁傑撰"，卷末有慶元三年（1197）吳仁傑跋、慶元六年（1200）方燦識語，又有銜名三行。十二行二十四字。鈐印"汲古閣""毛氏圖史子孫永保之""美人芳草""黔山黃氏竹瑞堂藏書""正鋆秘籍""雨山草堂""蔣祖詒""穀孫""密均樓""均之心賞""不可思議""曾亮""葛君""長尾甲"。此書今存一部宋慶元六年羅田縣庠刻本於國圖，卷末亦有吳仁傑、方燦跋，行款爲十行二十一字。臺圖曾藏一部明抄本，原爲汲古閣毛氏舊藏，行款與宋本同，其出於宋本無疑。哈佛藏本究竟出於明抄本抑或宋本，尚不清楚，《哈佛書志》云："此毛氏汲古閣所抄，底本爲宋慶元六年羅田縣庠刻本"，從抄録內容來看，當是。傅增湘曾於 1935 年 3 月目驗過哈佛藏本，《藏園羣書經眼録》卷十二著録，題曰"影寫本"。《藏園訂補郘亭知見傳本書目》卷十二著録爲"影寫宋刊本"。然《哈佛書志》曰："傅氏此説或不確，此本并非影宋，宋本每半頁十行二十一字，版式高闊，版心上記字數，下記刻工姓名，吳仁傑自序爲手書上版。而此版心字數、刻工皆無，行款爲十二行二十四字，吳氏自序則爲楷書，俱不同也。然抄本書以毛抄最著，此本字體工整秀麗，繕寫精絶，紙墨俱佳，堪稱'下宋本一等'，當爲毛抄精抄入藏者。據王文進以各家書目綜合統計，見諸《明毛氏寫本書目》之毛抄，約二百四十餘部，但此書不見其中。如今傳世之毛抄不逾百種，……哈佛燕京圖書館藏抄本逾千部，清初抄本以此本冠其首。"①比較毛氏抄本與宋本，其字體、行款、版框尺寸、版心設計等皆不同，顯然並非影抄。類似這種情況亦不少，僅憑經驗而不親自核對兩本，則極易誤斷。總之，通過對毛氏影抄本的查驗與了解，發現所謂影抄並非蒙在底本上的覆寫，而是仿寫臨對。同時毛氏抄本中更多的還是既非覆寫亦非仿寫的一般抄本，這類抄本亦有不少誤作影抄本，需要細緻核對底本方是。

丁延峰　曲阜師範大學文學院　教授

---

① 沈津主編：《美國哈佛大學哈佛燕京圖書館藏中文善本書志·集部》，廣西師範大學出版社，2011 年，第 1359—1360 頁。沈津《中國珍稀古籍善本書録》著録亦曰："此本非影宋也……此本字體工整秀麗，繕寫精絶，紙墨俱佳，當爲毛氏精抄入藏者。"

版本 版本目錄學研究

宋本《長短經》版本再議

——兼及書中所闕卷十内容的擬測

黄焕波

唐人趙蕤所撰《長短經》,談王霸機權奇正之道,大旨在於革除時弊,深具治國識見,徵引古書甚多。蕤字太賓,梓州鹽亭人(今四川省鹽亭縣),博學韜鈐,有經世之才,而夫婦俱有隱操,開元中累召不赴。據卷六"自隋開皇十年庚戌歲滅陳,至今開元四年丙辰歲"之語,知是書成於開元四年。趙蕤自序謂"總六十三篇,合爲十卷,名曰長短經"。《長短經》見於《新唐書·藝文志》著録,題"趙蕤《長短要術》十卷"[1]。

《長短經》成書以後,久以寫本行世,今所見最早刊本爲宋代杭州淨戒院梓行。合九卷,闕第十卷,前有趙蕤《儒門經濟長短經序》,書中或題作"長短文經卷第幾"。此帙係四庫底本,後轉歸常熟翁氏,輾轉流落海外,2000年春由上海圖書館出資購回。杭州淨戒院本《長短經》每半葉十一行,行十八至二十一字不等,小字雙行二十七至三十三字不等,白口,左右雙邊,無魚尾。卷一、八、九之卷末皆鎸有"杭州淨戒院新印"一行,卷三之末則省爲"淨戒院印"四字。卷六、七偶有朱筆校讀字跡,未詳何人所爲。據書後沈新民跋知明洪武間曾爲沈氏插架之物,王士禛《居易録》卷十四記徐乾學得宋刻於任城市中,後經史貽直、勵守謙、翁同龢等

---

[1] 原注:"字太賓,梓州人。開元,召之不赴。"〔宋〕歐陽修、宋祁撰:《新唐書·志第四十九·藝文三》,中華書局,1975年第1版,第1536—1537頁。

人收藏,以後各種抄本、刊本大多以此爲祖本。前輩學人對宋槧《長短經》的流傳遞藏考證甚詳,兹不贅述。

冀淑英爲文物出版社所撰影印説明(下簡稱冀文),依四庫館臣與傅增湘之舊説定此書爲南宋初年刻本。後陳先行爲中華再造善本《長短經》撰寫的提要(下簡稱陳文),舉出六大證據力辨其爲北宋本:一曰是本尾鐫"杭州浄戒院新印"一行字,杭州升臨安府在建炎三年,而南宋初年社會動蕩,該本當刻於更早而非南宋初年;二曰全書多有斷板與修板痕跡,該本應屬修版重印之本,即或此本重印晚至建炎三年,其刊刻似也當在北宋;三曰此本序文及卷一、各卷目録與正文均相連屬而不分葉,蓋沿襲唐卷子本古式,卷子本演變爲蝴蝶裝之過渡期當在北宋;四曰宋諱缺筆避諱最晚僅至真宗趙恒;五曰浄戒院舊名"青蓮",真宗時賜今額,則浄戒院在北宋真宗時代已有名目;六曰此本字體出入歐陽詢《九成宫》《皇甫誕碑》,字形略長,與今所存諸北宋本相仿佛,不同於南宋刻本字形略方。① 持此六端,陳氏《提要》猶從舊説題作"南宋初年杭州浄戒院刻本",蓋因證據稍嫌不足。

筆者以文物出版社影印本爲底本,參以其他存世北宋與南宋初年杭州地區的刻本,仔細校讀全書後發現,此帙實具北宋本之形態特徵。是本僅有九卷,與趙蕤《序》不合,那麼是浄戒院本《長短經》刊刻之初即爲九卷還是在流傳過程中散失?且第十卷内容爲何,宋人已有不同説法。是以筆者不揣淺陋,結合前賢已有之研究成果詳論此書版本特點,蒐考相關文獻記載,證其底本所據,定其刊刻年代。李開升《明嘉靖刻本研究》在陳正宏研究的基礎上提出,所謂版本可以分爲"文本版本"與"實物版本",前者應當是校勘學的研究對象,後者纔是版本學的研究對象②。筆者非常讚成這一觀點,在具體研究中注意到兩者的區别有助於我們理清千頭萬緒的版本流傳情況,然而我們也不應割裂文本内容與實物版本的内在聯繫。因此筆者採用的"版本"概念有别於一般的實物版本,本文將不局限於版本鑒定中的實物分析,而是結合校勘學、目録學、輯佚學知識展開文本考證,兼及《長短經》闕卷問題,試就所闕卷十内容作一擬測,冀還《長短經》之真貌。

一、是書之北宋刻本形態特徵

宋本《長短經》的文獻價值,已經得到學界充分認可,周斌《〈長短經〉校證與研究》與梁運華校注《長短經》均有論及。但是各家在談此本刊刻年代時,大都稱此帙係"南宋初年刻本"。筆者細檢全書,又對比佛經外的幾個北宋本,以及南宋

---

① 亦見中華再造善本工程編纂出版委員會編著:《中華再造善本總目提要·唐宋編》,國家圖書館出版社,2013年,第424—427頁。

② 李開升:《明嘉靖刻本研究·緒論》,中西書局,2019年,第18—26頁。

初年杭州地區的刻書,發現宋本《長短經》與南宋本形態特徵往往不合,而與北宋本略近,下面分點詳述。

(一) 字體兼刀法

此本字體爲歐體,字形略長,刀法精嚴,不失手書神韻,南宋初期浙本則無論官刻、坊刻、家刻,字體多較方正,刀法上愈趨規範整肅,如宋紹興九年臨安府刻本《漢官儀》、宋紹興刻本《戰國策注》,筆畫瘦勁,字形變化不大。趙萬里先生定爲南宋初年的杭州開牋紙馬鋪鍾家刻本《文選五臣注》,字體略狹長不類上舉諸本,但刀法亦不若淨戒院本《長短經》之精,而稍顯板滯,筆鋒樸鈍,符合南宋初浙本的特點。① 可見此宋槧《長短經》(見圖1)字體刀法與南宋初刻本小異。比照此書與今所存北宋本,如日本宮內廳書陵部藏《孝經》(見圖2)、《文中子中說》與《通典》,日本國會圖書館藏《姓解》,日本東福寺藏《釋氏六帖》,字體神韻皆相仿佛,爲瘦長歐體字,橫筆細而豎筆稍粗,橫畫起筆輕疾而收筆凝重,撇捺鋒勢突出,點畫迅捷有連筆現象,參見下頁附圖。

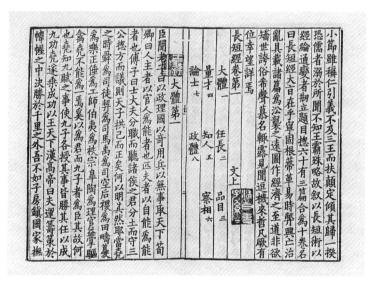

圖1 宋杭州淨戒院本《長短經》

(二) 用紙

紙墨實爲鑒定古籍最可靠的證據之一。蓋書賈縱能割補故紙以充善本,亦無力僞造古墨。可惜目前學界似乎還沒有一套科學的紙、墨鑒定標準,僅以"簾紋"等經驗之談爲據。筆者未見宋槧《長短經》原書,只能轉述陳先行對此書用紙的

---

① 是本卷中宋諱桓、構等字均不缺筆,趙萬里先生以爲"因南宋初年避諱未嚴之故",檢此書宋祖諱"敬"字亦不缺筆,趙說極是,"此書雖未必爲北宋本,定爲南宋初年刻,當無大誤"。見北京圖書館編:《中國版刻圖錄》第一冊,文物出版社,2015年,第8頁。

宋本《長短經》版本再議 103

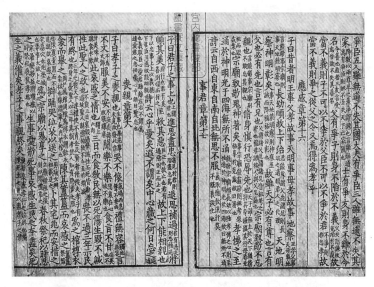

圖2　日本宮內廳書陵部所藏北宋本《孝經》

鑒定意見於此："此本用紙也頗有特點,不是常見南宋浙本或蜀本所用的麻紙,其紙質較緊密厚實,細看也有兩指寬的簾紋,在現存南宋本中未曾見到,却與2015年出現在大陸市場的北宋刻本《杭州西湖昭慶寺結蓮社集》之用紙較爲接近。"① 至於用墨,尚不可考。

（三）用字

此書卷中多見俗字,書手在寫樣時似乎隨意性很大,如一葉之中有的字用俗體或簡體,有的用正字,一字既作甲字形,又作乙字形。卷中所見俗字(包括簡體)有:萬作万,亂作乱,折作扸,㤟作㤟,遷作迁,驅作駈(凡今從區者此書中俱從丘得聲),隸作隸,揖作揖,刺作刾,範作範,愆作愆,介作个,喋作喋,桑作桒,網作罔,鼓作鼓,矢作夭,柢作柢等。有意思的是,這些俗字基本上都與敦煌文書中的字形相符,如黄征《敦煌俗字典》載:迁亦見S.610《啓顔録》,愆亦見P.3627＋P.3867《漢將王陵變》;隸亦見S.133《春秋左傳杜注》,驅、駈據S.388《正名要録》:"右字形雖别,音義是同。古而典者居上,今而要者居下。"②

除了多用俗字這個特點,此書有的地方還直接使用重文符號,保留了手寫的習慣。如卷四第四葉左小字注文用重文符"＝"代"漢"字。又此本校讎不精,單字的訛奪所在皆是,卷三第二十二葉左小字注文"五伯不"三字竟錯爲"五百又",卷四第二十三葉右小字注文重複"乃單車白服出新亭,築壘未畢,賊騎交至"等十六字,這兩

---

① 陳先行:《古籍善本(修訂版)》,上海人民出版社,2020年,第64—72頁。關於《杭州西湖昭慶寺結蓮社集》的刊刻時間詳見後文考證。

② 引自黄征:《敦煌俗字典》,上海教育出版社,2005年,第319、330頁。

處應該都是書手傳寫不謹造成的。筆者略讀一過，就校出訛字數十。從多用俗字和校讎不精這兩點來看，有兩大可能：一爲此書雖署"杭州淨戒院印"，質量實等於坊刻，校、刊皆未精審。北宋時杭州地區的雕板印刷產業已經很發達①，而且寺院刻俗書也不是没有先例，夏其峰先生《宋版古籍佚存書録》記"《韓昌黎集》四十卷（無外集）"引宋人方崧卿《韓集舉正·敍録》云："祥符刻本，杭州明教寺大中祥符二年所刻本，時尚未有外集，與閣本多同。"淨戒院主事者當時召集良工，開雕此書，或爲射利。第二種可能則爲刊刻者所據底本即是如此，雕印照遵原式。此本卷一偶見"淵"作㴱，《開成石經》避唐諱"淵"字亦作㴱②，又多有避唐諱改字的現象，如卷三、卷七兩引"語曰：一棲不兩雄，一泉無二蛟"，蓋本《淮南子·説山》"一淵不兩蛟，一棲不兩雄"③，改"淵"爲"泉"字；卷七引《老子》作"魚不可脱於泉"，亦諱改。刊刻流程中，書手在寫樣時必無避唐帝諱之理，故極有可能底本即爲一唐寫本，書手照遵原式摹寫，因此底本的重文符號、衍文訛字、避諱改字都保留了下來。

（四）版式

宋本《長短經》的版式爲白口，左右雙邊，版心較窄，並没有南宋本常見的魚尾，而是只在版心上三分之一處鐫書名省稱加卷數作"長幾"，下三分之一處刻頁碼。書口（版心）特徵是鑒定北宋本及其翻刻本的重要證據。《長短經》這樣簡潔的版式多見於北宋刻本，如《姓解》，白口左右雙邊，版心上方鐫"姓幾"下刻頁碼，日本高山寺所藏《齊民要術》白口左右雙邊，版心上鐫"民幾"無魚尾（書口殘破，難於辨認是否有頁碼），皆與此書如出一轍。④《通典》則不記書名，而是版心刻"第幾册"及卷帙，下有頁碼及刊工姓名，基本與《長短經》相類。近年來發現的遼刻本時代、風格皆與北宋本相近，黃永年先生論應縣木塔中發現的遼刻本時説："這些遼刻本的字體均作歐體而較南宋浙本拙樸，由此也可推知和這些遼刻本同時的北宋浙本也應作較拙樸的歐體，遼本的歐體正是從北宋浙本學過去的。"⑤驗

---

① 宋咸平四年國子監刻《爾雅疏》等書"命杭州刻板"，淳化五年刊行《史記》《漢書》《後漢書》"遣內侍裴愈齎本就杭州鏤板"等例，見王國維先生《五代兩宋監本考》，謝維揚、房鑫亮主編：《王國維全集·第七卷》，浙江教育出版社，2009年，第193—306頁。

② 前一字形見〔唐〕趙蕤：《長短經》（常熟翁氏世藏古籍善本叢書之四），文物出版社1993年影印宋刻本，卷一葉六b。後一字形見《開成石經·周易·乾卦》，《西安碑林全集》第一〇七卷，廣東經濟出版社、海天出版社，1999年，第2頁。

③ 今本脱"一棲不兩雄"等字，見〔清〕王念孫撰，徐煒君等點校：《讀書雜志》，上海古籍出版社，2017年，第2332頁。

④ 另尚有與此風格非常接近的如《孝經》，版心較《長短經》唯一區別在於頁碼上下有兩條短橫墨綫，又中國國家圖書館藏北宋本《文選》的版心於書名卷數和頁碼間添上短豎墨綫，即所謂"細黑口"，以便裝訂時對折。見劉明：《略論北宋刻本的書口特徵及其鑒定》，《中國典籍與文化》2013年第3期，第50—61頁。

⑤ 黃永年：《古籍版本學》，江蘇教育出版社，2009年第2版，第83頁。

之實物,與《姓解》和《長短經》版式相同的有遼刻《大乘本生心地觀經》(刻於遼咸雍六年,宋神宗熙寧三年),繼承了金刻本風格的蒙元刻本中,現存實物有《歌詩編》也與此書口相同①,只是版心略闊。與《孝經》版式類似的有遼刻《金剛般若波羅蜜經》,與《文選》版式相近的有遼刻《梵本諸經咒》及《諸佛菩薩名集》。綜合以上諸本及傳世北宋本來看,北宋刻本的一個重要特點就是多無魚尾②,版心狹細,版式簡潔,宋槧《長短經》符合這樣的版式特徵。

(五) 刻工

北宋刻本有不記刊工姓名者,如前述《御注孝經》《姓解》《齊民要術》,也有版心下鐫刻工姓名的,如前述《通典》《文選》及《文中子中説》。至於此本雖無刻工姓名,却用記號代替。傅增湘《藏園訂補郘亭知見傳本書目》卷十上云:"版心下刻圈或黑點,以代刊工。"③檢是書卷三、四、六、七、八、九均間有墨圈,各有不同,在版心下方接近板框邊綫位置,根據墨色可知確係原板所刻。這樣用特定記號標明所刻葉數、方便計算工價的做法,應是體現了北宋刻本從不記刻工姓名(或只記單字,或偶有數葉記刻工)過渡到記刻工名④的階段。

(六) 避諱

此本卷中宋諱玄、朗、敬、驚、竟、鏡、弘、泓、殷、匡、恇、筐、胤、恒字俱缺末筆,間或不避諱,宋仁宗以下諸帝諱如禎、貞、楨、曙、樹、桓、構等字皆不避。其中宋祖諱玄、敬、弘、殷四字出現頻率很高,避諱頗嚴;宋太祖匡字出現頻率較高,偶有不避,筐、恇等字避諱更是時避時不避;太宗諱本字炅未出現,但音近字扃不避;宋真宗諱恒凡十見,只有三次缺筆。避諱字是確定此書版刻時代的重要依據,詳見後文⑤。

(七) 斷板與後印

檢全書有多處斷板,如卷二葉二十五、卷六葉三十有橫貫板面的裂紋等。卷二葉七有明顯錯板痕跡。又部分版葉出現墨色濃淡不均、有的字跡模糊等情況。總之,此本當非初印而是後印本,所以會出現這些問題。陳文謂卷一、八、九之末

---

① 據是書趙衍跋,乃依北宋司馬温公藏本刊成,可知此書雖刻於蒙古憲宗六年相當於南宋寶祐四年,其版式却沿襲了北宋本之舊。本節論北宋本版刻特徵多參考劉明《略論北宋刻本的書口特徵及其鑒定》一文。

② 日本尊經閣文庫藏北宋本《重廣會史》有單魚尾,魚尾之下刻書名卷數頁碼,版心較窄。見《四部叢刊(四編)》影印尊經閣藏本,中國書店,2016年。

③ 〔清〕莫友芝撰,傅增湘訂補,傅熹年整理:《藏園訂補郘亭知見傳本書目》,中華書局,2009年,第672頁。

④ 一般來説,南宋刻本(尤其是官刻本)不唯每葉記刊工名,而且還在版心上方記每版面字數,這是雕版刻書事業漸趨成熟的標誌。

⑤ 尾崎康先生曾論:"避諱缺筆之下限僅僅足以證明刊刻時代之上限而已,不得據以爲刊刻年代。不避諱,容有當避而忽略者;已避諱,則刊刻時間必不能更早。"見氏著,喬秀岩、王鏗編譯:《正史宋元版之研究》第一部緒論編,中華書局,2018年,第30—32頁。

所鐫"杭州凈戒院新印"及卷三末所鐫"凈戒院印"等字與原版字體着墨深淺不同,係重印時添刻者,"新印"者乃重印也,非新刻、重刻之義。今按書影所見,除"凈戒院印"字體稍纖細外,其餘三處字體與原字並無差異,陳説有待商榷。"新印"乃新刻之意,是開雕時所言,指凈戒院新集刻工雕板印行,如前述南宋初年之《文選五臣注》,卷三十後有"錢唐鮑洵書字,杭州貓兒橋河東岸開牋紙馬鋪鍾家印行"二行,又宋紹興九年臨安府刻本《漢官儀》卷末有"紹興九年三月臨安府雕印"一行,"印"即鏤板印刷之謂。

(八) 特殊形制

據陳先行言,此本序文與卷一相連屬而不分葉,各卷目錄分置卷首,首行卷第幾並卷名(如"長短經卷第一　文上"),次列該卷篇名,即所謂"猶襲唐卷子本古式",由卷子本演變至册裝本的現象應發生於北宋,如前述北宋本《通典》刻册第幾,證爲册裝之分。約略同時之遼刻《契丹藏》和其他刻經都是卷子本,而同樣發現於應縣木塔的遼刻白文三卷本《蒙求》則是蝴蝶裝,正是卷子本與册裝本並存之過渡期的遺物,可爲旁證。前論用字時曾猜測重文符號與避唐諱改字等"不規範現象"皆源自一唐寫本,至此尤明。

二、宋本《長短經》的刊刻時間

按以上八點特徵,可推知杭州凈戒院刊《長短經》爲北宋本,底本很可能依據了某個唐寫本。既然如此,是書具體刻成年代在何時呢? 前引陳文考乾道《臨安志》卷二《歷代沿革》,"建炎三年翠華巡幸,是年十一月三日,陞杭州爲臨安府",是本題"杭州凈戒院",則刻於建炎三年以前。又咸淳《臨安志》卷七十六"凈戒院"條:"在太一宮道院之北,龍德二年(922)錢氏建,舊名'青蓮',大中祥符九年(1016)改賜今額。紹興二十年(1150)建祚德廟,乃以春秋二仲祠祭屬焉。"①知是本必刻於宋真宗大中祥符九年後。同卷寺廟多有大中祥符年間賜額改名者,如昭慶寺(五年)、大中祥符寺(本朝大中祥符初)、千頃廣化院(九年)、天長凈心寺(元年)、廣慧院(大中祥符初)、普照院(六年)、七寶院(大中祥符初)、寶月院(元年)等,其中大中祥符寺"舊傳寺基廣袤九里有奇"、天長凈心寺"寺址故廣袤",當爲真宗時名刹。這樣集中的賜額可能與真宗朝編修《藏經》的活動有關,據《續資治通鑑長編》卷八十一:"(大中祥符六年八月)丙戌,出御製静居集三卷幷法寶録序示王旦等。先是,趙安仁準詔編修藏經,表乞賜名製序,詔從其請,賜名《大中祥符法寶録》。"②《大中祥符法寶

---

① 〔宋〕潛説友:《咸淳臨安志》,静嘉堂文庫所藏宋咸淳刊本,卷七十六葉七a。
② 〔宋〕李燾撰,上海師範大學古籍整理研究所、華東師範大學古籍整理研究所點校:《續資治通鑑長編》,中華書局,2004年第2版,第1846頁。

錄》今有殘本，内容係按類編排太平興國至大中祥符年間新譯、撰佛典的入藏錄，其中數言"摹印頒行"，是真宗時確有整理、刊印《藏經》的明證。同時又有《道藏》的整理出版活動，《長編》卷八十六："（大中祥符九年三月）樞密使王欽若上新校道藏經……仍令著作佐郎張君房就杭州監寫本……（五年十二月王欽若）又言：'九天生神章、玉京……凡十二經，溥濟於民，請摹印頒行。'從之。"因知這部《道藏》至少有一部分得以刻印流傳，而總共有數千卷之多的《新校道藏經》即令張君房在杭州監督"寫本"。這些位於出版中心杭州的寺廟，極有可能是在大中祥符年間參與了《大藏經》的整理、出版，由此獲得賜額殊榮，興盛一時。筆者推測聚集在杭州的精良刻工當亦不少，這時期淨戒院最有餘力從事刻書事業。至宋室南渡，昔年叢林如大中祥符寺"斥爲軍器所，留西南隅建寺，餘地多爲民居"①，其餘大多衰落，紹興中淨戒院更是廢爲祚德廟。徐松《宋會要輯稿·禮二〇》記"祚德廟"故事云："（紹興）二十二年七月加封嬰曰疆濟公、杵臼曰英略公，厥曰啟佑公，又重以淨戒院地別建廟。"②可知淨戒院晚至此時已廢。此其一也。

今所見《通典》《文中子中說》《重廣會史》《姓解》《新雕入篆說文正字》等俱鈐"高麗國十四葉辛巳遂藏書，大宋建中靖國元年，大遼乾統元年"大方朱記。建中靖國元年即公元1101年，這五部書的刊刻自然在此之前。據嚴紹璗《日藏漢籍善本書錄》所錄考證，《通典》卷中凡弘、殷、竟、敬、恒等字皆缺筆，定爲北宋刊本；《孝經》定爲北宋天聖明道間刊本；《新雕入篆說文正字》卷中避宋諱，然不甚嚴格，弦、絃、驚、殷等字有缺筆亦有不缺筆者，定爲北宋刊本。《文中子中說》，楊守敬《日本訪書志》卷七識文云："書中避諱弘、匡、敬、玄、徵、朗等字，讓、慎等字皆不避，知爲北宋本。"此本不避英宗父諱"讓"字而避仁宗嫌名"徵"，或即宋仁宗時刊本。另據研究《重廣會史》刊刻時間當爲治平年間，以是書避諱恒、署等字而勖字不缺筆，可斷此書刊刻在神宗趙頊之前、英宗趙曙之世，書中引有《新唐書》而《新唐書》最早雕印於仁宗嘉祐五年，故當刻於治平元年到四年之間。前考宋本《長短經》字體時，曾舉《孝經》《姓解》等書爲證，《長短經》版刻風格又與這批北宋本接近，亦當刻於真宗、仁宗、英宗三朝間，此其二也。

此書避諱，除僖祖朓、順祖珽、太宗炅本字未見外，對宋聖祖玄朗、翼祖敬、宣祖弘殷避諱甚嚴，多次出現却基本上都作缺筆處理，太祖匡胤時有不避，真宗諱恒雖避而不謹，仁宗禎、英宗曙以下御名嫌名皆不避，可知此書必非英宗以後本。那麼是否存在這樣的可能：它刊刻於仁宗即位之初，故避諱未嚴？然據北宋本《文選》《齊民要術》《孝經》均避"通"字諱缺筆，《文選》後勞健跋云："宋諱缺筆至禎

---

① 〔宋〕潛說友：《咸淳臨安志》，靜嘉堂文庫所藏宋咸淳刊本，卷七十六葉三a。
② 〔清〕徐松：《宋會要輯稿》，中華書局1957年影印本，第778頁上a。

字止,通字亦爲字不成。天聖元年(1023)章獻太后臨朝稱制,令天下諱其父名。明道二年(1033)崩,遂不復諱。知此書乃天聖明道間所刻。"①三個北宋本字體不同,刻書質量亦有差異,然皆避"通"諱,可證這一避諱制度在當時曾得到很好執行。此書既不避"通"字,當非仁宗初年所刻。周廣業《經史避名匯考》卷十九聖祖玄朗條載:"《東都事略》:真宗大中祥符五年十月戊午九天司命真君降於延恩殿……閏月己巳_{大事記作己丑朔}上天尊聖號,壬申詔避聖祖名。"周氏案語謂:"《宋史·禮志》前是二年汀州方士王捷言於南康遇道人,姓趙氏,乃司命天尊。是爲聖祖。五年七月朔帝謂輔臣曰:朕夢神人傳玉帝命云……于是丁謂、王欽若等議上尊號,詔中外不許斥犯聖祖諱_{句參宋朝事實}。九年又上聖祖天尊上帝徽號。"由此知避宋聖祖玄朗諱起於真宗大中祥符五年,所謂"趙玄朗"者係真宗僞託夢而言,如唐玄宗夢玄元皇帝李耳例,乃統治者標榜出身捏造的名字,故真宗以前没有避"玄朗"諱的,周廣業亦謂:"宋初書不避聖祖名,王溥《唐》、《五代會要》、聶崇義《三禮圖》、薛《五代史》、《太平御覽》、《陳希夷集》之類,間有改者,後人寫刻所爲也。"陸游《老學庵筆記》載:"真宗初,罷宣祖大忌。祥符中,下詔復之。然未嘗議及僖祖,則真宗亦不以僖祖爲始祖可知。"②宋本《長短經》新刻於真宗朝大中祥符九年以後,自當避此諱,全書"玄"字頻次極高,七十八見而有二十四次不避,蓋由諱制初起,遵之未嚴之故。但據《宋史·本紀第八·真宗三》記"(大中祥符七年)六月乙卯,禁文字斥用黄帝名號故事",則黄帝"軒轅"也當避諱,此《長短經》卷中"軒轅"凡三見爲何皆不避呢?細讀此條文字,乃是禁時人文字用黄帝名號故事,故《附釋文互注禮部韻略》載《紹熙重修文書令》云:"諸文書不得指斥援引黄帝名,經史舊文則不避。"③結合這一材料推測,真宗頒布的禁令應是針對時人著作及官文書而言,唐人所撰《長短經》在經史舊籍不避之列。④ 從表1來看,此宋槧避諱缺筆並不十分嚴謹,然宋代官刻本尚有"或避或

---

① 橋川時雄《舊京書影提要》集部"文選六十卷"條亦云:"字體古茂似李北海。書中胤、殷、檠、恒等皆缺筆,徵、讓、桓、鏡、樹等字皆不缺,通字亦缺筆,避明肅皇太后父諱也。自係天聖明道間刊本。"見橋川時雄、倉石武四郎編《舊京書影(附北平圖書館善本書目)》,人民文學出版社,2011年。
② 〔宋〕陸游撰,李劍雄、劉德權點校:《老學庵筆記》,中華書局,2019年第2版,第159頁。
③ 〔宋〕丁度等:《附釋文互注禮部韻略》,北京圖書館出版社影印宋紹定三年藏書閣刻本(中華再造善本·唐宋編·經部),第一册葉二十b。
④ 是書諱字止於"恒",故正文僅摘真宗朝史料逐一考辨。然言避諱又必須考慮宋代禮制中的祧廟問題,天子七廟,如英宗祔廟即祧順祖,神宗祔廟又祧翼祖,徽宗崇寧三年詔"已祧翼祖宣祖廟並復",至南宋紹興三十二年遷翼祖神主奉藏夾室"以後翼祖皇帝諱依禮不諱"(以上並引自周氏書),可知順祖諱自神宗朝起不避,翼祖諱在哲宗朝不避(周氏謂"元祐諸公著書皆不避敬字"),徽宗崇寧間復避,到高宗紹興末始再度取消翼祖諱。宋本《長短經》嚴避翼祖敬、宣祖弘殷諱,知刊刻絶不在哲宗朝至徽宗崇寧三年、高宗紹興以後。

不避,一葉之中即不統一"的情況,尾崎康先生早已辨明,遑論校勘不精審之《長短經》①。

避諱缺筆現象在宋刊本中很常見,歷代學者多引此推證刊刻年代。至尾崎康先生始明確提出"避諱缺筆之下限僅足以證明刊刻時代之上限而已",參見上節脚注所引氏著《正史宋元版之研究》。細繹原文,這個觀點主要是就南宋覆刻北宋本而發的,其最重要證據就是所謂的"北宋嘉祐本《唐書》"據刊工姓名等證知爲南宋初期覆刻嘉祐本,故避諱至仁宗止。前引尾崎康先生《研究》考證静嘉堂文庫藏皕宋樓舊藏者爲南宋初期刻本,而國圖所藏爲宋元遞修印本。《中國版刻圖録》圖版六六云:"觀此書首期刻工與湖州本《北山小集》《景德傳燈録》及《思溪藏》多同,因悟此即思溪王氏刻本,後取入臨安國子監,遂爲南宋監本……前人以此本不避北宋後期諱,定爲嘉祐監本,恐不確。"②今檢静嘉堂藏《唐書》書影,於敬、弘、殷、匡、胤、恒、禎等字避諱甚嚴,嫌名境、徵等字亦避,蓋遵監本舊式。而刻工王震等人爲南宋初年湖州地區名工,曾參與《思溪藏》的刊刻,知此書爲覆刻無疑。那麽宋槧《長短經》的避諱情況是否有同樣可能,因覆刻而不避北宋末、南宋初帝諱呢? 就事實而論,此書版刻特徵皆不同於南宋諸本。又南宋初年覆刻《唐書》已有單魚尾(偶有雙魚尾)、記刊工姓名等特徵,字體亦較方正,毫無手書痕跡,覆刻雖然遵原式,仍不免受當時雕板印刷風氣影響,不類北宋本古貌。所以尾崎康先生的絕妙創見似可增訂爲:避諱之下限僅足以證明刊刻時代之上限,因有覆刻照搬諱字或避諱不嚴的情況;針對後者,一書中某字偶有不避諱,容有當避而忽略者,若某帝王名有一字之避諱,則刊刻時代必不能較此更早。驗之宋槧《長短經》,以非官刻之水平,覆刻決不能傳手書神韻,而字體、用字亦當有別,故避諱仍能定其刊刻年代。此其三也。

表1 浄戒院本《長短經》所見宋諱缺筆頻次表

廟號	諱字	出現次數	不避次數	備　　注
聖祖	玄	78	24	卷一皆不缺筆,卷四七偶有不缺
	朗	4	2	卷一不缺筆

---

① 就總體而言,此書刊刻尚屬不苟,"敬""殷"二字更是每見缺筆。至於刻書時今上御名是否避諱,長澤規矩也與任井田陞曾有爭論,"最後認定從實例而言,當以回避當今皇帝名諱爲常例",此帙即避今上御名"桓"而不甚謹嚴。參看《正史宋元版之研究》。又卷中"禎""貞""徵""樹""構"等字皆無慮數十見而不避,惟"桓"字有一處缺末筆,乃是壞字,如同"以"字亦有十餘處缺末筆的情況。

② 北京圖書館編:《中國版刻圖録》第一冊,第18頁。

續表

廟號	諱字	出現次數	不避次數	備 注
翼祖	敬	56	0	
	驚	21	2	
	鏡	2	0	
	竟	13	6	
宣祖	弘	48	6	
	泓	2	0	
	殷	53	0	
太祖	匡	28	8	
	恇	2	1	
	筐	2	1	
	胤	1	0	
真宗	恒	10	7	卷三及以下始避諱缺筆

　　近年來出現在拍賣市場的《杭州西湖昭慶寺結蓮社集》是學界認定的北宋刻本①，它與淨戒院刊本《長短經》有諸多聯繫，這主要是從避諱、行款、沿革幾個方面來講。此書由美國亞利桑那大學所做碳 14 檢測結果顯示，爲西元 1024 至 1189 年之間，碳 14 檢測雖有數十至一百年誤差，但仍能確定此書爲北宋故物。陳先行説："此本僅一處出現'竟'字缺筆（第十六葉下謝泌'虎谿人散後，兹會竟誰尋'句），係避宋太祖趙匡胤祖父趙敬之諱。按我們以往的認識，相關之'境'字、趙匡胤始祖名諱之'玄'字也應規避，但書中多次出現，皆未避諱。"②趙前又謂此本首載大中祥符二年（1009）錢易撰《西湖昭慶寺結淨行社集總序》，且不避宋仁宗趙禎諱。前述北宋避諱制度，聖祖玄朗之諱起於真宗大中祥符五年，而宋槧《長短經》避"玄"諱尤嚴，是本"玄"字既不闕筆，當刻於大中祥符二年至五年間。參照表 1 所記避諱情況，知當時刻書"境"字無需迴避，與《長短經》避諱相合。陳先生注意到《結蓮社集》行款有跳行抬頭或空格抬頭以示尊敬的現象，並認爲這是遵照原稿格式直接刊刻的證據，筆者發現這種保留手書原貌的形式，正與《長短經》

---

① 參見陳先行:《〈杭州西湖昭慶寺結蓮社集〉版本之我見——兼談宋版鑒定研究》，趙前:《〈杭州西湖昭慶寺結蓮社集〉版本漫談》，金程宇:《北宋版〈杭州西湖昭慶寺結蓮社集〉考略》，均載沈乃文主編:《版本目錄學研究》，2016 年第七輯 "北宋刻本《杭州西湖昭慶寺結蓮社集》研討會論文" 專欄。
② 引自陳先行:《〈杭州西湖昭慶寺結蓮社集〉版本之我見——兼談宋版鑒定研究》。

用重文符號、字有連筆的情況相類。最後，兩寺均於大中祥符間獲賜額，時代相近，而一刻《結蓮社集》字用佛經刻本常見的顏體，以示莊重；一刻俗書《長短經》用監本歐體，可證當時杭州地區刻書字體蓋遵寫手習慣，不同類型之書容有不同字體。前引陳先行對《長短經》用紙的論述，亦謂與是書接近，從物質層面上講二者當爲同時期的雕版印刷業產物。此其四也。

綜合杭州與浄戒院歷史沿革、版刻風格、避諱、同時期刻本特徵四事，可斷宋本《長短經》刊刻時間爲宋真宗大中祥符九年以後、仁宗即位之前，大致就是使用天禧、乾興年號的六年，故知浄戒院刊《長短經》當係北宋本。

三、《長短經》的闕卷問題

今所見宋本《長短經》全九卷六十四篇，無第十卷而反多一篇，與趙蕤自序不合。爲解釋《長短經》闕卷的問題，陳文謂序中"三"乃"五"之訛，當作"六十五篇"，最後一卷止一篇今逸去，冀文、周斌《研究》與陳文皆引晁公武《郡齋讀書志》稱"第十卷載陰謀，家本闕"（衢州本），周斌點校文淵閣四庫本《長短經》首錄乾隆《題趙蕤長短經》詩注："意者六十三篇，三字乃五字之訛，其第十卷《陰謀家》止有一篇，亦未可知，然無可訂正，存以闕疑。"①按：此處館臣讀破了句，依孫猛點校《郡齋讀書志校證》當作"第十卷載陰謀，家本闕"②，家本謂家藏之本，如卷中有"李巽家本""韓平原家本"等，此處當指晁氏繼承的井憲孟藏書。

各家意見總結起來就是：《長短經》第十卷在宋代亡佚，內容是"陰謀"，大致可推測"陰謀"止一篇，浄戒院刊本中趙蕤《序》自言"六十三篇"當作"六十五篇"，這基本上就是依照衢州本《郡齋讀書志》的記載敷衍成說。我們不妨來考察一下晁書的可靠性。衢州本《郡齋讀書志》卷第十二子部雜家類："唐趙蕤撰。《北夢瑣言》云蕤，梓州鹽亭人。博學韜鈐，長於經世。夫婦俱有隱操，不應辟召。論主王霸機權正變之術。第十卷載陰謀，家本闕，今存者六十四篇。"袁州本《前志》卷三上雜家類第六解題作："右唐趙蕤撰。論王霸、機權、正變、長短之術，凡六十三篇，第十、九載兵權、陰謀云。"按：宋本及各本《長短經》卷九實名"兵權"，袁州本十、九二字顛倒，稱"凡六十三篇"又不云闕失，"疑有脱誤"。衢本在後，淵源於蜀刻二十卷本，袁本在前，淵源於蜀刻四卷本，二十卷蜀本係晁公武訂補四卷本所爲者，自然較詳備。但晁氏既云"家本闕"，則未必見第十卷原書，爲知其內容爲"陰謀"？袁本、衢本此處歧異較大，晁說未足徵信。

---

① 周斌：《〈長短經〉校證與研究》，巴蜀書社，2003年，第4頁。
② 〔宋〕晁公武撰，孫猛校證：《郡齋讀書志校證》，上海古籍出版社，2006年，第518頁。

家本主要是晁公武繼承的井憲孟藏書①,考井度生卒年,所蒐集藏書當在北宋末南宋初,則是時傳本《長短經》已無第十卷。②既然如此,《長短經》第十卷究竟闕佚於何時?闕佚的内容又是什麽?晁氏解題雖然往往因循舊説,或臆斷懸測,焦竑《國史經籍志》所附《糾謬》已指其失,但畢竟他生活在南宋初年藏書甚富,不能輕易推翻其定論——除非能找到更明確的證據。

檢鄭樵《通志·藝文略》,發現卷六十八《藝文略·天文類·天文總占》著録有"《長短經·天文篇》一卷,唐趙蕤撰"③。鄭樵著書時限制頗多,多沿用其他書目,未必能有晁公武的藏書規模以便翻檢查驗。王應麟《玉海》卷二天文有"《乾象新書》……又引《星讚》、《大象占》、焦延壽、韓楊、趙蕤《長短經》、《廣古今占》"④,又同書卷第三天文"唐天文篇"條云:"《書目》:《長短經·天文篇》一卷,唐趙蕤撰<small>乾象新書嘗引之</small>。"因知宋代確有趙蕤撰一卷本《長短經·天文篇》,宋仁宗朝楊惟德編《乾象新書》時尚存。文淵閣四庫本《崇文總目》天文占書類亦有"《長短經·天文篇》一卷",下注"闕"⑤,錢大昕《十駕齋養新録》卷十四云:"今考《續宋會要》載紹興十二年十二月,權發遣盱眙軍向子堅言,乞下本省以《唐·藝文志》及《崇文總目》所闕之書,注闕字於其下,付諸州軍照應搜訪。"⑥知此書南宋初已不見於内府。錢東垣、金錫鬯等《崇文總目輯釋》卷四有"長短經天文篇一卷"謂:"錫鬯按:蕤有《長短經》十卷,今存九卷,其書乃縱橫家流,此天文篇疑即其中之一,今故從《通志·略》所題。"沈濤《銅熨斗齋隨筆》卷七"長短經"條謂:"(引《玉海》)案:蕤《長短經》今四庫著録凡六十四篇,初無《天文篇》,是書本十卷,今

---

① 當然也不排除另一種可能:晁公武撰四卷本《郡齋讀書志》時,確見井度所藏《長短經》異本,第十卷名"陰謀",如卷九名"兵權"之例。蜀刻四卷本刊行以後,書散佚而《志》獨存,至晁氏訂補時又得此浄戒院刊本《長短經》,本無卷十,故稱"家本闕",然據前日所記補"第十卷載陰謀"一條。雖則如此,不礙卷十中有《天文》一篇,"陰謀"蓋爲一卷總題,卷九題作"兵權"亦有《天時》《地形》。

② 約略與晁公武同時稍早的鄭樵《通志》有"《長短要術》十卷",或係抄撮《新唐書》而成者。

③ 〔宋〕鄭樵:《通志》,中華書局1987年影印商務印書館《萬有文庫》本,第800頁上。

④ 〔宋〕王應麟:《玉海》,廣陵書社2016年影印清光緒九年浙江書局刊本。下引《玉海》同,不另注。

⑤ 紹興改定《崇文總目》之文淵閣本時有校改,當引天一閣抄本,然筆者未見其書,姑從此。參見董岑仕《〈崇文總目輯釋〉編纂考——兼論南京圖書館錢大昕舊藏本〈崇文總目〉非〈崇文總目輯釋〉底本》,沈乃文主編《版本目録學研究》,2019年第十輯,第47—71頁。

⑥ 徐松《宋會要輯稿·崇儒四》所記略同:"(十二月)二十五日,權發遣盱眙軍向子固言,比降旨令秘書省以《唐·藝文志》及《崇文總目》據所闕者榜之檢鼓院,許外路臣庶以所藏上項之書投獻,尚恐遠方不知所闕名籍,難於搜訪抄録,望下本省以《唐·藝文志》及《崇文總目》應所闕之書,注闕字於其下,鏤板降付諸州軍照應搜訪。從之。"〔清〕徐松輯:《宋會要輯稿》,第2243頁。

存九卷,所闕者疑即《天文篇》一卷,自序六十三篇乃六十五篇之誤。"①所謂的《天文篇》是否可能來自傳本《長短經》九卷之内呢？檢宋本《長短經》中涉天文者,有卷九"兵權"之"天時"一篇,論行軍觀象占氣之要,纔兩葉數百字,未足一卷之數,不大可能單獨抽出爲一卷別行②。基本可以確定《天文篇》正在闕佚的第十卷内,此篇久已單篇別行③,慶曆元年修成《崇文總目》時秘閣尚有《長短經·天文篇》一卷,然其内容爲天文數術之類,非關"儒門經濟",故淨戒院刊刻《長短經》時並未收入,猶不害其爲全書。

  此卷亡佚時間亦可大致推知。前引《玉海》王應麟注云"《乾象新書》嘗引之",又《通志·校讎略》中有"書有名亡實不亡論"一篇謂:"《大象賦》《小象賦》……《長短經》《劉石甘巫占》,但一書可備。《開元占經》《[玄]象應驗録》之類,即《古今通占鑑》《乾象新書》可以見之矣……凡此之類,名雖亡而實不亡者也。"④這裏的《長短經》即《長短經·天文篇》之省稱,不然以《長短經》全書内容,絶不可能歸入天文類書籍中。這兩條材料表明,宋代官修《乾象新書》曾引用《長短經·天文篇》。考《直齋書録解題》卷十二曆象類有"景祐乾象新書三十卷"條:"司天春官正楊惟德等撰。以歷代占書及春秋至五代諸史采摭撰集。元年七月,書成賜名,仍御製序。"⑤是書成於宋仁宗景祐元年(1034),當時《長短經·天文篇》尚未亡失。前文論此卷到南宋初已不見於内府,以後諸家目録均不見著録,則此卷亡佚或在此時。保守一點的估計,此卷也該亡佚於景祐元年到南宋初之間。而晁公武撰《郡齋讀書志》時,既不見《長短經·天文篇》,又只看到《景祐乾象新書》殘本⑥,當然不知第十卷有《天文篇》。而且《郡齋讀書志》還提供了一個非常有意思的材料:"皇朝太平興國中,詔天下知星者詣京師,未幾,至者百許人,坐私習天文,

---

① 中華書局古籍編輯部編:《清人考訂筆記(七種)》,中華書局2004年影印本,第813頁。

② 《通志·藝文略》卷六十八相法類有"趙蕤《相術》一卷",蓋即《長短經》卷一之《察相》,此篇有十四葉數千字,單獨析出一卷也可成立,與此《天時》不同。而《察相》既單篇別行,《天文篇》別行亦無不可。

③ 蒙文通先生亦有類似觀點:"(衢本《郡齋讀書志》與袁本)二文相校,知袁本殊未是,後來藏書題記,往往徵此,誤矣……今書實六十四篇,知未有闕佚,乃晁氏既言第十卷本闕,又謂載陰謀家,未審何據。《通志·藝文略》天文總占類别有《長短經·天文》一篇,則其一卷爲天文占候之事,固非陰謀。公武之言,蓋傳聞之誤,後之論是書者,宜知所擇也。《天文》一卷,舊既別行,則九卷宜爲完書,復以《長短經》稱,則合之正爲十卷,諸言十卷者,蓋以此耳。"見氏著《〈長短經〉校後記》,《蒙文通文集》第四卷《古地甄微》,巴蜀書社,1998年版。

④ 〔宋〕鄭樵:《通志》,第832頁上。

⑤ 〔宋〕陳振孫撰,徐小蠻、顧美華點校:《直齋書録解題》,第364頁。

⑥ 《郡齋讀書志》卷十三天文類:"《乾象新書》三卷:右《崇文目》有三十卷。置之天文類。"見〔宋〕晁公武撰,孫猛校證:《郡齋讀書志校證》,第605頁。

或誅,或配隸海島,由是星曆之學殆絕。故予所藏書中亦無幾,姑裒數種以備數云。"①其次,景德元年至三年真宗先後頒布《禁習天文星算相術圖讖詔》《禁天文兵書詔》,重申前禁:"……私家並不得停留及衷私傳習,有者限一月陳首納官,逐處官吏焚毀訖奏。敢違犯隱藏者,許諸色人論告,其本犯人處死,論告者給賞錢十萬。"②據此,北宋時禁民間私習天文星曆之學,一般人很難見到藏於祕府的天文占書,而淨戒院刊刻《長短經》時正值禁令極嚴的真宗朝,或因此不刻第十卷。自靖康亂後,遺書散失殆盡,《天文篇》可能隨之亡佚,更無傳者。

這樣我們爲《長短經》的闕卷找到了一個合理的解釋:宋本《儒門經濟長短經序》稱"六十三篇",三乃五之訛,卷十僅有一《天文篇》,合爲六十五篇。這部分內容單篇別行,見於秘閣藏書著錄,淨戒院刻書時並未收入,至景祐元年以後,或因兵燹喪失無傳。

四、《乾象新書》引《長短經·天文篇》內容擬測

前文提到王應麟《玉海》注云《長短經·天文篇》嘗爲《乾象新書》所引,而《景祐乾象新書》今有北宋元豐元年司天監抄本傳世,三十卷存十二卷,現藏中國國家圖書館。循着這條綫索,我們或許可以從《乾象新書》中找到《天文篇》,重現久已失傳的第十卷原貌。

首先,據《玉海》卷三"景祐乾象新書"條引宋仁宗御製序,《乾象新書》是仁宗命楊惟德、王立、李自正、何湛等"於資善堂將歷代諸家天文占書,并自春秋至五代已來史書,採應撰集",故僅數月而書成。觀宋抄本《景祐乾象新書》體例,引書方式分爲三類:第一類標書名如"孝經援神契曰",第二類標作者名如"武密曰",第三類標"傳曰""經曰"或不注來源。《玉海·天文》記古天文占書,若曾爲《乾象新書》引用,均特別注明,如《黃帝占》《河圖帝覽嬉》《夏氏占》《大象占》《荊州占》等。這些書目均見於第一類、第二類。惟獨《長短經·天文篇》不見徵引,而第三類中的"傳曰"大多源自《晉書·天文志》《隋書·天文志》等史志,以排除法推知"經曰"很可能就是來自《天文篇》的內容,"經"即"長短經"的省文。筆者以《景祐乾象新書》殘本輯得疑似《天文篇》的文字十五則、兩千餘字(含注文)如下,其中第二則"天文星經曰"亦屬同源文獻,詳見後文考辨:

---

① 〔宋〕晁公武撰,孫猛校證:《郡齋讀書志校證》,第603頁。《宋史·天文志》亦云:"太宗之世,召天下伎術有能明天文者,試隸司天臺;匿不以聞者,罪論死。"〔元〕脫脫等:《宋史·志第一·天文一》,中華書局,1985年,第950頁。

② 趙貞:《唐宋天文星占與帝王政治》,北京師範大學出版社,2016年,第106頁。

1. 太陽占下卷第四·日蝕總序占：

經曰：日蝕者皆在朔及晦，若非晦朔而蝕者名曰薄。一曰：日若黃赤無光，亦謂之薄。皆人君誅罰不以理，姦臣漸欲謀兵而起，此爲陰氣盛奄日光，陰侵陽、臣凌君之象，主其下國憂，近期一年，遠期三年。大體薄與蝕皆是人君失德亡國之兆。日蝕皆從西缺，月蝕皆從東缺，若中央有虧，名曰黑子，不爲蝕也。夫言蝕者，似蟲食葉之形狀也。

2. 太白占卷第十二·太白四時占：

經曰：人君秋時當順少陰以行德令，乃命將帥選士厲兵，簡練傑俊，專任有功，以征不義，詰誅暴慢，以明好惡，順彼遠方，詰謂問其罪，順猶服也。脩法制，繕囹圄，具桎梏，斷薄刑，決小罪。立秋後斷薄刑，決小罪。薄刑謂笞撻之屬也。若失令非時，以秋行冬令，則辰星之氣干之，其星黑而大，有芒角，陰氣大勝，少陰時行正陰令，陽氣衰則陰氣大勝也。介蟲敗穀，介，甲也，爲龜蟹之屬。敗穀者，爲食其穀苗也。戎兵乃來，陰爲兵甲，介蟲先見，故兵從而來。風災數起，冬多嚴風，數起爲災。收雷先行，先猶早也，冬主閉藏。國多盜賊，邊境不寧。少陰與太陰氣并其陰，主小人道長，故國多盜賊，邊境不寧。行春令則歲星之氣干之，其星色青而昧，陽氣復還，是月陰氣用事，乃行春令，故陽氣復還於陰位。五穀無實，凡以春生者以秋實，而行春令，秋政無功，故無實也。秋雨不降，秋氣爲雨，少陽干而隔之，故雨不下。草木生榮，應陽動也。煖風來至，人氣懈墮。秋氣清涼，人體輕勁，今遇煖風，則人氣懈墮以成疾。行夏令則熒惑之氣干之，其星赤而怒，國多火災，火尅金，秋行夏令，以導火氣，故爲火災。寒熱不節，爲當熱而寒，不應其節。人多瘧疾，瘧疾者，爲寒熱不節所爲。蟄蟲不藏，蟄蟲隨陽出入，陽氣干時，蟲不苦寒，故不藏也。五穀復生，得陽氣而非時生也，再生曰復。冬藏殃敗，人多鼽嚏。火氣犯肺，肺疾中於鼻，故人多鼽嚏。

3. 辰星占卷第十三·辰星四時占：

天文星經曰：人君當冬時宜順冬令，謹蓋藏，爲府庫囷倉有藏物。循行積聚，無有不斂。謂末芻之屬。坏城郭，戒門閭，修鍵閉，備邊境，謹開梁塞蹊徑。坏，益也。鍵閉，謂關鑰也。備邊境，謂邊城要害處。蹊徑，謂山澤禽獸道。若失令非時，以冬行春令，則歲星之氣干之，其色青，則凍閉不密，地氣上洩。春風解凍，故應春政，冰凍消釋，閉氣不出。人多流亡，象蟄蟲咸動。蟲蝗爲敗，暖氣干時，則蟲蝗爲敗。水泉咸竭，冬行春令，水得消散。人多疥癘，疥癘之病，孚甲之象。胎夭多傷，此月物再萌芽，季春乃勾者畢出，萌者盡達，胎夭多傷，生氣早出，不克其信。國多痼疾。生不充性，則有久疾。行夏令則熒惑之氣干之，色赤而小昧，則國多暴風，巽卦爲風，立夏巽用事，故行夏令則多暴風。方冬不寒，夏氣干時，方冬而溫。蟄蟲復出，虫以寒蟄，溫而復出。其國乃旱，微陽時行太陽令，故旱也。氣霧冥冥，冥冥，霜露之氣，故以相亂。雷乃發聲。陽氣盛也。水潦敗國，時雪不降，水凍消釋。溫氣干時，變雷爲水，水凍消釋，皆爲水潦，故敗國也。行秋令則太白之氣干之，色大而不明，霜雪不時，秋主霜，冬主雪，秋來干冬，故霜雪不時。小兵時起，土地侵削，金氣應之。天時雨汁，雨汁者，冰雪雜下。瓜瓠不成，瓜瓠，草實。於宿分有瓜瓠星。其類長於五月，十一月失政則種受傷，故至五月瓜瓠爲之不成也。國有大兵，微陽已生而少陰干之，爲異必重，故爲大兵。白露蚤降，白露，秋露也，行其政故應而降。介蟲爲祅,介蟲有甲,兵革之象,應秋金政而出。四鄙入堡。人避寇戎,自保守也。若人君不明,獄訟冤滯,則其星亂行,若君明臣賢,獄訟允當,則辰星小而光明,國安道隆。

4. 五星總占卷第二十七·五星比象占:

經曰:五星有色,大小不同,各依其行,而順時應節。色變有類,青皆比參左肩,赤比心大星,黃比參右肩,白比狼星,黑比奎大星。不失本色而應其四時者,吉;害其行,凶。

5. 五星總占卷第二十七·五星得位占:

經曰:五星所出、所行、所直之辰,其國爲得位。得位者,歲星以德,熒惑有禮,塡星有福,太白兵彊,辰星陰陽和;所行、所直之辰,順其色而有角者勝,害者敗。居實有德也,居虛無德也,色勝位,行勝色,行得盡勝之。

6. 五星總占卷第二十七·五星入廟占:

經曰:營室爲清廟,歲星廟也;心爲明堂,熒惑廟也;南斗爲太室,塡星廟也;亢爲疏廟,太白廟也;七星爲員官,辰星廟也。五星行至其廟,謹候其命。

7. 五星總占卷第二十七·五星下降占:

經曰:五星盈縮失位,其精降於地爲人。歲星降爲貴臣,熒惑降爲童兒,歌謠嬉戲,塡星降爲老人婦女,太白降爲壯夫,處於林麓,辰星降爲婦人,吉凶之應,隨其象告。

8. 五星總占卷第二十七·五星相合占:

經曰:五星與塡星合,爲內亂、爲饑;與辰星合,爲變謀而更事;與熒惑合,爲饑、爲旱;與太白合,爲白衣之會、合鬬、國有內亂、野有破軍、爲水。太白在南,歲星在北,名曰牝牡,年穀大熟。太白在北,歲星在南,年或有或無。熒惑與太白合,爲爍、爲喪,不可舉事用兵,故熒惑從太白,軍憂離之,軍舒出太白之陰,有分軍,出其陽,有偏將之戰,與塡星合,爲憂,主孽卿。與辰星合,爲北軍,用兵舉事,大敗。一曰:熒惑與辰星合,爲焠,不可舉事用兵。塡星與辰星合,爲壅沮,不可舉事用兵,有覆軍下師。一曰:爲變謀更事,必爲旱。與太白合,爲疾、爲白衣會、爲內兵、國亡地。與歲星合,國饑。辰星與太白合,爲變謀,爲兵憂。入太白中而上出,破軍殺將,客勝;下出,客亡地,視旗所指,以命破軍。環繞太白,若與鬬,大戰,客勝。

9. 五星總占卷第二十七·五星相鬬占:

經曰:歲星、熒惑、塡星、太白與辰星鬬,皆爲戰,兵不在外,皆爲內亂。凡同舍爲合,相凌爲鬬,二星相近,其殃大,相遠,無傷,七寸以內必之。

10. 五星總占卷第二十七·月蝕五星占:

經曰:月蝕五星,其國皆亡,歲以饑,熒惑以亂,塡星以殺,太白以彊國戰,辰星以女亂。五星入月,其野有逐相,太白將僇。

11. 五星總占卷第二十七·五星變色占:

經曰:五星色圜白爲喪爲旱。赤中不平爲兵。青爲憂爲水。黑爲疾爲多死。

宋本《長短經》版本再議　　*117*

黄爲吉。皆角。赤犯我城,黄地之争,白哭泣聲,青有兵憂,黑有水。五星同色,天下偃兵,百姓安寧,歌舞以行,不見災疾,五穀蕃昌。

12. 五星總占卷第二十七·五星出不出占:

經曰:五星,歲星緩則不行,急則過分,逆則占。熒惑緩則不行,急則不入,違道則占。填星緩則不建,急則過舍,逆則占。太白緩則不出,急則不入,逆則占。辰星緩則不出,急則不入,非時則占。五星不失行,則年穀豐昌。

13. 五星總占卷第二十七·五星見伏占:

經曰:五星見伏留行、逆順遲速,應歷度者爲得其行,政合於常。違歷錯度而失路盈縮者,爲亂行,亂行則爲天矢彗孛,而有亡國革政、兵饑喪亂之禍。

14. 五星總占卷第二十七·五星經天占:

經曰:五星經天,占曰:爲不臣,爲更王。

15. 五星總占卷第二十七·二星合聚占:

經曰:二星近者爲犯,二星同宿者爲合,相犯者其殃大,相合者其殃小。

要確定"經曰"是否就是《長短經·天文篇》,必先考定其來源。由於古代天文典籍百不存一,這十五則文字來源又十分複雜,筆者僅找到第一及後十二則的大致來源,至於另兩則却苦苦檢索無得。直到偶然發現二、三則的注文實爲《禮記》孔氏正義,筆者纔意識到這是確定"經曰"引自《天文篇》的關鍵證據。在論證這兩則材料的來源之前,要先澄清二者關係。第三則題作"天文星經曰",按《玉海》卷第三天文"梁天儀説要、星經"條引《崇文總目》云:"天文星經五卷,梁陶弘景校合三垣、列宿、中外官三百十九名,各設圖象,著巫咸、甘德、石申所記以變,即弘景所定也。"知此書爲南朝陶弘景撰。觀第二、三則體例全同、文字緊密相承,可判斷第二則"經曰"爲"天文星經曰"之省。

通過詳細比勘,筆者發現這兩則同源材料都是雜取古書編排成文的,基本上每則一部分抄《禮記·月令》等書,如第二則就將秋季三個月不按月令行事的後果整合到一起,中間部分"辰星之氣""歲星之氣"涉及天象占驗的文字係後人增入。至於小字注文,則爲删節《禮記》鄭注而成。這不可能是楊惟德等人所爲,蓋因《乾象新書》雜抄諸書不自撰作,縱有注文也是徑取古注附下①,却恰好與《長短經》文例完全相合。周斌《〈長短經〉校證與研究》②考證《長短經》性質屬編述文獻,全書明抄暗引前人著述的內容占比非常之大,並對大多數文段進行了考源,認爲《長短經》引書達百餘種之多。例如,《長短經》卷八《定名》第四十正文:"養國子教之六儀:祭祀之容,穆穆皇皇;賓客之容,儼恪矜莊;朝廷之容,濟濟蹌蹌;喪

---

① 如敍漢代事徑采《漢書》顏師古注,並標明"師古曰""晉灼曰"等,見〔宋〕楊惟德等:《景祐乾象新書》,北京圖書館出版社影印北宋元豐元年司天監抄本(中華再造善本·唐宋編·子部)。

② 周斌:《〈長短經〉校證與研究》,第638—648頁。

紀之容,縈縈顛顛;軍旅衣容,暨暨詻詻;車馬之容,騑騑翼翼。"實爲雜取《周禮》及鄭注。今本《周禮》卷十四正文:"乃教之六儀:一曰祭祀之容,二曰賓客之容,三曰朝廷之容,四曰喪紀之容,五曰軍旅之容,六曰車馬之容。"鄭注:"鄭司農云:……祭祀之容,穆穆皇皇;賓客之容,嚴恪矜莊;朝廷之容,濟濟蹌蹌;喪紀之容,涕涕翔翔;軍旅之容,闞闞仰仰;車馬之容,顛顛堂堂。玄謂:祭祀之容,齊齊皇皇;賓客之容,穆穆皇皇;朝廷之容,濟濟翔翔;喪紀之容,縈縈顛顛;軍旅之容,暨暨詻詻;車馬之容,匪匪翼翼。"①趙蕤抄書義例,與《乾象新書》第二、三則引文若合符節。

其次,趙蕤《長短經》避唐諱甚嚴,雖宋人刊刻之本已有回改,仍可從現存文本中尋見端倪。如改"淵"爲"泉"字前已論及,其他改"世"爲"代"、"民"爲"人"、"治"爲"理"者,無慮數十處,兹不具引(最顯著者莫過於前述卷一葉六"淵"缺末筆爲字不成)。《乾象新書》中的第二、三則引文也有明顯的避唐諱改字現象:《禮記》原文"民多瘧疾"改作"人多瘧疾","民多魃嚏"改作"人多魃嚏","民多流亡"改作"人多流亡","民多疥癘"改作"人多疥癘",凡遇唐諱無不改字。宋代抄書絕無避唐諱之理,這一情況只能説明《乾象新書》所據的文本即是如此,故第二、三則材料當出《長短經》無疑。我們大致可以勾勒出這一部分文本的演變圖景:南朝陶弘景校定《天文星經》時,綜合《禮記》等典籍與中古時期盛行的五星占驗法②撰寫了正文部分,第二、三則引文均係趙蕤轉錄自《天文星經》,並據當時成書不久的孔穎達《五經正義》增加小注,至宋代楊惟德等又徑抄《長短經》。

解決了兩則關鍵材料的時代問題,筆者又從與《乾象新書》關係十分密切的《乾象通鑑》中找到一些關於另十三則的綫索。按:《乾象通鑑》,宋河間府免解進士李季編,成書時間約爲北宋末南宋初,據李氏自序云是書"據經,集諸家之善;考古,驗已驗之迹。復以《景祐乾象新書》《海上秘法》參列而此次第之,著爲成書,凡一百卷,目之曰《乾象通鑑》"③。今有完整的明抄本傳世。以《乾象新書》對讀《乾象通鑑》,發現李季幾乎照搬《新書》原文,體例與之全同,同時再增入《一行游儀後論》等文獻,徵引甚博。細檢《乾象通鑑》全書,未見題作"長短經曰""天文篇

---

① 〔清〕阮元校刻:《周禮注疏·卷第十四·保氏》,中華書局影印清嘉慶二十年南昌府學刊本,第1575頁。

② 《晉書·天文志》"史傳事驗"部分用近三分之一的篇幅敍述五星變化與政治的聯繫,可見歲星、熒惑、填星、太白與辰星在中古時期的天文觀念裏有重要地位。當然,刪節《禮記》等典籍成文並不一定就是陶弘景所爲,既有可能是陶氏抄集古占書,亦有可能是後人託名偽造或羼入。《南齊書·天文志》亦云:"五星精昏與二曜而爲七,妖祥是主,曆數攸司,蓋有殊於列宿也。"〔梁〕蕭子顯:《南齊書·志第五·天文下》,中華書局,1972年第1版,第223頁。

③ 〔宋〕李季:《乾象通鑑》,上海古籍出版社影印康有爲舊藏明抄本,《續修四庫全書》第一○五○册,第200頁。

曰""趙蕤曰"的引文,這從側面證明了《乾象新書》所引的《天文篇》不在闕卷中,可知筆者輯得的十五則材料大概就是《天文篇》引文的全部內容。值得注意的是,第一、二、三則材料《新書》題作"經曰""天文星經曰",《乾象通鑑》一仍其舊。而後十二則"經曰"均不見於《乾象通鑑》,有的沿襲舊文而改題他書,有的徑行删去。李季改題的部分,爲我們考求"經曰"來源提供了最可靠的證據。筆者整理《乾象新書》《乾象通鑑》對讀結果,參考數據庫檢索所得,將上述材料分爲三類:第二、三則來自《天文星經》;第四至十三則文字與李淳風《晉書·天文志》全同,偶有一二字差異,當屬傳抄之誤;第一則與十四、十五則,筆者在傳世文獻中未找到對應來源。下面就有價值的數條,詳細討論。由於這些材料的來源十分複雜,筆者將用文字來源和文本來源兩個概念進行區分。文字來源指輾轉傳抄的內容,即某段文字能在某一文獻中找到對應段落,明顯地有抄本與祖本的關係。例如,從校勘學上講,第三則材料所據《禮記》原文作"四鄙入保",此訛作"四鄙入堡","冰凍消釋"訛作"水凍消釋",明顯是由傳寫造成的訛誤①。文本來源指那些具有複雜形成過程的文獻,由於綜合了不同類型的文獻內容,在內部結構中出現矛盾或斷層,使得我們有可能尋繹其據以改編的文本②。

　　首先前面的比勘結果顯示,十五則材料中第二、三則同源,均來自《天文星經》改易《禮記》文,所以其文字來源應爲陶弘景《天文星經》,文本來源之一是《禮記·月令》。二者的區別在於,這兩則材料取《月令》孟仲季三冬之行令說,改易次序,分繫"以冬行春令、夏令、秋令"條下。又改鄭玄注"天干之氣乘之"説爲"五星之氣干之"説。例如《禮記》原文:"孟冬行春令,則凍閉不密,地氣上泄。"鄭注:"寅之氣乘之也。"原文:"(仲冬)行春令,則蝗蟲爲敗。"鄭注:"當蟄者出,卯之氣乘之也。"原文:"(季冬)行春令,則胎夭多傷。"鄭注:"辰之氣乘之也。"此則徑作"以冬行春令,則歲星之氣干之,其色青"。三冬合而爲一,寅、卯、辰三天干改爲歲星。這裏文本出現了明顯的改動,原本《月令》以十二天干配四時月令,至此改用五星配四時,"數"發生了變化,導致內容上有無法調和的衝突,因此撰述者調整了《月令》文本次序,將每個季節的"孟仲季"三階段總十二月簡化爲四時,在對

---

① "水凍消釋",尚有可能是宋人抄纂《乾象新書》以後產生的手誤,但"四鄙入堡"異文却有更早的依據,今本唐李淳風《乙巳占》卷六《辰星占》即作"小兵起,地侵,四鄙入堡矣。"

② 雕版印刷時代之前的文獻,尤以術數類文獻的形成和流傳形態最爲複雜,這些文本並不固定。例如五行之説,班固《漢書·五行志》以來歷代正史多設《五行志》,然而《漢志》文本即因不同文獻來源之間的矛盾破壞了其災異學説體系的完整性,見程蘇東:《基於文本複雜形成過程的先唐文獻研究——以〈漢書·五行志〉爲例》,劉躍進、程蘇東主編:《早期文本的生成與傳播》,中華書局,2017年,第68—77頁。同樣,天文占星類文獻的文本也存在傳抄、改編、合併的現象,這些文獻同時處在"與它們具有傳抄關係的文獻所構成的大場域"之中,使得掌握某項特定技術的人群具有撰述的知識儲備,隨時能指導政治活動或日常社會生活。

應的季節配以五星之氣與五星正色,從而將五星占驗思想與自然時間、人類社會三者緊密地聯繫起來,指導人君的政治活動。五星之氣,據筆者所知傳世文獻中最早見於北周衛元嵩《元包經傳》:"人者,上稟五星之氣,下居五嶽之分,中受五材之助,故天地之間,惟人最靈。"①由北周入隋的庚季才所著《靈臺秘苑》已有系統的五星之氣理論,見該書卷九《五星占法》,這一理論形成當在此之前。李淳風《乙巳占》卷六《太白占》《辰星占》將五星之氣、五星色變與月令聯繫,產生了"太白主秋""辰星主冬"等說法,文字與第二、三則材料相似但並有差異。故而這兩則材料的文本來源應當有三種:最基礎的文字,即關於四時所行月令及其後果的內容來自《禮記》正文,小字注釋來自《禮記》鄭玄注,五星之氣干時的部分整合自中古時期尤其隋唐兩代盛行的天文占星文本,並不一定是抄錄了某部天文占書。據趙貞考證,唐代社會中盛行觀星風氣,在當時官僚士人階層中尤爲普遍。王績《晚年敍志示翟處士》詩云:"弱齡慕奇調,無事不兼修。望氣登重閣,占星上小樓。"②類似的例子在唐人詩文中尚有不少。趙蕤既以"趙蕤術數,李白文章"③與李白並稱,自然通曉天文星占之學,有能力進行如此複雜的撰述工作,這是天文占星思想上的證據。

第四至第十三則是比較容易確定來源的,其文字來源均爲李淳風《晉書·天文志》,每則材料基本都能在《晉志》中找到完全相同的文字。僅有的異文也能得到解釋,如第七則《晉志》本作"太白降爲仕夫"此作"太白降爲壯夫",二字形近致訛;《晉志》作"凡五星木與土合"此作"五星與填星合",填、鎮古相通用,鎮星即土星,又脱"歲星"二字,致不可解。抄錄《晉志》這些文字有沒有可能是宋人所爲呢?案《乾象新書》多次引《晉書·天文志》,或題"天文志曰""晉書曰",均標出書名,獨此處作"經曰",說明只能是轉抄他書。約略與趙蕤同時的司馬貞《史記索隱》、張守節《史記正義》④已經開始利用《晉書·天文志》注釋《史記》,如《天官

---

① 〔北周〕衛元嵩撰,〔唐〕蘇源明傳:《元包經傳》,中國國家圖書館藏明天啓六年吕茂良刻本,卷五葉三b。
② 見《全唐詩》卷三七,轉引自趙貞:《唐宋天文星占與帝王政治》,第101頁。
③ 楊慎《升庵詩話》:"趙蕤,梓州人,字雲卿。精於數學,李白齊名。蘇頲《薦西蜀人才疏》云:'趙蕤術數,李白文章。'"〔明〕楊慎撰,王大厚箋證:《升庵詩話新箋證》卷七《太白懷鄉句》,中華書局,2008年第1版,第363頁。
④ 司馬貞,《兩唐書》無傳,李梅訓考得其人約生於高宗儀鳳年間(676—679),卒於開元二十年以後。見李梅訓:《司馬貞生平著述考》,《安徽師範大學學報(人文社會科學版)》2000年第28卷第1期,第109—111頁。張守節行年史傳無徵,蒙山東大學尼山學堂周浩賢兄見示,張氏當生於永淳元年至垂拱三年間(682—687),肅宗至德中(756—758)辭職還鄉。詳周浩賢:《〈史記索隱〉〈史記正義〉所引〈管子〉考——兼論吴郡〈史記〉學的起源》,《歷史文獻研究》第46輯(即出),本文所據爲作者原稿。而周斌推考趙蕤生卒年得出的結論是:"趙蕤約生於武則天垂拱四年(688),而卒於唐肅宗至德二載(757),享年七十歲。"《〈長短經〉校證與研究》,第609頁。二人生活時代基本相同。

書》原文:"太白白,比狼;赤,比心;黄,比參左肩;蒼,比參右肩;黑,比奎大星。"張守節《正義》:"《晉書·天文志》云:'凡五星有色,大小不同,各依其行而應時節。色變有類:凡青,比參左肩;赤,比心大星;黄,比參右肩;白,比狼星;黑,比奎大星。不失本色而應其四時者,吉;色害其行,凶也。'"①與第四則材料相合。根據周斌考證,趙蕤引用《晉書》多達二十七處②,趙蕤當已使用《晉書》作爲撰著參考材料。

第一則材料文本來源複雜,存在大量互見文獻。首二句與《觀象玩占》引《京房易傳》文近似③;中間部分"近期一年,遠期三年,大體薄與蝕皆是人君失德亡國之兆",説亦見庾季才《靈台秘苑》④;最後一句"日蝕皆從西缺,月蝕皆從東缺,若中央有虧,名曰黑子",唯《武經總要·後集·太陽占》有"日蝕皆從西缺,若中央黑名曰黑子"語,與此説近,然《武經總要》未係引書,不詳所本;注文"夫言蝕者,似蟲食葉之形狀也"僅釋"蝕"字含義,不見他書,疑爲趙蕤所加。第十四則不見各書所載,唯《靈台秘苑》卷九《五星占法》有"五星經天,天變所未有也"之語,又《晉書·天文志》載永寧元年趙王倫簒帝位事,云"五星經天,縱橫無常"。第十五則"(二星)相犯者其殃大,相合者其殃小"之説,見於《漢書·天文志》《唐開元占經》所引《海中占》等書。

大體上這些材料都來自兩漢至隋唐時期的天文占書與史志,雖非同源文獻,却恰巧符合《長短經》徵引博雜、兼用明抄暗引的特點⑤。至於不題"長短經"而作

---

① 〔漢〕司馬遷撰,〔南朝宋〕裴駰集解,〔唐〕司馬貞索隱,〔唐〕張守節正義:《史記·天官書第五》,中華書局,1982年第2版,第1326頁。

② 周斌:《〈長短經〉校證與研究》,第757頁。這二十七處實則有些來自干寶《晉紀》、九家《晉書》等文獻,並不純用唐代官修《晉書》,有的地方甚至與今本《晉書》記載相牴牾。如宋本《長短經》卷九述"晉代王開攻燕鄴城"事(葉二十五b至二十六a),今本《晉書》作"魏將拓拔章攻鄴"。見〔唐〕房玄齡等:《晉書·載記第二十七·慕容德》,中華書局,1974年第1版,第3162頁。

③ 《觀象玩占》原文作:"《京房易傳》曰:'日食不以晦朔者名曰薄。人君誅罰不以理,或賊臣將暴起,日月雖不同宿,陰氣盛薄日光也。'"題〔唐〕李淳風:《觀象玩占》,中國國家圖書館藏明抄本,卷二葉四十九a。

④ 《靈台秘苑》原文作:"日薄食者,人君誅罰不以理,奸臣謀兵,此謂下凌僭迫而侵其權,陰侵陽覆而陰氣盛掩日光,其下憂。近期一年,遠期三年,大抵薄與食皆是人君失德之變。"見〔北周〕庾季才撰,〔宋〕王安禮等重修:《靈台秘苑》,上海古籍出版社2014年影印《文淵閣四庫全書》本,卷七葉十四b。

⑤ 據周斌考證:"《長短經》是'述而不作'的抄纂文獻,全書約十九萬字(含標點符號),而趙蕤自己寫作的成段文字不過數段而已,其餘均是抄自先秦至唐代的各種書籍,涉及經史子集四部共百餘種書。趙蕤引前人著作的形式有兩種,一是明抄(寫出書名或作者名),二是暗引(不寫出書名和作者名)。"所考引書數量及字數雖仍有商榷餘地,但《長短經》係抄纂文獻之説洵爲不刊之論。見周斌:《整理和利用〈長短經〉必須考源》,《古籍整理研究學刊》2004年第6期,第10—15頁。後收入《〈長短經〉校證與研究》。

"經曰",當係直接迻録單行的《長短經·天文篇》原文所致。《長短經》引書署題十分隨意,有時亦作"經曰",如卷一《察相篇》引某部古占書作"經曰",引《吕氏春秋》《逸周書》《孫子兵法》等子史文獻或題"經曰",與此不相悖。這十五則材料又都大致符合唐代流行的天文占驗理論,當爲趙蕤所作無疑。由此我們確定了輯佚出的十五則文本形成過程:第一層《晉書·天文志》《天文星經》等中古天文學的文本來自《石氏星經》《禮記·月令》等古占書或月令類文獻,第二層文本源自唐初趙蕤撰書時採入《長短經·天文篇》並增加小注,第三層文本則爲北宋楊惟德等整理天文典籍時抄集《天文篇》中的十餘段文字,到南宋初李季編《乾象通鑑》則削去大部分"經曰",後人不知蹤跡,館閣秘書又因戰亂散失殆盡,《天文篇》遂逐漸泯滅不存。

五、結 語 及 餘 論

宋杭州净戒院本《長短經》遞經名家收藏,流傳有緒,清代經徐乾學收藏逐漸受到重視,曾作爲四庫底本,屢經傳抄,出現了一批祖於此帙的清抄本。後又被顧修刻入《讀畫齋叢書》,被李調元刻入《函海叢書》,使一般士子也能見到世遠漸稀的唐人著述。是書具備北宋本的形態特徵:字體爲瘦長歐體,刀法頗精嚴不苟,保留了手書神韻;版式古樸,書口簡潔,與傳世北宋本合;無刻工姓名,但以記號代之;形製猶襲唐卷子本遺風,古雅可愛。多用俗字,校讎不善,然避唐諱,甚或有"淵"字缺筆者,或係所據爲一唐寫本,底本即是如此,刊刻照遵原式。依據避諱與刊刻單位歷史沿革,可推知雕板時代在北宋天禧、乾興間。今卷中常見斷板、錯板、字跡漫漶,知非初印。宋版尤其是北宋版古籍的鑒定研究尚有很大發展空間,傳世北宋版珍若麟鳳,前人常有將南宋本誤認爲北宋本的情況,由於考古發掘和其他場合的再發現,我們今天見到的北宋本雖不超過兩位數,但較明清以來藏書家、版本學家所能見到者已更爲多,勢有必要對北宋本鑒定方法進行再討論。筆者結合考定《長短經》刊刻時代的研究體會,認爲當前避諱字仍舊是推斷刊年的重要依據,而且不能止於簡單的宋帝御名,還要考慮嫌名、短期行用之諱(如"通"字諱明道二年後即廢)、避諱字後起(如聖祖玄朗之諱,就是判斷此書初次刊印於大中祥符五年之前還是之後的關鍵)等情況。覆刻不避先朝及當朝皇帝名諱是極特殊的現象,或因南宋初渡避諱未嚴。在排除後人作僞的前提下,紙墨是最可靠的物證,目前可以利用先進的碳14檢測法作爲輔助,進一步劃分時代尚有賴於相關科技史、物質材料的研究。至於版式、字體等傳統鑒定方法,亦當更加細化。

是書首尾完整,《序》所言第十卷並未刻入,係久已單篇别行者。筆者認爲,此本雕印之初就是九卷,本文以《乾象新書》輯得《長短經·天文篇》佚文千餘字,即在所闕第十卷中。雖爲零縑斷簡,但運用目録學知識,尚能對《天文篇》剩餘内容作一擬測。余嘉錫先生論《通志》之目錄學思想謂："（鄭）樵獨注意於類例，謂'類例既分，學術自明'……然考之樵之《藝文略》，牴牾訛謬，而其每類之中，所分子目，剖析流別，至爲纖悉，實秩然有條理。蓋真能適用類例以存專門之學者也。"①《長短經·天文篇》既然歸入"天文總占"這一細目中，依鄭氏類例，其内容當與同類的其他四十二部占書相近。筆者所輯十五則佚文分屬太陽占、太白占、辰星占、五星總占，無不在"七曜"星占系統之中，因此《天文篇》極有可能還包括了歲星、熒惑、填（鎮）星的專占。這四十二部占書中與《長短經》時代接近的尚有《靈臺秘苑》《開元占經》《乙巳占》等書傳世，此類隋唐時期的天文占星文獻無不從天、地的災異祥瑞開始，緊接著論述七曜二十八宿的占驗方法及史傳應驗事跡，客星、彗星等内容附列於後，如《開元占經》中的《猛將軍陣勝負雲氣占》等望氣之術，趙蕤已採入第九卷《兵權》，因此《天文篇》不大可能重複。綜上所言，《天文篇》的整體内容應當是以七曜占驗爲主幹，統攝天文星象與人世政治密切關聯的内容，所形成的一套系統天文學理論。

最後，筆者認爲《長短經》版本的特殊性在於它極其顯著的編述文獻性質。章學誠有云："古人之言，所以爲公也，未嘗矜於文辭，而私據爲己有也。"②這道出了一個非常關鍵的文獻學命題，即"述而不作"是孔子以來確立的一類撰著傳統。我們仍以《長短經》爲例，編述並非單純的傳抄，材料的剪裁使用、文本結構的設計無不體現出趙蕤"爲沿襲之遠圖，作經濟之至道"的政治理想。傳統經史之學以外，相術、天文占星和五行類著作等子部文獻，在精英階層的知識系統乃至日常社會生活中的地位，遠比我們想象的更爲重要。理解不同文本來源共存於同一文獻的狀態，以及它們之間微妙的内在邏輯，將有助於我們確立版本的形成與演變過程，從而便有了探討該文獻其他問題的基礎。在宋代《長短經》的前九卷付梓進入雕版印刷時代，文本形態逐漸固定，得以刊行這個本子廣泛流傳，儘管有時傳寫過程中造成了少量的異文，但祖本既傳，據以改正亦非難事，宋槧《長短經》的訛、脱、倒、衍問題在清人傳抄校刻時就得到了很好的解決。與之同屬一書的第十卷《長短經·天文篇》却命運舛殊，由於某種原因未能刊行，停留在抄本時代。而且受北宋時期嚴格執行的天文傳習禁令影響，《天文篇》作爲館閣秘書可能在民間少有流傳，到仁宗時始有部分内容被抄入《景祐乾象新書》，流傳千載，懸而不墜。

黃焕波　中國人民大學文學院漢語言文學專業　本科生

---

① 余嘉錫：《目録學發微 古書通例》，中華書局，2009年第2版，第17頁。
② 〔清〕章學誠撰，葉瑛校注：《文史通義校注·内篇二·言公上》，中華書局，1985年第1版，第169頁。

附錄：《景祐乾象新書》十五則《長短經·天文篇》佚文考源表

	"經曰"原文節錄	相似文本	可能的史源	備 注
1	日蝕者皆任朔及晦，若非晦朔而蝕者名曰薄。……皆人君誅罰不以理，姦臣漸欲謀兵而起，此為陰盛奄日光，陰侵陽，臣侵君之象，主失其下國憂，近期一年，遠期三年，大體薄與蝕皆是人君失德亡國之兆。……	《觀象玩占》引《京房易傳》曰：日食不以晦朔者名曰薄。人君誅罰不以理，或賊臣將暴起，日月雖不同宿，陰氣盛為薄日光也。《靈台秘苑》日薄食者，人君誅罰不以理，奸臣謀反，陰侵陽，臣陵君之象，陰侵陽覆而陰氣盛掩日光，大抵薄與食皆是人君失德之變。	[北周]庾季才撰，[宋]王安禮等重修《靈台秘苑》 [唐]李淳風《觀象玩占》	此蓋綜合數家之言，改易文字者也。《武經總要》後集卷十六大陽占有"日蝕皆從西缺，若中央黑名曰黑子，日蝕者陰盛陽不充已"語，與此則"日蝕皆從西缺"說近，然此條引書，不詳所本。
2	【正文】人君秋時當順少陰以行德令，乃命將帥選士厲兵，誅練傑俊，專任有功，以征不義，詰誅暴慢，以明好惡，順彼遠方，繕圖固，具桎梏，斷薄刑，決小罪。若失令則冬，以秋行冬令，則辰星乃大，有芒角，戎兵乃來，風災數起，收雷先行，草木生榮，國多盜賊，邊境不寧，行春令，其國多歲星乃還，陽氣復還，五穀無實，暖風來至，人氣解墮。行夏令則熒惑之氣干之，國多火災，寒熱不節，人多瘧疾，螯蟲復生，人多軌噱，冬藏殃敗，五穀軌噱。	《禮記·月令》天子乃命將帥，選士厲兵，簡練傑俊，專任有功，以征不義，詰誅暴慢，以明好惡，順彼遠方，繕囹圄，具桎梏，數有罪，嚴斷刑……命有司修法制，繕囹圄，具桎梏，……獄訟，必端平。孟秋行冬令，則陰氣大勝，介蟲敗穀，戎兵乃來。行春令，則其國乃旱，陽氣復還，五穀無實。行夏令，則國多火災，寒熱不節，民多瘧疾。……仲秋行春令，則秋雨不降，草木生，國乃有恐。行夏令，則其國乃旱，蟄蟲不藏，五穀復生。行冬令，則風災數起，收雷先行，草木蚤死。……季秋行夏令，則其國大水，冬藏殃敗，民多軌噱。行冬令，則國多盜賊，邊境不寧，土地分裂。行春令，則暖風來至，民氣解墮，師興不居。	《禮記·月令》 [唐]李淳風《乙巳占》	《呂氏春秋·孟秋紀》《呂氏春秋·季秋紀》有與《月令》類似的文字。《乙巳占》卷六"太白占"云："太白主秋，人君當秋之時，順太白以施政令，逆之則凶；……命將選士厲兵，簡練傑俊，以時修法制，以征暴慢，誅好邪，禁好邪……若秋時，太白不具修有功，以伐遠方……太白之見也，以其修有功，以伐遠方。太白不見也，青而小國憂，君有大憂，陽氣運，五穀無實，歲有大喪重獄。以秋時行春令則歲星有大變。行冬令則辰星大勝，戎兵來，地震坏而國行冬令則辰星大勝，戎兵來，地震坏而國起，多盜賊，邊境不寧。行春令則風災起，多盜賊，邊境不寧。行春令則風災起，陰氣大，陽氣運，五穀無實，歲有大喪重獄。行夏令則熒惑無寶，雨不榮不時榮，若秋行夏令則歲有大喪。若秋行夏令發怒之氣不於太白，色赤發惑之氣下於太白，色赤而兵起。

续表

	"經曰"原文節錄	相似文本	可能的史源	備 注
2	[注文]詰謂問其罪,順猶服也。介,甲也,爲龜鼈蟹之屬。敗穀者,爲食其穀苗也。先猶早也,冬主閉藏。應陽動也。痁疾者,爲寒熱不節所爲也……	鄭注:詰謂問其罪窮治之也,順猶服也。介,甲也。蟹鼈之屬。鄭注:蟹之屬。鄭注:先猶蠶也,冬主閉藏。鄭注:應陽動也。痁疾,寒熱所爲也。	《禮記·月令》〔唐〕李淳風《乙巳占》	國多火災,寒熱不節,民多痁疾,蟲不藏矣。"同卷令行春星之氣干之,辰星冬則歲星《辰星占》云:"人君以冬時行春令歲星之氣干之,辰星色青,君憂,氣泄。人流亡,來春胎生死不當,地凍不密,刑獄動,生死不蝗蟲爲災,水泉竭,民多疥癘,以爲冬行夏天,令則熒惑之氣干之,辰星色赤而小冬則禍並起,刑獄並作,獄訟,軍旅同時而小冬秋令則威刑之氣干之,戰鬭,雷發聲矣。以不雪不寒,氣霧冥昧,雷發聲矣。辰星白則威刑之氣并大白冬之氣干之氣寒秋令則太白之氣并太白之氣寒雪時興,精雪時興,小兵起,地侵,四鄙入堡矣。"(清《十萬卷樓叢書》本)
3	[正文]人君當時冬官順冬令,謹蓋門閭,慎管籥,備邊竟,完要害,謹封疆,修鍵閉,慎管籥,備邊境。若失令非時,冬行春令之氣星干之,其冬行春令,則凍閉不密,地氣上泄,色青流亡,人多疥癘,胎夭多傷,介蟲多降,國多妖,四季人多疥癘,胎夭多傷,介蟲多降,國多妖,四季行夏令之氣暴風,色赤而小氷令則熒惑之氣干之,色赤而小蟲復出,其國乃旱,瓜瓠不成,國有大兵,蟄蟲復出,其國乃旱,氣霧冥冥,雷乃發聲,水潦敗國,時雪不降,水乃發聲,水潦敗國,時雪不降,冰凍消釋。行秋令則太白之氣干之,霜雪不時,小兵之,色大而不明,霜雪不時,土地侵則,天時雨汁,時起,土地侵則,天時雨汁,瓜瓠	(《禮記·月令》)命百官謹蓋藏,命司徒循行積聚,無有不斂。坯城郭,戒門閭,修鍵閉,慎管籥,固封疆,備邊竟,完要塞,謹關梁,塞溪徑。……則凍閉不密,地氣上泄,民多流亡,寇戎來征,方冬不寒,蟄蟲復出,土地寒,地氣上泄,民多流亡,方冬不寒,蟄蟲復出,土地乃國多疥癘,胎夭多傷,國多妖,四季凍閉不密,地氣上泄,民多流亡。仲冬行夏令,則其國乃旱,氣霧冥冥,雷乃發聲。行秋令,則天時雨汁,瓜瓠不成,國有大兵。……仲冬行夏令,則其國乃旱,霧冥冥,雷乃發聲,國有大兵。……季冬行秋令則白露蚤降,介蟲爲妖,四鄙入保。行春令則胎天多傷,國多固疾,命之曰逆。行夏令則水潦敗國,時雪不降,冰凍消釋。	同第二則	此蓋取《月令》孟仲季三冬之行令文,改易次序,分繫以冬行春令,夏令,秋令條下。又改鄭玄注"天于之氣乘之"說爲"五星干之"例如《禮記·孟冬》行令云:"則凍閉不密,地氣上泄。"鄭注:"寅之氣乘之也。"原文:"行春令,則蝗蟲爲敗。"鄭注:"(仲冬)行春令,則蝗蟲爲敗也。"原文:"當春出,卯之氣乘之,則胎夭多傷。"(季冬)行之春令,則胎天多傷。"此盡玄注:"以冬行春令,辰之氣乘之也。"此經文作:"冬行春令之氣干之,則歲星乘之,其色青,"其色青,三冬合而爲一,寅、卯、辰三冬下改天于爲歲星。

续表

	"經曰"原文節錄	相似文本	可能的史源	備 注
3	不成,國有大兵,白露蚤降,介蟲為妖,四鄙人堡,若人君不明獄訟充滯,則其星亂行,若君明臣賢,獄訟允當,則辰星小而光明,國安道隆。 【注文】爲府庫囷倉有藏物。謂末芻之屬。坏,盆也。鍵閉,謂關鑰也。備邊境,謂邊城要害處。蹊徑,謂山澤禽獸道。象螫蟲咸動。扞癢之病,孚甲之象。此月物甫萌牙,季春乃句者畢出,萌者盡達。胎天多傷,生氣早至,不充其性。生不充性,則有久疾。畢卦爲風,立夏異用事,故行夏令則多暴風。冥冥,霜露之氣,故以相亂。雨汁者,冰雪雜下。	鄭注:謂府庫囷倉有藏物。 鄭注:謂芻不薪蒸之屬也。 鄭注:要塞、邊城要害處也。梁,橋橫也。候,徑,禽獸道也。 鄭注:象螫蟲動。孚甲之象。 鄭注:扞癢之病,孚甲之象。 鄭注:此月物甫萌芽,季春乃句者畢出,萌者盡達。胎天多傷者,生氣早至,不充其性。 鄭注:生不充性,有久疾也。 鄭注:立夏異用事,畢爲風。 鄭注:霜露之氣,散相亂也。 鄭注:雨汁者,水雪雜下也。	同第二則	
4	五星有色,大小不同,各依其行,而順時應節。色變有類,青比參左肩,赤比心大星,黄比參右肩,白比狼星,黑比奎大星。不失木色而應其四時者,吉;害其行,凶。	(《晉書·卷十二·天文志》)凡五星有色,大小不同,各依其行,而順時應節。色變有類,凡青皆比參左肩,赤比心大星,黃比參右肩,白比狼星,黑比奎大星。不失本色而應其四時者,吉;害其行,凶。	〔唐〕李淳風《晉書·天文志》	《史記·天官書》云:"太白白,比狼;赤,比心;黃,比參左肩;蒼,比參右肩;黑,比奎大星。五星皆從太白而聚乎一舍,其下之國可以兵從天下。居實,有得也;居虛,無得也,有位且勝盡敵無位。行勝色,色勝行,行得盡勝之。"乾象

续表

	"經曰"原文節錄	相似文本	可能的史源	備 注
4	五星所出,所行,所直之辰,其國為得位。得位者,歲星以德,熒惑有禮,填星有福,太白有兵彊,辰星陰陽和;所行,所直之辰,害者敗,其色有角者勝,色實有德,居虛無德也,色勝位,行勝色,行得盡勝之。	(《晉書・卷十二・天文志》)凡五星所出,所行,所直之辰,其國為得位者,歲星以德,熒惑有禮,填星有福,太白有兵強,辰星陰陽和。所行,所直之辰,順其色而有角者勝,其色害者敗。居實有德,居虛無德也。色勝位,行勝色,行得盡勝之。		通鑑》卷九十五引"天文別錄曰"有相似說法,文字小異,故不從。按:"天文別錄"即《隋唐志》所載梁代祖暅《天文錄》,《唐志》征引此書上百處,或作"天文錄",或作"天文别錄",當為一書。
5	營室為清廟,歲星廟也;心為明堂,熒惑廟也;南斗為太室,填星廟也;亢為疏廟,太白廟也;七星為員官,辰星廟也。五星行至其廟,謹候其命。	(《晉書・卷十二・天文志》)營室為清廟,歲星廟也;心為明堂,熒惑廟也;南斗大室,填星廟也;亢星員官,七星為員官,辰星廟也。五星行至其廟,謹候其命。	[唐]李淳風《晉書・天文志》	《乾象通鑑》卷九十五引"天文別錄曰"有相似說法,文字小異,故不從。
6	五星盈縮失位,其精降于地為人。歲星降為貴臣,熒惑降為童兒,歌謠嬉戲,填星降為老人婦女,太白降為壯夫,辰星降為婦人,吉凶之應,隨其象告。	(《晉書・卷十二・天文志》)營室為清廟,熒惑為疏廟,太白廟,填星為員官,七星為員官,辰星廟也。	[唐]李淳風《晉書・天文志》	《乾象通鑑》卷九十五改引作《河圖遺書》,"填"字作"鎮"字,作"行"字。不從。
7	五星盈縮失位,其精降於地為人。歲星降為貴臣,熒惑降於童兒,歌謠嬉戲,填星降為老人婦女,太白降為仕夫,辰星降為婦人。吉凶之應,隨其象告。	(《晉書・卷十二・天文志》)凡五星盈縮失位,其精降於地為人。歲星降為貴臣,熒惑降於童兒歌謠嬉戲,填星降為老人婦女,太白降為仕夫,辰星降為婦人。吉凶之應,隨其象告。	[唐]李淳風《晉書・天文志》	《乾象通鑑》卷九十五引"河圖遺書曰"河圖遺書,文字小異,故不從。

续表

"經曰"原文節錄	相似文本	可能的史源	備注
五星與填星合，為內亂，為饑；與辰星合，為變謀而更事；與熒惑星合，為旱；與太白合，野有破軍。太白在北，歲星任北，名曰牝牡。太白在南，歲星任南，年穀大熟。熒惑與太白合，故熒惑從太白之陰，軍憂離之，軍舒出太白之陽，有分軍。熒惑舒出其陽，有偏將之戰，與填星合，為憂，為主孽卿；與辰星合，為北軍，用兵舉事，大敗。一曰：熒惑與辰星合，為犂沮，不可舉事用兵。填星與辰星合，有覆軍事，不可舉事用兵。填星與金合，為變謀更事，必為水。與太白合，為國饑，水與金合，為變謀，破軍殺將，以命破軍，環繞太白，若與鬭，大戰，客勝。	（《晉書·卷十二·天文志》）凡五星木與土合，為內亂饑饉，與火合，為饑，為旱，與金合，為白衣之會，為關，國有內亂，野有破軍。木與水合，為變謀而更事。太白在南歲星在北，名曰牝牡，歲星在南，太白在北，歲有喪，年或有或無。熒火與金合為爍，為喪，為離之軍。與土合，憂主孽。與金合，為疾，為離其國。偏將戰，為北軍，用兵舉事大敗。土與水合為壅沮，不可舉事用兵，有覆軍事。一曰火與水合為粹，不可舉事用兵，必為旱，為國饑，國亡地。與木合，為饑，水與金合，國亡地，為變謀，為兵憂，入太白中而上出，客亡地，視旗所指，以命破軍，客勝。環繞太白，若與鬭大戰，客勝。	〔唐〕李淳風《晉書·天文志》	按《漢書》卷二十六《天文志》第六云："凡五星，歲與填合則為內亂，與辰合則為變事，與熒合則為饑，為旱，與太白合則為白衣之會，為水。太白在南，歲在北，名曰牝牡，年穀大熟。太白在南，歲在北，年或有或亡。太白與熒合則為喪，主孽卿；與辰合則為變謀，不可舉事用兵。填與辰合則為變，為喪，為其內兵。填與太白合則為疾，與太白合則為疾，用兵有覆軍下師；與太白合則為變，辰與太白合則為變，填與辰合則為變。凡歲、熒惑、填、太白，為內亂，為兵憂。凡五星，填與辰合，皆為鬭，兵不在外，四星與辰合，皆為變。一曰，火與水合為粹，土與金合為國亡地，與木合則國饑，與水合為壅沮，不可舉事用兵。木與金合，國有內亂。同合相近，大，二星相迫者殃，傷五星，寸以內必之。歲以饑，熒惑以亂，辰以女亂，殺，太白以疆國以亂，填以女亂，月食大角，王者惡之。"《隋書·天文志》源出《漢書》。與《晉志》同。

8

续表

	"經曰"原文節錄	相似文本	可能的史源	備注
9	歲星、熒惑、填星、太白與辰星鬭，皆爲戰，兵不在外，皆爲内亂。凡同舍爲鬭，相凌爲鬭。其犯大、相速、無傷，七寸以内必之。	《《晉書·卷十二·天文志》》凡木火土金與水鬭，皆爲戰，兵不在外，皆爲内亂。凡同舍爲鬭，相陵爲鬭。其犯大、相速、毋傷，七寸以内，必之。	[唐]李淳風《晉書·天文志》	
10	月蝕五星，其國皆亡，填星以殺，熒惑以亂，太白以彊國戰，辰星以女亂。五星入月，其野有逐相，太白將傷。	《《晉書·卷十二·天文志》》凡月蝕五星，其國皆亡，歲以饑，熒惑以亂，填以殺，太白以彊國戰，辰以女亂。凡五星入月，殺大臣以彊國戰，辰星以女亂。月歲，其野有逐相，太白將傷。	[唐]李淳風《晉書·天文志》	
11	五星色圜。白爲喪爲旱。赤中不平爲多死。黑爲疾爲水。青爲憂爲兵。黃地之爭，皆爲吉。白哭立聲，青有兵憂，黑有水，赤犯我城，黃地之爭，白哭立聲，青有兵憂，黑有水。五星同色，天下偃兵，百姓安寧，歌舞以行，不見災疾，五穀蕃昌。	《《晉書·卷十二·天文志》》凡五星青圜，青爲憂爲水，白爲喪爲旱，赤中不平爲多爭，爲死，黑爲疾爲水。青角兵，赤角犯我城，黑角地之爭，黃角吉。白哭立聲，青有兵憂，黑有水。五星同色，天下偃兵，百姓安寧，歌舞以行，不見災疾，五穀蕃昌。	[唐]李淳風《晉書·天文志》	《靈臺秘苑》卷九作："若圓而色變：青爲白喪旱。赤爲旱，黑爲疾，夏水，黑爲疾，黃爲戰，亦占其色。赤角犯我城，黃角地之爭，青角地之爭，白哭之聲，青兵憂，黑角水，困窮，兵之所終。五星同色，天下偃兵，百姓安寧，五穀豐登，歌舞以行，不見災變，五穀豐登，則主時候以其月色變，兵四興，則與此相近。"按《漢書·天文志》並《觀象玩占》卷四本此。
12	五星，歲星緩則緩則不行，急則過分，逆道則占。熒惑緩則不人，急則不出，急則不人，違道則占。填星緩則不建，急則不出。太白緩則不人，急則不出。辰星緩則不出，急則不人，非時則占。五星不失行，則年穀豐昌。	《《晉書·卷十二·天文志》》凡五星，歲星緩則不行，急則過分，逆則占。熒惑緩則不人，急則過分，違道則占。填星緩則不建，急則不出。太白緩則不人，急則不出。辰星緩則不出，急則不人，非時則占。五星不失行，則年穀豐昌。	[唐]李淳風《晉書·天文志》	按《漢書·天文志》："凡五星，歲，緩則不行，逆則過分，違道則占。熒惑，緩則不人，急則過分，違道則占。填，緩則不建，急則不出。太白，緩則不人，急則不出。辰，緩則不出，急則不人，非時則占。五星不失行，則年穀豐昌。"《晉志》本此。

續表

	"經曰"原文節錄	相似文本	可能的史源	備注
13	五星見伏留行,逆順遲速,應歷度者為得其行,政合於常。達歷錯度而失路盈縮者,為亂行,亂行則為天矢彗孛,而有亡國革政,兵饑喪亂之禍。	(《晉書·卷十二·天文志》)凡五星見伏留行,逆順運遲速,應歷度合於常。達歷錯度而失路盈縮者,為亂行,亂行則為天矢彗孛,而有亡國革政,兵饑喪亂之禍云。	〔唐〕李淳風《晉書·天文志》	《隋書·天文志》同此。
14	五星經天,占曰:為不臣,為更王。		未詳	不見各書所載,唯《靈臺秘苑》卷九五星占法有"五星經天,天變所未有也"之語。《晉書·天文志》載永寧元年趙王倫篡帝位事,云"五星經天,縱橫無常"。《乾象通鑑》卷九十六冊"經曰"改引他書。
15	二星近者為犯,二星同宿者為合,相犯者其映大,相合者其映小。		未詳	見於《唐開元占經》所引《海中占》:"海中占曰:二星相近者其映大,相傷者其映小,無傷。"第八則備注所引文字(《漢書·天文志》亦有類似文字《唐開元占經·卷十九五星占二·二星相犯四》)。

宋本《長短經》版本再議 *131*

《禹貢説斷》版本考

張 彧

傅寅,字同叔,南宋婺州義烏(今浙江省義烏市)人,因他曾講學杏溪,人們稱他爲"杏溪先生"。關於其生卒年,相關文獻記載頗少,《兩浙明賢録》稱其"卒年六十八"[1],未詳何年。最早記載是元黄溍所撰《杏溪祠堂記》,稱"先生年六十有八,以嘉定八年卒於家"[2],則其卒年是公元1215年,其生年是公元1148年,即紹興十八年。傅氏家譜稱其"生於宋紹興十八年戊辰九月廿四日丑時,卒於宋嘉定八年己亥十月十九日巳時,享年六十有八"[3],則可證明我們上面的推斷。

傅寅並没有從過政,又不屑治生業商,但他熱心於地方事業,做過官府幕僚。傅寅從永嘉學派同調的唐仲友(1136—1188)問學,其學問特點是提倡功利,講究通經致用。傅寅爲學廣博,於天文、地理、封建、井田、學校、郊廟、律曆、兵制皆有研究,考訂訛誤,著《群書百考》。我們所要研究的《禹貢説斷》,實際上是《群書百考》的一部分。

一、《禹貢説斷》簡介

首先來簡單介紹一下《禹貢説斷》的體例、内容與價值。它的體例是集解體,

---

[1] 〔明〕徐象梅:《兩浙名賢録》卷一《碩儒》,明天啓刻本,第三十七頁上。
[2] 〔元〕黄溍:《金華黄先生文集》卷十四,元刻本,第十五頁上。
[3] 《杏溪傅氏重修宗譜》卷三,清光緒四年刻本,頁二十七上。

其特點是首先羅列衆家之説,然後斷以己意。兹舉一例來説明:

> 厥土赤埴墳,草木漸包。
> 孔氏曰:"土黏曰埴,漸,進長;包,叢生。"
> 唐孔氏曰:"職、埴音義同,《考工記》用土爲瓦謂之摶埴之工,是埴謂黏土,故土黏曰埴。《易·漸·象》曰:'漸,進也。'《釋言》云:'苞,稹也。'孫炎曰:'物叢生曰苞,齊人名曰稹。'郭璞曰:'今人命叢緻者爲稹。'漸包,謂長進叢生,言其美也。"
> 林氏曰:"此州之土,色而别之則赤,性而别之則有埴墳之二種。墳者,土膏脈起也。徐州之地,受淮之下流。其地墊溺已甚,草木不得遂茂,爲日久矣。今洪水既平,乃至於進長叢生,胡可盡也。"
> 葉氏曰:"包者其本固,猶《詩》言如竹苞矣。"
> 吕氏曰:"漸包,結實也。"
> 張氏曰:"水患既平,土色復其本性,故赤黏而墳起;草木復其本性,故漸進而業生。"
> 土之性埴者不能墳,墳不能埴,故林氏以爲二種。其説甚當,而張氏言赤黏而墳起,或者其未之察歟。包當如"易苞桑"之苞,漸包言浸浸乎其苞也。[1]

關於徐州土壤、草木狀況,首先按照時代順序羅列孔氏(僞孔安國)、孔穎達、林之奇、葉適、吕祖謙、張九成六家的注解,然後做出自己的論斷。他同意林之奇對徐州土壤種類的三種劃分,而否定張九成的説法。

《禹貢説斷》廣輯前人經説,集前儒《禹貢》研究之精華,有保存文獻之功。尤其是宋人許多關於《禹貢》的經解,都已近亡佚,有的不見於别處,具有較大的輯佚價值。在解經時候,傅寅於經文或别人注解下詳注其地理或建制沿革至宋代之變遷,這種將宋代疆域繫於《禹貢》九州之下的做法,爲後世研究宋代歷史地理提供了重要的參考資料。這裏不作展開,下面重點考論《禹貢説斷》的成書、著録與版本問題。

二、成書與著録

(一) 成書

關於這部書的成書,喬行簡在序文中説:

> 同叔家故貧,亦以教舉子爲業,乃能取古書天官地志、律曆權度、井田兵制、分寸零整、乘除秒忽之説,究觀篤考,窮日夜不惆。無是書,則多方從人借

---

[1] 〔宋〕傅寅:《禹貢説斷》卷二,清《文淵閣四庫全書》本,第二頁下。

之，月累歲積，而其學成矣。遂取其書，事爲之圖，條例諸説，而斷以己意，名曰《羣書百考》，《禹貢説》蓋其一也。……百考文多，欲鋟之板未辦，姑摭其《禹貢説》出之。……①

《羣書百考》是傅寅的代表著作，是他羣書考證之説的彙編，《禹貢説斷》即其先刊單行本。他每考證一書，首先做一些示意圖，然後條例諸説，下以己意，可見《羣書百考》也是集解體例的解經著作。然其書在傅氏生前並無刻本流傳（至少在《禹貢説斷》成書時），即喬行簡所謂"《百考》文多，欲鋟之板未辦"，由於内容太多，故僅將《禹貢説斷》部分單獨刊行於世。

但他身後，其後人又陸續刊刻了一部分，宋末元初理學家黄溍（1277—1357）所撰《杏溪祠堂記》稱《百考》僅存七十，今行於世者三十二②。元趙悳撰《四書箋義》正文前"《四書箋義》引用書目"即明確標有"傅寅《羣書百考》"，按：是書爲元泰定間刻本，劉有慶序作於泰定改元之年（1324），李粲序作於泰定元年（1324），曾翰序作於泰定乙丑仲春（1325），可見在1325年之前是書仍有傳本行世。而且，元末明初的散文家蘇伯衡在其文集《蘇平仲文集》中還收録有《羣書百考跋尾》一文，跋文稱："解石先生諸孫桴而叩焉，則散落久矣，獨十二五僅存焉耳，因出以相示，始得見之。"又稱："朝廷垂意稽古，卒然有所訪問，往往無以應，吾見亦多矣，而是書也可措於實用，有裨於治道。泯墜者既如彼，其僅存者亦終莫之講。何哉？況今無板本，則後余而生者將不止不見其全而已。此余不惟幸於得見，而又撫卷爲之慨且懼焉。"③按照文義推斷，此跋當作於明初，此時《百考》僅存十幾，而且書版無存，無法再印。

後《羣書百考》漸亡，除《禹貢説斷》外，其餘皆不存。因爲《羣書百考》全書過巨，鋟板不易，故僅刊刻其中的《禹貢説》，這是《禹貢説斷》的成書情況。

（二）著録

關於這部書的書名及卷數，歷代著録及記載各異。元代黄溍《杏溪祠堂記》中稱《禹貢圖考》④；明代蘇伯衡《〈羣書百考〉跋尾》稱《禹貢考》⑤；《文淵閣書目》著録爲"傅寅《禹貢説》一部二册、傅寅《禹貢説》一部六册"⑥，有二册本與六册本兩種；《國史經籍志》卷二《經類》著録爲"《禹貢集解》二卷"⑦；《經義考》著録爲

---

① 《杏溪傅氏禹貢集解序》，見《禹貢説斷》卷首，《中華再造善本叢書》影宋本。
② 〔清〕王廷曾纂修：《義烏縣志》卷十四，清康熙三十一年刻本，第三頁上。
③ 〔明〕蘇伯衡：《〈羣書百考〉跋尾》，見《蘇平仲文集》卷十，《四部叢刊》影明正統本，第十七頁下。
④ 《金華黄先生文集》卷十四，第十五頁上。
⑤ 《蘇平仲文集》卷十，第十七頁上。
⑥ 〔明〕楊士奇等編：《文淵閣書目》卷二，商務印書館，1937年，第20頁。
⑦ 〔明〕焦竑輯：《國史經籍志》卷二，商務印書館，1939年，第14頁。

"傅氏寅《禹貢集解》,闕"①;《四庫全書總目》著錄爲"《禹貢説斷》";《鐵琴銅劍樓藏書目録》著録爲"《杏溪傅氏禹貢集解》,宋刊本"②。共有《禹貢圖考》《禹貢考》《禹貢説》《杏溪傅氏禹貢集解》《禹貢集解》《禹貢説斷》六種説法。

程元敏先生認爲:"據傅氏里人喬行簡序此書,謂寅條列諸説,而斷以己意,名曰'群書百考·禹貢説'。是'説斷''集解'皆非其書本名。"③有一定的道理。李學勤先生主編《四庫大辭典》認爲:"今北京圖書館藏宋刻元修本,與瞿氏《目録》著録本同,是該書原本二卷,書名爲《禹貢諸家説斷》。《永樂大典》題爲《禹貢説斷》,《通志堂經解》題爲《禹貢集解》,並非宋本舊名。"④認爲原書應題名爲《禹貢諸家説斷》。

首先來看書名。這部書仍有宋刻本存世,現藏於中國國家圖書館,《中華再造善本叢書》據其影印,因此筆者得見其面貌。其卷首序前首行題曰"杏溪傅氏禹貢集解",然後是四幅《禹貢》圖,其後卷一首行又題曰"尚書諸家説斷"。因此《永樂大典》本爲《禹貢説斷》,或據宋本卷一題名而來;而《通志堂經解》本爲《禹貢集解》,或據序前題名而省略之。

筆者綜合以上諸家之説,認爲書名當以各卷前所題《禹貢諸家説斷》爲準,這符合宋本原貌,更加符合《群書百考》"條例諸説,斷以己意"的做法。至於序前所題《杏溪先生禹貢集解》,可能是喬行簡作序時所擬書名,刊刻時仍原封不動地刻入,按照此書體例,名爲《禹貢集解》也未嘗不可。不過《禹貢説斷》此書名雖然是省略,但由於《四庫全書》流傳甚廣,該名已經被大部分學者所接受,因此本文行文仍採用《禹貢説斷》這一題名。

三、版 本 考

(一) 宋刻本

宋刻本流傳不廣泛,傳至清代時已經有缺漏,如從《九州章》的兖州"九河既道"句引杜氏經解下,一直到荆州"九江孔殷"句引唐孔穎達《正義》句上,共三十八頁全闕(其餘闕頁情况在下文有表格統計)。據筆者統計,這大概佔到全書的五分之一的内容。此書今藏中國國家圖書館,《中華再造善本》叢書據此影印。其字體爲歐體(如圖1),當是浙江刻本。

---

① 〔清〕朱彝尊撰,許維萍等點校:《經義考》卷九十四,中國文哲研究所籌備處,1997年,第579頁。
② 〔清〕瞿鏞撰:《鐵琴銅劍樓藏書目録》,上海古籍出版社,2000年,第46頁。
③ 程元敏撰:《三經新義輯考彙評(一)——尚書》,臺北編譯館,1986年,第268頁。
④ 李學勤、吕文郁主編:《四庫大辭典》,吉林大學出版社,1996年,第108頁。

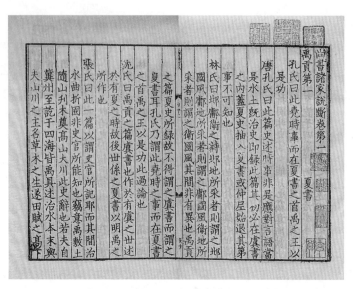

圖1　宋刻本《禹貢說斷》(《中華再造善本》影印本)

其卷首序前首行題曰"杏溪傅氏禹貢集解",無目録。序後是四幅《禹貢》圖,分別是《山川總會》及《九河》《三江》《九江》四圖(如圖2)。四圖後是卷一,首行又題曰"尚書諸家說斷",次行曰"禹貢第一、夏書",卷首及卷一題名不同,造成了諸家書目著録的差異,上面已有論及,此不贅述。其版式特點如下:左右雙邊,白口。版心最上方記本葉字數。雙黑魚尾,上魚尾下方有書名、卷次,用簡稱,如"禹貢一";下魚尾上方是葉數。每半葉十一行,每行經文十八字,引諸家說首行低一格,次行低二格,已說則大概低三格。

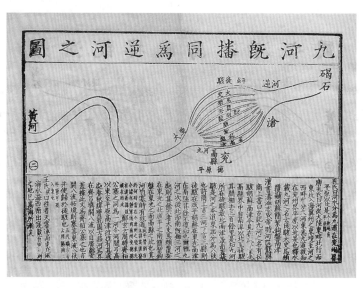

圖2　九河既播同爲逆河之圖(《中華再造善本》影印本)

書中"恒"（北宋真宗趙恒）、"桓"（北宋欽宗趙桓）、"眘（慎）"（南宋孝宗趙眘）字均有闕筆，"貞觀"改作"正觀"，"魏徵"改作"魏證"（以上避北宋仁宗趙禎諱），惟"惇"（南宋光宗趙惇）、"擴"（南宋寧宗趙擴）字不闕筆。從書本的避諱情況看，此書之刻當在孝宗（趙眘）之後，或南宋光宗（趙惇）時或更靠後。但根據避諱尚不能明確確定其刊刻年代。根據現存宋刻本的避諱情況來看，官刻本避諱較嚴，坊刻本避諱較爲疏忽，而且依照時間先後而言，南宋前期避高宗、孝宗諱者比較常見，而南宋中期刊本避光宗、寧宗之比率，遠低於前期避諱。因此對該本刊刻時間的判斷還需要其他依據。

　　喬行簡嘗爲其撰《杏溪傅氏禹貢集解序》，其序云："而同叔亡矣，以同叔之用工如此其至，既勒成一家之言，是固不可使之無傳也。……姑摭《禹貢説》出之……"可見此書之刊刻，當在傅寅去世之理宗嘉定八年（1215）後。而喬行簡卒於宋理宗淳祐元年（1241），故推斷此書刻於宋1215年與1241年之間，爲理宗朝。

　　版心的最下端有刻工，有陳全、劉總、方文、胡禹、杜奇、葛文、吳元、徐琪、蔡仁，或單用姓，如劉、葛，或單用名，如文、全、奇、仁。這些人都是南宋中後期杭州地區的良工，見於理宗寶慶三年（1227）前後間刻《經典釋文》者，有劉總、杜奇、葛文；見於理宗紹定年間刻《吳郡志》者，有徐琪；見於理宗淳祐五年（1245）前後間刻《家禮》者，有徐琪、蔡仁。

　　綜上所述，我們判斷該本爲宋理宗年間杭州地區刊本。

　　下面來談一下這部宋刻本的流傳情況。卷中有"王止仲""玄敬""劉體仁印""潁川劉考功藏書記""乾學""徐健庵""虞山瞿少基藏書之印""菰里瞿鏞""鐵琴銅劍樓""北京圖書館藏"等藏書印。瞿鏞《鐵琴銅劍樓藏書目錄》著錄爲宋刊本，並稱："此本爲王止仲所藏，後歸都元敬、劉公𢧐，入傳是樓。今所傳經解本，即據之以刻者。"①結合藏印，可以勾稽出其大體的流傳脈絡。

　　"王止仲"印的藏主是王行（1331—1395），明初名士，止仲是其字，江蘇吳縣（今江蘇蘇州）人，號淡如居士，又號半軒、楮園。以博學知名，授徒齊門，富人沈萬三曾延之家塾，後隱居石湖，著有詩文集《楮園集》《半軒集》等。

　　"玄敬"印的藏主是都穆（1459—1525），明代詩文家、金石家，玄敬是其字，江蘇長洲（今江蘇蘇州）人，弘治十二年（1499）年進士，曾任太僕寺少卿。著有金石目錄《金薤琳琅錄》二十卷。

　　"劉體仁印""潁川劉考功藏書記"兩方印的藏主是劉體仁（1624—1684），清代詩人、畫家、藏書家，順治十二年（1655）進士，官至吏部郎中。有藏書處曰"七頌堂"，藏書二萬餘卷。他"性恬淡，惟喜搜羅典籍"，與梁清標、孫承澤等藏書家相與商榷古今，考辨真贗。常熟瞿鏞多收其舊藏，除了《禹貢説斷》外，還有

---

① 《鐵琴銅劍樓藏書目錄》，第46頁。

《劉文房集》《劉夢得文集》《姚少監詩集》等。著有《七頌堂集》《識小錄》《蒲庵集》等。

"乾學""徐健庵"兩印藏主即徐乾學(1631—1694),清初大藏書家,健庵是其號,康熙九年(1670)進士,官至刑部尚書。徐氏藏書甚富,藏書樓曰"傳是樓",有《傳是樓書目》行世。徐乾學所刻《通志堂經解》本《禹貢集解》,底本實際上就是徐氏所藏該本。《傳是樓書目》雖未收該本,但《通志堂經解》本前有徐氏序。該本後歸鐵琴銅劍樓,《鐵琴銅劍樓藏書目錄》卷二經部書類有著錄,記載其行款、形製等。衆所周知,瞿氏藏書後多歸中國國家圖書館,故《中華再造善本》叢書以該本爲底本影印。

(二)清《通志堂經解》本

下面來談一下《通志堂經解》本。卷首有納蘭成德序,作於康熙丙辰(即康熙十五年,1676),徐乾學《通志堂經解序》云:"經始癸丑,逾二年訖工。"則此本亦於1676 年前後刻成。

《通志堂經解》本的底本即上述宋刻本,通過對比不難發現,《通志堂經解》本據宋刻本重刻,其字體近似趙體而略有不同,行款一致,版式相近,比如都是左右雙邊(如圖3)。但仔細對比,《通志堂經解》本對底本亦有改動:第一,將卷前題名進行改動,如將"尚書諸家説斷第一"改爲"杏溪傅氏禹貢集解第一";第二,將卷前題名次行《尚書》篇名次序刪去,如將"禹貢第一"改爲"禹貢";第三,將版心魚尾下書名卷次簡稱改爲全稱,如"禹貢一"改爲"傅氏禹貢集解卷一";第四,將宋本避諱字全部回改。雖然有改動,但基本上保留了宋刻的原貌。仍然可以這麼說,《通志堂經解》本是重刻的宋本。

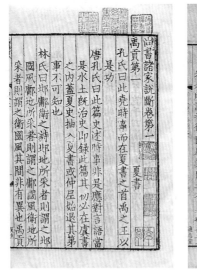

圖3 宋刻本與《通志堂經解》本對比

《四庫全書總目》稱：

> 是編其所著《禹貢圖說》也。案朱彝尊《經義考》有寅所著《禹貢集解》二卷，通志堂嘗刊入《九經解》中，而《永樂大典》載其書則題曰《禹貢說斷》，無"集解"之名，又《經解》所刊本稱原闕四十餘簡。今檢《永樂大典》，不獨所闕咸在，且其《五服辨》三千餘言，《九州辨》千數百言，較之原注闕文，多至數倍。又《山川總會》及《九河》《三江》《九江》四圖，《經解》俱誤編入程大昌《禹貢論》中，與其書絕不相比附，而《永樂大典》獨繫之《說斷》篇內，蓋當時所見，實宋時原本，足以援據。而《經解》刊行之本，則已傳寫錯漏，致並書名而竄易之，非其舊矣。①

四庫館臣批評《通志堂經解》本有三點不足：第一，闕版。第二，題名錯誤。第三，附圖誤入程大昌《禹貢論》中。

讓我們來看看館臣的評價是否中肯。首先，納蘭成德序曰：

> 惜乎是編流傳者寡，不見采於董氏之《纂注》，而焦氏《經籍志》、酉亭王孫《授經圖》，或以爲說，或以爲論，蓋未嘗見此書而著於錄者。是本爲吳人王止仲藏書，其後歸於都少卿穆，其第一卷闕三十有七版，第二卷又闕其四版，驗少卿前後私印，則當知已非足本，亟刊行之，俟求其完者嗣補入焉。②

交代了宋刻本的闕版情況。而《鐵琴銅劍樓藏書目錄》則稱：

> 所闕四十餘簡及《五服辨》《九州辨》皆一一脗合，惟《尚書諸家說斷》六字，亦改作《杏溪傅氏禹貢集解》，爲失其真耳。若四圖之編入程氏《禹貢論》中，乃裝書者之失，非刻本有誤也，觀成容若序自明。③

通過書序、目錄以及我們前面所作對比可以發現，《通志堂經解》本所用底本爲宋刻本，而宋刻本在流傳過程中就有闕版，因此闕版這一問題上不能厚誣通志堂本。由於四庫館臣不知道《通志堂經解》本的底本爲宋本，故以爲是刊刻之誤。

關於第二點不足，《通志堂經解》本封面題名爲"禹貢集解"，其依據是喬序，並將宋刻本卷前題名"禹貢說斷"改爲"禹貢集解"，版心書名亦隨之改動。館臣的依據則是《永樂大典》所用"禹貢說斷"題名，《永樂大典》本題名或別有所本。雖然《通志堂經解》改了宋刻本的題名，但這樣改並不算妄改，它的改動是有依據的。

再來看最後一點不足，納蘭序前已明言"其書先以《山川總會之圖》，次《九河》《三江》《九江》之圖，次及諸家說斷"，《通志堂經解》本亦有此四圖，實際上是

---

① 〔清〕永瑢等：《四庫全書總目》卷十一，中華書局，1965年，第92頁。
② 〔宋〕傅寅：《禹貢集解》，《通志堂經解》本，第一頁上。
③ 《鐵琴銅劍樓藏書目錄》，第46頁。

承襲宋刻本而來。觀衆館藏《通志堂經解》本程大昌《禹貢論》，並沒有漏收此四圖及其敍說，當是四庫館臣所見本刻工失誤所致，瞿鏞的判斷是正確的，相反《四庫全書》本並沒有收錄。由於館臣並未見宋刻本，且不知其底本爲宋刻本，因此對《通志堂經解》本的評價並不全面客觀。因此，應當對《通志堂經解》本的價值進行重估。正是由於《通志堂經解》本的重刻，使得宋刻本化身千百。

（三）清《四庫全書》本

此書流傳不廣，宋、元兩代不見有官、私目錄著錄，明代時《國史經籍志》及《文淵閣書目》曾著錄，但未詳是何版本。到了清代，輯佚《永樂大典》的時候，刻入《武英殿聚珍版叢書》中，且將其編入《四庫全書》中。

《四庫全書總目》曰："今取《經解》刊本與《永樂大典》互相勘校，補闕正譌，析爲四卷，仍題《說斷》舊名。"①因此，四庫本的底本當是《通志堂經解》本。《四庫全書》對於《通志堂經解》本所闕內容，利用《永樂大典》輯出，使傅書成爲足本全帙，可謂功莫大焉。但是，《四庫全書》本將原書內容析爲四卷，未保留宋刻本的原貌，宋版原有兩卷，《九州》章爲卷一，《導山》《導水》《告成》章爲卷二，《四庫》本將《九州》章分爲卷一、卷二，將《導山》章及《導水》章的第一句作爲卷三，將"導淮自桐柏"及以下作爲卷四，大體上按照內容的多少劃分。

雖然四庫館臣批評《通志堂經解》本誤將四圖刻入程大昌《禹貢論》中，但並沒有將其復收入四庫本中，未詳何故。

下面說一下《四庫全書》各種提要之間的區別。除《四庫全書總目》類提要外，根據收集到的材料，我們可以按照時間先後順序將其分爲三類：

第一類是文淵閣、文溯閣、文津閣本書前提要與《四庫全書薈要》本提要。它們文句幾乎相同，只是書前提要有個別訛誤，如文溯閣本書前提要稱：

> 朱彝尊《經義考》有寅所著《禹貢詳解》二卷，通志堂嘗刊入《九經解》中，而《永樂大典》載其書則題曰《禹貢說斷》，並無"詳解"之名，又《經解》所刊本稱原缺四十餘簡。②

按："《禹貢詳解》""詳解"爲抄寫錯誤，《經義考》《四庫全書總目》及他本書前提要均作《禹貢集解》，《總目》等是也。

第二類是《紀曉嵐刪定〈四庫全書總目〉稿本》（據天津圖書館藏《四庫全書總目》殘稿影印），同殿本浙本提要。津圖稿本與殿本、浙本完全相同，它們內部之間沒有區別。第二類與第一類相比，語言更加洗練，行文順序略有差別，無疑經過了紀昀的改動，比如將唐仲友評價傅寅"職方、輿地盡在腹中"的話放在了傅寅生

---

① 《四庫全書總目》卷十一，第92頁。
② 金毓黻編：《文溯閣四庫全書提要》，中華書局，2014年，第62頁。

平的介紹里①,而第一類四種提要則放在對《禹貢説斷》的評價後面。又如第一類提要作"《經解》刊行之本,則已爲傳寫錯漏"②,而此類作"《經解》刊行之本,則已傳寫錯漏",少一"爲"字。總體來看,這兩類提要没有内容、觀點上的本質區别。

第三類是翁方綱劄記。除前兩種提要之外,筆者還在臺灣文海出版社據翁方綱手稿影印本《復初齋文集》中發現了翁方綱的相關劄記:

宋金華傅寅禹貢説斷

通志堂刊本稱原缺四十餘簡。今檢《永樂大典》本,不獨所缺咸在,且其《五服辨》三千餘言,《九州辨》千數百言,較原缺目更多至數倍。又喬行簡序稱寅著《群書百考》,事爲之圖,《禹貢説》特其一種。是編當先以《山川總會》及《九河》《三江》《九江》四圖,而次及諸家之説。今《經解》四圖俱誤,編入程大昌《禹貢論》中,與其書絶不相比附,而《永樂大典》獨系之《説斷》篇内。蓋當時所見實宋時原本,足以依據,而《經解》刊行之本則已爲後人傳寫錯漏,致並書名而竄易之,非其舊矣。書中論孟子"決汝漢,排淮泗,而注之江"爲古溝洫之法,尤爲諸儒所未及,今析爲四卷。③

這篇劄記,是翁方綱的原始分纂稿,還是翁氏摘抄的《總目》呢?江慶柏先生認爲,翁方綱手稿本《復初齋文稿》中有30餘篇四庫提要,是翁方綱抄録的文淵閣本、文溯閣本書前提要,不是翁方綱所撰的原始分纂稿。理由是此册手稿封面題"庚戌四月起",並有"總計盛京詳校幾書目在此"等字樣。庚戌即乾隆五十五年,而文淵閣、文溯閣《四庫全書》已經分别完成於乾隆四十六、四十七年。④ 我們贊同江慶柏先生的觀點。筆者對比這部分劄記與前兩類提要,發現有以下三個區别:

第一,翁氏劄記是削删書前提要而成,擇要摘抄書前提要中關於《通志堂經解》本的評價,劄記最後一句"書中論孟子'決汝漢,排淮泗,而注之江'爲古溝洫之法,尤爲諸儒所未及,今析爲四卷"更是對書前提要後半部分的縮寫。

第二,翁氏劄記作"通志堂刊本稱原缺四十餘簡",前兩類提要作"《經解》所刊本稱原闕四十餘簡"。

第三,翁氏劄記均作"《經解》刊行之本,則已爲後人傳寫錯漏",與第一類同,與《總目》類提要異,《總目》類提要無"爲後人"三字。

---

① 李國慶編:《紀曉嵐删定〈四庫全書總目〉稿本》卷十一,國家圖書館出版社,2011年,第220頁。
② 同上書,第221頁。
③ 張昇編:《四庫全書提要稿輯存》,北京圖書館出版社,2006年,第315頁。
④ 江慶柏撰:《稿本〈復初齋文稿〉所收四庫提要非翁方綱撰考》,《文獻》2015年第1期。

可見只是詳略有所不同,實質差別並不大。翁方綱在供事四庫館五年期滿後,又奉旨充任文淵閣校理,並參與文溯閣《四庫全書》的復校,翁方綱利用這個機會,抄錄了上述提要。

下面談一下《四庫全書》本的價值。首先是版本價值,由於宋刻本的闕版,且《永樂大典》大部分已經散佚,因此《四庫全書》本的版本價值得以凸顯。有關館臣的輯佚情況,我們列簡表如下:

表 1 《四庫全書》本《禹貢說斷》輯佚情況表

宋刻本(《通志堂經解》本)闕文	宋刻本卷次及頁數範圍	頁數總計	《四庫全書》本輯補情況
經文"九河既導"引"杜氏曰……其餘三河未詳"下至經文"九江孔殷"引唐孔氏《正義》上	卷一,頁三十五至七十二	三十八頁	全部輯補
經文"導岍及岐,至於荆山"至引唐孔氏《正義》"爲次陽"上	卷二,頁一	一頁	全部輯補
經文"至於大伾"引"程氏曰……而先記華陰之在極"之下至經文"至於大陸"引唐孔氏《正義》"嫌鉅鹿絕"上	卷二,頁二十四	一頁	全部輯補
全篇結束之後,"五服辨"(僅引唐孔氏《正義》數句至"馬融以爲甸服之□百里□")下、"九州辨"全部	卷二,頁八十以後	未詳	共四千餘字

四庫館臣通過輯佚,使得《禹貢說斷》得以完整地呈現在我們面前,對於後世學者來説,是杏溪功臣,可謂嘉惠學林。

除了輯佚,《四庫全書》本還利用《永樂大典》進行校勘,有校改多處。首先是補脱文,有兩種情況:第一種情況是補宋版因版刻磨損而文字漫漶者,如經文"九山刊旅,九川滌源,九澤既陂"下引程氏"本朝嘗屢開支河,如金赤、游麋、六塔",館臣曰:"案以上五字刻本脱,今從《永樂大典》本補入。"①按:由於傳世宋本可能由於多次印刷,版刻模糊漫漶,"赤游麋六塔"磨損不清,四庫館臣據《永樂大典》本補。第二種情況是流傳過程中版刻脱誤,如經文"庶土交正,厎慎財賦,咸則三壤,成賦中邦"下引程氏"論古事者必得古制,古制文微當得古說"②,宋刻本蓋因重文脱"古制"而字,四庫館臣據《永樂大典》本補並加按語。其次是改誤字、衍字,如"滎澤辯"下引程氏"且謂漢以前郡國之以濟名者,濟南、濟北、濟陽、濟陰,

---

① 《禹貢說斷》卷四,第二頁下。
② 同上書,第二十二頁下。

皆命名者失於詳考"①。按：宋刻本原作"皆矣於不詳考"，"矣"字蓋因與"失"字形近而訛，"不"字誤衍，四庫館臣據《永樂大典》本改刪。以上兩種校改的地方總共有七八處。

以上所述宋刻本、《通志堂經解》本、《四庫全書》本三種版本，是《禹貢説斷》的主要版本，我們詳細論述了各本的特點、價值以及異同。至於其他版本，如廣雅書局本、《武英殿聚珍版叢書》本、《守山閣叢書》本、《金華叢書》本，其底本直接或間接來自《通志堂經解》本與《四庫全書》本，這里不作贅述。下面用圖表示自宋刻本至清代叢書本的版本源流關係（如圖4，實綫表示屬於同一版本系統，虛綫表示間接繼承關係）。

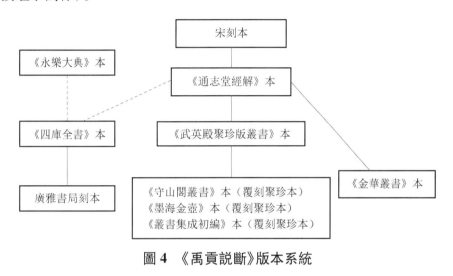

圖4 《禹貢説斷》版本系統

張彧　北京大學中文系　博士研究生

---

① 《禹貢説斷》卷四，第五十頁下。

《國朝文類》元刊小字本探微

徐隆垚

引　言

　　蘇天爵（1294—1352）字伯修，學者稱滋溪先生，真定（今河北正定）人。泰定元年（1324）改翰林院國史典籍官，升應奉翰林文字，後遷修撰、待制，累任監察御史、吏部尚書、江浙行省參知政事。預修《武宗實錄》《文宗實錄》。家傳藏書甚富，於當代典故最爲嫻習。《國朝文類》（亦稱《元文類》）成於元統二年（1334），總括有元一代文章，志在繼《文選》《文粹》《文鑑》進入文章總集正典序列。自明清至今，此書一直是學者研究元代文學的基本文獻。
　　此書撰書成後詔下由江浙儒學於杭州西湖書院雕板，至元二年（1337）刊成流通，是爲至元西湖本；至正元年（1341）時江浙儒學發現此書存在文字訛誤，遂至京師重新校訂，至正二年重新刻刊行，是爲至正西湖本。學界通常以爲，現存《文類》元刊本有西湖書院本與翠岩精舍本兩個版本系統。至元西湖本今已不存，至正西湖本于明成化九年入南京國子監修補後重新刊行，今公立圖書館多有貯藏，又經《四部叢刊》《中華再造善本》《日本宮內廳書陵部藏宋元版漢籍選刊》影印流布，影響最廣，學者所據多爲此本，古稱"大字本"。又有翠岩精舍刊本，爲至元西湖本之翻刻本，古稱"小字本"，素爲清代藏書家所寶重。楊紹和稱："鑒藏家尤重翠岩，蓋小字本固勝於大字本也。"（《楹書隅錄》卷五集部下）據《中國古籍善本書目》著錄，此本僅吉林省圖書館、重慶市圖書館有藏，或因獲取不便，學界相關研究亦不充分。自古學者重大字本，鑒藏家重小字本。但就筆者所寓目的至正西湖本來說,宮內廳本的底本是殘本,《四部叢刊》影印時曾描補底本[1],《再造善本》中也有許多文字漶漫不識的情況,而國圖、上圖、復旦所藏的其他元刻明修西湖本相較《再造善本》並不會更加完善。另一方面,翠岩本由至元西湖本出,又早於至正西湖本,在至元西湖之祖本已佚的情況下,翠岩本更是研究《文類》早期文本形態的核心證據。故而以眼下的研究狀況來看,將小字本納入研究視野已成當務之急。

筆者在《中國古籍善本書目》公佈的重慶市圖書館、吉林省圖書館所藏"元翠岩精舍刊本"之外,又在中國國家圖書館找到一部元刊小字本,在上海圖書館、紹興市圖書館各發現一部小字本殘卷。下面就圍繞這五部元刊小字本的實物形態、遞藏關係、刊印次序、篇章存佚等情況展開考述。

一、版本敘錄及正名

所見五種小字本行款、版式均同。每半葉十三行行二十四字,四周雙邊。版心細黑口,順魚尾,上鐫"文類卷幾",下鐫頁數。

(一) 重圖本

無索書號。板框高廣 20.6×12.9 cm。綫裝二十四冊,存七十卷,目錄、序言及正文頁面多有缺損,有抄補。鈐"安樂堂/藏書記"(清愛新覺羅·胤祥),"伯寅/藏書"(潘祖蔭),"李文衡贈"(李文衡),"重慶市/圖書館/藏善本"諸印。胤祥(1686—1730),康熙第十三子,正藍旗人。號青山,又號朝陽居士,室名爲安樂堂、樂善堂、交輝園。雍正時封爲怡親王,領戶部,卒諡賢。中附李文衡跋二通。

(二) 國圖本

書號"2516"。板框高廣 19.8×13 cm。綫裝二十四冊,足本七十卷,無抄補。鈐"敏求齋圖書記"(明王堅)、"禹績"(明方九敍)、"顧盦"(清曹爾堪)、"宋存書室"、"彥合/珍物"、"東郡/楊二"、"紹和/筠岩"、"彥合/珍玩"、"楊紹和/藏書"、"協卿/讀過"、"瀛海/仙班"、"楊紹和/審定"、"楊紹和/讀過"、"楊氏協卿/生平真賞"(清楊紹和)、"汪士鐘藏"(汪士鐘)、"北京/圖書/館藏"。

(三) 吉圖本

無索書號。板框高廣 20.2×12.3 cm。綫裝十四冊,殘本,存四十八卷(目次見蔣跋)。鈐"牧翁/蒙叟"、"燕譽/堂藏/書記"(清錢謙益)、"果親王府/圖書記"(清愛新覺羅·允禮)、"王/懿榮"、"福山王氏/正孺藏書"(清王懿榮)、"吉林省/圖書館/藏書印"。卷前有蔣廷黼識語。

---

[1] 魏亦樂:《〈國朝文類〉與元明諸版本版考》,《元史論叢》(第十四輯),天津古籍出版社,2013年,第334頁。

(四) 上圖本

蝴蝶裝一册,殘本,僅存一卷(卷六十九)。鈐"牧翁/蒙叟"、"燕譽/堂藏/書記"(清錢謙益)、"王/懿榮"、"福山王氏/正孺藏書"(清王懿榮)、"積學齋徐乃昌藏書"。徐乃昌《積學齋藏書記》著録此書爲"元刻殘本",且斷云:"末有揭傒斯《李節婦傳》,同西湖本,而爲翠岩本所缺。楊彦合云從翠岩本翻雕,而刊在西湖本初刻之後未補之前,是也。"①上圖所藏晉藩本與小字本俱爲徐乃昌舊藏,小字本中還夾有徐乃昌手書識語,與《積學齋藏書記》相符。但是上圖並未對二書分别著録,未詳其故。此本徐乃昌之前鈐印均與吉圖本相同,且行款、版式均與吉圖本相符,而卷六十九適爲吉圖本所缺。筆者推測二書原爲一帙,係清初絳雲樓燼餘之物,自王懿榮手中流出後,又被書商裁切、改裝,然後分别售賣,最終形成當下的面貌。故本文將吉圖、上圖所藏小字本合稱爲"錢藏本"。

(五) 紹圖本

索書號"善 0005/00002"。板框高廣 20.4×12.6 cm。綫裝一册,殘本,僅存三卷(卷五十七至五十九),末尾有缺頁,無抄補。封面無題簽,無鈐印,前後無識語。

就圖書館著録情況來看,重圖本和吉圖本均著録爲"元翠岩精舍本",國圖、紹圖本均著録爲"元刻本",上圖本尚未見著録。重圖本的鑒定意見本自李文衡跋,李先生認爲卷一末翠岩精舍牌記被書商裁去以充元本。吉圖本的鑒定意見本自蔣廷黼跋,蔣先生僅提出此書爲絳雲燼餘之物,没有對版本進行考證。

筆者以爲重慶圖書館、吉林圖書館對藏品的定名值得商榷。在目前的條件下,"翠岩本"的概念只能建立在錢泰吉《甘泉鄉人稿》卷四若干題跋的基礎上,它應包含以下幾個方面的版本證據:

(1) 卷一末葉有"至□□□(按,所缺内容爲年代)翠岩精舍新刊圖記"牌記;

(2) 無卷十八王士熙《李節婦馮静君贊》(以下簡稱《李贊》)、卷三十一杜本《建陽縣江源複一堂記》(以下簡稱《建記》)、卷四十一《經世大典》"軍制"以下至卷末諸文、卷六十九揭傒斯《李節婦傳》(以下簡稱《李傳》)、卷七十歐陽玄《高昌偰氏家傳》(以下簡稱《高傳》);

(3) 有卷十九熊禾《考亭書院記》(以下簡稱《考記》);

(4) 每半葉十三行,行二十四字。

校核現存五種小字本,卷一末葉都没有翠岩精舍牌記,各本所存篇目互有差異,諸本與"翠岩本"符合之處僅行款一項而已。古籍有原刻、翻刻之辨,翻刻本中裁切原本牌記、篡改文本的案例比比皆是②,而對於《文類》翠岩本鑒定來説,只有牌記才是"翠岩本"的核心證據,行款、版式等證據不能用於鑒定。故而筆者認

---

① 〔清〕徐乃昌:《積學齋讀書記》,上海古籍出版社,2014年,第 330 頁。
② 郭立暄:《中國古籍原刻翻刻初印後印研究·通論篇》,中西書局,2015年,第 48 頁。

爲,當下宜仿舊時古籍鑒藏前輩之例,將十三行二十四字本統稱爲與西湖書院本相對的"小字本",以容納與翠岩精舍刊本相仿的現存諸本。

二、小字本源流考

自《四庫提要》撰成以來,前輩圍繞小字本的鑒定問題形成了兩派意見:一派認爲小字本由其他書坊翻刻翠岩本而成,篇目差異是其他書坊擅自增衍造成的,以楊紹和爲代表,所據實物是今天的國圖本;另一派認爲小字本是翠岩精舍刊本的後印本,篇目差異是由翠岩精舍本身造成的,以李文衡爲代表,所據實物是重圖本。

相比楊紹和簡略的題跋,李文衡的考證都是圍繞實物版本而展開,學術程式更爲合理。兹錄全文於此:

其一:此本乃元翠岩精舍刊本,據錢警石《甘泉鄉人稿》卷四《跋元翠岩精舍所刊蘇氏文類》云:"卷一之末有至□□□□翠岩精舍新刊圖記。"此則被無知書賈裁去以作他書僞充元刊之用。可恨。

其二:此本亦缺四十一卷經世大典以下之文,但十八卷《李節婦馮静君贊》、六十九卷《李節婦傳》、七十卷《高昌偰氏家傳》皆有之。然細檢目錄,卷第十八《李節婦贊》在《静修先生畫像贊》下,字體較瘦,而文則在卷末《潘雲谷墨贊》後,字體略異;審視板匡下闌,補接之痕宛然。卷第六十九《李節婦傳》,原目每行一目或二目,獨此行爲三目;卷內文各篇皆連接刊刻,此篇前爲第九葉,葉尾空白大行,第十葉單刻此傳。卷七十《高昌偰氏家傳》目錄與文之字體稍與他異,爲續增者無疑,警石所見本尚未增添。而卷二十九《考亭書院記》此本亦有之,細審字體,殆爲續增,葉氏所云信然。至葉氏所見《建陽縣江源復一堂記》無之。由是知翠岩初刊印本無以上四篇。警石所見本有《考亭書院記》,當爲次印。此印本則再次之。然以其未補刊卷四十一"軍制"以下之文,則爲至正二年以前所刊印者。各家藏目鮮有著録,殆不多見,殊可寶也。

以上論證字體、板框接補、頁間空白皆詳密可靠,可見篇目差異的背後存在文本增衍現象。但是,衍文的刊刻主體到底是翠岩精舍還是其他的書坊,這個問題對於考察版本源流、確定版本名稱十分關鍵,單憑以上證據還無法作出判斷,關鍵還要看卷一末葉的牌記。李先生對這一問題的意見是,此藏品原本應有翠岩牌記,然而該牌記在流傳過程中遺失,以致現已無從對證。

囿于時代限制,楊紹和、李文衡等鑒藏家的判斷已達到史料的極限。如今,我們可以依靠公立圖書館在衆多藏品之間作精細的比對,理應繼續推進版本流傳細節的相關考察。綜合實物和文本的諸多證據,我們可以得出三個新的命題:

其一,紹圖本與其他小字本之間存在原翻刻關係,紹圖本或即翠岩本殘卷。

在已知小字本中,紹圖本是最爲特殊的①。茲以卷五十七第一篇文章元好問《故金尚書右丞相耶律公神道碑》爲例,以版刻字體的證據爲中心展開考察。據《遺山集》卷三十九《答耶律成仲書》"癸卯之冬嘗承命作先相公碑",知此文係元好問北渡後爲耶律楚材之父耶律履所作神道碑,其文不見載於《遺山集》,蓋出於蘇天爵私人收藏。

紹圖本此卷第三葉上第三行之"爲"字,撇下三點頗具個性,所見小字本此字通篇用此寫法,可見諸本具有相似性。

第二葉下第三行有"乃取金國自丁巳受命之始年,譔《乙未元曆》云《大明曆》行"句。其中"巳"字,重圖本、國圖本、錢藏本均作"己",又三本他處"巳"字均不誤,惟此處所據原版因印次過多而缺筆,翻刻時又因不審文理而致誤。

第三葉下第八行"瀕"字,紹圖本三點水之第二、三筆似斷似連,雕刻精細,他本均作連筆,且漶漫不可識,可見其晚出。

第五葉下第八行"處"字,"夂"旁他本較紹圖本多一筆,係刻工不慎而致誤。

又,紹圖本"丁巳"句文本與至正西湖本有異,西湖本作"乃取金國受命之始年,譔《乙未元曆》,云:自丁巳《大明曆》行"。蓋小字本以"丁巳"爲金國受命之年,大字本則以之爲《大明曆》頒行之年。考《金史·曆志序》云:"金有天下百餘年,曆惟一易。天會五年,司天楊級始造《大明曆》,十五年春正朔,始頒行之。"②金熙宗天會十五年(1137),正是丁巳年,小字本誤。考西湖本卷前中書省諮文,至正元年(1341)江浙行省儒學提舉司首長於京師蘇天爵家中獲觀《文類》原稿並校正錯訛,推測紹圖藏小字本之"丁巳"是至元西湖本固有之訛字。

總之,所見各本字體極爲相似,但紹圖本字體工致清晰,其文本與別本所異者皆更接近至元西湖初刊本原貌,故判斷紹興本翻自至元西湖本,刊成於至元二年(1336)至至元六年(1340)之間,可能是翠岩本殘卷,而其他小字本均翻刻自紹圖本。

其二,重圖本、國圖本、錢藏本爲同一版本的不同印次,其中重圖本印次較早,國圖本、錢藏本印次相近且較晚。

表1所示字形例證已經能説明重圖本、國圖本、錢藏本的關係接近,可知爲同一版本的不同印次,而書板上隨機形成的斷板則能證實這種推論。

---

① 就流傳情況來看,其他版本均出處明確,流傳有序,惟此本來源不明,歷任藏家也沒有留下任何痕跡。就版面來看,其他版本均存在不同程度的物理缺陷,如斷板、缺頁、字跡漫漶等;而紹圖本雖爲殘本,但三卷之內無任何斷板,字跡清晰,筆劃精細,僅卷五十九最後三個半葉有殘缺,經人重新裝裱,但文字未有抄補。可見紹圖本印刷時書板較他本更爲完善。

② 〔元〕脱脱等:《金史》,中華書局,1975年,第441頁。

表1 《文類》元刊小字本字形對勘表

	紹圖本	重圖本	國圖本	錢藏本
卷五十七第二葉下第三行				
卷五十七第三葉上第三行				
卷五十七第三葉下第八行				
卷五十七第五葉下第八行				

如表2所示,取六組書影進行比較,A組取自卷五十四第十二葉上,B組取自卷五十七第四葉上,C取自卷五十七第五葉上。

表2 《文類》元刊小字本斷板對勘表

組別	位置	版本	書　影
A	卷五十四第十二葉上	重圖本	
		國圖本	
		錢藏本	
B	卷五十七第四葉上	重圖本	

《國朝文類》元刊小字本探微

續表

組別	位置	版本	書 影
B	卷五十七第四葉上	國圖本	
		錢藏本	
C	卷五十七第五葉上	重圖本	
		國圖本	
		錢藏本	

　　A、B、C 三組主要對比横向的斷板痕跡。國圖本、錢藏本的斷板在同一位置，且紋理高度一致。重圖本在以上三個位置皆完好無斷板，且字畫、欄綫連接自然，顯非修補版片所能致。又，筆者于重慶市圖書館曾目驗原書，重圖本原書這三處均無任何描補痕跡。結合字體證據可知，三書確係同版，重圖本印次較早，國圖本、錢藏本印次相近且較晚。①

---

①　從 A、B、C 三組的斷板痕跡來看，國圖本的斷口較細，錢藏本的斷口較粗，推測錢藏本的印次晚於國圖本。由於客觀條件限制，筆者無法目驗國圖本和錢藏本的吉圖殘卷，一旦原書斷板痕跡經人爲改動，這種推測就不能成立。但實際上，錢藏本與國圖本的關係問題對於本文來説並不十分關鍵。以現存國圖本與錢藏本殘卷相校，二者衍文篇目相同（除錢藏本卷三十一已佚無法核對）且没有發現其他異文，而且典籍所載《文類》傳播過程中的所有衍文至國圖本已經全部出現，我們可以將錢藏本視作國圖本的副本。在此基礎上，只要能够證明重圖本早於他本，那麽無論國圖本和錢藏本孰先孰後，都不會影響下文關於小字本版本源流和關於衍文辨僞的推論。

其三，相比重圖本，國圖本於卷三十一之末增刻《建陽縣江源復一堂記》，此次增刻導致原書文本錯亂，且係刊刻者有意爲之。

國圖本卷三十一最後一篇文章題爲《建陽縣江源復一堂記》，全文書影如圖1—2所示：

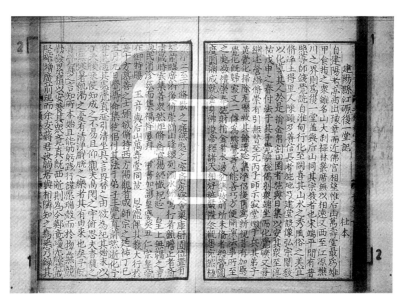

圖1　國圖本卷三十一　第十五葉下至第十六葉上

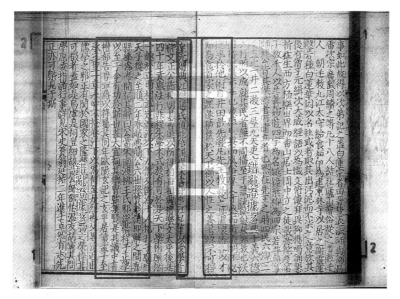

圖2　國圖本卷三十一　第十六葉下至第十七葉上

其中間一段云:

> 自井田最先廢,凡先王教養之具盡壞,始各以才知爲食,百家之說遂橫騖於天下,獨以人性之善者終不可得。皇元熥興,江漢趙氏復能倍誦程朱書,北度江,私筆以授學者。

此文亦載於嘉靖本《建陽縣誌》卷六《藝文志》,此段作:

> 自井田最先廢,凡先王教養之具盡壞,始各以才智爲食,百家之說遂橫騖於天下,獨以人性之善者終不可得而泯。佛乃乘王道廢馳之餘因人性之善而誘導之。

僅讀到此處,兩篇《建記》似乎在語義上都很通順,但仔細讀罷全文就會發現,方志本顯然文理通暢,而國圖本則存在嚴重的文本錯亂。例如,國圖本《建記》中有這樣一段文字:

圖3　錯亂證據之一　國圖本卷三十一第十六葉下至第十七葉上局部　　圖4　錯亂證據之二　國圖本卷三十一第十七葉下局部

> 至順二年春,趙忠簡公六世孫簣翁請即解之聞喜縣學爲忠簡祠,其辭曰:公當南宋渡,排王氏邪說,崇程子正學以至於今,有功於斯世甚大,宜祠其鄉。肯監集賢是其議,中書禮部告晉寧路以符屬其同年歐陽玄記之。

《建陽縣江源復一堂記》由題名可知,其文係杜本爲江源復一堂而作,此堂乃建陽縣净土宗叢林,位於縣西北,始建於南宋端平年間。而國圖本則稱此文乃爲趙忠簡公立祠事而作,且作者爲歐陽玄,不是杜本。這兩篇文章完全無關,竟被國圖本刊刻者裁切、綴合成一篇文章,其中必有蹊蹺。

考歐陽玄《圭齋文集》成化本卷五有《趙忠簡公祠堂記》(以下簡稱"《趙記》"),國圖本卷三十一末所收《建記》"皇元熠興"以下的文本正是《趙記》的後半篇。又,《趙記》同時爲《文類》重圖本、國圖本卷三十一所收,其位置在重圖本此卷的最後一篇,在國圖本則是此卷倒數第二篇。又,重圖本的《趙記》完整無缺,而國圖本的《趙記》缺"皇元熠興"以下的文本。又,錢泰吉所見翠巖本無《建記》,重圖本亦無《建記》,至正西湖書院所刻大字本不收《建記》。由以上事實來看,蘇天爵原稿中本無《建記》,國圖本增刻此文而導致了文本錯亂,而這種增刻顯然是刊刻者有意爲之的,其意圖就是要在使讀者不知覺的情況下將《建記》混入《文類》之中①,至於增刻之後的《文類》能否完整而忠實地傳達《趙記》《建記》以及蘇天爵的原稿面貌,則不在刊刻者的考慮範圍之内。

綜上所述,現存諸小字本中,紹圖本最接近至元西湖本的面貌,或許就是失落已久的翠巖精舍刊本;重圖本、國圖本、錢藏本均爲翻刻翠巖本,三書同版且以重圖本較早,均出自同一書坊;不管是就各本字體風格來看,還是就《建記》增刻行爲的性質來看,翻刻翠巖本的書坊不太可能是翠巖精舍自身,應是别家書坊。傅增湘曾於上海書市見過行款版式與翠巖本同但無牌記的小字本(見《藏園批補邵亭知見傳本書目》卷十六上),並斷之爲"麻沙坊本",大概是考慮到該本面貌與翠巖本大同之中又有小異,所以才推測是熟悉翠巖本的建寧地區書坊所爲。從文本的地理歸屬上看,筆者認爲這些文章確實都與閩北、贛東南、浙西等在地文人群體的文化需求有關(説見本文第四章),翻刻者是同地其他書坊的可能性確實很大。

回到本文開頭提到的清代以來學者們的爭論,楊紹和以爲此書衍文是其他書坊所爲,李文衡以爲是翠巖精舍自身所爲,現在來看,雖然李文衡的跋語在論證形式上更爲合理,但是現有的版本證據更支持楊紹和的判斷。

三、五篇衍文辨僞

學界常以爲除卷四十一之外,小字本和至正西湖本差異不大。實際上,至正本因書板耗損而導致的文字脱落、字跡模糊很多,甚有因底本字跡無法識别而直接剜去而導致傳本缺字者,如西湖本卷五十七第十三葉下第九、十行"晚""而"之

---

① 推測其編輯、刊刻過程如下:首先,將原書卷三十一末篇的《趙記》分成前後兩個部分,同時截取《建記》的前半篇,此時需充分考慮文理、字數等因素,以使截取出來的前半篇《建記》與後半篇《趙記》在文本内容上能夠順利銜接;其次,仿照翻刻翠巖本的行款、版式、字體刊刻《建記》的前半篇,以使其與原書《趙記》後半篇在版刻形式上能夠順利銜接;最後,將增刻的前半篇《建記》置於預先選定的位置,造成一種《文類》卷三十一末篇爲《建記》而非《趙記》的假像。

間有五字空格,紹興本此處作"上頗不悦已"。可見小字本之校勘價值。

小字本另一個學術價值在於,它能夠帶我們進入《文類》的早期傳播史,釐清聚訟已久的衍文歸屬問題。前文已經證明,衍文來源於元代書坊,始作俑者是翠岩精舍,另外四篇是其他書坊所爲。下面以列表的形式考察其生成次第①,版本中有其文則標"○",無則標"×",殘缺則標空格:

表3 《文類》元明刊本衍文篇目對勘表

版本 \ 篇目	十八 李贊	廿九 考記	卅一 建記	六九 李傳	七十 高傳
至元官本	×	×	×	×	×
翠岩本	×	○	×	×	×
陸跋本	×	○	×	×	○
重圖本	○	○	×	○	○
國圖本	○	○	○	○	○
錢藏本	○	○		○	○
葉跋本	○	○	○	○	○
至正官本	○	×	×	○	×

閲至正西湖本卷首諮文,除卷四十一缺半卷之外,至元本其他各卷誤字總共不過130餘字。此係政府公文,蘇天爵本人亦于校正時從旁見證,故最可信。以公文所載誤字數量考之,《考亭書院記》爲至正西湖本所無,全文計1 100餘字,此篇若屬至元西湖本所有,則此部分字數必將記錄在至正西湖本卷首公文之内,故知此文爲至元西湖本所無而爲翠岩本所自增,後來被大字本削去。

陸心源所見"明初細字本",僅較翠岩本多出《高傳》,應刊在重圖本之前。重圖本在陸跋本基礎上又增加《李贊》《李傳》。國圖本繼承此前所有衍文,又增加《建記》,錢藏本此卷已佚。

葉盛跋曰:"嘗見至正初浙省元刻大字本,有陳旅序,此本則有書坊自增《考亭書院記》《建陽江源復一堂記》並《高昌偰氏家傳》云。"細審其辭,葉氏家藏本應爲一種"小字本",以此小字本與至正西湖本相校,得《考記》《建記》《高傳》三篇

---

① 主要依據的文獻有:〔清〕錢泰吉:《甘泉鄉人稿》卷四《跋元翠岩精舍所刊蘇氏文類》,《清代詩文集彙編》第五七二册,2010年,上海古籍出版社,第45—46頁。〔清〕陸心源:《儀顧堂集》卷十四《元槧元文類跋》,見馮惠民《儀顧堂書目題跋彙編》,中華書局,2009年,第450頁。〔明〕葉盛:《水東日記》卷二十五,嘉靖刻民國修印本,第八葉上。〔元〕蘇天爵:《國朝文類》,元刊明修西湖本,《中華再造善本》影印本。

異文,故知其所見版本較爲晚出,文章篇目應與國圖本相同。

《李贊》《李傳》兩篇,錢泰吉所見翠岩本未收,陸心源所見小字本亦未收,直到重圖本方見刊刻,至正西湖本中坊刻異文盡遭黜落而此二篇竟能獨存,其中必有蹊蹺。設若至元西湖本已有此二文,何以翠岩本、陸跋本均不載?何以重圖本出現異常的增刻跡象?何以至正官刻又刪去翠岩所增篇目?設若此文爲至元西湖本所無而蘇氏稿本所有,此二篇合計已有450餘字,當時必能校出,何以異文數量與公文所載嚴重不符?筆者大膽推測,二文不載於至元西湖本,亦不載于蘇天爵家藏稿本,而是至正二年刊刻校正稿時西湖書院所選留的坊刻衍文。

綜上所述,在後至元二年(1336)到至正二年(1342)這七八年之間,即至元西湖本刊佈於江浙諸省之後,江浙儒學司尚未獲得蘇天爵家藏稿本校正訛誤之前,翠岩精舍等建寧書坊不斷地爲《文類》"增重",其結果就是製造出像國圖所藏元刊小字本這樣包含共計8 000餘字衍文的"複合文本"。至正初時西湖書院在根據蘇天爵家藏原稿核定文本時,並沒有將這部分產生於坊間的衍文完全去除,明中後期的修德堂本則將以上坊間衍文全部納入其中,由此便引發了關於此書文本形態的持久爭議。

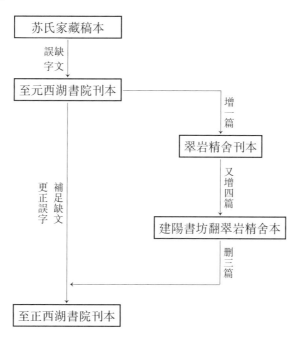

圖5 至元至正間《文類》版本源流示意圖

結　　語

蘇天爵《國朝文類》大字本系統頗爲常見,且經元西湖書院、明南京國子監精校,以往治元代文學者多據此本。至於小字本系統,由於出自元代民間書坊翻刻,而且入明以後罕見流傳,往往被學者視爲西湖本的附庸,僅在古籍鑒藏圈子中有較高聲譽。

自清代至民國,錢泰吉、四庫館臣、陸心源、楊紹和、李文衡等學者圍繞此書的版本學疑難——尤其是五篇文章的著作權歸屬問題爭議不休。平心而論,各家僅根據自己的藏本和他人的藏書題記相與質證,終究不能避免以管窺豹的弊端,這不能不說是時代的遺憾。如今,公立圖書館賦予學者極大的便利條件,我們的工作僅僅是按照實物版本學的原則將散在各地的藏品一一進行比勘、歸納,在此基礎上重新構擬版本演變的譜系,最終得出結論:五篇衍文皆非蘇氏原稿所有。

值得注意的是,除了補充文獻考證之失,小字本系統的研究還能夠從書籍史的角度爲《元文類》的文學研究提出新的問題。根據以往學者對《文類》選文的分析,蘇天爵的宗旨在於擴大元代館閣文學的影響力,同時實現弘揚"國家文章之盛"(見卷首陳旅序)的文化宣傳意圖[1]。細察其策略,乃是通過書籍編纂的實踐接續《文選》《唐文粹》《宋文鑑》的傳統,即文章總集"正典"(canon)之序列。如果以上認識大致不差,那麽翠岩精舍等建陽書坊翻刻並擅自增衍 5 篇文章共計 8 000 餘字,而且所涉內容又皆與地方性的文學事務相關(如書院、節婦、寺廟的表彰),這是否意味着那些遠離京師的地方知識群體希望乘此國家文學編纂事業之便而達成某些私人意圖?當然,這一部分已超出本文所能涵蓋的範圍,筆者將另撰他文探討。

徐隆垚　復旦大學歷史學系　博士後

---

[1] 陳漢文:《蘇天爵的〈元文類〉與元代中後期的大都文壇》,香港《人文中國學報》(第二十一期),2014 年,第 291—329 頁。

彭元瑞《石經考文提要》研究二題

井　超

一、《石經考文提要·禮記》引"宋劉叔剛本"考

清乾隆五十六年（1791）十一月，高宗下旨將蔣衡手書《十三經》校勘刻石，專設石經館，命和珅、王杰爲總裁，董誥、劉墉、金簡、彭元瑞爲副總裁，金士松、沈初、阮元、瑚圖禮、那彦成、劉鳳誥、汪廷珍、邵晉涵充任校勘。因和珅、王杰等人官事繁多，副總裁彭元瑞專司其事。彭氏在諸臣校勘成果基礎上，撰《石經考文提要》一書。①

《石經考文提要》爲刊刻《清石經》服務，專校監本錯訛，間及坊本問題，體例特殊。每條校勘記，先單行大字列校勘文字所在語句，其下接以雙行小字，列監本或者坊本的錯訛，再列考證，後列所從各版本及校勘成果。此書藉助內府珍藏，廣校各本，吸收各家成果，案斷科學，去取審慎，爲我國校勘學史上的重要著作，尤以

---

* 本文爲 2020 年度國家社會科學基金青年項目"阮元刊刻《十三經注疏》研究"（20CZW010）的階段性成果之一。

① 此事之詳細經過，參見張國淦《歷代石經考》，《歷代石經研究資料輯刊》第 4 册，北京圖書館出版社，2005 年，第 527—535 頁；傅增湘《乾隆石經考文提要書後》，《圖書季刊》1941 年第 3—4 期，第 171—175 頁；何廣棪《〈乾隆石經〉考述》，《古籍整理研究學刊》2008 年第 1 期，第 7—17 頁；拙文《阮元〈儀禮石經校勘記〉平議》，《文史》2019 年第三輯，第 129—146 頁；姚文昌《乾隆石經磨改考實》，《清史研究》2020 年第 1 期，第 135—142 頁；姚文昌《彭元瑞與〈乾隆石經〉》，《版本目録學研究》第十一輯，國家圖書館出版社，2020 年，第 233—242 頁。此不贅述。

多引據宋元善本而知名。

此書《禮記》部分(下簡稱"《禮記考文提要》"),共計139條,引據版本衆多,包括白文本、經注本、經注疏合刻本等不同類型的多種版本,如《唐石經》、宋大字本、《南宋石經》、宋本《九經》、宋巾箱本、宋余仁仲本、宋劉叔剛本、岳珂本(實爲岳浚本)、至善堂《九經》、監本、坊本(即毛本)、武英殿本等;引用《禮記》的相關研究專著,如宋朱熹等《儀禮經傳通解》、宋衛湜《禮記集説》、元吳澄《禮記纂言》、舊題吳澄《三禮考注》、元陳澔《禮記集説》、清甘汝來等《欽定禮記義疏》等;引用《禮記》音義校勘成果,如唐陸德明《經典釋文》、宋賈昌朝《群經音辨》、元岳浚《九經三傳沿革例》、清顧炎武《九經誤字》等。

在《禮記考文提要》引據的版本之中,最值得關注的是宋劉叔剛本《禮記注疏》①。此本出自南宋建陽地區劉叔剛一經堂坊刻,是歷史上第一部經、注、疏、釋文合刻的《禮記注疏》版本,便於閱讀。元十行本《附釋音禮記注疏》據劉叔剛本翻刻,閩本、監本、毛本、武英殿本、四庫本、阮元刻本直接或者間接都承襲自元十行本,所以劉叔剛本是自元十行本以下各本的源頭,在《禮記注疏》流傳史中地位極其重要。南宋書坊所刻十行本,至少有十一經。據張麗娟先生《宋代經書注疏刊刻研究》介紹,宋十行本流傳至今,僅存三部,分別爲:劉叔剛刻本《附釋音毛詩注疏》二十卷,日本足利學校遺跡圖書館藏;劉叔剛刻本《附釋音春秋左傳注疏》六十卷,傳世兩部,一部藏日本足利學校遺跡圖書館,一部藏中國國家圖書館(存卷一至卷二十九)和臺北"故宫博物院"(存卷三十至卷六十);《監本附音春秋穀梁注疏》二十卷,今藏中國國家圖書館。② 劉叔剛刻本《附釋音禮記注疏》六十三卷,清代乾隆末年曾出現,爲和珅所得,和珅於乾隆六十年覆刻之。和珅本是目前可知的元十行本之外唯一一種直接據劉叔剛本翻刻的《禮記注疏》版本,有重要價值,今存中國國家圖書館、山東省圖書館、日本内閣文庫等收藏機構。比較可惜的是,和珅所藏劉叔剛本今已不知所蹤。

和珅得劉叔剛本的經過,陳鱣《經籍跋文》述之甚詳。其《宋本禮記注疏跋》曰:

> 有書賈錢聽默,竊以所儲十行本,重臨惠校,綴以原跋。……聽默所臨每與惠校不符,蓋十行本與七十卷本合者無庸點勘,惟毛本脱誤最甚,故惠跋計改字數如許之多。聽默詭言惠校宋本,且僞用故家收藏印記,鬻諸長安貴客,以獻伯相和珅,遂屬其黨復將毛本略校,影寫摹雕,後有珅跋,下用"致齋和珅"小印,又"大學士章",又壓角印曰"子子孫孫其永寶之",時乾隆六十年

---

① 此本因前《序》後有"建安劉叔剛宅鋟梓"牌記,故稱"劉叔剛本";因其刻與南宋,每半葉十行,又稱"宋十行本";因題有"附釋音禮記注疏",亦稱"附釋音本"。

② 參考張麗娟《宋代經書注疏刊刻研究》,北京大學出版社,2013年,第355—359頁。

事。嘉慶三年,其家籍没,版已散亡,印本流傳甚少。①

據陳鱣所言,因清惠棟校宋八行本非常出名,書商錢聽默詭以所藏宋十行本《禮記注疏》,重臨惠棟校語,綴以惠棟校八行本時所作跋語②,又僞造前代藏書家印記,售之於人。此書輾轉至於和珅之手,和珅寶貴非常,著人略校以毛本,於乾隆六十年覆刻。

和珅本《附釋音禮記注疏》末所附和珅跋語曰:

> 余得宋槧本《禮記》,前有崑山徐氏、泰興季氏收藏圖印,後有惠定宇跋,其與監本、毛本增多正誤,互異之處考誌詳明,余復以毛本對校一過,一一吻合,洵爲藝林鴻寶。禮經爲學官造士之書,家絃戶誦。方今經學昌明,天禄、石渠之儲犁然美備。恭逢聖主稽古右文,刻石經於辟雍,余蒙恩忝司總裁,又適獲是書,上足以輔翼聖教,下足以嘉惠海寓。承學之士爰影鈔付梓,俾廣流傳,際萬古一時之隆盛,正四百餘年之殘闕,爲是書幸,尤當爲余幸也。乾隆歲在乙卯孟夏之月長白和珅識。③

和珅此跋,交代了其獲得劉叔剛本《附釋音禮記注疏》的時間,乃乾隆皇帝下令刻《清石經》後,即乾隆五十六年十一月以後。和珅充任《清石經》總裁,恰獲此書,以之與毛本對校,命人覆刻,以爲上可輔聖教,下可嘉惠海內,勘正四百餘年來《禮記注疏》的殘本。和珅覆刻本雖版式、行款、牌記等一仍劉叔剛本之舊,然其文字有據毛本等徑改者,已失原本面貌。李學辰博士論文《和珅本〈禮記注疏〉研究》將和珅本與宋八行本、元刊明修十行本、毛本、阮刻本等對校,反映了和珅本的價值和缺陷。④ 然而,和珅本所據底本劉叔剛本文字究竟如何,值得研究。

如前所述,彭元瑞《禮記考文提要》引用到了劉叔剛本《附釋音禮記注疏》,彌足珍貴,爲研究劉叔剛本與和珅本的差異提供了重要材料。我們將《禮記考文提要》所記劉叔剛本與和珅本對校,發現其中有兩個特點。

第一,《禮記考文提要》所引劉叔剛本與和珅本不同,證明和珅本據毛本改字,且多妄改。

---

① 〔清〕陳鱣:《經籍跋文》,清光緒四年(1878)成都葉氏龍眠山房刊本,第20葉b至第21葉a。

② 按,此跋語與惠棟原跋不同。王鍔先生稱:"和珅本《禮記注疏》六十三卷後所附惠棟跋文無'此本卷次正同字體仿石經蓋北宋本也先是'十八字,蓋爲錢聽默僞造惠棟跋文時所刪。"詳見王鍔《〈禮記〉版本研究》,中華書局,2018年,第276頁。

③ 〔漢〕鄭玄注,〔唐〕孔穎達疏,〔唐〕陸德明釋文《附釋音禮記注疏》末,中國國家圖書館藏乾隆六十年和珅影刻宋本。

④ 詳見李學辰《和珅本〈禮記注疏〉研究》,南京師範大學2018年博士學位論文,指導教師:王鍔教授。

1.《檀弓上》"舉者出户出户袒",《禮記考文提要》曰:"監本作'尸出户'。案《欽定三禮義疏》云:'上"出户"謂舉尸者,下"出户"謂武叔斂者。舉尸出户,而武叔猶冠,隨以出户,急思括髮,乃投其冠,匆遽失節之甚。'今从《唐石經》、宋大字本、南宋巾箱本、岳珂本、余仁仲本、劉叔剛本、《禮記集説》。"①此條校勘"舉者出户"之"户"字,引《欽定三禮義疏》的解説,以證明監本作"尸"字誤,當作"户"。劉叔剛本作"户",元刊明修十行本、阮刻本同。和珅本改作"尸",與監本、毛本等同,誤。②

2.《王制》"亦弗故生也",《禮記考文提要》曰:"監本作'示弗'。案孔穎達《正義》'意在亦不欲使生'。今从《唐石經》、宋大字本、余仁仲本、劉叔剛本、《禮記纂言》。"③此條校勘"亦弗"之"亦"字,據孔疏之意,作"亦"者是。劉叔剛本作"亦",元刊明修十行本、阮刻本同。和珅本改作"示",與監本、毛本等同,誤。

3.《曾子問》"祭殤不舉",《禮記考文提要》曰:"監本'舉'下有'肺'字。案陸佃《禮記解》云:'言"不舉",不言"不舉肺",容三代祭殤皆如此。'是宋本無'肺'字。監本此行多一字,係補羼。今从《欽定三禮義疏》、《唐石經》、宋大字本、宋本《九經》、南宋巾箱本、岳珂本、余仁仲本、劉叔剛本、《禮記集説》、《儀禮經傳通解》、《禮記纂言》、《三禮考注》、至善堂《九經》本。"④劉叔剛本無"肺"字,元刊明修十行本、阮刻本同。和珅本補"肺"字,與監本、毛本等同,誤。

4.《祭義》"嘉而弗忘",《禮記考文提要》曰:"監本作'喜而'。案《禮記集説》引方慤、輔廣説,俱作'嘉'。今从《唐石經》、宋大字本、岳珂本、余仁仲本、劉叔剛本、《儀禮經傳通解》、至善堂《九經》本。"⑤此條校勘"嘉而"之"嘉"字,劉叔剛本作"嘉",元刊明修十行本、阮刻本同。和珅本改作"喜",與監本、毛本同。

5.《中庸》"待其人然後行",《禮記考文提要》曰:"監本作'而後'。案《禮記集説·曲禮》篇引吕大臨説,《仲尼燕居》篇引方慤説,此篇引楊時、譚惟寅、晏光説,俱作'然後行'。今从《唐石經》、宋大字本、《南宋石經》、宋本《九經》、南宋巾箱本、岳珂本、余仁仲本、劉叔剛本。"⑥此條校勘"然後"之"然"字,劉叔剛作

---

① 〔清〕彭元瑞《石經考文提要》,《叢書集成續編》第 17 册影印《豫章叢書》本,上海書店出版社,1994 年,第 493 頁上欄至下欄。

② 按:本文爲説明和珅本源流,特校以元刊明修十行本、監本、毛本、阮刻本等。元刊明修十行本據日本静嘉堂文庫藏本,監本據日本東京圖書館藏明國子監刻本,毛本據美國哈佛大學漢和圖書館藏毛晉汲古閣刻本,阮刻本據中華書局 1980 年影印清阮元校刻。又,本文校勘參考王鍔先生《禮記鄭注彙校》稿本。

③ 〔清〕彭元瑞《石經考文提要》,《叢書集成續編》第 17 册影印《豫章叢書》本,第 493 頁下欄。

④ 同上書,第 495 頁上欄。

⑤ 同上書,第 498 頁下欄。

⑥ 同上書,第 499 頁上欄。

"然",和珅本改作"而",與元刊明修十行本、閩本、監本、毛本等同。

以上五條,《禮記考文提要》所引劉叔剛本與和珅本皆不同。和珅本皆同於毛本,此乃和珅本據毛本改字之明證,陳鱣"遂屬其黨復將毛本略校"之言不虛。其中,第一條、第二條、第三條皆係誤改,第四條、第五條雖改字前後意義差別不大,然而所改終究改變了劉叔剛本的面貌。另外,前四條的被校字,元刊明修十行本皆與劉叔剛本同。可見雖元刊明修十行本存在多次修補、大量墨釘及文字錯誤①,然而此本在保留劉叔剛本文字方面也有獨特價值。

第二,《禮記考文提要》引劉叔剛本,除了能夠證明和珅本改字以外,還能反映出和珅本繼承劉叔剛本文字的情況。例如:

1.《禮運》"而固人之肌膚之會",《禮記考文提要》曰:"監本'人'下無'之'字。今从《唐石經》、宋大字本、宋本《九經》、南宋巾箱本、岳珂本、余仁仲本、劉叔剛本、《九經誤字》。"②按:劉叔剛本作"人之",和珅本同。元刊明修十行本"人"字下有墨釘,監本、毛本遂脫"之"字。

2.《雜記下》"宦於大夫者之為之服也",《禮記考文提要》曰:"監本作'官於'。案鄭康成注:'宦,猶仕也。'今从《欽定三禮義疏》、《唐石經》、宋大字本、宋本《九經》、南宋巾箱本、岳珂本、余仁仲本、劉叔剛本、《禮記集說》、《儀禮經傳通解》、《禮記纂言》、至善堂《九經》本。"③此條校勘"宦於"之"宦",據鄭注,此字當作"宦",劉叔剛本作"宦",和珅本亦作"宦"。然元刊明修十行本、閩本、監本、毛本、阮刻本皆作"官"。阮元《禮記注疏校勘記》曰:"宦於大夫者之為之服也:惠棟校宋本作'宦',宋監本、《石經》、岳本、嘉靖本、衛氏《集說》同。此本'宦'誤'官',閩、監、毛本同。注、疏並放此。"④以此可見,和珅本保留了劉叔剛本原貌,與元刊明修十行本以下的版本皆不同。

3.《坊記》"示民不淫也",《禮記考文提要》曰:"監本無'民'字。今从《欽定三禮義疏》、《唐石經》、宋大字本、宋本《九經》、南宋巾箱本、岳珂本、余仁仲本、劉叔剛本、《禮記集說》、《禮記纂言》、至善堂《九經》本。"⑤按:和珅本與劉叔剛本同,皆有"民"字。元刊明修十行本作"示",無"民"字,閩本、監本、毛本、殿本、阮刻本皆無"民"字。

---

① 王鍔先生《元十行本〈附釋音禮記注疏〉的缺陷》一文,言元刊明修十行本缺陷甚詳,可參看王鍔《〈禮記〉版本研究》,第 387—423 頁。
② 〔清〕彭元瑞《石經考文提要》,《叢書集成續編》第 17 冊影印《豫章叢書》本,第 495 頁下欄。
③ 同上書,第 497 頁下欄至第 498 頁上欄。
④ 〔清〕阮元《禮記注疏校勘記》,《江蘇文庫·文獻編·經部》第 6 冊影印華東師範大學圖書館藏本,鳳凰出版社,第 84 頁下欄。
⑤ 〔清〕彭元瑞《石經考文提要》,《叢書集成續編》第 17 冊影印《豫章叢書》本,第 498 頁下欄至第 499 頁上欄。

4.《緇衣》"章義癉惡",《禮記考文提要》曰:"監本作'章善'。案《經典釋文》'義,如字,《尚書》作"善",皇云"義,善也"'。今从《欽定三禮義疏》、《唐石經》、宋大字本、宋本《九經》、南宋巾箱本、岳珂本、余仁仲本、劉叔剛本。"①此條校勘"章義"之"義"字,劉叔剛本作"義",和珅本同。元刊明修十行本作"善",閩本、監本、毛本、阮刻本同。阮元《禮記注疏校勘記》曰:"章善癉惡:閩、監、毛本、嘉靖本、衛氏《集說》、陳澔《集說》同,宋監本、岳本'善'作'義',《石經》初刻作'善',剜刻作'義'。按:'義'字是也。"②

以上四條,和珅本皆與劉叔剛本同,而十行本版本系統的版本,自元刊明修十行本而下,閩本、監本、毛本、阮刻本等,多與劉叔剛本不同。這說明,和珅本保留了劉叔剛本的文字,有重要的版本價值。

劉叔剛本在清代乾隆末期出現後,歸于和珅。彭元瑞校勘《禮記》所據劉叔剛本,即爲此本。此書是彭元瑞借和珅藏本而校,還是和珅獻此書於乾隆皇帝而彭氏從内府得見,今已不可詳考。彭元瑞見劉叔剛本後,極爲喜愛,撰有《宋槧劉叔剛宅禮記》組詩:

  曲臺議後已棻如,輾轉開雕螙蝕餘。毛葛兩家南北監,公私都是不全書。
  真本初驚見未曾,麝煤霙紙古光騰。千秋孔鄭開生面,禮始能言宋足徵。
  異字六千經注疏,閱年七百宋元明。幾多聚訟經師說,乍釋春冰白月生。
  商銅漢玉空豪舉,晉素唐縑亦細娛。一卷書非耳目玩,聖人精意太平模。
  第一書真世莫羣,鄰侯三萬柱紛紜。重刊安得公同好,海内諸生見祕文。
  生涯故紙勘殘訛,日本高麗亦廣羅。豈識珠原衣底在,眼猶未老再摩挲。③

這組詩包含六首七絶,極言劉叔剛本之善。其中"重刊安得公同好,海内諸生見祕文"句,最值得玩味。"重刊"指和珅覆刊劉叔剛本《禮記注疏》之舉,意爲其重刊本未必能將劉叔剛本的本來面貌開示同好之人。而"海内諸生見祕文",意思是《石經考文提要》頒行天下,海内學子皆可見珍祕之劉叔剛本文字。此句詩批評和珅,兼自矜誇。然而,《石經考文提要》成書後,和珅因彭元瑞被優賞,嫉之而使人作《欽定考文提要舉正》,又阻止其刊刻,海内諸生未能及時目賭。直到和珅失勢後,方由許宗彦於嘉慶四年(1799)校刻刊行。此一段公案,拙文《阮元〈儀禮石經校勘記〉平議》已詳細述及,兹不贅述。

杜澤遜先生《談談版本學與校勘學的相互爲用——以〈十三經注疏匯校〉爲例》一文指出:

---

① 〔清〕彭元瑞《石經考文提要》,《叢書集成續編》第 17 册影印《豫章叢書》本,第 499 頁下欄。
② 〔清〕阮元《禮記注疏校勘記》,《江蘇文庫·文獻編·經部》第 6 册影印華東師範大學圖書館藏本,第 139 頁上欄 b 至下欄 a。
③ 〔清〕彭元瑞《恩餘堂輯稿》卷四,清道光七年(1827)刻本,第 59 葉 b 至 60 葉 a。

校勘古書,除了發現并改正錯誤的目的之外,還要注意異文材料,以便探究其他的文獻問題。校勘記不僅要討論文字的是非,還要注意保存與訂正訛誤沒有直接關係的異文。保存異文,是爲學術研究提供資料,是一種學術活動,其學術價值與訂正錯誤同等重要。①

杜先生特別指出保存異文對學術研究的重要作用,肯定其學術價值,寔經驗之談。《石經考文提要》作爲一部校勘專書,保存了大量版本的文字,其中不乏失傳的宋元秘本,彌足珍貴。其中《禮記考文提要》所記錄的劉叔剛本《附釋音禮記注疏》文字,對於我們判斷和珅本,乃至元刊明修十行本、閩本、監本、毛本等的價值,提供了切實依據。

二、論《石經考文提要》對《天禄琳琅書目後編》的影響

關於"天禄琳琅"及《天禄琳琅書目》及《天禄琳琅書目後編》,劉薔先生《天禄琳琅研究》一書有介紹:

清乾隆九年,高宗諭令内直諸臣,檢閲秘府藏書,擇其宋元明之精善者,別於昭仁殿設架庋藏,御筆題"天禄琳琅"。乾隆四十年,昭仁殿珍籍益富,于敏中等奉敕編纂《欽定天禄琳琅書目》(前編)十卷,并收入《四庫全書》史部目録類。嘉慶二年,乾清宫大火,殃及昭仁殿,前編書盡燬,乾隆帝令彭元瑞等再輯宫中珍藏爲《欽定天禄琳琅書目後編》二十卷。②

天禄琳琅,乃乾隆皇帝藏書處。《天禄琳琅書目後編》,乃嘉慶二年前編書燬後,彭元瑞等人所編。

《天禄琳琅書目》《天禄琳琅書目後編》作爲大型的官修善本書目,在目録學史上具有重要的地位。《天禄琳琅書目後編》與《天禄琳琅書目》相比,一個重要的特點就是目録中含有校勘成果。劉薔先生《天禄琳琅研究》中關注到了這個問題,她指出:

版本乃致用之學,考辨一書不同版本間之源流系統、善與不善,主要還是爲了校勘古書,正本清源。《天目後編》中多處體現了校勘成果。如宋版《纂圖互注尚書》以光宗時之麻沙本校監本之誤;宋版《周禮》以宋監本(劉按:此本經趙萬里先生審定,並非宋監本,而是金刻本)校明監本之誤;宋版《儀禮》以紹興刻本(劉按:此本實爲明嘉靖間蘇州徐氏翻宋刻本)校明傳刻宋監本

---

① 杜澤遜《談談版本學與校勘學的相互爲用——以〈十三經注疏彙校〉爲例》,《文獻》2019 年第 5 期,第 43 頁。

② 劉薔《天禄琳琅研究》,北京大學出版社,2012 年,第 1 頁。

之誤；宋版《禮記》以余仁仲萬卷堂本校明監本之誤；宋版《春秋經傳》以宋光宗刻本校明監本之誤；宋版《監本附音春秋穀梁傳注疏》以宋監本校明監本之誤；宋版《論語》《孝經》《孟子》以相臺岳氏本校明監本之誤。①

劉薔先生指出《天禄琳琅書目後編》著録的宋光宗時麻沙本《纂圖互注尚書》、金刻本《周禮》、明嘉靖本《儀禮》、宋余仁仲本《禮記》、宋光宗刻本《春秋經傳》、宋監本《監本附音春秋穀梁傳注疏》、相臺岳氏本《論語》《孝經》《孟子》九種書皆有校勘成果②，且都校以明監本。劉先生進而指出：其中"成果不少，如《儀禮》99條，《禮記》50條，《春秋經傳》79條，文獻錯訛的基本類型'訛''脱''衍''倒''錯亂'都有所概括，可見對校勘成果的著録已經較爲成熟"③，"早於《鐵琴銅劍樓藏書目録》一百年的《天禄琳琅書目後編》已出現校勘成果，儘管不是以校勘記形式，但對書目中附校記的做法應有啓發作用，這一點當在中國目録學史和校勘學史上予以充分肯定"④。《天禄琳琅書目後編》在這九篇中，一一條列校勘成果，以判斷版本優劣，對後世目録學著作有一定影響，劉先生表彰了此書校勘成果出現的意義。

在劉薔先生所列舉的九種書以外，以下八種書的書録中亦有校勘的內容。

1. 宋刻明正德補刊本《附釋音尚書注疏》⑤，有："而前所臚蔡沈《集傳》本誤字，此俱不訛，又可知宋監本彼善於此也。"⑥
2. 宋活字本《毛詩》⑦，有："'家伯維宰''降予卿士'之類尚從古本，與後來諸本不同。"⑧
3. 宋中字本《禮記》⑨，有："校正與前余仁仲本同。"⑩
4. 宋大字本《禮記》，有："校正與余仁仲本同，惟'斂首足形'，'首'作'手'，

---

① 劉薔《天禄琳琅研究》，第375—376頁。
② 詳見〔清〕彭元瑞等著，徐德明標點《天禄琳琅書目後編》，《中國歷代書目題跋叢書》第二輯，上海古籍出版社，2007年，第405—406頁、411—418頁、422—424頁、431—432頁、434—437頁。
③ 劉薔《天禄琳琅研究》，第376頁。
④ 同上書，第377頁。
⑤ 超按：據劉薔先生審定，此本爲明正德翻宋刻本。
⑥ 〔清〕彭元瑞等著，徐德明標點《天禄琳琅書目後編》，《中國歷代書目題跋叢書》第二輯，第406頁。
⑦ 超按：據劉薔先生審定，此本爲明銅活字藍印本。
⑧ 〔清〕彭元瑞等著，徐德明標點《天禄琳琅書目後編》，《中國歷代書目題跋叢書》第二輯，第408頁。
⑨ 超按：據劉薔先生審定，此本爲明嘉靖東吳徐氏覆宋刻《三禮》本。
⑩ 〔清〕彭元瑞等著，徐德明標點《天禄琳琅書目後編》，《中國歷代書目題跋叢書》第二輯，第419頁。

爲小異耳。"①

5. 宋監本《春秋經傳集解》②,有:"明傳刻監本誤字一一無訛。"③

6. 宋孝宗間刻《春秋經傳集解》④,有:"按:書中字句,間有一二與傳刻監本同者,然大指尚不舛誤。"⑤

7. 宋版《孟子集疏》,有:"按:是書遵用《集注》,而書中字句'惟夫予之設科'從《集注》作'夫子',餘俱與舊本同,可見爲後來刊者之誤,非朱氏《集注》本如此也。"⑥

8. 明刻本《詩緝》,有:"細按書中,如'何彼襛矣'之'襛','揚且之晳也'之'晳','終然允臧'之'然','不能辰夜'之'辰','蒹葭淒淒'之'淒','約軝錯衡'之'軝','其下維穀'之'穀','成不以富'之'成','朔月辛卯'之'月','家伯維宰'之'維','不離于裏'之'離','爰其適歸'之'爰','興雨祁祁'之'祁','不皇朝矣'之'皇','以篤于周祜'之'于','洒埽廷內'之'廷','既右饗之''來假來饗'之'饗','降予卿士'之'予',皆與後來誤本不同。雖明刻,而猶存宋本之舊也。"⑦

以上八條,雖然與劉先生所述九篇體例不一致,但仍然是校勘的内容。衹不過,除了明刻本《詩緝》外,所述多簡略,描述性文字爲主,間有列舉具體文字,以說明優劣。之所以如此,多是爲避免重複,力求簡明。比如,所謂宋刻明正德補刊本《附釋音尚書注疏》所稱"而前所臚蔡沈《集傳》本誤字",是指前一篇《纂圖互注尚書》中所列文字,因前篇已列,此篇即不重複。又如,所謂宋中字本《禮記》、宋大字本《禮記》,有"校正與余仁仲本同"字樣,就是指這兩個版本的校正和宋余仁仲本《禮記》中所列條目一致,而宋大字本還專門指出一條不同之處。這說明,這些條目雖然是以描述性文字來說明校勘問題,但是實際是有校勘工作的。

合以上十七條觀之,這些校勘條目都有幾個共同特點:第一,《天禄琳琅書目後編》中涉及校勘者,皆爲經部之書;第二,作者列舉的校勘條目,意在說明該版本

---

① 〔清〕彭元瑞等著,徐德明標點《天禄琳琅書目後編》,《中國歷代書目題跋叢書》第二輯,第419頁,標點有改動。

② 超按:據劉薔先生審定,此本爲宋淳熙撫州公使庫刻配補乾道江陰邵本及明覆相臺岳氏本。

③ 〔清〕彭元瑞等著,徐德明標點《天禄琳琅書目後編》,《中國歷代書目題跋叢書》第二輯,第425頁。

④ 超按:據劉薔先生審定,此本爲明嘉靖蘇州覆刻元相臺岳氏本。

⑤ 〔清〕彭元瑞等著,徐德明標點《天禄琳琅書目後編》,《中國歷代書目題跋叢書》第二輯,第426頁。

⑥ 同上書,第438頁。

⑦ 同上書,第650頁,標點有改動。

優長之處,即便偶斥其誤,亦是一筆帶過;第三,大多數條目,都是與監本進行比對,以明監本之誤;第四,所列校勘條目,皆出於經文,無注、疏、釋文文字。

根據這些特點,筆者將《天禄琳琅書目後編》中的十七條校勘條目與《石經考文提要》進行比對,發現這些校勘結果,都是來源於《石經考文提要》。比如:《天禄琳琅書目後編》之宋版《監本附音春秋穀梁傳注疏》曰:

> 書中字句與明傳刻監本不同者,隱八年"惡入(明監本脱'入'字)者也""而祭泰山之邑也(明監本脱'也'字)",桓二年"臣既死君不忍稱其名(明監本脱此句)",九年"則是放(明監本譌'故')命也",十有七年"公(明監本脱'公'字)及邾儀父盟於趡",莊二年"爲之主(明監本脱'主'字)者卒之也",十有九年"其遠之(明監本脱'之'字)",二十有五年"鼓用牲於社(明監本脱此句)",僖十年"吾(明監本脱'吾'字)若此而入自明",十有六年"六鶂(明監本譌'鷁')",二十有二年"旌亂(明監本脱'亂'字)於上",二十有三年"兹父之(明監本脱此三字)不葬",宣九年"楚子(明監本譌'人')",十年"反(明監本譌'友')之",成十有六年"猶存(明監本譌'在')公也",襄二年"庚辰(明監本譌'寅')鄭伯睔卒",昭四年"爲齊討(明監本譌'封')也",哀元年"故卜免牛(明監本譌'卜')也",六年"可(明監本譌'何')以言弗受也"。《公》《穀》單行刻本甚少,得此宋監本舊書,足資考證。①

筆者將以上所列條目與《石經考文提要》中的《春秋穀梁傳》比對,發現後者皆有對應條目。而且,後者引據的版本中,並無此宋版。比如第一條,《石經考文提要》作:"日入惡入者也:監本'惡'下無'入'字。案此爲《穀梁傳》達例,屢見。今從《唐石經》、《春秋集傳釋義大成》、《春秋諸傳會通》、閔齊伋本、《九經誤字》。"由此可見,作者僅將此宋本《監本附音春秋穀梁傳注疏》與《石經考文提要》中的所記明監本比較,列出宋本是而明本非者,亦示此本的價值。其他各篇與此類似,皆是根據《石經考文提要》所記而校。所不同者,《天禄琳琅後編》中的有些書,就是《石經考文提要》引據的版本,如余仁仲本《禮記》、《詩緝》等。

縱觀《天禄琳琅書目後編》中出現校勘的十七種書目,其中的校勘部分,實質上還是爲鑒賞服務的,重在指出所著錄版本的優異之處,故所列絕大多數都是此是而彼非者,即便像宋大字本《禮記》指出一條錯誤,所謂宋孝宗間刻《春秋經傳集解》指出書中有一兩處和明監本同誤,但是評價中或曰"小異",或曰"大指尚不舛誤",還是意在證明所著錄版本的優異。所以說,彭元瑞編《天録琳琅書目後編》,以《石經考文提要》爲據,或詳列舉校勘條目,或籠統描述校勘内容,品評所

---

① 〔清〕彭元瑞等著,徐德明標點《天禄琳琅書目後編》,《中國歷代書目題跋叢書》第二輯,第 431—432 頁,標點有改動。

收書,意在張揚其價值。

《天禄琳琅書目後編》這種目錄書中出現校勘成果,淵源甚早,可追溯至劉向《別錄》。此書作爲成就很高的官修目錄書,對後來的目錄學著作有示範意義。但是《天禄琳琅書目後編》中出現校勘成果,與《石經考文提要》有着莫大的關係。可以説,如果没有彭元瑞作《石經考文提要》在前,《天禄琳琅書目後編》中可能就不會出現校勘成果。

結　　論

彭元瑞所撰《石經考文提要》,廣校各本,案斷審慎,是校勘學史上重要著作。此書校勘《禮記》所引南宋劉叔剛本《附釋音禮記注疏》,是後世元十行本、閩本、監本、毛本、殿本、四庫本、阮刻本的源頭,極其重要。清乾隆六十年和珅曾覆刻此本,流傳至今,爲人珍視。然南宋劉叔剛本今已不知所蹤。《石經考文提要》所引劉叔剛本文字,爲我們判斷和珅本優劣,提供了無可比擬的關鍵證據。二者相比,和珅本至少五處據毛本改字,所改多草率;和珅本至少四處繼承劉叔剛本,多與元刊明修十行本以下各本異。以此可知,《石經考文提要》不僅在校勘學上有重要的價值,其保留的異文,對版本研究亦有重要作用。

彭元瑞主編的《天禄琳琅書目後編》中有十七篇提要有校勘内容,影響了後世目錄學著作的撰寫。這些篇目集中在經部,僅説明經文問題,多與監本比勘,與《石經考文提要》體例、内容吻合。概彭氏在修《天禄琳琅書目後編》時,據《石經考文提要》,衡量各書,或詳録校勘異文,或以語言描述校勘結果,意在彰顯天禄琳琅所收書價值。《石經考文提要》對《天禄琳琅書目後編》校勘内容的出現有不可忽略的影響。

井超　南京師範大學文學院　副教授

現存李若水《忠愍集》(三卷本)版本發覆

趙 昱

一、李若水及其《忠愍集》

李若水(1093—1127),原名若冰,字清卿,洺州曲周(今屬河北)人。由上舍登第。歷元城尉、平陽府司録、濟南府教授,除太學博士。欽宗靖康元年(1126),再爲太學博士。既而使金,遷著作佐郎。還歸,擢吏部侍郎。二年,隨欽宗至金營,金人逼欽宗易服,若水罵賊不屈,爲金人以刃裂頸斷舌而死,年三十五。高宗建炎初,贈觀文殿學士,謚忠愍。《宋史》卷四四六《忠義一》有傳。

李若水集,南宋前期曾有秭歸守費樞爲之序(費氏序文見《三朝北盟會編》卷八二《忠愍文集序》)。孝宗乾道間,李若水兩子李浚、李淳於祕稿中得其遺事,後於蜀中鋟木以行,是爲今日可知其集之最早刊本,惜其編次、卷數皆已不詳。①

南宋陳振孫《直齋書録解題》卷一七嘗著録"《李忠愍集》十二卷,……後二卷爲《附録》",稱其"詩文雖不多,而詩有風度,文有氣概,足以知其所存矣"②。《宋史·藝文志》則作"《李若水集》十卷"③,殆"但舉其詩文"言之④。自此以降,元、

---

① 〔宋〕李若水:《忠愍集》附録《書後》,影印文淵閣《四庫全書》本,上海古籍出版社,1987年,第1124冊,第694頁。
② 〔宋〕陳振孫:《直齋書録解題》,徐小蠻、顧美華點校,上海古籍出版社,1987年,第519—520頁。
③ 〔元〕脱脱:《宋史》,中華書局,1977年,第16冊,第5372頁。
④ 〔清〕永瑢:《四庫全書總目》,中華書局,1965年,第1343頁。

明兩朝流傳的李若水別集,大概也是如《直齋書録解題》著録的這種十二卷本①。

至清乾隆年間詔開《四庫全書》館,編修《四庫全書》之際,十二卷本已佚。四庫館臣"就《永樂大典》中所散見者,掇拾編次,釐爲三卷,以建炎時誥詞三道附録於後"②。以文淵閣《四庫全書》本(以下簡稱"文淵閣本")爲例——全書卷一爲文,包括劄子五首、表七首、啓五首、書四首、序一首、説三首、銘一首;卷二、三爲詩,包括五言古體、七言古體(以上卷二)、五言近體、七言近體(以上卷三)——重新呈現了李若水《忠愍集》的面貌。遺憾的是,這部四庫館臣輯編之本,或因語涉違礙而間有諱改,或因褒貶好惡的强烈感情而有意漏收,難稱完善。對於這兩方面問題,《全宋詩》主編之一陳新先生在《四庫館臣删改古籍的另一種形式——以宋李若水〈忠愍集〉爲例》③一文中皆有專門討論,前者如卷二《雜詩六首》(其一、六)的"當以觝薪待""御暴如御寇","觝薪"原作"羊豕"、"暴"原作"戎";後者如《永樂大典》卷二八一二所引《次韻秦會之題墨梅二首》,館臣因鄙棄秦檜的人品行爲而"不僅滅去詩題中秦檜的名字改作友人,並且認爲第二首中的'長愛孤標似君子',以君子比擬賣國賊爲不倫"④,乾脆不予輯録,這纔出現了卷三的《次友人韻題墨梅》一詩。

顯然,在李若水《忠愍集》舊本久已散亡的情況下,《永樂大典》輯本《忠愍集》便是今傳各本之祖。而在《四庫全書》本之後,北京大學圖書館、南京圖書館、中國國家圖書館、美國柏克萊加州大學東亞圖書館各藏清抄本一種,上海圖書館又藏民國二十八年(1939)抄本一種。此外,清道光二十八年(1848)潘錫恩袁江節署求是齋刊本《乾坤正氣集》和光緒五年(1879)王灝、王延綸《畿輔叢書》木刻版皆收録《忠愍集》一卷,無表與詩。本文主要圍繞現存各種詩文合集(三卷本),校勘異同,斷定正誤,並在分析各本源流的基礎上綜合考論四庫諸閣本《忠愍集》的輯佚得失。

二、文淵閣《四庫全書》本(以下簡稱"文淵閣本")與
文津閣《四庫全書》本(以下簡稱"文津閣本")

(一)文淵閣本與文津閣本之比較

《四庫全書》本《忠愍集》三卷,今日所存時代最早者,僅文淵閣本與文津閣

---

① 〔明〕陳第《世善堂藏書目録》卷下著録"《李忠愍集》十二卷",馮惠民、李萬健《明代書目題跋叢刊》,書目文獻出版社,1994年,第846頁。然而今本《世善堂藏書目録》經過陳第後人增竄,不可完全據以考察明末的書籍流傳情況,因此《忠愍集》十二卷其時或已無存,只是因襲照録前代書目。李丹:《明代私家書目僞書考》,《古籍研究》(2007·卷上,總第51期),安徽大學出版社,2007年,第137頁。
② 〔清〕永瑢:《四庫全書總目》,第1343頁。
③ 原文爲作者手稿,標題原缺,係北京大學中文系漆永祥教授擬定。
④ 漆永祥、王嵐編:《陳新先生文集》,人民文學出版社即版。

本二種①。此二本卷首皆有乾隆皇帝《御題李若水〈忠愍集〉》(文津閣本作"御製題李若水忠愍集")和《忠愍集》書前提要。

先看乾隆御題詩:

  主和誤國罪奚辭,即使弗和禍亦隨。(小字注:或謂若水初亦頗主和議,卒能慷慨殉節,足以自贖。夫以和議爲非,自屬正論。第彼時宋勢日弱,金勢日強,求和固適以自趣其亡,即不請和,亦未必能禦敵而幸免於禍。非有識者,未易見及此耳。)慷慨捐軀誠可尚,詩文成集合敎垂。浩然之氣塞天際,不幸而生革命時。全彼忠還申己義,事非得已慘何爲。

  若水厲志不屈,捐軀以成其忠,克全臣節,亦其生辰之不幸。然大金當革命之時,自非若水之所得而抗。殺之以全其名,亦即以申己之義。其事本非得已,第解頤斷舌處之,太慘。金將尼瑪哈實不免過當。

  夫金、宋在當時,猶敵國也。若明永樂篡逆,於不附己者橫加誅戮,則皆其本朝臣子。且洪武所留貽者,乃俱戕賊,不顧其於天理,漸滅殆盡。甚且投鐵鉉於鑊、剝景清之皮,則殘忍慘毒,尤非人類所爲。向每爲之不平,兹論李若水事,因併及之。②

檢核《御製詩四集》卷二九,這一篇御題詩、詩注以及詩後的附記文字,繫於乙未年之下,即乾隆四十年(1775)③。通篇包含了這樣三層意思:第一,金朝與清朝同爲女真族建立的政權,對於當時宋金對峙的形勢,既然"宋勢日弱,金勢日強",那麼金滅北宋便是一種歷史的必然。第二,李若水這樣的忠鯁之臣,儘管屬於"敵國"成員,但仍應當褒揚其"厲志不屈""克全臣節"(以與乾隆帝最爲厭惡的貳臣形成鮮明對比),憐惜其"解頤斷舌處之,太慘"。第三,李若水遭逢"解頤斷舌"這樣的酷刑,但畢竟當時宋與金敵對,而像明成祖篡權之後的清洗異己,更是有過之而無不及,毫無人道可言。因此,雖然這些所謂的御題之作(及詩注)主要地出於大臣之手④,但他們身居文化高壓政策之下,能夠準確地揣摩聖意,從而通過這樣一首《御題李若水〈忠愍集〉》詩,使得乾隆皇帝作爲女真政權的後繼統治者、作爲做出明辨善惡姿態的聖主明君、作爲取代朱明王朝的國祚正統代言人的

---

① 《壬子文瀾閣所存書目》著錄"《忠愍集》三卷,全缺",則今傳文瀾閣《四庫全書》本《忠愍集》當爲後來補配,價值自然不可與文淵閣本、文津閣本等而視之。見《明清以來公藏書目彙刊》,北京圖書館出版社,2008年,第1册,第358頁。

② 〔宋〕李若水:《忠愍集》卷首,影印文淵閣《四庫全書》本,上海古籍出版社,1987年,第1124册,第657頁;又見影印文津閣《四庫全書》本,商務印書館,2006年,第1128册,第655頁。

③ 《乾隆御製詩文全集》,中國人民大學出版社,2013年,第6册,第720頁。

④ 張昇:《乾隆御題〈四庫〉書詩代作問題初探——以"題〈鶡冠子〉"詩爲中心的考察》,《故宫學刊》2018年(總第十九期)。

三重形象,鮮活生動地躍然於紙上。至於乾隆御題詩進入卷首的情況,另據《纂修四庫全書檔案》,乾隆四十六年二月十三日,"諭内閣著將列朝御纂各書分列各家著撰之前,並將御題四庫諸書詩文從總目卷首撤出","而《四庫》書内朕所題各書詩文,列在本集首卷,庶眉目清而開帙了然。將此諭令館臣遵照辦理。欽此"①。

再看《忠愍集》書前提要,文淵閣本末署"乾隆四十六年九月恭校上",文津閣本末署"乾隆四十六年四月恭校上"②,文津閣本反而早於文淵閣本,這似乎與通常所熟知的文淵閣《四庫全書》最先告竣、文津閣《四庫全書》在"北四閣"中最後完成的印象稍有不同。但若放之整部《四庫全書》,這一情形亦並非偶然,實與《永樂大典》輯本的繕寫安排關係最爲密切③。更重要之處在於,文淵閣本《忠愍集》與文津閣本《忠愍集》,内容差别亦較大:一方面,卷三"七言近體"部分的篇次有明顯不同(如文末附録表1所示):一是《秋日書齋》至《次韻舒伯源雪晴偶書四首》這17首(組)詩的位置有異,且《次韻倪巨濟詩换怪石》與《次韻張濟川夜雪二首》互倒;二是文津閣本還有一首從《三朝北盟會編》補入的《奉使太原途中呈王坦翁副使》,文淵閣本無。所以,文津閣本透露的輯佚出處,除了《永樂大典》而外,還有《三朝北盟會編》,文淵閣本繕寫時則未曾利用④。另一方面,通篇異文數量衆多;而就現存各本的用字情況視之,其餘諸閣本在不少地方均與文津閣本相近,文淵閣本當中反而多見文字孤例(説詳下文"諸本異文例析")。這些差異現象都足以揭示出,儘管《忠愍集》是《永樂大典》輯本,成於《四庫全書》館内,可是這個輯本本身仍在不斷地進行著修改完善,並非始終一致、一成不變的狀態;文淵閣本和文津閣本,恰恰反映了《永樂大典》輯本《忠愍集》形成過程中的兩次繕寫。這也或許可以從另一個側面更好地解釋,爲什麽文淵閣本多見文字

---

① 張書才主編:《纂修四庫全書檔案》,上海古籍出版社,1997年,1289—1290頁。

② 文溯閣本《忠愍集》書前提要亦署"乾隆四十六年四月恭校上",見金毓黻等編:《文溯閣四庫全書提要》,中華書局,2014年,第4册,第2899—2901頁。

③ 據史廣超統計,"文津閣《四庫全書》所附提要校上時間超前者達303種。其中版本來源爲《永樂大典》本者296種;内府藏本、家藏本、采進本者僅7種"、"296種版本來源爲《永樂大典》本的超前書籍中,278種文溯閣本該書校上時間也超前於該閣整體啓動之時。足以説明,四庫館在繕寫第2至4分全書時,辦理散片,即'永樂大典'者,與繕寫采進本者分屬不同系統。《永樂大典》本的繕寫安排與各分《四庫全書》的整體啓動並不一致"。《自堂存稿輯校·前言》,河南人民出版社,2018年,第18—19頁。

④ 需要指出的是,徐夢莘《三朝北盟會編》卷八一載李若水呈副使王坦翁詩二首:"中山忠義定何人,數月相從笑語真。未信功名孤壯志,不妨詩酒寄閒身。此來飽看千巖秀,歸去遥知兩鬢新。就使牧羊吾不恨,漢旄零落落花春。""舊持漢節愧前人,聞許傳來若不真。五鼓促回千里夢,一官妨盡百年身。關山吐月程程遠,詩景含秋句句新。孤館可能忘客恨,脱巾聊進一杯春。"文淵閣本全無,文津閣本僅録其二,或因其一尾聯的"牧羊"語涉忌諱而删,因此從輯佚的角度視之,兩本均非完備。

孤例,而文津閣本與其他閣本(主要是南三閣本及其傳抄本)的面貌相似程度更高。

書前提要之後,文淵閣本有《忠愍集目錄》,列各卷詩文數量(卷一劄子五首、表七首、啓五首、書四首、序一首、説三首、銘一首,卷二古體詩五十八首,卷三近體詩六十二首,附錄誥詞),不出具體篇目;文津閣本無目錄。又次爲趙希齊《忠愍集原序》(末署"慶元戊午六月朔旦"①)。全書正文半葉八行,行二十一字,雙行小注字數同,皆《四庫全書》諸閣本繕寫的統一格式。

(二) 文淵閣本、文津閣本與《永樂大典》殘本引錄李若水詩文之比較

如前所述,《四庫全書》館開館期間,館臣據《永樂大典》"掇拾編次",纔有了三卷本《忠愍集》。然而,四庫館臣當時所見《永樂大典》已非全帙,歷經晚清、民國政局動蕩,這部煌煌巨著的焚毀、流散更是令人扼腕。時至今日,《永樂大典》零本散落世界多地,吉光片羽,十不足一。再加上《忠愍集》的四庫底本、四庫稿本現在俱已不存,所以館臣重輯該書的具體經過,同樣無從知曉。不過幸運的是,現存《永樂大典》殘本裏,還保留了八處李若水詩文的引錄,或作"李若水詩",或作"李若水集",或作"李忠愍公集",爲我們檢視《四庫全書》本《忠愍集》的輯佚得失提供了寶貴的材料。

1. 《永樂大典》卷六二四引李若水《農夫歎》②,今見《忠愍集》卷二。"婦姑相將桃葉煮",文淵閣本"桃"作"挑",文津閣本與《永樂大典》同。

2. 《永樂大典》卷八九九引李若水《雜詩六首》③,今見《忠愍集》卷二。其一"當以羊豕待"、其六"御戎如御寇",文淵閣本、文津閣本"羊豕"作"仳薪"、"戎"作"暴",實爲四庫館臣因語涉違礙而改,前舉陳新先生文章已論。其三"挦虱衣縫光",末字"光",文淵閣本小字注"缺",文津閣本小字注"原缺",然《永樂大典》並無闕文,殆係抄寫者率先發生脱誤,覆校時又未檢出,纔有此以不闕爲闕的小字注釋。其四"淵明老經丘",文淵閣本"經"作"林",文津閣本與《永樂大典》同,而"相如貧立壁,淵明老經丘"一句,實嵌入了司馬相如"家徒四壁立"(《漢書·司馬相如傳》)和陶淵明"亦崎嶇而經丘"(《歸去來兮辭》)兩則語典,文淵閣本作"林"誤;"要陪古人游",文淵閣本、文津閣本"陪"作"偕"。其五"人生要行樂",文淵閣本"要"作"貴",文津閣本與《永樂大典》同。

3. 《永樂大典》卷一〇五六引李若水《次韻馬循道遊長安東池詩》④,今見《忠愍集》卷三。"東風無迹秀芳草",文淵閣本、文津閣本"迹"作"意"。

---

① "慶元戊午",當南宋寧宗慶元四年(1198)。
② 〔明〕解縉等編:《永樂大典》,中華書局,1986年,第1冊,第177頁。
③ 同上書,第336頁。
④ 同上書,第566頁。

4.《永樂大典》卷二三四五引李若水《巢烏説》①,今見《忠愍集》卷一,這也是現存《永樂大典》殘本中保存的唯一一篇李若水文章。"其惰者所績,復爲尤惰者之攘之也亦然",文淵閣本、文津閣本"績"作"據"、"復"作"後";"其環遶也,似相追迫",文淵閣本、文津閣本無"迫"字。核之原文,"其飛也,似相搏;其噪也,似相訴;其環遶也,似相追迫",從修辭的角度考慮,"飛""搏""噪""訴"都是單音節,"環遶""追迫"則爲雙音節,前後對舉,形成整齊的排比句式,文淵閣本、文津閣本脱去"迫"字,於義欠佳。

5.《永樂大典》卷二六〇三引李若水《開德天王臺詩》②,今見《忠愍集》卷二。"銜枯野鵲時到來",文淵閣本、文津閣本"到"作"飛";"沙飛客眼展不盡",文淵閣本、文津閣本"飛"作"眯";"雉樓向我争崔嵬",文淵閣本、文津閣本"樓"作"堞";"童背酒壺聊自開",文淵閣本、文津閣本"童背"作"蠻榼";"胸中磊砢澆不下",文淵閣本、文津閣本"磊砢"作"壘塊"、"下"作"散"。

6.《永樂大典》卷二八〇九引李若水《紅梅》③,今見《忠愍集》卷二。遺憾的是,文淵閣本、文津閣本均脱缺詩題而緊接前一首《次韻雍節夫留别》,若不核對原始出處仔細分辨,極易誤以《次韻雍節夫留别》爲組詩二首。

7.《永樂大典》卷二八一二引李若水《次韻秦會之題墨梅二首》④,其一今見《忠愍集》卷三,文淵閣本、文津閣本均改題《次友人韻題墨梅》,其二失收,變成了一首集外佚詩。而這樣做的原因,正如陳新先生所分析的,四庫館臣認爲秦檜是賣國求榮之人,在人品上絶不足以與捐軀殉國的李若水相與倫匹,因而將題目中的秦會之改作"友人",隱去其名;至於第二首更以君子比況秦檜,尤不可從,所以直接删去了。

8.《永樂大典》卷九七六四"震山巖"條引"李若水詩"("翠石黏雲濕")⑤,今見《忠愍集》卷三,館臣擬題《齋居》。正德《袁州府志》卷一二則題作《化成巖》,或因《明一統志》卷五七"袁州府·宜春縣·化成巖"條下已録李若水詩前四句。

由此可見,在四庫館臣輯成《忠愍集》三卷時,李若水詩文的部分文字已經發生了改變,並非《永樂大典》引録的内容原貌;且相較而言,文淵閣本中出現的異文數量更多。

---

① 〔明〕解縉等編:《永樂大典》,第2册,第1034—1035頁。
② 同上書,第1229—1230頁。
③ 同上書,第1459頁。
④ 同上書,第1496頁。
⑤ 〔明〕解縉等編:《永樂大典》,第5册,第4201頁。

三、現存《忠愍集》抄本五種之考察

(一) 五種抄本敍錄

1. 北京大學圖書館藏清抄本(以下簡稱"北大本")

此本一函一册(索書號：X/810.51/4041)。卷首依次爲《忠愍集》書前提要(末署"乾隆五十年四月恭校上")、《御題李若水〈忠愍集〉》(詩句之下無雙行小字注)、《忠愍集目録》(各卷之下詳列詩文題目)。正文半葉八行,行二十一字,各卷首行題"《忠愍集》卷×",次行題"宋李若水撰",係從《四庫全書》本而出。首葉、末葉只有"北京大學藏"朱方,遞藏情况暫付闕如。

2. 南京圖書館藏清抄本(以下簡稱"南圖本")

此本一函一册(索書號：GJ/EB/111209)。卷首依次爲《忠愍集》書前提要(無末行恭校進呈時間)、《御題李若水〈忠愍集〉》(詩句之下無雙行小字注)。正文半葉八行,行二十一字,各卷首行題"《忠愍集》卷×",次行題"宋李若水撰",亦從《四庫全書》本而出。書衣右下鈐"八千卷樓珍藏善本",書前提要首葉鈐"四庫著録""八千卷樓藏書之記""振唐""江蘇第一圖書館善本書之印記"諸方。同葉亦有貼簽,其上文字爲：

> 《忠愍集》三卷依閣抄本
> 　宋李若水撰
> 　若水本名若冰,欽宗爲(此三字圈去,旁寫"以靖康出使")改今名,清卿其字也,曲周人。靖康(此二字圈去)初,以上舍登第,由太學博士歷官吏部侍郎。從欽宗至金營,力争廢立,不屈而死。金人相顧嘆息曰,有"南朝惟李侍郎一人"之語。建炎間,贈觀文殿學士,謚忠愍。館臣從《大典》中輯成三卷,雖非《宋史("史"字圈去)·藝文志》十卷之舊,然忠烈大文,已皦如日月矣。

這段内容,今日又見於丁丙《善本書室藏書志》卷二八①,作"靖康出使改今名""初,以上舍登第""《宋·藝文志》十卷"等,蓋文字改定之後所刊。據藏印及題簽信息,蓋晚清丁丙八千卷樓舊藏,後歸民國藏書家李之鼎(字振唐)。

正文第一葉天頭處偶有墨筆校記——"《乾坤正氣集》首句以'臣等'二字起","'四者'下有'臣等'二字","'其情'下有'臣等'二字,'後'字作'復'"。

3. 中國國家圖書館藏清抄本(以下簡稱"國圖本")

此本一函二册(索書號：87539)。卷首依次爲《御題李若水〈忠愍集〉》(詩句

---

① 〔清〕丁丙：《善本書室藏書志》,《續修四庫全書》本,第927册,上海古籍出版社,2002年,第491—492頁。

之下無雙行小字注)、《忠愍集》書前提要(無末行恭校進呈時間)。正文半葉八行,行二十一字,各卷首行題"《忠愍集》卷×",次行題"宋李若水撰",仍是《四庫全書》本的行款格式。各卷首葉鈐"翁斌孫印"朱方(陰文),第一册内扉頁亦有"常熟翁氏藏書,第四百十部,《忠愍集》抄本,都二册"的夾條。由書前提要無末行恭校進呈時間以及部分異文的比對可知,國圖本當與南圖本關係極近(其説詳後)。

4. 美國柏克萊加州大學東亞圖書館藏清龍氏知服齋藍格抄本(以下簡稱"知服齋本")

此本一册。藍格稿紙版心最下有"龍氏知服垒恭鈔文瀾閣藏本",殆從補配之後的文瀾閣本而出。卷首僅《忠愍集》書前提要(末署"乾隆□□年□月恭校上")。正文半葉八行,行二十一字,各卷首行題"《忠愍集》卷×",次行題"宋李若水撰"。書前提要首葉鈐"蒹葭樓""汪希文""馬賓父"朱方,卷一首葉鈐"思舊閣"朱方。

據版心内容,是書原爲晚清龍鳳鑣知服齋舊抄。鳳鑣(1867—1909)字伯鸞,號澄盦,廣東順德人,家富藏書,曾編刻《知服齋叢書》。後經黄節(1873—1935)蒹葭樓、馬孝讓(1881—1967,字賓甫、彬甫)思舊閣等順德籍藏書名家之手。20世紀中後期,柏克萊加州大學的中文古籍善本不斷擴充,知服齋本亦漂洋過海,在異邦找到了最終的歸宿;只可惜,由於文獻不足徵,它究竟如何進入柏克萊加州大學東亞圖書館的具體過程,尚不得而知。今有《美國柏克萊加州大學東亞圖書館藏稿鈔校本叢刊續編》影印本①。

5. 上海圖書館藏民國二十八年(1939)抄本(以下簡稱"上圖本")

此本一册(索書號:綫普長412150)。書衣爲緑皮紙,墨書書題"忠愍集",題下小字"廿八年十月據藝海樓寫本傳鈔"②。正文抄於緑格稿紙,四周雙邊,版心下刻"武林葉氏"。全書首葉及卷一首葉鈐"合衆圖書館藏書印"朱文長方。"藝海樓"爲清代中後期長洲(今屬蘇州)藏書家顧沅(1799—1851,號湘舟)的藏書樓。"武林葉氏"即葉景葵(1874—1949)。民國二十八年(1939),適值國難當頭、民族危亡之際,葉景葵嘗據顧沅藝海樓舊藏宋人別集抄本二種(李若水《忠愍集》、洪芻《老圃集》)轉抄,後來又與張元濟、陳陶遺等創辦合衆圖書館,將自己的藏書貢獻於此,以利典籍文獻之保存、流傳。③ 中華人民共和國成立以後,合衆圖

---

① [美]周欣平、[美]魯德修主編:《美國柏克萊加州大學東亞圖書館藏稿鈔校本叢刊續編》,廣西師範大學出版社,2015年,第19册。

② 據上海圖書館古籍閱覽室館員告知,墨書書題及題下小字乃顧廷龍先生筆跡。

③ 葉景葵:《杭州葉氏卷盦藏書目録》卷四著録"《忠愍集》三卷,宋曲周李若水(清卿)撰,民國二十八年武林葉氏據藝海樓鈔本鈔,一册","《老圃集》二卷,宋南昌洪芻(駒父)撰,民國二十八年武林葉氏據藝海樓鈔本鈔,一册",見林夕主編《中國著名藏書家書目匯刊》(近代卷),商務印書館,2005年,第30册,第146頁。張元濟《杭州葉氏卷盦藏書目録序》稱:"日寇蹂躪東南,故家(轉下頁)

書館捐獻於公,這部《忠愍集》也就隨之入藏上海圖書館。

卷首爲《忠愍集》提要(末署"乾隆五十年四月恭校上"),次《御題李若水〈忠愍集〉》(詩句之下無雙行小字注),次《忠愍集目錄》。半葉十一行,行二十四字,各卷首行頂格題"《忠愍集》卷×",次行題"宋李若水撰",雖然行款與前述四種鈔本迥別,實際仍是《四庫全書》本之流裔。更特別之處在於,上圖本文字幾乎全與北大本相同,當然對於北大本的部分誤字,它也有所訂正。

(二)諸本異文例析

根據前述各本書前提要的末行題署時間可以發現,北大本與上圖本關係更近,同時又與文淵閣本、文津閣本乃至文溯閣本均非同一源流;南圖本、國圖本、知服齋本則應同爲文瀾閣本的系列。在此基礎上,我們又通校了這七種《忠愍集》寫(抄)本的全部三卷文字內容,注意到各本之間的異文分布,呈現出如下四個特點:

第一,文淵閣本的文字孤例,既有明顯的訛錯,又有可據以勘正他本之誤者。

例如,卷一《賀冊立皇后表》"爰賢內治"(所舉示例均爲文淵閣本文句,以下同),文津閣本"賢"作"資",核上文"恭惟皇帝陛下聽斷兩月,已隆萬世之基;勤儉一身,不備六宮之數",所以纔要冊立皇后以資內宮之政,"賢"字誤。《上李樞密書》"如中國邊方之風俗",文津閣本"邊方"作"四裔",當因諱言夷夏之辨而改"四裔"爲"邊方";"小人矜露險賊,傲佷狂逸",文津閣本"逸"作"逆","狂逆"即狂妄悖逆,與君子之"端雅精嚴"相對,"狂逸"於義不合;"君子以天下後世爲心,小人惟目前之是務",文津閣本則作"君子以防微杜漸爲圖,小人惟苟安之是溺。君子以天下後世爲心,小人惟目前之是務",顯然文淵閣本承上"君子以"而脫去一整句。卷二《雜詩六首》(其四)"淵明老林丘"、(其五)"人生貴行樂",文津閣本"林"作"經"、"貴"作"要",與《永樂大典》文字同。《次顏博士遊紫羅洞五首》(其二)"何如閑把一莖絲",文津閣本"莖"作"輪",北大本、南圖本、國圖本、知服齋本等皆作"綸",唐宋時人稱頌嚴子陵隱於釣臺,多見"一綸絲"之表述,是。卷末《建炎贈官誥詞》"忘身爲國,至死不懼",文津閣本"至"作"知",據文義,當爲表彰李若水痛罵金人、明知行將赴死而無所畏懼的氣概,"至"字音近而誤;《三朝北盟會編》卷八二亦作"知"。《建炎贈諡誥詞》"慰爾九原之忱",文津閣本"忱"作"知","九原"即九泉、黃泉,"九原之知"則是泉下有知之義,作"忱"非;《三朝北盟會編》卷八二亦作"知"。

(接上頁)淪替,圖籍散亡。吾友葉君揆初憂之,奮然興起,邀余與陳君陶遺共同創辦合衆圖書館於上海,以文史爲範圍,首出所藏,以資倡導。……當干戈擾攘之日,獨負此爲而不有之宏業,不屈不撓爲祖國保有此大宗文獻,其毅力爲何如耶?命名合衆者,取衆擎易舉之義。化私爲公,尤足詔示方來。"《中國著名藏書家書目匯刊》(近代卷),第30冊,第5頁。

以上爲文淵閣本文字顯誤例。

　　又如,卷一《使還上殿劄子三道》(其二)"莫是貴朝看得別否",文津閣本"是"作"自","莫是"表示詢問,與該句語氣吻合;《靖康要錄》卷一一亦作"是"。卷二《謝人惠魚兔蟹》"當年守株披褐衣",文津閣本"披"作"待",或泥於"守株待兔"的成語,不似"披褐衣"搭配合理。《徐太宰生日并序》"固已折四裔不順之心",文津閣本"裔"作"方",實由諱改所致。卷三《次韻張濟川夜雪二首》(其一)"雪彩鱗鱗照夜徂",文津閣本"雪"作"雲",而據詩題"夜雪","雪彩"正是積雪被月光照射之後反射出來的華光,映照夜空,"雲"字形近而誤。

　　以上爲文淵閣本不誤而他本文字誤例。

　　第二,北大本的文字孤例,幾乎全爲北大本誤,上圖本雖與北大本面貌相近,但對於這些誤字多有訂正。例如,卷一《使還上殿劄子三道》(其三)"臣等自深州入金人亂兵中,轉側千餘里",北大本、上圖本"千"作"十",而下文所謂"府者二""軍者二""縣者七""鎮寨者四"等,不可能只有十餘里,"千"是;"金人屢遣人多方招誘,必被剿殺",北大本、上圖本"遣"作"遭",被剿殺者爲北宋散亡士卒,非金兵,"遭"字形近而誤。《代人謝李憲舉狀啓》"潦倒儒生,風塵俗吏",北大本、上圖本"吏"作"變","儒生""俗吏"對舉,作"變"於義難通。《上聶尹書》"論兵刑者,指爲不祥",北大本"祥"作"詳",顯誤,上圖本改作"祥"。《上吳少宰書》"翱翔臺館者,曾丁字之不識",北大本"館"作"觀",而上文"雍容軒陛者","軒陛"與"臺館"相對成文,皆指朝廷機構,"觀"字音近而誤,上圖本改作"館"。卷二《次顏博士遊紫羅洞五首》(其三)"休著青衫謁五侯",北大本、上圖本"衫"作"山","青衫"代指學子,"山"字音近而誤。卷三《與沈信翁對飲憶雍節夫高子文》"今日樽前得一人",北大本"樽"作"燈","樽"與詩題"對飲"之義相契,"燈"字雖然可通,但並無來由,上圖本改作"樽"。

　　前文所述,各本書前提要的末行時間題署,已經揭示出北大本和上圖本與文淵閣本、文津閣本、文溯閣本並非同一源流,而通過校勘得到的這些誤字孤例,又說明北大本、上圖本也不屬於文瀾閣本這一系列。北大本既無任何藏印,來龍去脈不得而知。但是上圖本抄自顧沅藝海樓舊藏抄本,言之鑿鑿。衆所周知,南三閣《四庫全書》的誕生,本身就帶有"嘉惠藝林"的標榜意味,乾隆皇帝"因思江浙爲人文淵藪,……士子涵濡教澤,樂育漸摩","著交四庫館再繕寫全書三分,安置各該處,俾江浙士子得以就近觀摩謄錄,用昭我國家藏書美富、教思無窮之盛軌"①,希望江南士人能夠在此讀書、抄書,擴大知識文化的傳播。而顧沅作爲長洲地區最負盛名的私人藏書家之一,即以《四庫全書》的收錄爲聚書標準之一,尤

---

① 張書才主編:《纂修四庫全書檔案》,第1589頁。

多傳抄《四庫全書》閣本①,于是南三閣之書必然經常借録。由此我們猜測,北大本、上圖本存在較大可能就是揚州文匯閣《四庫全書》或者鎮江文宗閣《四庫全書》中的《忠愍集》之傳抄本,一定程度上繼承並反映了文匯閣本或者文宗閣本的文字面貌。

第三,文淵閣本、文津閣本文字相同,北大本、南圖本、國圖本、知服齋本、上圖本文字相同。例如,卷首《御題李若水〈忠愍集〉》"詩文成集合教垂",《御製詩四集》卷二九文字同,北大本、南圖本、國圖本、上圖本"集"均作"就"。卷一《謝太上皇帝表》,北大本等五者題下有小字按語:"按以下四首表詞,皆係宗藩之語,或李所代作。"《謝吏部尚書舉自代啓》"氣節抵摧而莫振",北大本等五者皆作"折摧";"以謙損,獲士夫之譽",北大本等五者皆作"士民"。《上吴少宰書》"以拯元元",北大本等五者"拯"作"惠"。卷二《雜詩六首》(其二)"云有故人至",北大本等五者作"古人";(其三)"捫虱衣縫"下小字注"缺"(文津閣本小字注"原缺"),北大本等五者無闕文,作"捫虱衣縫長"(據前所述,此"長"字實爲臆補)。《竹宮長句》"案頭書帙萬卷富",北大本等五者作"案頭書葉萬古眼"。《徐太宰生日并序》"運既協於唐虞",北大本等五者"唐虞"作"半千";"珊鞭皂帽千騎聯",北大本等五者"珊"作"粉"。卷三《齋居》,北大本等五者題下有小字按語:"按:《江西通志》載此詩,題作《化成巖》。"《次韻倪巨濟春懷》,北大本等五者題下有小字按語:"按:巨濟名濤,永嘉人,官至左司員外郎。有《玉谿集》。"《次韻李元量見贈》,北大本等五者題下有小字按語:"按:元量名釜,元符三年進士第一。"《書懷》,北大本等五者題下有小字按語:"按:此詩見《能改齋漫録》,題作《衣襟中詩》,中間數字小異,'還'作'和'、'生'作'心'、'重有君親念'作'唯有君親重'、'滿'作'染'。""艱難重繫君親念",北大本等五者"繫"作"有",與按語所引《能改齋漫録》合。《與諸公遊葆真宫》"池塘水白荷花秋",北大本等五者作"荻花"。而最典型者,更在於卷三"五言近體"的篇次方面,文淵閣本、文津閣本《次韻高子文村居》列於最末,而北大本、南圖本、國圖本、知服齋本、上圖本都將其置於《次韻高子文留別》詩後(見文末附録表2)。由是觀之,南三閣本《忠愍集》似乎經過了有意的整齊統一(補充文字、調整篇序、增加按語等),與文淵閣本、文津閣本之間形成了有規律的區別。

第四,南圖本、國圖本、知服齋本文字相同,可證同爲文瀾閣傳抄本一系,只是知服齋本偶見手民之訛。例如,卷二《雜詩六首》(其二)"杯酒差可貴",南圖本、國圖本、知服齋本"杯"字皆缺;《贈陳承務》"絳巾繡裳馬龍驤",南圖本、國圖本、知服齋本"繡"皆作"綉",二者爲異體字的關係,北大本作"銹",顯誤;卷三《種荔枝核有感》,南圖本、國圖本、知服齋本均題作《種荔子核有感》。卷末《書後》"入尼瑪哈軍,誓欲捐軀以濟艱危",文津閣本、北大本作"入尼雅滿軍,誓欲捐軀以濟

---

① 鄭偉章:《文獻家通考》,中華書局,1999年,第786—789頁。

艱難",南圖本、國圖本、知服齋本則作"入尼雅滿軍營,欲捐軀以濟艱難"。這些都說明此三者有着共同的源流傳承。至於卷一《謝吏部尚書舉自代啓》末句"惟恩至大,當以國士報之",各本文字悉同,只有知服齋本"惟"作"推",殆形近而致誤。

綜合以上關於各本異文分布特徵的考察,我們認爲,李若水《忠愍集》的現存版本全部出自四庫館臣根據《永樂大典》重新輯編的三卷本,其中,文淵閣本、文溯閣本(未見影印)、文津閣本原書尚存,文匯閣本或文宗閣本,以及文瀾閣本雖佚而仍存,諸本面貌大備於此,誠爲考察流傳情況及相互關係、佐助文獻整理提供了極大便利。

結語:李若水詩文的整理現狀

李若水之詩文,《全宋詩》《全宋文》均以影印文淵閣《四庫全書》本《忠愍集》爲底本編錄——前者"校以殘本《永樂大典》、影印《詩淵》所引。新輯集外詩附於卷末"①,並未涉及其他閣本,陳新等《全宋詩訂補》據影印本《詩淵》册一頁五〇三補入《贈李元量》詩一首②,湯華泉《全宋詩輯補》據《梅磵詩話》卷上補入殘句一聯③;後者亦以斷代總集體量宏富,未列參校版本進行全面校勘④。2017年,作爲《燕趙文庫》之一種的《李忠愍集》點校本問世,與宋李清臣《李清臣文集》、王安中《初寮集》合爲一冊。是時《文津閣四庫全書》已經由商務印書館於2005年、2010年先後兩次影印出版,因而文淵閣本與文津閣本的面貌差異容易比勘獲悉。《李忠愍集》點校者即"以《文津閣四庫全書·忠愍集》爲底本",校勘所用他本、他書資料隨校記行文出現,既立足於《全宋詩》《全宋文》的成果,又以佚詩和殘句編爲卷四,並將涉及李若水其人其事的史料、《忠愍集》相關的題跋和解題列入附錄。⑤ 概言之,點校本選取文津閣本爲底本,當係通過文淵閣本和文津閣本的異文校勘繼而確定⑥,但既然是別集整理,仍宜更全面地考察現存全部版本情況,羅

---

① 北京大學古文獻研究所編:《全宋詩》,北京大學出版社,1998年,第31册,第20102頁。
② 陳新、張如安、葉石健、吳宗海等:《全宋詩訂補》,大象出版社,2005年,第372頁。
③ 湯華泉:《全宋詩輯補》,黃山書社,2016年,第4册,第1915頁。
④ 曾棗莊、劉琳主編:《全宋文》,上海辭書出版社、安徽教育出版社,2006年,第185册,第169頁。
⑤ 〔宋〕李若水:《李忠愍集》,張彬點校,河北大學出版社,2017年,第192—193頁。
⑥ 令人疑惑甚至遺憾的是,點校本中屢見不符合文津閣本而從於文淵閣本的文字及校記。例如,卷一《謝太上皇帝表五道》(其四),文淵閣本"循省增愧",文津閣本"省循增愧",點校本既作"省循",同於底本文字,又有校記"原文誤作'循省'。今據《文淵閣四庫全書》卷一改正"(第210頁);卷二《村家引》,文淵閣本"屋東幾畝田未犁",文津閣本首二字作"東家",點校本則作"屋東"(第235頁);卷三《次韻李子建懷歸》,文淵閣本"誤別雲山歲幾周",文津閣本"幾"作"月"(第251頁);等等。可見,點校本雖然"以《文津閣四庫全書·忠愍集》爲底本",但其實並未嚴格、如實地遵照底本文字,反而更像先以文淵閣本爲工作底本,却又忽略了將文字逐一改同於底本的重要步驟,最終導致整理質量大打折扣。

列異文,校定是非,以利閱讀和研究的深入推進。

附記:本文初稿完成後,曾於湖南大學嶽麓書院召開的第五届中國四庫學高層論壇提交宣讀,人民教育出版社陳恒舒先生及與會同場諸位學者提供的寶貴建議,皆給予筆者材料及思路上的重要啓發,謹致誠摯謝忱!

趙昱　武漢大學文學院　特聘副研究員

附　録:

表1　《忠愍集》卷三"七言近體"各本篇次比較一覽

	文淵閣本	文津閣本、北大本、南圖本、國圖本、知服齋本、上圖本
卷三"七言近體"	次韻宋周臣留別、<u>秋日書齋、夜坐、春日郊外、次韻高子文、用張濟川所舉詩韻漫作、次韻王深之二首、次韻張濟川二首、喜雪、次韻公實兄途中、從趙彦特求茶、西遊、次韻馬循道春懷、次韻倪巨濟春懷、江行值暴風雨詩、次友人韻題墨梅、題觀城驛壁、次韻舒伯源雪晴偶書四首</u>、雪後二首、睡覺、百井寨次高子文留題原韻、歸家、春日途中、題畫扇、次韻張濟川夜雪二首、<u>次韻倪巨濟詩換怪石</u>、送宋周臣赴殿試、寄題艾惠夫容膝軒詩、又次韻司空彦修送行、次韻馬循道遊長安東池詩、次韻李元量見贈、送何文植趨京、次韻高子文途中見寄、次韻李子建懷歸、書懷、偶成、次韻張濟川雪、聞卞氏舊有怪石藏宅中……乃賦此詩、與沈信翁對飲憶雍節夫高子文、與諸公遊葆真宮、秋懷	次韻宋周臣留別、雪後二首、睡覺*、百井寨次高子文留題原韻、歸家、春日途中、題畫扇**、<u>秋日書齋、夜坐、春日郊外、次韻高子文、用張濟川所舉詩韻漫作、次韻王深之二首、次韻張濟川二首、喜雪、次韻公實兄途中、從趙彦特求茶、西遊、次韻馬循道春懷、次韻倪巨濟春懷、江行值暴風雨詩、次友人韻題墨梅***、題觀城驛壁、次韻舒伯源雪晴偶書四首</u>、**奉使太原途中呈王坦翁副使(詩下小字注:案此詩原本不載,今據《三朝北盟會編》補入)**、次韻倪巨濟詩換怪石****、次韻張濟川夜雪二首、送宋周臣赴殿試、寄題艾惠夫容膝軒詩、又次韻司空彦修送行、次韻馬循道遊長安東池詩、次韻李元量見贈、送何文植趨京*****、次韻高子文途中見寄、次韻李子建懷歸、書懷、偶成、次韻張濟川雪、聞卞氏舊有怪石藏宅中……乃賦此詩、與沈信翁對飲憶雍節夫高子文、與諸公遊葆真宮、秋懷

* 南圖本、國圖本、知服齋本"覺"作"起"。
** 北大本無"扇"字。
*** 北大本"墨"作"畫",南圖本、國圖本、知服齋本無"韻"字。
**** 北大本、南圖本、國圖本、知服齋本、上圖本《次韻倪巨濟詩換怪石》在《奉使太原途中呈王坦翁副使》前。
***** 北大本、南圖本、國圖本、知服齋本、上圖本"趨"作"赴"。

表2 《忠愍集》卷三"五言近體"各本篇次比較一覽

	文淵閣本、文津閣本	北大本、南圖本、國圖本、知服齋本、上圖本
卷三"五言近體"	題趙進夫勝軒詩、齋居、博士舉陳東秀才雪詩……輒用其韻、送行、種荔枝核有感、別向德深、次韻高子文留別、途中、次韻高子文秋盡懷歸、太行道中、次韻李嗣表夜坐、<u>次韻高子文村居</u>	題趙進夫勝軒詩、齋居、博士舉陳東秀才雪詩……輒用其韻、送行、種荔枝核有感*、別向德深、次韻高子文留別、<u>次韻高子文村居</u>、途中、次韻高子文秋盡懷歸、太行道中、次韻李嗣表夜坐

* 南圖本、國圖本、知服齋本"枝"作"子"。

日人輯《佚存叢書》滬上黄氏重刊本探析

涂 亮

　　清代是域外漢籍回流的全盛期。當此之時,學者們秉持着"禮失而求諸野"的心態,均不約而同地尋求海外遺書。而在回流中國的典籍當中,《佚存叢書》值得關注。此書由日本大學頭林衡於寬政至文化年間(1799—1810)匯輯,收録中國久佚的珍貴古籍六帙十七種①,取歐陽修《日本刀歌》"佚書百篇今尚存"之意定名,活字印行,每書之後皆附林衡題跋,述其藏弃、刊刻源流,影響巨大。金衍宗《孫琴西太史衣言海客受經圖》一詩便稱舉其爲日傳典籍之代表:"七經考文採日本,《七經孟子考文補遺》日本山井鼎物觀撰。四庫著録同昭垂。孝經孔傳論皇疏,《古文孝經孔傳》《論語皇侃義疏》皆得自海舶。佚存叢刻流傳滋,日本刻《佚存叢書》數集。"②此外龔自珍《與番舶求日本佚書書》亦云:"昔在乾隆之年,皇侃《論語》從至;邇者,《佚存叢書》至;所著《七經孟子考文》亦至。海東禮樂之邦,文獻彬蔚。天朝上自文淵著録,下逮魁儒碩生,無不歡喜。"③

　　《佚存叢書》所收爲中國佚書,極具文獻價值,故清代學人將其編入叢書之中,以廣流傳。如阮元所輯《宛委别藏》中即收録《佚存叢書》本的《泰軒易傳》《樂書要録》《臣軌》《難經集注》《五行大義》《玉堂類稿》《兩京新記》《文館詞林》等,

---

　　① 按:原刊標目爲十六種,《武夷櫂歌注》附於《感興詩注》後,然此二書爲兩人所注,當算爲兩種,故爲十七種。
　　② 〔清〕金衍宗:《思詒堂詩稿》卷十,清同治五年(1866)刻本。
　　③ 〔清〕龔自珍:《龔自珍全集》,上海人民出版社,1975年,第330—331頁。

另有抄本《周易新講義》亦源自《佚存叢書》本。鮑廷博《知不足齋叢書》收錄《五行大義》。錢熙祚《守山閣叢書》收入《難經集注》，《指海》收入《唐才子傳》。伍崇曜《粵雅堂叢書》收入《周易新講義》《泰軒易傳》《臣軌》《文館詞林》《兩京新記》《唐才子傳》等等。

通過這些稀見典籍的傳播，從而形成了一大批學術成果，尤以《五行大義》《文館詞林》《古文孝經孔傳》《唐才子傳》等書爲最。以《五行大義》爲例，不僅有徐養原《蕭吉〈五行大義〉跋》、許宗彦《〈五行大義〉序》、張澍《書〈五行大義〉後》等單篇論述，在阮元《揅經室外集》、周中孚《鄭堂讀書記》、耿文光《萬卷精華樓藏書記》中也有對《五行大義》探究的專文。此外王念孫《讀書雜誌》、王引之《經義述聞》、孫詒讓《周禮正義》、孫星衍《尚書今古文注疏》、王先謙《漢書補注》等名著都程度不等地利用了《五行大義》，足可見其影響之大。但至清末，《佚存叢書》原刻本流傳漸稀，少見擁有全帙者，由此則有光緒八年（1882）滬上黄燦生、黄潤生用木活字重刊《佚存叢書》之舉。這在日本原刊本之外，形成了中國重刊本系統，且頗爲通行。然重刊本的版刻質量如何？於原刊本有何差異？能否作爲學者採用的善本？本文略作討論如下。

一、《佚存叢書》的重刊與傳播

黄燦生、黄潤生兄弟生平事跡無考，光緒八年尤炳奎《重刊佚存叢書序》云："今年春爲視婿黄燦生，扶病至滬上，……予至滬上時，燦生亦患外證，謂由積淫，無足重輕，況在肚年，尤爲平淡。一經五月，證重身虧，然好學之心未嘗或懈。於從容之際，言欲將《佚存叢書》翻刊便人，而還可自便。校對之責，囑予任之。予非不知事之非輕，豈容妄諾。轉念至病魔久擾，藉可消閒，因漫以許之。言未幾日，而燦生溘然長逝。嗚呼！如此人才，天竟不永其年，痛何能已。"①可知黄燦生卒於光緒八年。後又云："其弟潤生性亦孝友，以兄有翻刻《佚存叢書》之言，遂引爲己任，以終兄志。校對之責，仍予是囑。予即有前諾，勉以從命，無如久病之餘，心呆目鈍。姑强振精神，以正亥豕。然究空疏從事，有不足勝任爲愧者，遇有疑難之處，每質諸同校之，許君濟臣以教不逮，今事已竣惜。燦生之不及見也，悲夫！"②由此可見，此重刊本是由黄燦生、黄潤生兄弟作爲策劃及出資人，並負責刊刻的具體事宜，而尤炳奎則負責具體的校勘工作，亦請許濟臣等協助。

此本刻成之後，流傳漸廣。清光緒九年三月至五月還於《申報》刊登廣告售賣："校印《佚存叢書》。乾嘉已來，競尚拾遺訂墜之學，是書原校印於日本，分爲

---

① 殷夢霞、王冠選編：《古籍佚書拾存》第2册，北京圖書館出版社，2003年，第2—3頁。
② 《古籍佚書拾存》第2册，第4頁。

六集,其中如《孝經孔傳》實足補山井鼎《七經孟子考》之缺。其他史學類之《文館詞林》、載籍類之《玉堂類稿》等書皆海內吉光片羽,難得而可貴者也。《宋景文集》別無刊本,即日本校印類皆缺此,今仍倣宋本得成全璧。兹校印精工、上料紙張,每部實價洋十二元正。顧購者請至上海讀未樓、蘇州千頃堂兩書坊,並各處書坊均有寄售,此啓貞古山房謹白。"①葉德輝亦在《書林清話》卷八舉"光緒間吳門書坊印日本《佚存叢書》全集"②為例作為宋以來活字板書籍之典型。今各大圖書館多有收藏。

然此書較原刊本有諸多差異,尤炳奎認為日本原刊本有較多訛誤,故對其進行了刪改,其序云:"然即此佚存之傳厥功已偉,而惟是魯魚之誤,於校猶疏,好古者初不以字之舛錯為嫌,而惟以書之難得為憾也。"③但尤氏校改的情況並未受到學者們的重視,一些學者未詳其中顯著的版本差異,而將此書視作日本原刊本使用。如《叢書集成初編》本《樂書要錄》底本就採用黄氏重刊本,其説明云:"本館據《佚存叢書》本影印,初編各叢書僅有此本。"④殷夢霞、王冠選編《古籍佚書拾存》,其出版前言云:"《古籍佚書拾存》共收錄成書於清代至民國間的輯佚、輯錄之作六種,涉及古代佚存典籍二百餘種。這六種圖書是:……日本寬政年間林衡所輯《佚存叢書》"⑤,然其所影印的版本亦為黄氏重刊本《佚存叢書》。又如《域外漢籍珍本文庫》其編纂凡例云:"本叢書所收著作為海內外各機構或個人收藏之域外漢籍善本、孤本、稀見本。"⑥其第一輯就影印《佚存叢書》所收錄的書籍,但影印底本均采黄氏重刊本。甚至第一輯子部影印的《難經集注》,其提要明言其為日本活字本,然檢視原書,仍為黄氏重刊本。此外,互聯網時代電子圖書資源逐漸豐富,重刊本《佚存叢書》更是掃描成電子版流傳甚廣,故尤易出現為求便利,而隨意選用的情況。因此詳悉二本差異,顯得尤為重要。

二、黄氏重刊本對原書體例及文字之改動

相較於初刻本,重刊本在版式及編排順序上有所改動,同時在文字內容方面也有所校正,此可謂常態。而判斷重刊本的優劣,關鍵就在於考察其體例調整是否合理,文字質量是否轉精。

---

① 《申報》第 3571 號(上海版),清光緒九年癸未年二月十七日(1883 年 3 月 25 日)。
② 〔清〕葉德輝:《書林清話》,嶽麓書社,2010 年,第 181 頁。
③ 《古籍佚書拾存》第 2 册,第 2 頁。
④ 〔唐〕武則天等:《樂書要錄》,中華書局,1985 年,整理説明。
⑤ 《古籍佚書拾存》第 1 册,第 3 頁。
⑥ 《域外漢籍珍本文庫》編纂出版委員會編:《域外漢籍珍本文庫》第 1 輯經部,西南師範大學出版社,2008 年,第 5 頁。

（一）書籍體例的改動

黃氏重刊本對于書籍體例的改動，主要分爲序跋的增删調换、目錄的調整及格式的改變這三方面。

在序跋的增删調换上，日本刻本卷前僅有林述齋《佚存叢書序》，而黃氏重刊本卷前增添了三序，其順序分别爲尤炳奎《重刊佚存叢書序》、林述齋《佚存叢書序》、尤炳奎《重刊古文孝經説》、孔安國《古文孝經序》。所增尤炳奎二序，作爲刊刻緣起及過程的説明，是重刊本的必備部分。然孔安國《古文孝經序》的增加却仍待商榷。林衡《題古文孝經孔傳後》已明言："余故取書本數種参互校訂，定爲此本，至孔序則刊本皆載之，而書本多不載，今亦從之。"① 可見無孔序正是古寫本之面貌，貿然增之，則失古本之貌。尤炳奎在《重刊古文孝經説》解釋了增序的原因："況此書既非古時原本，似不至蹈僭妄之罪。並將孔氏原序增列於卷首，亦未始非禮不忘本之意也。"② 反映了不同的學術觀點。同時在日本刻本前三帙的目次後均有林衡跋語，詳述其選書標準及校刊情狀，重刊本却將其删去，令人頗爲不解。此外《古本蒙求》前有李良《薦蒙求表》及李華《蒙求序》二序，重刊本則將其位置互换。

在目次的調整方面，日本刻本前并無總目，而在每一帙前設置該帙的目次，重刊本則將各帙目次提至書首，並增設總目。另外重刊本還在每書的小字標識中增添其現存具體卷數，並將《臣軌》附之於《五行大義》之後。然而《臣軌》與《五行大義》之間並無直接聯繫，將其附之於《五行大義》後顯然並不合宜。同時日本刻本《五行大義》每卷各節標題均分列，黃氏重刊本則調整爲在各卷卷首列出該卷各節之所有標題。至於《唐才子傳》，日本刻本每卷卷前均有目次，而黃氏重刊本則將目次悉數删去。

在格式的改變上，則更爲瑣碎。對於《難經集注》的正文注釋，日本刻本作"吕曰""丁曰""楊曰"，黃氏重刊本則將其改爲"吕注""丁注""楊注"並陰文塗黑。又如在日本刻本《文館詞林》的目錄中，同一人的第二篇文章，低兩格書寫，而黃氏重刊本一律齊平。日本刻本《武夷櫂歌》中注文低二格，而黃氏重刊本低一格。日本刻本《玉堂類稿》在正文標題上空三格，目錄上空四格，黃氏重刊本則改爲正文標題及目錄均空兩格等等。

除此之外，黃氏重刊本甚至出現了板片錯亂的現象，其《古本蒙求》卷中第九頁的内容與卷下的第九頁内容發生了竄亂。又如《周易新講義》，龔原、鄒浩二序前闌入卷一首兩頁。而《泰軒易傳》，日本刻本天瀑跋前有董洪跋，而在重刊本中

---

① ［日］林衡：《題古文孝經孔傳後》，民國十三年（1924）上海涵芬樓影印日本寬政文化間刻本。按：下文所引林衡跋語均據此本。
② 《古籍佚書拾存》第2册，第9—10頁。

此跋闌入卷六末,在編集、校正人署名之前。

由此可見,黃氏重刊本對書籍體例方面的校改較爲隨意,並未有統一的原則。雖多數改動無傷大雅,但所出現的序跋删削及板片錯亂現象,則無疑是重刊本的缺陷,反映其校勘過程並不仔細。

(二) 文字方面的改動

相較於書籍體例的改變,兩版本之間的文字差異更爲巨大。《佚存叢書》共有十七種一百一十一卷,體量較大,無法一一對勘,今選擇典型的案例予以説明。

其中差異最夥的便是《古文孝經孔傳》,通過將兩版本进行對校,發現其文字大多改爲古字。如將"以"改爲"㠯"、"德"改爲"悳"、"之"改爲"㞢"、"天"改爲"兲"、"聞"改爲"聁"、"其"改爲"丌"、"和"改爲"龢"、"誼"改爲"義"、"弗"改爲"不"、"完"改爲"全"、"國"改爲"或"、"隻"改爲"庆"等,諸如此類,不勝枚舉。《古文孝經孔傳》前有光緒八年尤炳奎《重刊古文孝經説》,已明言將其改動:

> 是編較明皇本多五十一字,並有字句不同之處,且古字極多,而間有俗體誤爲古字,別無善本,難以考正。正有欲仍其舊而不得,欲改其章而未能者。及閲至東人跋中有取抄本數種,參互校訂,定爲此本之説。從知書中之古字,已出於東人之所酌定,非古本之真面目矣。宜乎? 有見於此,而不見於彼,見於經文,而不見於注釋者。考諸我朝之經籍,從未有如是格式也。兹將其所用之古字,悉爲校正,注釋中亦一例用之。其外如"天地社稷進退"六字獨下三字用古字,覺斟酌,猶未盡善,竟將上三字亦改爲古字,以付剞劂,非敢貿然改易,亦求其合於宜耳。①

由序文可知,尤炳奎校改的理由爲"書中之古字,已出於東人之所酌定,非古本之真面目矣"。然此説並不準確,據林衡《題古文孝經孔傳後》:"《古文孝經孔傳》坊刻數本,余所見古寫本四五種,唯弘安二年書本爲最古,而又多與坊本異,經文往往雜異體字,如上作⊥,下作丅,始作乱,終作枲之類,蓋所謂隸古文者已。"可見書中古字僅限經文,且爲弘安二年本所自有之,並非林衡所改撰,今取弘安本復核,亦如此。而尤炳奎更將注文均改成古字,已經失其旨意。經此一改,面目全非,已難窺古本之面貌。

此外再抽取他書,細勘其文字。如《周易新講義》,其書版本流傳清晰,是一個可用於比勘文字差異的極佳樣本。日本公文書館藏南宋初年刻本,文化二年乙丑(1805)是書入藏昌平坂學問所,五年(1808)大學頭林述齋刻入活字本《佚存叢書》。森立之《經籍訪古志》卷一著録該本,介紹頗詳,然認爲其爲"北宋槧本"②。

---

① 《古籍佚書拾存》第 2 册,第 7—9 頁。
② [日]澁江全善、森立之:《經籍訪古志》,上海古籍出版社,2017 年,第 14 頁。

阿部隆一以爲字樣係建安字體,略帶樸拙,字劃清勁,墨色妍好,紙是白色堅厚的楮紙,故而推定爲南宋紹興中閩刻本,時間當不晚於孝宗前期,故稱之爲南宋初年刊本。① 今抽取其卷九,以日藏南宋初年刻本、林衡刻本、滬上黄氏重刊本三本進行比對,其異文如下表所列:

表 1 《周易新講義》卷九異文表

頁碼	A/B 面	行數	日藏南宋初年刻本	林衡刻本	滬上黄氏重刊本
2	B	4	時之所趨	時之所趨	時之所趣
4	A	4—5	疑獨而也矣	疑獨而也矣	感通而也矣
4	A	6	憂虞失得	憂虞失得	憂虞得失
6	A	6	其禁民爲非	其禁民爲非	其禁民謂非
8	B	1	物陳露	物陳露	萬物陳露
8	B	1	智者	智者	智
8	B	10	入者屬巽	入者屬巽	伏者屬巽
10	A	10	川以登漁	川以登漁	川以登魚
12	A	8	繫辭有惟理	繫辭有惟理	繫辭有推理
12	B	10	皇則内如外非神也	皇則内如外非神也	皇則内聖而外神也
13	A	8	和其功向帝也	和其功向帝也	而其功向帝也
13	B	5	富民終於六易	富民終於六易	富民終於交易
13	B	7	禮義有所錯	禮義有所錯	禮義有所措
13	B	10	服牛乘馬以施諸	服牛乘馬以施諸	服牛乘馬以施諸塗
13	B	10	以利載也	以利載也	以利載
14	A	2	以木行艱難散也	以木行艱難散也	以木行艱難者也
14	B	4	則居者安	則居者安	則居者乃
14	B	8	小而有所過	小而有所過	小而有過所
15	B	7	有風雨之勞	有風雨之勞	有風雨之苦
16	A	3	喪期無數	喪期無數	喪斯無數
17	A	2,3	以世以之	以世以之	係乎世運
17	A	7	故終之陽	故終之陽	故終諸易

---

① [日]阿部隆一:《阿部隆一遺稿集·第一卷(宋元版篇)》,汲古書院,1993 年,第 249—250 頁。

續表

頁碼	A/B面	行數	日藏南宋初年刻本	林衡刻本	滬上黃氏重刊本
17	B	9	則於象者	則於象者	則是象者
21	B	8	其往以屈其來以伸	其以往屈其來以伸	其往以屈其來以伸
23	A	6	九此崇智之事也	九此崇智之事也	凡此崇智之事也
24	B	4	易曰介于石不終日正吉	易曰介于石不終日正吉	易曰介于石不終日貞吉
24	B	8	所故無事乎知幾也	所故無事乎知幾也	來故無事乎知幾也
25	A	10	知幾其神乎	知其幾神乎	知幾其神乎
28	A	6	無往而非物	無往而非物	無往非物
28	A	8	形而下者	形而下者	形而下者也
34	A	2	趣時	趣時	趨時
35	B	8	辨者	辯者	辨者
38	B	5	辯是與非	辯是與非	辨是與非
39	A	1	以道而迷作者	以道而迷作者	以道而述作者
40	B	1	多功凶者	多功凶者	多凶功者
40	B	9	兼三材而兩之	兼三材而兩之	兼三才而兩之
40	B	9	非它也	非他也	非它也
42	B	1	遠已於物	遠已於物	遠之於物
43	A	2	八卦	八封	八卦
43	B	9	則能用六而永正	則能用六而永正	則能用六而永貞
45	A	8	其相推言其趣時	其相推言其趣時	其相推言其趨時
45	B	2	正則無變動	正則無變動	貞則無變動
45	B	3	以爻趣時	以爻趣時	以爻趨時
45	B	3	然後正出而爲利	然後正出而爲利	然後貞出而爲利
46	B	2	趣其變	趣其變	趨其變

由表中所列可知，此一卷之中，林衡刻本與黃氏重刊本之間的差異就達四十餘處之多。其中黃氏重刊本有較多訛誤之處，如"則居者安"，"安"訛爲"乃"；"喪期"訛作"喪斯"。此外又如脫文現象，如"智者"脫一"者"字等等，不勝枚舉。然而亦有修改正確之處，大多爲明顯訛字，如"遠巳於物"，因前爲"近之於身"，故"巳"當作"之"，又如"易曰：'介于石，不終日，正吉。'"，將"正吉"改爲"貞吉"等。

還另有五處訂正林衡刻本之誤,還原至與宋刻本相同,如"八卦",林衡刻本誤爲"八封"。此等皆原刻本明顯有誤者,黃氏重刊本得以改正,但大量的訛脱和改變原本面貌的易字,説明重刊本文字多有不可信之處。

三、黃氏重刊本對原書内容的臆改

從書籍體例變化與文字差異兩方面來看,還不足以見其刊刻之粗陋。其大量毫無憑據的文字内容的臆改,才是令人難以接受的,今以《難經集注》及林衡跋語爲例,稍作説明:

(一) 對《難經集注》的内容臆改

《難經集注》兩版本之間差異甚大,尤氏却未有説明。今取典型數例,以窺一斑。林衡刻本署名爲"盧國秦越人撰,吕廣、丁德用、楊玄操、虞庶、楊康侯注解,王九思、王鼎象、石友諒、王惟一校正附音釋"①,黃氏重刊本署名爲"盧國秦越人撰,丁德用、楊玄操、楊康侯、吕廣、虞庶注,王九思、王鼎象、石友諒、王惟一校正音釋"②,可見其列名順序發生了錯亂。然黃氏重刊本的改變頗有不解之處,若以各注者時代順序爲準,吕廣爲三國時吴國醫家,丁德用爲北宋嘉祐間人,楊玄操爲唐人,楊康侯爲北宋元符間人,將吕廣置於其後,當誤③。

再如《難經集注》卷二第七頁,"六至曰命絶此死之脈也"的注文,日本林衡刻本爲:"吕曰:'不出日死。'虞曰:'五至死之漸也,六至今死矣,此言死之脈也,必是言至之脈也。'必是言至之脈,恐寫之誤,可合下文。"而黃氏重刊本則爲:"吕注:'不出一日死。'虞注:'五至已爲死脈,六至自宜決其命絶矣。'"④差異頗大。又如"何謂損一呼一至曰離經"條的注文,林衡刻本有丁德用注:"丁曰:'爲陰加於陽四倍也。'"而黃氏重刊本不知爲何竟未有丁注。同時其後的虞注文字又有不同,林刻本作:"以下吸養於呼也",而黃氏重刊本作:"離經者,即離其常度之謂也"⑤,頗爲奇怪。具體如圖1、圖2所示:

又如卷二第十二頁,差異亦夥,此頁所有注文竟無一條相同,儼然成别本之態。但無論其文字有多大的變化,各條位置却大體相同,如圖3、圖4所示。

---

① 秦越人等:《難經集注》卷一,民國十三年上海涵芬樓影印日本寬政文化間《佚存叢書》本,第1頁。
② 《古籍佚書拾存》第4册,第397頁。
③ 按:然以日本原本順序,虞庶爲北宋治平間人,應在楊康侯之前,同時丁德用位置亦不確,待考。
④ 《古籍佚書拾存》第4册,第477頁。
⑤ 同上。

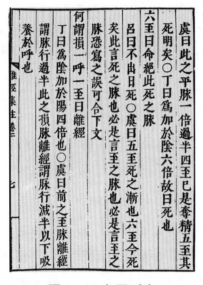

虞曰此之平脉一倍過半四至已是奪精五至其死明矣〇丁曰爲加於陰六倍故曰死也
六至曰命絶此死之脉
呂曰不出日死〇虞曰五至死之漸也六至今死矣此言死之脉也必是言至之脉也必是言至之脉恐寫之誤可合下文
何謂損一呼一至曰離經
丁曰爲陰加於陽四倍也〇虞曰前之至脉離經謂脉行過半此之損脉離經謂脉行減半以下吸養於呼也

難經集注卷二　七

圖 1　日本原刊本

五至曰死
呂注 五至之脈陽亢陰竭勢難望其轉機者矣〇
虞注 比之平脈倍而又半陰氣已竭其能久乎死可待也
六至曰命絶此死之脈也
呂注 不出一日死〇虞注 五至已爲死脈六至自宜決其命絶矣
何謂損一呼一至曰離經
虞注 前之至脈離經謂脈行過半此之損脈離經謂脈行減半離經者削離其常度之謂也

難經集注卷一　七

圖 2　黄氏重刊本

濇者中霧露
虞曰濇脉狀如刀刮竹寒虚於血故脉乃濇也
一呼五至一吸五至其人當困
虞曰脉一息十至氣血勞走不困受爲生死如下説
沉細夜加浮大晝加
虞曰陰脉細沉夜加可驗陽脉浮大晝甚可加
不大不小雖困可治其有大小者爲難治
虞曰極大陽大盛必減極小陰水竭必竭故曰難治

圖 3　日本原刊本

濇者中霧露
虞注 八至而濇傷於陰寒深矣因知其中霧露也
一呼五至一吸五至其人當困
虞注 脈一息十至氣血亂甚矣其人之危困不待明言
沈細夜加浮大晝加
虞注 陰旺於夜陽旺於晝陰脈夜甚陽脈晝甚
不大不小雖困可治其有大小者爲難治
虞注 十至之脈危困極矣不大不小陰陽相等容或可治若再有大小加夜加晝加則難治矣

圖 4　黄氏重刊本

甚至圖像的釋文亦完全不同。如《難經集注》卷二第三十六頁。見圖 5、圖 6 所示：

《難經集注》國内久佚，現存最早版本爲日本公文書館藏慶安五年（1652）刊本。澁江全善、森立之等撰《經籍訪古志》補遺醫部亦著録此書，並云："此本雖未見原本，蓋依明板翻刻者。其板往罹祝融，今世希有。林天瀑祭酒活字擺印，收入《佚存叢書》中，而阮元《四庫未收書提要》舉有其本。寬政中醫官千田子敬亦有

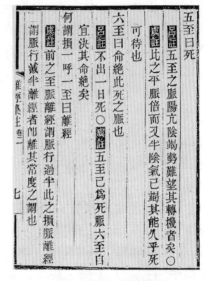

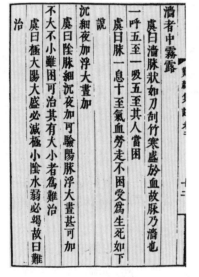

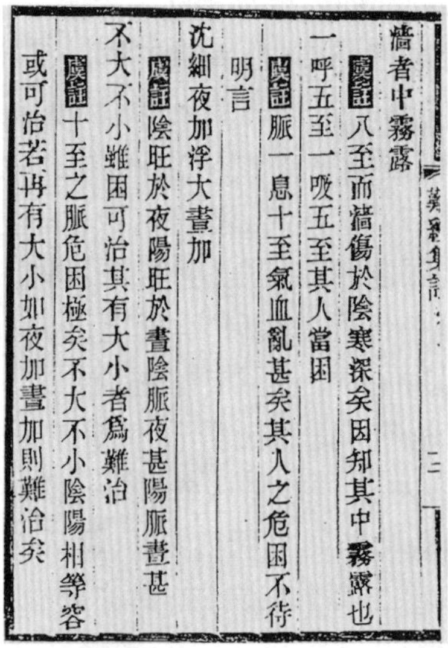

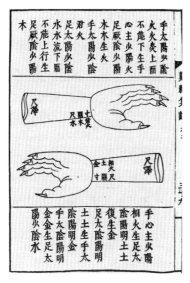 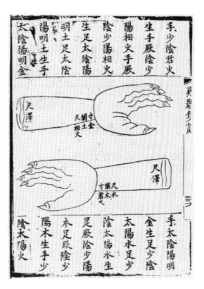

圖5　日本原刊本　　　　圖6　黃氏重刊本

重刊,其功不可没矣。"①林衡享和三年(1803)《難經集注跋》:"因質諸醫官多紀廉夫。廉夫云:'近代醫書絕無援引,久疑散佚。'廉夫於醫家雅稱賅洽,而其言如此,則知其果失傳也。"多紀廉夫即多紀元簡,慶安五年刊本後有其手跋。由此可知林衡所用底本正爲日本公文書館藏慶安五年刊本。千田子敬文化元年(1804)重刊本今亦藏日本公文書館,爲濯纓堂刊紅葉山房舊藏本,多紀元簡有《重刊〈難經集注〉序》對其刻書始末言説甚詳。《難經集注》回流中國,阮元據《佚存叢書》本進呈,咸豐二年(1852)錢熙祚亦據《佚存叢書》本校勘並作夾注,匯入《守山閣叢書》中。可見流傳國内外之各本均屬同一源流。

僅《經籍訪古志》曾注一别本云:"元治甲子(1864)小春於淺草書肆得《難經集注》鈔本,體式與慶安板本不同。"②此本今下落不明,據《經籍訪古志》所載之特徵:"卷首無'集注難經序'五字,序末'聖旨云云'提頭書,目録前有注家姓氏",與黄氏重刊本完全不同,排除尤炳奎有參考此版本之可能。此外以上所舉各例,林衡刻本均與慶安五年本相同,黄氏重刊本既無别本可咨參考,且其改撰又完全不合常理。同時尤氏未作校記或説明,無法獲知其文獻來源,利用數據庫檢索亦未有確證。此處頗令人匪夷所思,尤當注意。

(二)對林衡跋語的内容臆改

林衡在校刻之後,均撰寫一段跋語附於書後,述其藏弆、刊刻源流。由於此爲林衡自撰自刻,日本原刻本中所載即反映其最終定本的面貌。黄氏重刊

---

① 《經籍訪古志》,第270頁。
② 同上。

本亦將林衡跋語刊於各書之後，然其文字內容上却有較大差異。今列舉差異如下：

表2 《佚存叢書》林衡跋語異文表

	日本原刻本	黄氏重刊本
《題樂書要録後》	爲遣唐留學生	特遣唐遊學
	該涉衆藝	兼習衆藝
	予嘗得抄本一通	子嘗得抄本一宗
	他日幸有獲以傳之,可稱一快耳	他日倘得獲以傳之,亦大快事焉
《題兩京新記後》	著于録	所著録
	而首又闕數紙焉	而首已闕數紙焉
	書之流播此間舊矣	書之流播此間久矣
	以想夫龍鳳之姿也	可想見龍鳳之姿也
《李嶠百詠跋》	家傳户誦	家絃户誦
	後世蓋軼矣	後世蓋佚矣
	疑誤羨十字	疑有誤
	則識已非其舊矣	其已識,其非舊矣
《書文館詞林後》	一千卷下者繆矣	一千卷下者謬矣
	一字誤寫不者,上下有脱字亦未可知也	其或一字誤寫,或上下有脱字亦未可知
	千卷之鉅典	千卷之鉅製
	則又烏可不傳焉乎	急爲流傳以資博覽
《書感興詩注跋》	亦以其無別行也	亦以取其精華也
《泰軒易傳跋》	是書原係足利學所貯文明中影本	是書足以資後學,所貯文明中影本
	書皮敗損,紙墨弊爛	書編殘破,紙墨敗壞
	可不謂之藝林一枝枯而復華耶	豈不謂之吉光片羽、碩果僅存耶
《唐才子傳跋》	以訂坊本之誤云	以考訂坊本之誤
	釐爲八卷	釐爲十卷
	所謂八卷	所謂十卷
	安得不珍而傳之乎	安得不鎮而傳之乎
《蒙求跋》	訛繆	訛謬
	活字刷印	活字印

續表

	日本原刻本	黃氏重刊本
《蒙求跋》	或目狃乎	或曰狃乎
	是則買菜傭之見耳	是則買菜傭之間耳
《玉堂類稿跋》	當即崔此稿	當即此崔稿
《周易新講義跋》	介甫三經義	介甫二經義
	則其爲失傳當無疑焉	則書之失傳一定無疑矣
	不少衰	不少怠
	葆愛	寶愛
《宋景文公集跋》	奧博	奧博
	別自成家	別成一家
	論者或謂	論者謂
	未必然	亦未必然
	各本今皆亡	別種已亡矣
	庚午陽月二十二日	庚十二日

總結其差異,可分爲近義刪改與誤改二類。如《題樂書要錄後》中"爲遣唐留學生",尤氏改爲"特遣唐遊學"等就屬於近義刪改。而誤改之處更值得一提,如《泰軒易傳跋》中"是書原係足利學所貯文明中影本"。因尤炳奎未知"足利學"之含義,而改爲"是書足以資後學,所貯文明中影本"。又如《唐才子傳跋》,此書《四庫全書總目》著錄《永樂大典》本爲八卷,林衡引之,並謂"則彼之所存已非完帙,所謂八卷亦成於撾拾之餘者也"。尤炳奎誤解其義,因林衡刊本爲十卷,認爲此處有訛誤,故將提要中所有的"八卷"均改爲"十卷"。據此可見尤氏據己意而妄改的現象十分嚴重。

四、結 語

滬上黃氏重刊《佚存叢書》對原刻本進行了較大程度的改動,涉及體例及文字內容等多方面,而其校改之處並未特別說明,毫無根據,頗違校勘之旨。雖然重刊本部分校改處亦可資參考,但大量異文背離原本面貌,甚至還有大量幅度的臆改,於"善本"相距甚遠,頗不適宜作爲學者徵引之版本使用,尤當注意。

涂亮　南京大學文學院中國古典文獻學專業　碩士研究生

北師大館藏清抄本《絸齋詩集》考

丁之涵

北京師範大學圖書館藏清抄本《絸齋詩集》不分卷《焚餘》二卷,清張謙宜撰。綫裝十三册。每半葉八行二十四字,小字單雙行不等。無欄格。卷前先《絸齋詩集自敍》、康熙三十三年(1694)《絸齋詩自敍》、康熙五十四年(1715)《絸齋四年詩自敍》自序;次《各册題詞總録於前》:康熙三十九年(1700)一則,四十五年(1706)二則,五十四年(1715)三則,五十五年(1716)、雍正三年(1725)、五年(1727)、七年(1729)各一則,凡十則。次康熙四十八年(1709)左宰序,雍正五年高鳳翰《讀稚松先生老年詩》題詩一首及論詩題識一條。以下分册目録,接各册正文。卷端題《絸齋詩集》,撰人行"張謙宜稚松甫著"。前十二册編年詩録不分卷,始康熙十四年(1675),訖雍正九年(1731)。末册《焚餘》二卷。各册俱有圈點並詩評。卷内抄録謙宜詩文、詩注,少量自記、跋識,各人點評,俱一手抄成。

一、張謙宜及館藏抄本《絸齋詩集》介紹

張謙宜(1649—1731),山東膠州人。原名莊,一説埈,字謙宜。以字行,易字稚松,號山農、絸齋,晚復號山民、山南老人等。讀書藏書處名"家學堂"。康熙五十一年(1712)壬辰科進士。謙宜少落拓有俠風,十三學文,十四爲詩,早歲即富詩名,不屑舉業。康熙十四年(1675)始學詩於楊戩夏_{師亮}①,深受影響,以詩之爲

---

① 有相關研究以爲張謙宜於康熙十五年(1676)始師事楊戩夏,所據卷前《絸齋詩集(轉下頁)

道,本乎性術而須涵養於學問,是以割絶少習,中年以後折節讀書,涵泳古文,並潛心制藝。謙宜及第時已趨六十四歲,初入直武英殿任編修,復爲皇十四子允䄉聘任幕僚兼教授皇孫,此後再未授職。幕中三年,屢隨皇子從獵出塞,至五十四年倦遊辭歸。雍正三年與修《山東鹽法志》,此外多鄉居著述,課子孫至於終年。張謙宜中年以後服膺程朱,撰《四書廣注》《四書質言》《四書疏義》等。謙宜詩以杜爲宗,以性術爲原,以學問涵養爲輔,與清初山左詩壇主流之"神韻派"、明代遺脈之"格調""性靈"等俱有不同,又于各家甄擇熔煉,自爲一格,要以"意真""情真"爲根本。其詩集今存《絸齋詩選》《絸齋詩集》(即館藏本)①。此外尚有《張稚松先生文集》(中科院圖書館藏清抄本)、詩學著作《絸齋詩談》、文章學著作《論文》等。《(道光)重修膠州志》《(民國)增修膠志》《(宣統)山東通志》《(民國)山東通志》等俱有傳,高鳳翰爲作《張稚松先生偕配高孺人墓表》②。

館藏抄本前十二册,依次收録張謙宜康熙十四年至雍正九年(卒年)五十六年間各階段詩作(除康熙四十六年稿失)。每册録詩或數年,或一年,多有該册編年"補遺"詩,列"正録"③之後。第十三册《焚餘》二卷,不編年,亦未標別詩體,略依古體、歌行、五七絶律等分别叢録,同一體内大致據時先後編次。經檢點,卷內"正録"及"補遺"近二千題,《焚餘》二卷二百餘題,凡三千餘詩。卷内除抄録張謙宜詩作、詩注外,尚録有多人評文。其可考者有門人李伊村、趙靜亭,友人王季陵、李十洲、趙初筵等。他無記名者,或有程邃、方扶南、宋林寺、高鳳翰等點評,卷内俱有詩證。詩評頗有諗熟謙宜師友交遊者,如《奉贈楊戴夏先生五百七十字》尾評:"楊先生親作八分書於便面,其愛此詩可知。"又如《擬晉陸機齊謳行應試》眉批:"謹按:此題本言其土俗。齊東境臨大海,乃連成之故墟。又與文章師授相合,故特録之。"具闡此詩入選緣由。至謙宜晚歲,故人多逝。"評定於今少故人""幸有阿顧同一脈,挑燈每夜語津津。"④則老年詩評,或多出三子顧手。卷内詩評多爲別本所無,是抄本獨具價值。

(接上頁)自叙》:"大都乙卯(康熙十四年)以前,多師心儇弄之習""丙辰(康熙十五年)而降,師事楊戴夏先生,始知予之不足。"筆者未從,以爲"乙卯""丙辰"以行文便宜作此,實俱指乙卯。且以師事年作爲《詩集》起始年(乙卯),較爲合理。又有張謙宜《詩談序》:"余自乙卯從招遠楊先生游。"按《詩集》乙卯年自注"家居",則"從遊"確指師事當無疑,可資證。

① 館藏本今有點校本。〔清〕張謙宜撰,魏學寶、伊强點校:《絸齋詩集》,齊魯書社,2016年12月。後附録《稚松先生年譜》可資參考。本文援引或辨證處,簡稱"點校本"。
② 〔清〕高鳳翰:《南阜山人敩文存稿》卷五《張稚松先生偕配高孺人墓表》,《清代詩文集彙編》第253册,上海古籍出版社,2011年,第183頁。
③ 抄本原無"正録"字樣。本文爲行文方便,稱此與"補遺"相對。
④ 抄本詩《以文稿示兒》(雍正七年,己酉補遺)。

二、張謙宜詩作主要版本及異文情況

　　館藏抄本而外,張謙宜詩尚有:

　　乾隆二十四年(1759)法輝祖刻《絸齋詩選》二卷《補遺》一卷①。前此,法氏先刻成《家學堂遺書》二種即《詩談》《論文》。其刻序曰:"今歲春抄得晤先生(謙宜)文孫菊庭兄弟,知先生所著家學堂詩、古文、雜著凡四十餘冊。""擇《絸齋詩談》《論文》二種先付剞劂。"明年,"菊亭兄弟復出先生詩文四百餘篇示余,且云此全稿三千餘首中暮年自爲選訂者。"此《絸齋詩選》所由來。《四庫全書存目叢書》收錄是刻,據中國國家圖書館藏李文淵批識、李文藻跋本影印。

　　此外,張謙宜詩原有《沉鬱集》《家學堂詩鈔》等集。抄本康熙五十三年(1714)甲午詩《四集告成作》題注"《菊味集》《雪趾集》《碎墨集》《沉鬱集》"。抄本卷前康熙五十四年《絸齋四年詩自敍》:"删選辛卯、壬辰、癸巳、甲午四年詩作。"同年又有《四年詩抄成》一首。查清人宋弼《國朝山左詩補鈔》"張謙宜"條劄記:"其曰《沉鬱集》者,辛卯以下四年作。"②可知四集內《沉鬱集》即《四年詩》,五十三年告成,明年抄成並序③。《家學堂詩鈔》,《(民國)山東通志》見錄,今不存。宋弼《補鈔》劄記猶曰:"得《家學堂詩鈔》可八九百首,雖不全,較前二本(據前文,即《絸齋詩選》與《沉鬱集》)爲多矣。""暇時爲之芟薙,存二百六十餘首。自序存其一,節存者一,又存左洛三一序④,餘並删之。""前鈔山左詩所見不全,故補鈔爲多。"⑤按,乾隆三十二年(1767),宋弼輯《國朝山左詩補鈔》,補錄張謙宜詩殊多。先是,盧見曾雅雨堂曾刻《國朝山左詩鈔》六十卷,序於乾隆二十三年,收錄張謙

---

①　《絸齋詩選》另有山東省圖書館藏抄本,存一卷。據蔣寅《稀見稿鈔本偶識——附鄒祗謨異文四篇》:"每半葉十行,行二十一字。有朱筆錄王季陵、趙初筵、李伊村、趙静亭諸人批點。"則其行格同刻本《詩選》,而所錄評文或類乎館藏抄本。是本未見,謹闕論。蔣寅撰《稀見稿鈔本偶識——附鄒祗謨異文四篇》,《國學》第三集,2016年6月,第317—318頁。

②　《國朝山左詩補鈔》"張謙宜"劄記,《山東文獻集成》本。山東文獻集成編纂委員會編:《山東文獻集成》第一輯第42冊,山東大學出版社,2007年,第698頁。

③　此外,四集之《菊味集》,據高鳳翰《南阜山人敩文存稿》卷一《味菊集序》(原作此,應倒誤),爲康熙五十五年春張謙宜所示"近歲所作百餘篇"者(第103頁)。可知《菊味集》爲文集,非詩集。又張謙宜有《敩文三集重訂有感》一詩(雍正六年戊申補遺),因推四集除《沉鬱集》,另三集爲文集。各集俱亡,略爲辨之。

④　即館藏抄本左宰序。左宰,字洛三,安徽桐城人,左光斗曾孫。康熙辛卯舉人,知建陽縣。《(光緒)安徽通志》有傳。

⑤　《國朝山左詩補鈔》"張謙宜"劄記,第698頁。

宜詩凡四十一首。此書多得力於宋弼①,惟二人舍取多有不同。弼是以有《補鈔》之舉,而增録謙宜詩所據即《家學堂詩鈔》。② 據宋弼劄記,知《詩鈔》僅八九百首,非全本;原有序跋包括謙宜自序與左宰序。又《(民國)山東通志》著録《家學堂詩鈔》,據輯録文字,知尚有《四年詩自敍》③,俱不出館藏抄本卷首所有。

今《沉鬱集》《家學堂詩鈔》二集不存,則盧見曾《國朝山左詩鈔》、宋弼《國朝山左詩補鈔》選録謙宜詩,可視爲專集之外重要版本。此外,宋弼《補鈔》原編七卷,至嘉慶十八年(1813)由張鵬展删爲四卷刊行。七卷本今存抄本,藏山東省圖書館(按:是本"琰"字避諱,"寧"作"寍","佇"字全筆)。兹以館藏抄本《絸齋詩集》不分卷《焚餘》二卷(以下稱"抄本")、乾隆二十四年法氏刻《絸齋詩選》④(以下稱"刻本")、乾隆二十三年盧見曾雅雨堂刻《國朝山左詩鈔》六十卷⑤(以下稱"雅雨堂本")、《國朝山左詩補鈔》七卷(以下稱"魯圖本")、嘉慶十八年刻《補鈔》四卷⑥(以下稱"張刻本")五種互勘,得各本有無異同情況如下:

(一)刻本《詩選》二卷,通卷不標别年月。參照抄本詩次,旁參張謙宜生平事狀,可知亦按年月繫詩,同抄本。卷内偶有亂序數詩,多集於各卷末。刻本首詩爲康熙十四年《奉贈楊戴夏先生五百七十字》,末詩雍正九年《新正試筆》(《補遺》一卷凡二首,分别爲康熙三十九年、五十四年作,兹不論)。則抄、刻二本時間跨度亦同。

(二)抄本癸未(康熙四十二年,1703)詩作未録,僅標年次,寫"六首在《絸齋詩選》"一行。查刻本卷一康熙四十二年及前後詩,依次爲:《京邸吟》,康熙三十九年(1700)春闈詩。以下二首,接《八月一日》。此詩抄、刻同有,抄本繫爲四十年詩。此後二題,第一《雨後晚照看先塋松柏》,年月不明,惟知在鄉。第二《感事六首(時海上有警)》,述登萊青膠水旱災情。按,康熙四十一至四十三年間,膠州等地連歲災沴,原未可確定年份。然旱潦多在夏秋,且相次詩可考定爲四十二年

---

① 《國朝山左詩鈔凡例》:"是集徵求草創,同里編修宋蒙泉弼之力爲多。"山東文獻集成編纂委員會編:《山東文獻集成》第一輯第41册,山東大學出版社,2007年,第5頁。

② 據劄記,宋弼另有節存本並序之。查國圖藏李文藻跋《家學堂遺書》,《論文》卷端有識語"此予弟静叔所讀過書"云云,署乾隆戊子(三十三年,1768)十二月初一日 李文藻記"。《詩選》卷端又題"山農作詩甚富,此本選多不當,甚爲宋蒙泉(弼)先生所詆。今蒙泉先生已選有定本,頗費苦心,尚未刻耳"。殆指此本。

③ 《(民國)山東通志》卷一百四十六《家學堂詩鈔》條下,節引序文核之即《四年詩自敍》。魏學寶等《張謙宜生平及著述考證》,以此推定《家學堂詩鈔》即《四年詩》,未可從。魏學寶等《張謙宜生平及著述考證》,《中國石油大學學報》(社會科學版)2015年12月,第6期第31卷。

④ 據國家圖書館藏李文淵批識、李文藻跋本。

⑤ 《山東文獻集成》本。山東文獻集成編纂委員會編:《山東文獻集成》第一輯第41册,山東大學出版社,2007年。

⑥ 《山東文獻集成》本。山東文獻集成編纂委員會編:《山東文獻集成》第一輯第42册,山東大學出版社,2007年。

春作（詳下），是推《感事六首》爲四十一年詩。

康熙四十二年（癸未）、四十五年（丙戌），謙宜兩赴京春試①，皆未果。刻本《感事六首》以下，依次録《京邸漫興示家弟虞封》三首、《榜後詣五兄崟山》《雨中寓樓擬射策自嘲》《雨後登樓書所見》《四月二十日會同鄉年友于慈悲寺地在黑窰場之南》《五月十七日還山口占》凡八首，内容俱有關春試（詳下）。《五月十七日》詩後，爲《蓬萊閣觀海市擬應趙夫子教時月課諸生》《短歌行爲金驍騎題屏風》，俱四十五年詩②。再次爲四十五年秋赴淮詩（詳下）。則上述八首春試詩，居癸未、丙戌二歲之一：

第一至三即《京邸漫興示家弟虞封》三首，爲康熙四十二年詩。抄本四十三年甲申《儉歲念平原虞封家弟二首》之二"癸未從京邸"句可證。

第四詩《榜後詣五兄崟山》繫年暫不可定，惟題曰"榜後"，"今年也是看花人""御柳條條別樣新"等句，確爲春試後作。

第五詩《雨中寓樓擬射策自嘲》："休從天外想風雲""甲科誰似劉蕡直""只有一般能法古，起完草稿避人焚"等知亦落第詩。又有句注："乙酉（康熙四十四年）予作《治安策注》"，知爲四十五年詩。

第六詩《雨後登樓書所見》繫年暫不可定，"江南燕子閑來往，帶得輕狂人上林"句，亦屬落第詩。

---

① 關於康熙四十五年赴京試：點校本引抄本康熙五十一年詩《自嘲口號八首序》："余蓋三射策而後登第，此古人所未有。"又，"據前《年譜》所考，先生先後參加了庚辰、癸未、己丑三科考試未果。"據此考訂張謙宜三科無果，四試及第，以爲康熙四十五年（丙戌）張謙宜不赴京試（第625、629頁），筆者未從，兹考如下：

抄本卷前康熙四十五年題詞："某五上公車，患得患失……幸而成名，其勞𢣐十倍於平時……及笨車還山，時值溽暑……秋爽得以杜門高卧，展卷長吟，而吾又將行矣。至淮上師門……"題詞作於本年十二月淮上幕府。自三十三年首次春試至四十五年，"五上公車"計之無誤。且本年詩《贈大興茂才嚴榮在》"三年再相見，幸勿忘此身"可爲佐證。此外，題詞中"幸而成名"並非中式，張謙宜爲五十一年進士固爲確論。《（民國）增修膠志·張謙宜傳》載曰"四十五年進士"，或緣此而誤。"成名"疑指四十五年在京結交翰林趙申季等人並爲賞識。

《自嘲》所謂"三射策而後登第"，實非鮮見之事，稱"古人所未有"已爲可疑。點校本所據《年譜》，民國四年青島山左書局石印本《張氏年譜》。忖其四十五年丙戌科已不在内，《年譜》所録未必是全。至四十五年，張謙宜凡五上公車，此後四十八、五十一年兩科多有事證詩證，無可疑。則張謙宜凡七上公車，"三射策"之"三"字疑爲"六"字形訛。謹備知。

② 四十五年春張謙宜在京，除赴禮部試，曾會翰林院編修趙申季。趙申季，字行瞻，康熙四十四年臘月提督山東學政（《清聖祖實録》），四十五年在任（《山東通志·職官志》）。抄本本年詩，有《房師趙行瞻先生督學山左送別四十韻》，即餞申季之任詩。彼時在京，復爲四十五年赴考一證。而刻本《蓬萊閣觀海市擬應趙夫子教時月課諸生》（四首）"擬應"之事，即趙申季前聘。《短歌行爲金驍騎題屏風》首句"五月還家亦不遲"，即《題詞》所謂"笨車還山，時值溽暑"。二詩後所接，即本年秋後赴淮詩，以上爲春夏間行履。

第七詩《四月二十日會同鄉年友》，其地在黑窯場南慈悲寺，即今北京陶然亭所在。知爲春試後年友同鄉會。末句"停杯忽憶十年事，華髮蕭蕭已滿頭"。張謙宜於康熙三十二年中鄉試，明年首赴京試，至四十二年正作十年。按，謙宜詩內紀年，多非虛指，如《自嘲口號八首》之一《傳臚》"七年心事冷如灰"（康熙五十一年壬辰），《甲戌春老友李大村教讀王孟韋柳詩》（康熙五十二年癸巳）"老友論詩日，於今二十年"，《思歸》"三年餘七月，屈意度殘生"（康熙五十四年乙未）等俱可爲證。是推此詩四十二年作。

第八詩《五月十七日還山口占》，首句"肩輿逶迤出孤城"，末句"彌天風雨隔神京"，又頸聯"文章矩矱尊前輩，裙屐鮮華讓後生"，味之爲落榜還鄉作。內有句注"三子存一"。按謙宜長子卒於康熙三十四年，次子亡於康熙四十三年，卷內俱有詩證。此時謙宜膝下惟三男顒，是知本詩爲四十五年詩。同年詩《短歌行爲金驍騎題屏風》首句"五月還鄉亦不遲"亦與題內"五月十七日還山"契。

以上落榜詩八首。第五《雨中寓樓擬射策自嘲》、第八《五月十七日還山》二詩確爲四十五年詩，第四《榜後詣五兄塋山》、第六《雨後登樓書所見》不定，一至三《京邸漫興》、第七《四月二十日》爲康熙四十二年詩。按，衆詩在卷一之末，略有亂次。意將第五《雨中寓樓》抽置第七《四月二十日》後，如此《雨中寓樓》《五月十七日還山》即連次之末二首，爲康熙四十五年詩。而前六首依次首《京邸》，末《四月二十日》，六首首尾俱確係四十二年詩。如此，與《詩集》"六首在《絸齋詩選》"之言相契。至若四十三年，膠州大旱兼疫情，謙宜次子、長媳、侄長孫相繼亡。是年詩所存俱在抄本，艱生傷情，刻本無一錄。至四十四年詩，抄本僅四首，刻本亦無選錄者。

（三）抄本丁亥（康熙四十六年）詩曰"稿失"。康熙四十五年秋，張謙宜有江南之遊，經淮抵贛。查抄、刻本四十五年至四十七年間作，此行所作諸詩，始於刻本《與章鴻遠世兄同舟赴淮陽》（上接《短歌行爲金驍騎題屏風》），至刻本《十月二十四日計離家匝月矣》，並抄本《孟冬抵淮上》（康熙四十五年丙戌）。此詩之後，抄本本年詩再無資考句，惟《岸上》一首"揚鞭行過刊（邗）江口"，知尚在淮上。刻本《離家匝月》詩後，尚有《臥聞附舟人誦余詩卷》《束觀潤和尚》二詩。前爲江上之作，後詩已抵江州，有"不住廬山住小村""北風連夜""雪滿袈裟"等句。

查抄本卷前四十五年《題詞》之二："至淮上師門"，署"康熙丙戌嘉平唅八寶粥於幕府南齋"（康熙四十五年十二月），又抄本《度歲詩十四首》（雍正八年庚戌）之七章節附注："丙戌，訪高都督於南昌，得鄧文潔古文，點定三日夜，竟忘節序。"之八章節附注："丁亥，尚在南昌。"是知康熙四十五年十二月間，張謙宜自淮之贛，先小住廬山，後往南昌度歲，《束觀潤和尚》爲康熙四十五年抵南昌前作。此詩下接《賀宗弟涵六吏部長子登科》曰："我客西江別一年。"康熙四十七年爲大比之年，是已來年，與謙宜於四十五年抵南昌、寓居一年，詩事相契。至此，刻本亦無四十六年丁亥詩，與抄本同。

（四）抄、刻二本相重者，計之約五十題，多集中於刻本卷二後半部分。相重者偶有抄本連次者，刻本亦相連。如《南村看牡丹小集》《獨立》（康熙二十九年庚午）；《小山》、《剪江》（康熙四十五年丙戌）、《偶成》、《看書》（雍正四年丙午）等，二本俱連。且二本間詩次少有相違，大體相順。此外尤需注意，刻與抄本重者，有六題在《焚餘》二卷內，餘皆在抄本"正錄"詩作，而無一在歷年"補遺"。

抄、刻二本相重詩少，其一事之詩分別二處，多可互證。如：1）抄本《寓樓望賀蘭山》（康熙二十五年丙寅）章節附注："余甲子詩有'夢魂飛到賀蘭'之句，時尚未出里門也。次年乙丑，客會州，冬十月至朔方，見賀蘭山，惘惘如夢，殆詩讖云。"查"詩讖"句，即《射聲校尉歌》末句"夢魂飛到賀蘭山"，存刻本卷一，抄本無。2）刻本《燈夕遙寄王元成高墨陽趙述亭敬亭李龍岩伊村》。先考此詩繫年：此詩上二詩，第一《八月二十八日》，為抄、刻重詩，繫於康熙三十三年（1694）甲戌。第二《賦得滿城風雨近重陽》，宜同年暮秋詩。則本題之"燈夕"，即明年乙亥元夕。同時，抄本康熙三十五年（1696）丙子詩內有《檢乙亥燈夕寄王十詩愴爾成篇》一詩，與刻本詩相應無疑。二詩隔年，後詩所憶即前詩舊事。3）刻本《北苑紀遊》八首，為康熙五十二年（1713）入允禵幕侍游北苑所作。抄本無，然同年癸巳詩有《承示全本草荔枝賦補北苑之九》一首，知為刻本八首續作。抄、刻間此類情形甚多。

（五）抄、刻本重詩異文情況：除評文為抄本獨有，此外異文極微。偶見手民之誤，《賦得只好相依守故山慰兒》刻本失詩注，《忠烈篇》抄本失注，《葡萄》"坐久茶將熟"刻本作"坐久茶初熟"，餘俱同。

（六）雅雨堂《國朝山左詩鈔》錄張謙宜詩四十一首，除《擬贈程穆倩》（八之四）一首見於抄本庚申（康熙十九年），《孝子吟贈田秀才》一首在抄本乙丑（康熙二十四年），《王季陵行後臺上望雨作》在抄本庚辰（康熙三十九年），此外俱見於刻本。雅雨堂本詩次與二本亦順同（除《讀高霞山卜居詩賦答》略為前置）。其中雅雨堂本《嘉興道上》，題下注《沉鬱集》。此詩考為康熙五十年詩，為"四年"之首。《沉鬱集》早亡，刻本存之，句同。

異文情況，存刻本諸詩，或為形誤如"清/情""親（親）/觀（觀）""入山/入出""厭/壓"之類；或為詩注遺缺，如《金天觀》《古北口》者。偶有兩通異文，如《贈單雁州彈琴詩》"欲攬不承掬"，雅雨堂本作"欲攬不盈掬"，《中衛》"虎跡伏荒草"，雅雨堂本"伏"作"連"等各有短長。存抄本者，《擬贈程穆倩》（八之四）未刻小題，《王季陵行後臺上望雨作》詩題略異，至《孝子吟贈田秀才》一首，二本詩引與詩句異文俱多，茲錄其詩引：

> 按本傳，秀才名瀼，靈武人也。父為吳川丞，卒於高州佛寺。瀼四歲矣，母岳氏不能歸櫬。既壯，母告以恨而卒。瀼乃空囊走萬里，至高州寺，無有識其事者。一老病僧為侍者時，諗知田丞。生貌類其父，因告以葬處。啓棺驗，

左齒缺,與母言符。沁血,血融穿,乃大哭。裂衣爲囊,負而北行,丐貸以歸,卒與母合祔焉。生年三十五矣,同里孟之珪傳其事。之珪,字璋先,陝西寧夏屬靈州衛人。癸酉舉順天鄉試,甲戌成進士。(《抄本》詩引。按,小字爲詩注。以下同。)

　　秀才田生瀼,靈武人也。父爲吳川丞,卒於官舍。瀼時甫四歲,母岳氏殯瀼父於高涼僧寮而歸。瀼既壯,母告以故而卒。瀼走萬里至高涼寺,僧無有識其事者。一老病僧昔爲侍者,諗知田丞,且見瀼貌類其父,告以葬處。啓棺驗,左齒缺,與母言讎。瀝血,沁骨。遂慟哭,絕而復蘇。乃裂衣爲囊,負之北行,丐貸以歸,卒與母合葬。生年三十五矣,同里孟之珪傳其事。(《詩鈔》序)

孟之珪原文未能考見。比較二本,抄本敍事簡而雅雨堂本繁,抄本行文宜刪略《本傳》,而雅雨堂本似因事轉敍。雅雨堂本應是改稿,敍事加密,稍易筆觸①。

　　要之,雅雨堂本選錄張謙宜詩四十一首,出《綗齋詩選》與《沉鬱集》二種。出《沉鬱集》者已標明僅一首,且今存抄本之三詩,俱不在四年内,原應同出《詩選》,即包括今存抄本者在内,餘四十詩錄自《詩選》。按《家學堂遺書》本《詩選》刻在乾隆二十四年,雅雨堂《詩鈔》刻序在二十三年,而裒輯刪選更始於十八年②,則謙宜詩所據必出《詩選》舊稿。如此,《詩選》後來付梓法氏之定本,選目、文字與雅雨堂所據本已有不同。

　　(七)宋弼《補鈔》七卷(魯圖本)、四卷(張刻本)二種,"張謙宜劄記"同,惟魯圖本注曰"補五十六首",實抄三十四首;張刻本錄三十九首。其中魯圖本獨有四題九首,張刻本獨有四題十四首。餘者相重,取以對勘,幾無異文,即訛誤處亦相襲。如《勘河行》一詩,魯圖、張刻同有,又存刻本《詩選》。其中"有明踵前蹤"句,刻本"蹤"作"跡"。按此處應仄,知二《補鈔》同誤。復以二本重詩編次一致,確係同源,是合二本共計四十八首,一併考察。

　　四十八首小半見於刻本《詩選》,大半存抄本,惟《擬樂府爲高某妻紀氏作》一首,《補鈔》二本同,抄、刻二本俱未見。查《(道光)膠州志》卷三十三《列女下·紀氏高時妻》錄此篇,與二本略呈異文,今不論。《補鈔》所選詩遲至雍正五年《勘河行》。尤可注意者,内有六題十二首出自抄本各年《補遺》。③ 其中一題六首(《擬

---

① 此外,清楊鍾羲《雪橋詩話續集》卷三"田秀才瀼"條,末曰"膠州張山農謙宜有詩",核之即抄本詩引。其文一一與抄本同,惟首無"按本傳"三字,又"瀝血沁骨"四字同雅雨堂本。謹備知。
② 《國朝山左詩鈔凡例》:"凡歷五年之久而後成書。"第5頁。
③ 魯圖本不易得見,謹列六題名:1.《古謠》(第一册補遺。按,首册起乙卯(康熙十四年),終癸酉(康熙三十二年),計十九年,爲各册之冠。此册補遺,合併不列年次,實仍依時序編次。) 2.《内黄大俠劉焜歌》(第一册補遺)3.《通州吏》(乙未補遺)4.《關中吏》(乙未補遺)5.《山東吏》(乙未補遺)6.《擬古七類以小詩代之 得六首》(甲辰補遺)。其中《擬古七類以小詩代之得六首》即抄本《古有七類以小詩代之 時再行鄉試故多喻言 七首》(甲辰補遺)。魯圖本題下"得六首",核之即抄本前六首。據此詩題義,"得六首"應就"原有七首"而言,宜爲錄詩者據實注明。

古七類以小詩代之得六首》）爲魯圖本獨有，餘五題二本同。二本《補鈔》詩不論今存何本，俱一體依時先後編次，並無抄、刻、補遺之別，復與刻、抄之正、補各部詩次一致無違。又如《通州吏》《關中吏》《山東吏》三吏詩（二《補鈔》同），《補鈔》連次，抄本亦相屬（"乙未補遺"）。至此，《家學堂詩鈔》既爲《補鈔》所據，可知同是編年詩集，且兼涉抄、刻二本。

　　查《補鈔》校抄、刻本各詩異文，大致與雅雨堂本校抄、刻異文情況相類而略多。其中《勘河行》異文尤夥。此篇魯圖、張刻二本同收無異文，又存刻本《詩選》。其如《詩選》"石刺灘難艁"，《補鈔》作"石灘既石刺灘難鑿"；"王幹壩不平其高六丈"，《補鈔》作"舊壩豈易平王幹壩其高六丈"，頗呈演跡，宜以刻本所示爲早期詩貌。此外如《補鈔》二本《中秋無月》，即刻本《中秋》。刻本句注"是夕陰翳"，爲《補鈔》所無，是《補鈔》本以題中"無月"代刻本句注，與《勘河行》異文實爲同理。再如《馬戲龍燈辭有引》，《補鈔》僅魯圖本錄，又存抄本。抄本引曰："山中鬱苦，不識節序。有客來，述某生以馬直作龍燈，心賞其答。感括馬征成之役，復用奮揚，仿李大村《張燈行》，聊以自遣。"魯圖本前作"山中不識節序"，後作"心賞其達，兼有所感，戲爲此詞。"魯圖本宜據前者刪略而成。

　　抄、刻二本原有詩注，《補鈔》間存，而館藏抄本之評文固所不及。今查魯圖本偶錄評文，與館藏抄不同，應據魯本底本，另有所出。惟魯圖本《馬戲龍燈辭》尾評"李伊村曰：'從馬說到龍燈，從龍燈想到馬，筆力甚縱橫'"一條，與抄本同。按抄本《詩集》內多處李伊村評文，其人卒於康熙五十五年（見丙申補遺詩《哭李伊村十首》），則伊村評文必早於此，而同錄於二本，知《家學堂詩鈔》與館藏抄頗有淵源。另有《內黃大俠劉焜歌》一首，魯圖、張刻二本俱收，又存抄本。抄本章節附注"俠便近盜，却能死節於君亡國破之日，更爲難得，固宜表徵"。張刻本無章節附注，魯圖本章節附注"予始作此詩不得下手也"。二本注文不同，句意似相連屬，謹備知。

　　（八）抄本《焚餘》二卷。研究者多謂《焚餘》二卷即謙宜卷前康熙四十五年《題詞》（之一）所謂"乃自爲芟薙，燒其復蕪，爲存制義一百十七篇，古文一百六十六篇，詩七百二十五篇，皆斷自中年以迄今"者，復惜其於今僅殘二百餘題。查抄本《焚餘》，年月可考者確多康熙四十五年前詩，然亦不乏晚年所作。如《哈密瓜王賜》《憶賢王從獵》（按，王賜、從獵俱康熙五十二至四年間舊事）《遙送李將軍邊防者》（雍正七年詩。見下）等俱其例。按張謙宜詩文多歷年增訂成册，襲用舊序。①抄本《焚餘》二卷，康熙四十五年後當時有新增。

　　《焚餘》與抄本前十二册相重僅一首《遙送李將軍邊防》（雍正七年己酉），前册錄有題注"時未成行"四字，《焚餘》詩無。與《國朝山左詩鈔》無相重，與《補

---

① 如刻本《詩談》所冠爲康熙四十九年舊序，而卷內可考年月已遲至五十五年。

鈔》僅重一首《漷山鋪》,此詩刻本《詩鈔》亦存。《焚餘》有題注,刻本題注作如詩引(按,刻本例,"注"雙行小字,"引"大字),題注、詩引無異文。《補鈔》注、引均無。諸本詩句同。①

此外須注意,抄本《焚餘》較前十二册繫年詩,同樣呈現與刻本《詩選》互補關係,最著者如刻本《哭宋林寺先生二首》(卷一),抄本無。然《焚餘》有《哭宋林寺先生之三》一首,則刻本、《焚餘》三首互補。況《焚餘》特標"之三"字樣,是已見《詩選》選録前二,因不復抄。

(九)綜合判斷

1. 館藏抄本爲有意略去刻本已録詩作。康熙四十二年詩,標"六首在《絸齋詩選》",爲刻本收録本年詩作之全部六首,本文已爲推定。抄本特標明"癸未"年次,爲使《詩集》繫年完整無缺。抄、刻重詩多集於卷二末,宜抄録將盡,疏忽所致。

2. 抄本前十二册爲編年詩集,然各年又分别補遺,則"補遺"與"正録"詩所出非一。然"補遺"亦出編年詩册,《家學堂詩鈔》既爲編年,據前述知與館藏抄本源又頗近,疑抄本《詩集》即據以汰去重複,逐年補録。"補遺"卷帙占《詩集》比例不小,然抄、刻相重無一在內,宜以選録《詩選》底稿原無"補遺",較爲合理。據上述1、2,以及抄、刻重詩異文情況,抄本"正録"部分與刻本《詩選》同源,可合二爲一。

3. 抄本《焚餘》二卷存二百餘題,雖有缺帙可能,然抄録時既已略去刻本所録,於前十二册應同例,不録前抄已有。則《焚餘》即有缺佚,亦不必多。《焚餘》或初成於康熙四十五年,以後間有增録,至於暮年。

4.《國朝山左詩鈔》《補鈔》二總集收録謙宜詩,一據舊本《絸齋詩選》,一據《家學堂詩鈔》。與抄本、刻本《詩選》相校,二總集異文多呈易稿跡,抄、刻可爲早期詩貌。除題注、詩注異文外,二總集詩題多略去賦得、用韻字句,如《季陵五月三日行詰朝臺上望雨作用涉江采芙蓉韻》(抄本),雅雨堂本作《王季陵行後臺上望雨作》;《嘉興道上賦得夜雨蓬窗客在船》(刻本),雅雨堂本作《嘉興道上》;《賦得永夜角聲悲自語》(抄、刻同),魯圖本作《角聲》等例。雖不可完全排除二總集抄録通例如此,仍以選録底本詩題原已簡化,較爲合理。其詩題繁簡之别,復爲二總集底本較抄、刻二本底本後出之旁證。

以上,館藏抄本特爲裁汰刻本選詩,實包括"正録"詩集、《焚餘》詩集、疑爲《家學堂詩鈔》衆本,删略重複,分别謄録。如此,應對張謙宜遺詩情況重加考慮:館藏抄本並刻本,約合全稿三千之數②,殆所遺無多,可呈全貌。此外,《國朝山

---

① 抄本前十二册內尚有重出五首,俱同年"正録"之前後重,詩文、詩注與評文俱同。惟第四册癸巳《遣悶》,後抄詩末標"重出"字樣,不録詩批。此不涉"補遺",僅備知。

② 據《絸齋詩選》法輝祖刻書跋:"(菊亭)云此全稿三千餘首中暮年自爲選訂者。"

左》二總集内偶存詩作改稿跡,亦具文獻價值。

三、餘　論

(一)《詩選》爲"張謙宜手訂"之存疑

《絸齋詩選》是否張謙宜手訂,此固刻本問題,然上文既證刻本與抄本"正録"互補合一,詩事更彼此印證,由此及彼,是用論討。《絸齋詩選》法輝祖刻書跋:"(菊亭)云此全稿三千餘首中暮年自爲選訂者。"此即《絸齋詩選》"張謙宜手訂説"所由來。筆者以爲此説猶待商榷,理由如下:

刻本《絸齋詩選》前有張謙宜自序一篇①,核之即抄本《絸齋詩集敍》。此序未署年月,首曰"予自十四歲時即已竊爲詩",二本同。此後刻本作"今歷五十四年所""辛苦五十餘年",知爲六十八歲舊序。而抄本作"今歷六十七年所""辛苦六十餘年",爲八十一歲易序。閲謙宜詩集,其撰著、點評、新編、重訂,多賦詩以識。檢其八十(戊申)、八十一(己酉)歲間詩作,或以自覺遲暮,時爲手訂舊稿新編。如《敦文三集重訂有感》(戊申補遺)、《古文册滿七十一篇因之有作》(己酉補遺)、《詩稿漸增》、《題詩册後三首》(己酉)等,俱爲詩證。則八十一歲易序,可爲此中一事。按張謙宜删存舊稿,校訂新篇,多襲用舊序。如刻本《詩談》序於康熙四十九年,内有數則遲於此年:如《詩談》卷五"宋詩鈔"條,核之依吴之振原書編次選録其中二十人加以評定②,知確指《宋詩鈔》。查抄本内康熙五十四年乙未詩《雅友園雜事八首王府園》其四:"何用買書消永日,從人借得《宋詩鈔》。"意其句,是年始得誦此書。又《詩選》卷八"余丙申家居偶仿陸筆作詩",已爲康熙五十五年事。同時有上圖藏稿鈔本《詩談》亦冠此序,其文不出四十九年③,則其初宜爲此稿舊序,逐年新增,身後付梓爾。至若《詩集》《詩選》二序,固前後同一序而易之署年,更可知序不必爲《詩選》作。此其一。

張謙宜《論文》序曰:"余自十三便學古文……今六十年矣。""竭六日力,僅得百八十條,由老而健忘,或寄在群書日記者,都不能復追。"此爲康熙六十年(1721)序。刻本《論文》有張頎雍正十二年(1734)題識:"大人論文之旨散見群書日記,當時未及纂録者凡數百卷。頎……編集得三百七十餘則,合原本百八十條,略分類次抄爲六卷,謹藏於家,以待後之有文字緣者。"可知刻本《論文》實爲張謙

---

① 國圖本此序置《論文》及《論文序》前,上書口作"絸齋詩選",同《詩選》葉,知爲錯版。

② 〔清〕吴之振、吕留良、吴自牧同選:《宋詩鈔》,上海三聯書店,1988年重印涵芬樓1914年影印本。

③ 據張寅彭《新定清人詩學書目·絸齋詩談八卷》條介紹上海圖書館藏稿抄本《詩談》不分卷。張寅彭:《新定清人詩學書目》,上海古籍出版社,2003年,第30頁。

宜生後由子頊增訂重爲編次而成。而刻本《詩選》卷二末復有張頊乾隆五年(1740)題詩《看竹有感》一首,附錄謙宜詩後。按絸齋詩文晚年多由其子頊評定存錄,《詩選》與《論文》同爲頊修訂,不無可能。此其二。

法輝祖《詩選》刻跋:"余不諳詩,不敢意爲增損,僅依原本公同好,亦仍續前刻之志耳。"法氏又曾見"家學堂詩、古文、雜著凡四十餘册",意彼時必有可資增損之詩集别本。又,《家學堂遺書》爲法氏所刻。輝祖祖父法若真(黄山),父峴山,法若真仲子①。今存張謙宜關於法黄山、峴山父子詩作凡七題,六題俱法輝祖刻本所納,似過巧合②。即雅雨堂《國朝山左詩鈔》所據舊本與刻本《詩選》,詩目亦有不同。此其三。

其四,宋弼早歲師從高鳳翰,于張謙宜詩文著述深有心得,復主持、參與《山左明詩鈔》《國朝山左詩鈔》,自爲《續鈔》《補鈔》,删訂《家學堂詩鈔》選本,其批評《絸齋詩選》爲"里人所刻,不足爲定本"③,又見國圖藏《詩選》卷端李文藻題曰:"山農作詩甚富,此本選多不當,甚爲宋蒙泉(弼)先生所訛",宜非無的。

上述,《絸齋詩選》出張謙宜晚年手訂,僅據法氏刻跋轉述謙宜孫菊亭之説,而於衆理頗多不合,是以存疑。自此角度,刻本《絸齋詩選》之學術意義或可重新衡量。

(二)館藏《絸齋詩集》宜出家抄本

館藏本卷内鈐章甚多。首葉《絸齋詩集自敘》有"六石居士""磊磊道人"名號章。餘者閒章,多出騷人成語如"未驗周爲蝶""安知人作魚""江山有待花柳無私"等。然内有一印曰"本色文章自在詩"。查抄本戊戌詩《用刻石句成詩》,末句"本色文章自在詩",詩注"此圖章七字",與此印契。卷前高鳳翰題識下,有"鳳翼雲翰""膠濰松濤"等印,合其名氏籍貫④。

此外,館藏抄本康熙五十年辛卯年詩有《復如淮幕得邵陽車遇上》《贈車須上》《送車雙亭還武昌取解》;五十一年壬辰詩有《寄賀車雙亭生子二首》《憶文房四物》之四"我最思何物,南東車四兄别字也篆印章"等邵陽車氏⑤寄奉往來詩。觀

---

① 刻本《詩選》卷二《哭法峴山二兄有序》(其二)章節附注"子輝祖年二十有七"可知。
② 刻本六題分别爲:《壽法黄山先生》、《校法黄山先生詩集仿其筆意跋之》(四首)、《讀法黄山先生畫師行題摩龍眠大軸貽其仲子峴山》、《法峴山寶其先方伯〈老樹寒鴉〉〈平林遠浦〉二圖家奴竊賣越百日贖得爲賦》(四首)、《夢法黄石先生邀同畫中游八月十九日》、《哭法峴山二兄》。抄本一題爲《六月二十日坐法氏又敬堂峴山盡出其先人手跡令得快讀約所見寫爲詩》(戊寅)。抄本另有一首《法幼黄扇頭小畫》(《焚餘》)。法幼黄,即法光祖,父法垙爲法若真長子。幼黄爲法輝祖從兄。《(道光)膠州志》、《(民國)增修膠州志》有傳。
③ 《國朝山左詩補鈔》"張謙宜"剳記,第698頁。
④ 高鳳翰(1683—1749),字西園,號南邨、南阜山人、髯高等,山東膠州人,與張謙宜姻表兄弟,《絸齋詩集》内多有往來詩。
⑤ 車遇上,即車鼎豐(1676—1734),車萬育子。字遇上,號雙亭。湖南邵陽縣人。
車須上,即車鼎賁(1679—1734),車萬育子,鼎豐弟。字須上,號南東。

各詩,彼此極富相知意,可稱"難得如君好兄弟"(《送車雙亭還武昌取解》),並有詩注"余刻小書,得須上力"(《贈車須上》)等。按,車鼎豐、鼎賁兄弟好刻書,曾刊呂祖謙《晚村呂子評語》行於鄉,並贈金曾靜門人張熙,因以楚浙文字案入獄五年,於雍正十一年(1732)論死。此後,邵陽車氏歷代著述多遭毀燼,僅餘殘篇秘不示人。館藏抄本卻保留與車氏往來詩,其中更涉刊刻事,略無掩藏懼禍意。

上述兩點,結合館藏本詩錄來源、詩評等情況,館藏本宜出家抄。卷內諱至"弘""曆"。多異體字,"寧(寧)"字及其偏旁字作"寍"。

以上,館藏抄本《絸齋詩集》作爲張謙宜迄今最爲完備的存世詩集,合諸通行刻本《絸齋詩選》,幾得謙宜中年以來詩存全貌。《詩集》不僅保存張謙宜近六十年作品,復爲其多年教授門人子孫示學之用,是所撰《絸齋詩談》《絸齋論文》的重要補充。關於此點,筆者已另具文,茲不論。謙宜於清前期山左詩壇,不附漁洋,亦無所標榜,惟宗少陵而秉諸性術,涵泳學問而不失真意,終成一家之言,誠待方家青眼。

丁之涵　北京師範大學圖書館古籍特藏部　館員

學術贊助與版本之謎：
以天真書院本《陽明先生年譜》爲例

向　輝

> 從來治國學者，惟考核之業，少招浮議，至於義理之言，不遭覆瓿，即是非紛至。
>
> ——熊十力《原儒序》

導　言

"樹暝棲翼喧，螢飛夜堂静。……安得駕雲鴻，高飛越南景。"①此詩爲陽明貶謫至貴州，苦索人生時期的作品。彼時，正是他在探求人生真理的關鍵時刻，面對着林莽秋風，静夜瓊月，他想到的是如何讓自己的一生更有意義，或者説是如何才能完成一生的夢想。在他看來，無論如何，我們的一生都將過去，但夢想不能没有，因爲失去了夢想，也就真的一無所有了。對人生而言，夢想自然是内驅之力；對歷史而言，想象也必然是創造之力。當陽明及其思想成爲遥遠的故事之後，我們要感受他的人生，除了看他的文字之外，還有一個關鍵的依據，那就是年譜。一部好的年譜，就是一個人一生的縮影，能給人以精神的激勵，同時也能帶來學術的啓迪。

---

① 〔明〕王陽明：《王陽明全集》，上海古籍出版社，2014 年，第 776 頁。此詩中間八句即本篇各小標題。

鑒於陽明年譜對於陽明學的重要價值,我曾根據可見的資料寫過一篇《陽明年譜與陽明學》的小文章①。在這篇文章中,我認爲"作者的差異和讀者的不同,思想的演變,時代的變遷,是使得陽明年譜呈現出多彩樣貌的多重因素。至於是否其中也充滿了權力的考量,也未可知"。當時並没有看到藏於日本的另一嘉靖末年刊本,無法圍繞三種版本的年譜展開細密的考察。在做出這樣的判斷時,我只是根據嚴紹璗和永富青地二位先進的介紹,知曉經錢德洪之手編定的《陽明先生年譜》單刻本,除了國内較爲常見的中國國家圖書館藏嘉靖本(以下簡稱"國圖本")②之外,尚有一日本蓬左文庫藏嘉靖本(以下簡稱"文庫本")。文庫本到底是什麽樣貌,並不清楚。據相關書目文獻信息可知,文庫本有作於嘉靖癸亥(四十二年,1563)的胡松(1503—1566)、錢德洪(1496—1574)序言,被學者視之爲初刻;國圖本有作於嘉靖甲子(四十三年,1564)的周相序言,學者以此爲再刻。這兩個本子與《王文成公全書》(以下稱"全書本")的年譜關係密切,可以説這三個不同版本的年譜,爲我們理解陽明學的學術展開提供了歷史的綫索,如果我們能以這三部書做對勘,不僅能看到陽明門人弟子是如何努力去傳播師門宗旨的學術活動,還能從書籍史和思想史的視域對陽明學展開新的討論。

　　由於文庫本秘藏東瀛名古屋,至今不爲國内學者所熟知。我自然也不例外。然而,很多事情總會在不經意間實現,前段時間,經友人協助,我看到了文庫本的全書。尚不知此書何時能以數字版本,或者影印出版的方式回歸,爲國内陽明學研究增加一部新的老資料,也爲國内的古籍回歸書寫一段新故事。本文將初步揭示這一稀見年譜的主要版本特徵,然後再以此爲契機展開明代出版事業贊助人制度的考察,希望通過作爲陽明學關鍵文本的陽明年譜之刊行檢討版本學何爲這一課題。

一、遥穸出晴月:蓬左文庫秘本

　　文庫本長期不爲中外學者所知。首先披露天真書院本《陽明先生年譜》存世

---

① 向輝:《盡道聖賢須有秘:陽明年譜與陽明學略考》,《國學季刊》2019年第1期,第157—179頁;又見拙著《采采榮木:中國古典書目與現代版本之學》,上海古籍出版社,2020年,第184—225頁。

② 北京圖書館編:《北京圖書館藏珍本年譜叢刊》(第42册),北京圖書館出版社,1999年,第469—782頁。此外,據《中國古籍善本書目》,浙江圖書館、天一閣博物館和安徽省博物館也藏有此本。天一閣博物館藏該本,有缺葉。詳李開升:《明嘉靖本研究》,中西書局,2019年,第289—290頁。據李開升考訂,胡松除了參與《陽明先生年譜》之外,還贊助了明王應電《周禮傳》的吴鳳瑞刻本刊刻,該書刊于嘉靖四十二年。吴鳳瑞説:"今秋(嘉靖四十二年),少司馬柏泉胡公以巡撫江西,蒐求隱逸,大興典禮,因得是,傳檄鳳瑞梓之。"(李開升:《明嘉靖本研究》,第285頁。)

的學者是陽明學研究者錢明①,其後則有版本目錄學家嚴紹璗②、陽明學者永富青地③和余樟華④在各自著述中有論及。他們幾乎毫無例外地都認爲陽明年譜初刊於嘉靖四十二年(1563),即現藏於日本蓬左文庫的天真書院本。錢明推測,錢德洪等人編纂的年譜,先於嘉靖四十二年由胡松、王健等刊於杭州天真書院,這一版本在浙江圖書館和日本名古屋市蓬左文庫有藏。其後,錢德洪又於隆慶二年對該書進行了增訂,即後來的全書本。而且,此全書本在内容上與文庫本基本一致,只有繁簡的區別。他認爲刪去的部分多因全書本在其他處有了全文,故不用再録云云。

對此,永富青地提出了質疑。在其《王守仁著作的文獻學研究》書中以"錢德洪撰、羅洪先考訂《陽明先生年譜》"爲題介紹了國圖本和書院本。他認爲錢明所謂全書本是在文庫本的基礎上刪訂的説法並不妥當。浙江圖書館藏本和蓬左文庫藏本並非同一個版本,前者與國圖本一致,已有影印版本,較爲學界熟知,後者是孤本。永富氏認爲,《王文成公全書》文庫本和國圖本與全書本在内容上有一致之處,也有相異之處,差異處很多。故而永富氏推測,在文庫本與國圖本之外,應當另有一本,或許就是錢明所謂隆慶三年增訂本亦未可知,這一未知的年譜才是全書本的真正來源。只不過這一年譜是否存世,並不可預料了。⑤

比勘國圖本、文庫本和全書本的内容可知,全書本未必就僅僅是對文庫本的刪繁就簡那麽簡單。而且,文庫本的刊刻時間晚於國圖本,即年譜的初刊非出於天真書院,而是出於毛汝麒等人。或許是因爲未見文庫本的真面目,所以學者保持着全書本與文庫本"在内容上基本一致"的想象,對這部年譜的關切度極低。否則,在舉國古籍工作者都在朝向世界尋求新資料,實現古籍回歸的大潮中,文庫本怎麽可能還没有人去關心呢,没有將其引入陽明學的討論呢。

實際上,不僅是國圖本在陽明學研究中具有重要價值,文庫本同樣具有相當關鍵的文獻意義。關於文庫本,其版本信息如下:

文庫本全書七卷,裝訂爲2册。四周單邊,白口。半葉六行行十七字,小字雙行同。卷首有胡松《刻陽明先生年譜序》(1563)、錢德洪《陽明先生年譜序》(1563)。正文七卷,分別是:卷一,成化八年至正德十年;卷二,正德十一年至十三年;卷三,正德十四年至十五年七月;卷四,正德十五年八月至嘉靖二年;卷五,嘉靖三年至五年;卷六,嘉靖六年之七年六月;卷七,嘉靖七年七月至嘉靖八年。

---

① 錢明:《陽明全書的成書經過和版本源流》,《浙江學刊》1988年第5期,第75—79頁。
② 嚴紹璗:《日藏漢籍善本書録》,中華書局,2007年。
③ [日]永富青地:《王守仁著作之文獻學的研究》,汲古書院,2007年。
④ 余樟華:《王學編年》,吉林大學出版社,2010年。
⑤ [日]永富青地:《王守仁著作之文獻學的研究》,第452—453頁。永富書爲日文,得王廣生教授翻譯方知其詳。

版心：上黑魚尾，上題"陽明先生年譜"，下題"卷之幾"；下綫魚尾，上標頁碼，下空白。無刻工姓氏。字體是典型的版刻"宋體"。錢德洪序爲手寫上板，類館閣體。卷四有手書"陽明先生年譜卷之四"。字體與卷首錢序一致，或許兩者同出一手，是否爲錢德洪手跡則有待進一步考證。

卷端：大字題"陽明先生年譜卷之幾"。卷一下小字注："天真書院版"。全書僅此一處標示該書版屬天真書院。

卷數之後小字七行，爲編纂刊刻人署名：門人餘姚錢德洪編述、（門人）山陰王畿補輯，後學吉水羅洪先删正，（後學）滁上胡松、江陵陳大賓、揭陽黄國卿校正，（後學）漳浦王健校刻。

各卷正文緊跟一行書名和七行署名之後。故各卷卷端有大字三欄，小字七欄。餘下正文頁面皆大字六欄。據嚴紹璗的書錄著錄訊息，此爲日人於晚明崇禎二年（1629）時從中國購歸的書籍，尾張藩主舊藏，後歸蓬左文庫。①

版刻的其他形制方面與國圖本類似，皆將某年歲頂格，其他内容均低兩格、小字。有黑框（黑底白字）標出本年最關鍵的事項，如"是年先生有志聖學""是年先生爲宋儒格物之學"等。與國圖本不同的是，該本的小字内容直接跟在大字後面，不另起一行書寫。如果不看内容，只看排版樣式的話，全書本採取了國圖本的辦法，即大字之後保留空白，小字部分另起一行且低兩格書寫。但全書本在關鍵事項的格式上却與文庫本相同。因此，我們並不能全然認定全書本一定就是根據某本而來，畢竟全書本亦未對此予以明確的説明。全書本與兩種單行本之間的複雜關係，由於缺乏相關資料，不能做出絶對的判斷。

在文字内容方面，文庫本、國圖本和全書本有着較大的差異。文庫本和國圖本都收録了已經列入全書中的諸多文本，但全書本並非僅僅對文庫本或國圖本進行删定那麽簡單，在一定程度上來説，全書本是經過編者的重新編輯工作而成的一部新書。同樣的，文庫本、國圖本也各自經過了編輯者的處理，並非是年譜編定者錢德洪的原稿直接刻板刷印。如果我們希望通過校訂三部書得到一個最終的定本，或者説希望通過校勘三部書得到一個更加符合作者原意的本子，實際上是不太可能的。比如，關於知行合一説。文庫本正德四年（1509）注明"是年，先生有知行合一之説"，國圖本説的是"是年，先生始悟知行合一"，而全書本則標目爲"是年，先生始論知行合一"，雖然只有説、悟、論的一字之差，看起來也没有什麽意思的變化，但對於考據學者來説，這樣的變化實在令人困惑。陽明的貴州時期到底是他知行合一學説的創立期、闡發期，還是完善期呢？在國圖本和全書本中都加上陽明與徐愛論知行合一的故事，雖然兩本之間有文字的異同，但毫無例外是爲了讓讀者更加明瞭知行合一的主旨爲何，但是文庫本中没有這樣的故事，却

---

① 嚴紹璗：《日藏漢籍善本書録》，中華書局，2007年，第543頁。

有一段編者説明：

> 始，席元山書提督學政，問朱陸同異之辨。先生不語朱陸之學，而告之以其所悟。元山懷疑而去。明日復來，證之以《五經》、諸子，漸覺有省。繼是往復數四，乃豁然大悟，謂"聖人之學復睹於今日。朱陸異同，各有得失，無事辯詰，求之吾性本自明也"。遂與毛憲副修葺書院，身率貴陽諸生，以所事師禮事之。
>
> 先生以晦庵分知行爲進學之次第，先之以格致，而於知無不明，然後實之以誠正，而於行無所繆，是使學者影響測憶以求知，而不知性體有自然之明覺也；拘執固滯以爲行，而不知性體有自然之感應也。本體知行，原無可間，故功夫不得以有二，乃立知行合一之説，使學者自求本體而知行不繆，庶無支離決裂之病。

"先生以"至"決裂之病"一段在國圖本、全書本中均無。類似這樣的段落在文庫本中比比皆是。文庫本的出現爲我們進一步討論陽明年譜的形成及其社會思想價值提供了新的史料。① 如果對文庫本進行全書的校理，將其整理出來，定能爲陽明學研究提供一相當有價值的歷史文獻。

由於文庫本、國圖本的題名一致，同時也與全書本有着密切關係，這就讓人不得不生疑：同一個人（錢德洪）爲何會寫三部内容差異如此之大的書呢？如果我們認爲年譜的編纂者就是錢德洪，並進而認爲編纂者不僅能把控編纂過程，還能對書籍的刊刻進行有效的干預，一定會有這樣的困惑。但是，如果我們跳出編纂者本人，從書籍刊刻的過程來思考的話，或許提出的問題就截然不同了。

對於版本學來説，判定一部書的基本要件是：書名、卷數、著者、版本。如果能夠對這四項進行著錄，也就基本上達成了書目的基本要求。不管是前代的書目，還是當代的書目，從繁到簡，這四個項目都是必不可少的。因爲常識告訴我們，這些項目是我們瞭解一部書的最基本的訊息，也是最重要的訊息，只要有了這些訊息，我們就可以進一步去瞭解我們所需要的其他書本訊息。顯然，這樣的書目訊息只能針對所謂的品種來説，而對於有着很多不同版本的同名或者異名書籍而來就需要進一步去説明了。因此，對《陽明先生年譜》之類的著述加以細緻的考察，不管是版本目録，還是文獻，抑或者是歷史哲學，都將有其積極的意義。

---

① 比如有學者認爲，全書本和國圖本出現巨大文字差異的原因在於錢德洪爲了陽明先生從祀而作的"造神"式的操作。文庫本的出現，則其説不售矣。如果陽明學人僅僅爲了從祀就可以不顧當世的基本學術規則，在著述上亂動手脚，不僅矇騙了時人，還欺瞞了後世十數代人，這實在是對歷史的一種臆説。但如果没有文庫本的出現，這種從祀假説的確能夠成立，因爲全書本和國圖本之間就是有着諸多的明顯的差異，其中不少差異如何解説，只能依靠學者的想像力。詳見楊正顯：《覺世之道：王陽明良知説的形成》，北京師範大學出版社，2015年，第286頁。

二、低簷入峰影：贊助人的迷案

首先，我們認爲，從贊助人的角度理解一部書的製造過程，是相當有必要的。晚明時期，陽明學著作著述大都是在官方贊助人的支持下得以問世的。據中國國家圖書館編纂的《王陽明著述序跋輯錄》《王陽明著述提要》可知：

《陽明先生則言》二卷，明嘉靖十六年刻本。贊助人是浙江周文規。應良說："文江周子按浙，任道擔當，以作人爲最先事。且屬臨海令岷川劉子曰：子其志夫子之志，廣《則言》之傳於人，人良也。"①（應良《則言敘》）薛侃說："或質諸周子文規，曰：然。遂命鋟之。"（薛侃《陽明先生則言序》）②也就是說，該書是陽明門人薛侃求助當時浙江主官周文規，周氏讓臨海縣負責具體刊行事務的。

《傳習錄》三卷《續錄》二卷。此續錄本《傳習錄》的第一任贊助人是紹興府主官南大吉。他於嘉靖三年（1524）"命逢吉弟校，續而重刻之，以傳諸天下。"（南大吉《刻傳習錄序》）③這一版本流行十幾年之後，書版開始模糊，於是王畿、錢德洪等先後尋求新的贊助人刊行。嘉靖二十九年（1550），王畿說南大吉刊本行世二十餘年，"傳且久，漶闕至不可讀，學者病之。畿乃謀諸郡倅蕭子奇士，命江生湧檢勒，得其漶且闕者若干篇，付工補刻，而二册復完。"（王畿《重刻傳習錄序》）④蕭奇士（蕭彥）是這一刊本的贊助人。蕭彥《重刻傳習錄後跋》說："陽明先生之學，一貫之學也。先生以明睿智資，豪傑之才，凡先聖之微辭奧旨，超然默契於數千載之下。今其見諸闡明者，其或與文公朱子有異，要之，各就其所見而期以繼往開來者耳。孟子曰：君子亦仁而已矣，何必同學者果於是而潛心焉，其從違制辨，亦當有以自得之矣。故謂文公爲支離者，非也；謂先生爲求異於文公者，亦非也。是義也，傳習之錄，其要也。是錄之刻，迄於今，廿有七年矣。彥備員茲郡，訪之龍溪王先生，欲求數十部以遺同志，而舊梓之漫毀而缺失者幾半矣。謹捐俸鳩工而補刻之，庶先生開示來學之意爲不泯也。時嘉靖二十九年庚戌歲仲秋月吉日，判紹興郡事吉水東治蕭彥書於府署之觀我亭。"可知，紹興府刊刻的《傳習錄》自南大吉爲贊助人之後，尚有蕭彥氏。蕭彥當時是紹興府通判，他在此任職的時間是嘉靖二十七年至二十九年。（〔明〕蕭良幹《（萬曆）紹興府志》卷二十七）

過了三年，陽明學人又求得贊助人，刊行了一本。這次是由劉起宗請求寧國府涇縣知縣丘時庸贊助刊行的。錢德洪說："去年（1553）秋，會同志於南畿。吉

---

① 李文潔等：《王陽明著述序跋輯錄》，學苑出版社，2019年，第9頁。
② 同上書，第11頁。
③ 同上書，第14頁。
④ 同上書，第88頁。

陽何子遷、初泉劉子起宗,相與尚訂舊學。謂師門之教,使學者趨專歸一,莫善於《傳習錄》。於是,劉子歸寧國,謀諸涇尹丘時庸,相與捐俸,刻諸水西精舍。"(錢德洪《續刻傳習錄序》)①錢德洪尋找到涇縣縣令漳浦丘時庸,丘氏贊助刊行之。也就是説,贊助刊行的地方政府主官,至少是一縣令。當時涇縣有一書院名爲水西精舍,該刊本也在此完工。②

至於流傳廣泛的《陽明先生文録》,也離不開官方贊助。嘉靖三年(1524)陽明門人鄒守益因參與大禮議事件被貶謫到安徽廣德州任州判職,即當地政府主官的二把手。在廣德期間,鄒守益除外協助主官的工作之外,還主導建立了復初書院,或許即以此爲基礎刊行陽明及其他相關著作,比如《諭俗禮要》《訓蒙詩要》和《陽明先生文録》等。而且,嘉靖六年(1527)鄒守益也因爲在廣德期間有政績,升遷爲南京禮部主客司郎中。刊行陽明及其他人的著述自是他政績的一個重要的指標。錢德洪説:"嘉靖丁亥(1527)四月,時鄒謙之(鄒守益)謫廣德,以所録先生文稿請刻。先生止之,……謙之復請不已,先生乃取近稿三之一,標揭年月,命德洪編次。……德洪復請不已,乃許數篇,次爲附録,以遺謙之。今之廣德板是也。"(錢德洪《刻文録敍説》)③顯然,先有嘉靖三年蘇州府知府南大吉贊助刊行《傳習錄》,後有嘉靖六年左右廣德州贊助刊行《陽明先生文録》。鄒守益任廣德州通判,與前述蕭彦的職位類似。

陽明門人中,薛侃、錢德洪等是其著作的編輯者,而鄒守益等則是主要的刊刻贊助人。錢德洪等人編好書稿之後,即尋求贊助人以能將書稿變成刊本。黃綰説:"洪甫(錢德洪)攜之(《陽明先生存稿》)吳中,與黃勉之重爲鳌類,曰《文録》,曰《別録》。謀諸提學侍御聞人邦正刻梓以行。"(黃綰《陽明先生文録序》)④聞人詮當時是浙江提學,可以做刻書贊助人,刻印了《陽明先生文録》五卷《外集》九卷《別録》十卷。值得注意的是,此書雖然被定爲嘉靖十四年刊本,但有陽明門人鄒守益寫於嘉靖十五年的一篇序。我們知道,鄒守益不僅贊助刊刻了第一部《陽明先生文録》,也是此後陽明年譜的總裁,他長期在政府教育文化部門任職,曾出任南京國子監和南京翰林院主官等職,他作爲贊助人出現在諸刊本陽明文獻中都是可以想見的。

這是應邀成爲贊助人的,也有主動成爲贊助人的。比如嘉靖三十二年(1553)宋儀望出任河東主官,他就刊行了一部《文録》。宋儀望説:"陽明先生文集始刻

---

① 李文潔等:《王陽明著述序跋輯録》,第19頁。
② 丘時庸還作爲贊助人刊行了《涇縣誌》十一卷,該書署名爲"漳浦丘時庸校刊"。見李開升:《明嘉靖本研究》,第231—232頁。
③ 李文潔等:《王陽明著述序跋輯録》,第107頁。
④ 同上書,第83頁。

於姑蘇,蓋先生門人錢洪甫氏詮次之云。自後或刻於閩、於越、於閩中,其書始漸播於四方學者。嘉靖癸丑春,予出按河東。河東爲堯舜禹相授受故地也,而先王之學則故由孔孟以沂堯舜。於是間以竊聞先生緒言語諸人,士而若有興者。未幾,得關中所寄先生全錄,遂檄而刻之。"①在宋儀望之前,范慶也做過類似的工作,他説:"陽明先生遺集,傳於世者,有《存稿》《居夷集》《文錄》《傳習錄》。門人緒山錢子乃並之曰《文錄》;復取先生之奏疏、公移,鼇爲《別錄》,合刻於吳郡。惟《傳習錄》別存焉。未幾,厄於回禄,版遂殘缺。嘉靖甲辰(1544),慶來守兹郡,亟求焉,僅得《文錄》版什之二三,然魯魚亥豕猶未免也。《別錄》蓋蕩然無存矣。爰重加校茸,而補其奏疏二十三篇,匯爲《文錄》,以《傳習錄》附於卷後,別爲《語錄》,凡爲卷二十。庶幾可以見先生之全書云。……慶不敏,生也晚,不獲從先生之門,猶幸誦其遺訓,愧未之能學也。梓成,敢僭識於簡末。"②范慶在任蘇州知府,也即吳郡郡守時,主動充當了編輯刊刻陽明著述的贊助人。按照范慶的説法,在蘇州府原有錢德洪等人編輯的陽明著述的版片,因爲遭遇水火災害,這些版片只有極少留存了。等他上任時,他以知府的名義讓下屬吳縣儒學校諭許贊與長洲縣儒學訓導華鑑和張良才具體辦理重新刊行的相關事宜。另外,還有巡按陝西監察御史閻東也充當過贊助人,他説:"東按西秦,歷關隴,見西土人士俊髦群然,皆忠信之質也。因相與論良知之學,盡取先生《文錄》,附以《傳習錄》並《則言》共若干卷刻之。"③臨漳縣令趙友琴説:"友琴生也晚,款啓寡聞。夫也不知文,不知先生之文,而竊有志於先生良知之學脈也。謬刻而序之,以公諸同志。"(趙友琴《陽明先生文選序》)④由此可見,陽明著述的編纂者是一個群體,而刊行者則主要是自省級的總督巡撫、府州的長官佐貳,到縣級的縣令教諭等,他們在政策許可的情况下,將陽明著述的刊刻納入政府文教事業之中,讓陽明的著述得以問世、傳世。

　　從地方的官刻本的製造過程來説,贊助人或者應邀,或者主動,先將某書的刊刻納入政府經費的支出項目,爲刻書提供必要的經費支持;同時,還要根據當地的文教現狀選擇負責刊行事宜的項目負責人,以便確保所刻之書能够達到預期目標和當時士人對於書籍的一般期望。當然,他們也要考慮到刊本的其他問題,比如收支平衡等等,所以他們更傾向於利用書院等教育機構來辦理,或許這樣就能在完成板刻之後刷印給當地的士子了。

　　有些贊助人還善於做一些宣傳的工作,比如通過請求上級主官或者較有聲望的學者撰寫序言等等。我們看到嘉興郡守贊助刊行的《陽明先生文錄文錄續編》

---

① 李文潔等:《王陽明著述序跋輯錄》,第92頁。
② 同上書,第98頁。
③ 同上書,第99頁。
④ 同上書,第173頁。

就請求徐階撰寫了一篇序文。在該文中,徐階說:"餘姚錢子洪甫既刻《陽明先生文錄》以傳,又求諸四方,得先生所著《大學或問》、《五經臆說》、序、記、書、疏等若干卷,題曰《文錄續編》,而屬嘉興守劉安徐侯以正刻之。刻成,侯謀於洪甫及王子汝中,遣郡博張編、海寧諸生董啓予問序於階。……徐侯方從事於政,獨能聚諸生以講先生之學,汲汲焉刻是編以詔之,其異於世之為者歟。使凡領郡者皆徐侯其人,先生之學明,而洪甫之憂可釋也。"(徐階《陽明先生文錄續編序》)①徐階希望嘉興府學的士子們購買此書,也是極為直白的宣傳了。從這裏我們也可以看到,地方官僚充當贊助人刊行學者的著作,多是以傳承學術文化的這樣的理念下展開的,這也推動了晚明學術的繁榮。可以說,如果沒有這樣的贊助制度,我們可能就難以找尋當時的學術文化樣態了。

這種贊助出版的故事,一直延續到了明末清初。清順治三年(1646)巡按浙江監察御史王應昌曾贊助刊刻《王陽明先生傳習錄論》三卷《附集》一卷。他有序一篇,題為《傳習錄總論》,其中說:"隆慶壬申年,新建謝君來按浙,為王文成公搜全書,梓之。謝君所按者全浙,又時當全盛,故其刻全書也易。余今所按止杭、嘉、湖三郡,又兵燹未已,故殫力盡能,以塞吾願。雖《傳習》一錄,猶岋岋乎難之。"②具體操辦者則是浙江提學僉事李際期,他說:"歲乙酉,河南夫子王公持斧而至,入其邦,發其書。……謂先生之教,莫《傳習》一錄急,而丹之,而節之,而詮之,於是乎論,於是乎梓。"③晚明時期,像這樣以地方政府主官身份贊助學術著作的出版,在後來的歷史不再成為理所當然之事,至少他們對於刊行陽明學的著述並沒有那麼熱衷,這也是學術風氣轉向的一個例證。

我們以《王陽明著述提要》《王陽明著述序跋輯錄》所收集的資料為基礎,將現存陽明著述的明代刊本做一梳理如下表:

表1 陽明著述明代刊本的贊助人

書名卷數	版本著錄	贊助人	贊助人職官	刊務	編務
居夷集三卷	明嘉靖三年丘養浩刻本	丘養浩	餘姚知縣	韓柱、徐珊	韓柱、徐珊
陽明先生則言二卷	明嘉靖十六年薛侃刻本	周文規	兩浙巡按	應良	薛侃、王畿
傳習錄三卷續錄二卷	明刻本	丘時庸	涇縣縣令	涇縣水西精舍	錢德洪

---

① 李文潔等:《王陽明著述序跋輯錄》,第127頁。
② 同上書,第26頁。
③ 同上書,第29頁。

續表

書名卷數	版本著錄	贊助人	贊助人職官	刊務	編務
陽明先生文錄五卷外集九卷別錄十卷	明嘉靖十四年聞人詮刻本	聞人詮	蘇州提學	不詳	錢德洪
河東重刻陽明先生文錄五卷外集九卷別錄十卷	明嘉靖三十二年宋儀望刻本	宋儀望	河東巡按	不詳	不詳
重刻傳習錄（附於《陽明先生文錄》五卷後）	嘉靖二十九年（明刻本）	蕭彥	紹興府通判	江湧	王畿
陽明先生文錄五卷外集九卷別錄十四卷	明嘉靖二十九年聞東刻本	聞東	巡按甘肅御史	不詳	不詳
陽明先生文錄五卷外集九卷別錄十四卷	明嘉靖刻本	不詳	不詳	不詳	不詳
陽明先生文錄十七卷語錄三卷	明嘉靖二十六年范慶刊本	范慶	蘇州知州	許贊等	許贊等
陽明先生別錄三十卷	明嘉靖間刻本	不詳	不詳	不詳	不詳
王文成公全書三十八卷	明隆慶六年謝廷傑刻本	謝廷傑	提督學校巡按直隸監察御史	周怡、林大黼、李爵	羅洪先、胡松、呂光洵、沈啓原
文成先生文要五卷	明萬曆三十一年陸典等刻本	吳達可	江西巡按	陸典、堵奎臨等	陸典、堵奎臨、王時槐等
陽明先生道學鈔八卷	明萬曆三十七年武林繼錦堂刻本	劉東星	工部尚書？（督兩浙學政）	（黃與參、于尚寶？）、武林繼錦堂	李贄
陽明先生文選四卷	明萬曆趙友琴刻本	趙友琴	臨漳縣令	不詳	不詳
王文成公文選八卷	明崇禎六年刻本	不詳	不詳	陶珽	鍾惺
陽明先生集要三編十五卷年譜一卷	明崇禎七至八年王立准刻本	王志道	左副都御史	（黃道周？）、王立准	施邦曜

　　加上兩種嘉靖本的年譜，則上述二十種晚明時代的陽明學著述中，除了少數尚不清晰的，大部分是能夠確定其刊行贊助人的。由此，我們可以認爲，明代的地方官刻本從嘉靖以來，已經形成了比較完備的贊助人制度，陽明學著作的刊行也

得益於這一制度。當然,在古籍的著録中按照通常的規則並不會去著録贊助人,所以我們也就很少從這個方面去思考相關的問題。

三、窅然坐幽獨:官爲刊行之集

那麽,明代官方贊助出版的程式如何呢?我們可以萬曆年間的一部陽明著述見其一斑。這部書題爲《陽明先生文選》,是時任江西巡撫吴達可作爲贊助人主持刊行的。此書現藏中國國家圖書館,著録爲:《文成先生文要》五卷,明萬曆三十一年陸典等刻本。① 吴達可(1541—1621),字叔行,號安節,江蘇宜興人,萬曆五年(1577)進士,曾任江西巡按,官至通政使司通政使。吴達可在江西主官任上資助出版陽明著述的程序是這樣的:首先,贊助人因某種機緣將某書列入了贊助計畫。吴達可説,他的老師是周訥溪(周怡),而周訥溪的老師是鄒守益。也就是説,吴達可爲陽明後學。他出面資助刊行陽明學著述也是水到渠成的事情。

其次,贊助人或者直接用現成的著作進行刊刻工作,主要資助前人的著作刊刻,或者資助尚未刊行的的著作;或者根據既有的書籍進行編輯的工作,這樣就會出現一部書的新品種。事實上,大多的贊助人都會採取後一種贊助的方法。他們也並不會把舊版買過來加以修正,或者挖改之類,除非是同一政府機構的繼任者才會將修版重刊作爲工作業績。

第三,刊刻工作的流程包括,贊助人指派下級官僚具體負責,同時也會聘請學者協助。吴達可在江西任職期間,指令下屬贛縣和瑞金縣二位縣令陸典和堵元就既有的陽明全集編輯一部選本。陸氏説:"直指吴公淵源遠紹,以其事屬小子及堵元列氏。中丞李公謂虔刻未詳,復以刻於浙者,俾得遍搜,於是剪其煩文,存其切要,釐爲五卷。"也就是説,他們先試圖以江西刻本來做編輯工作,但隨後依據李某的建議找到了浙江刊本,或許就是謝廷傑的全集本,並在這一版本的基礎上進行了文本的删訂和編輯。陸、堵等完成編輯工作後,吴達可又請學者王時槐校訂一過。王時槐説:"直指安節吴公按莅虔州,追念先生,以其學特倡,而盡洩以開群蒙。與其平寇討逆之功皆在江省,當使後學聞之,以信吾聖學之有裨益於世,而非托諸空言也。爰命贛令陸君典偕瑞金令堵君奎臨即先生《全集》摘録之,題曰《文選》,以便觀省,將授諸士卒業焉。復囑時槐覆校之。"(王時槐《陽明先生文選序》)② 也就是説,贊助人對所刊的書籍組成了一個刊書課題組,分工合作,完成了文本的編輯。

最後,官方贊助的刊本在刊工經費、版刻形制、校勘程式方面都有規可循。其中刊工多以匠户爲之,他們需要將本人姓氏刻在版片上,這就是我們能看到的刻

---

① 李文潔等:《王陽明著述提要》,第52頁。
② 李文潔等:《王陽明著述序跋輯録》,第176頁。

工。此本的刻工有：科、思、三、曾壇、曾時等三十餘人。① 檢查其他陽明著述的明代官方贊助刻本，亦多有刻工姓氏。②

陽明年譜是一部新書，經歷了漫長的編纂過程，然後才進入刊刻的流程。永富氏在其著作附錄二《王守仁著作出版年表》中給出了年譜編纂刊刻訊息。我們據《王文成公全書》③《陽明先生祠志》等加以補充，年譜編纂、刊刻時間綫如下：

陽明去世後不久，薛侃等人即倡議編纂年譜，薛侃與歐陽德、錢德洪等爲編纂成員，分頭分年分地蒐集成稿，議定鄒守益爲總裁；

嘉靖二十七年（1548）戊申，青原會議時，各自撰寫的年譜資料蒐集或已完成，諸人分撰稿未畢；

嘉靖二十九年（1550）庚戌，錢德洪完成年譜的一部分；

嘉靖三十五年（1556）丙辰，鄒守益編《王陽明先生圖譜》刊行；

嘉靖三十九年（1560）庚申，錢德洪又完成年譜的一部分稿件；

嘉靖四十一年（1562）壬戌，鄒守益去世，錢德洪統稿年譜，羅洪先參與删訂工作；

嘉靖四十二年（1563）癸亥，《陽明先生年譜》合訂稿於四月完成。是年夏，滁州胡松完成年譜序；八月，錢德洪寫就年譜序。永富氏以爲，年譜初刊於本年，即在浙江杭州天真書院刊刻的本子，是爲文庫本。

嘉靖四十三年（1564）甲子，《陽明先生年譜》在江西贛州刊行，即國圖本。④

這裏，我們可以看到書籍的編撰與出版是一部書能夠爲我們所見、所讀的關鍵。因此，文獻版本也更多地關注編纂者和出版者。鑒於在版本鑒定中，若無其他證據時，可以將刊書序跋作爲判定的主要依據，將文庫本定爲嘉靖四十二年刻本亦無可厚非，因爲只有兩篇有明確時間的序文。但我們不能就此止步，需要進一步考察。這才是版本學成爲流略之學的真義。

書籍版刻之所以成爲一門學問，其原因就在於除了簡單判定之外，還有更爲複雜的歷史和事實有待考察。就文庫本而言，由兩篇跋文推斷刊刻的具體時間就會出現一定的誤差。

首先，按照判定版本的辦法，我們可以通過序跋尋找綫索，由於文庫本的序文只有兩則，我們需要找更多的證據，全書本中的記録自然是比較可靠的。在全書本中有羅洪先的一篇序，詳細地說明了當時編刊年譜的情況。他說，錢德洪等門人弟子在青原之會以後花了很長時間蒐集資料，但十餘年後完成年譜的編纂，鑒於陽明門人如薛侃等人先後過世，讓他有了加快編纂進度的想法。於是，他停下

---

① 李文潔等：《王陽明著述提要》，第53—54頁。
② 如趙友琴刻本《陽明先生文選》，崇禎七至八年王立准刻本《陽明先生集要三編》。
③ 〔明〕王陽明：《王陽明全集（新編本）》，吴光等編校，浙江古籍出版社，2010年，第1364頁。
④ 〔日〕永富青地：《王守仁著作之文獻學的研究》，第532—537頁。

其他的事務,專注於年譜的編纂事:"明年(嘉靖四十二年,1563)四月,年譜編次成書,求踐約,會滁陽。胡汝茂(胡松)巡撫江右,擢少司馬(南京兵部尚書),且行,刻期入梓,敬以旬日畢事。已而即工稍緩,復留月餘。自始至卒,手自更正,凡八百數十條。"(羅洪先《陽明先生年譜考訂序》)①編集完成之後,錢氏立即尋求刊書贊助人。他與羅氏等人找到了時任江西巡撫的胡松。此事原本進展順利,但因胡松的職務變動讓年譜刊行工作遇到了一些麻煩,也就導致了之後一系列的問題,包括我們今天看到的版本謎團。

其次,全書本的年譜附錄還有相關的記載,留下了可供參考的綫索。在嘉靖四十二年的紀事中,作者説:"嘉靖四十二年癸亥四月,先師年譜成。""洪先開關有悟,讀《年譜》若有先得者,乃大悦,遂相與考訂。促洪登懷玉,越四月而譜成。"②也就是説,在全書本中,錢德洪只是説羅洪先讀了他的年譜稿件之後有不少體會,他們一起在懷玉書院花了幾個月的時間,基本完成了年譜的定稿工作。這裏所謂的"譜成"只是完成了書稿,並不是刊刻。而且,在這一年的紀事中也沒有關於年譜刻成的記録。很顯然,嘉靖四十二年的確有年譜刊行的動議,並且已經開始相關工作了,但是並沒有完成。所以,我們可以肯定地説文庫本不是嘉靖四十二年刻本。

那麼,它是什麼時候的刻本呢?如果一定要對該書的刊刻時間進行更精確的判斷,我們就需要將該刊本的主要贊助人即胡松的履歷加以研判,大概就能確定刊書的時間段了。

據王世貞(1526—1590)《弇山堂別集》③和張廷玉《明史》④的記載,嘉靖時期有兩位進士出身的胡松⑤,均爲直隸人,一爲績溪胡松(1490—1572),正德九年(1514)進士,曾任工部尚書、刑部尚書;一位是滁州胡松(1503—1566),嘉靖八年(1529)進士,曾任南京兵部尚書、吏部尚書。贊助陽明學人的,是滁州胡松。滁州胡松資助了很多書籍的刊刻,除了《陽明先生年譜》之外,還有《滁州志》、《孝肅包公奏議集》十卷⑥、《廣輿圖》二卷⑦、《唐宋元名表》四卷⑧、《范忠宣公奏議》二卷⑨、

---

① 〔明〕王陽明:《王陽明全集(新編本)》,第1364、1365頁。
② 同上書,第1373—1374頁。
③ 〔明〕王世貞:《弇山堂別集》,北京:中華書局,1985年,第295頁。
④ 〔清〕張廷玉等:《明史》,北京:中華書局,2011年,第5345—5347頁。
⑤ 朱寶炯等:《明清進士題名碑索引》,上海古籍出版社,1998(1979)年,第1744頁。筆者此前關於陽明年譜的文章中於此考察有誤。
⑥ 丁丙《善本書室藏書志》卷八,《宋元明清書目題跋叢書》(第9册),中華書局,2006年,第497頁。
⑦ 丁丙《善本書室藏書志》卷十一,第521頁。
⑧ 丁丙《善本書室藏書志》卷三十九,第900頁。
⑨ 范邦甸《天一閣書目》卷二,上海古籍出版社,2010年,第121頁。

《安邊疏要》一卷①、《續文章正宗》二十卷②等。作爲贊助人,爲刊刻書籍作序,這是明代官刻書的通例,所以我們在明代的官僚文集中多見書序。

滁州胡松,字汝茂,謚莊肅③。他成進士後,從東平洲主官開始從政生涯,升南京禮部郎中、山西提學副使、山西參政。以言事指斥權貴得罪,家居者十餘年。其後因有人推薦而復官,任陝西參政,轉任江西左布政使、右副都御使,嘉靖四十二年(1563)任兵部左侍郎,升南京兵部尚書,嘉靖四十四年(1565)任吏部左侍郎,嘉靖四十五年(1566)卒於吏部尚書任上。其個人著述有《督撫江西奏議》《督撫江南奏議》《胡莊肅公奏議》《胡莊肅公遺稿》《胡莊肅公文集》等。《明史》稱滁州胡松"潔己好修,富經術,鬱然有聲望"④。胡松與羅洪先是進士同年,在他被罷職居家時,羅洪先、唐順之等也有同樣遭遇,他們曾共同研討過學術,"時公同年友羅君洪先、唐君順之,亦以言事廢。二公並有志學古者,與入宜興山中,盤桓究解,而公之神,已脫然超上乘矣"(李春芳《貽安堂集卷七·吏部尚書贈太子少保謚莊肅胡公墓誌銘》)⑤。正因爲如此,錢德洪才在其書信中請求羅洪先給胡松寫信,讓胡松充當刊刻年譜的贊助人。

爲了讓陽明年譜得到官方的認可,錢德洪請滁州胡松擔任該書的第一贊助人。胡松同意了這一請求,錢氏給羅洪先的信中說:"柏泉公(胡松)讀兄《年譜》,深喜。經手自別,決無可疑。促完其後。昨乞作序冠首,兄有書達,幸督成之。"⑥由於羅洪先和胡松有同年的關係,且早就相熟,所以陽明門人對他寄予厚望。收到錢氏書信後,羅洪先回覆說:"柏泉公爲之序,極善。俟人至,當促之。"⑦在胡松的支持下,該書的刊行列入政府項目,開始執行。按照當時官刻本的流程,先要對書稿進行校訂,胡松讓羅洪先來辦理這項工作。"柏泉公七月發《年譜》來,日夕相對,得盡寸長。平生未嘗細覽《文集》,今一一詳究,始知先生此學進爲始末之序。因之頗有警悟。故於《年譜》中,手自披校,凡三四易稿。於兄原本,似失初制,誠爲僭妄。……不及請正,今已付新建君入梓。惟兄善教之。"⑧胡松收到錢德洪發出的年譜稿件,然後交給羅洪先準備刊行。羅氏花了很大的精力去重新校訂,刪改、增補。當然也耗費了不少時間。

① 范邦甸《天一閣書目》卷二,第 124 頁。
② 范邦甸《天一閣書目》卷四,第 486 頁。
③ 《明史》卷二百二(第 5347 頁)稱滁州胡松謚恭肅,而明人李春芳文集中收錄有爲胡松撰寫的墓誌銘,其謚爲莊肅,明人文集及書目中記錄亦同,故應以莊肅爲准。或許續溪胡松之謚爲恭肅。
④ 〔清〕張廷玉等:《明史》,第 5345—5347 頁。
⑤ 〔明〕李春芳:《貽安堂集》,明萬曆十七年李戴刻本。
⑥ 〔明〕王陽明:《王陽明全集(新編本)》,第 1386 頁。
⑦ 同上書,第 1382 頁。
⑧ 同上書,第 1384 頁。

由於胡松升遷,這位贊助人的預期目標或許難以達成,所以他們希望加快刊刻進度,最好能在胡松離開前完工。羅氏在當年八月將校訂稿發給了胡松的下屬,也就是滁州毛汝麒。但是,趕工刊刻或許並不合適,所以羅洪先做了兩手準備:第一,尋求新的贊助人,這個比較合適的人選就是陸穩;第二,繼續修訂年譜,使之更爲完善,他花了不少時間和精力才完成這項工作。

　　僅從贊助人這一項,我們可以初步認定將天真書院本視爲嘉靖四十二年刻本尚有有疑問,需進一步考察。就我們的觀察而言,文庫本的刊行時間要晚於國圖本,即在嘉靖四十三年以後。比較明顯的證據是,錢德洪的序已經標明時間是嘉靖四十二年八月。是否年譜四月完成之後就進入刊刻尚不明了。而胡松的序文中關於年譜的卷數標以墨釘。這説明此年該年譜内容雖然已確定,但刊定時的卷數並没有編定。

四、怵爾抱深警：重新認識明本

　　明代刻書自有其獨特之處。據古籍版本調查,陽明學著述和其他古籍一樣佚而不存者頗多,而存世陽明學著作的版刻品種數以百計,而版本情況就更加複雜了。① 這自是明代出版業興盛的一個縮影。相較於宋代,明代是雕版刻書的"又大盛"期。② "明清兩朝各地刻印的書籍,數量之大,品種之多,比前代,不知超越了多少倍。"③明代的出版事業,更是可以用"蒸蒸日上和空前發達"④來形容。像陽明學人一樣努力著述,並將前賢作品予以刊行,在明朝人看來再正常不過,這也造就了明代出版的興盛。

　　究其原因,繁榮的書業與官方成熟的贊助人制度密切相關。這種贊助制度,對於後世人來説頗爲陌生,但前人熟稔此類故事,如清初王士禛(1634—1711)《居易録》卷七説:"明時翰林官初上,或奉時回,例以書籍送署中書庫,後無復此制矣。又如御史、巡鹽茶、學政、部郎、權關等差,率出俸錢刊書,今亦罕見。宋王琪守蘇州,假庫錢數千緡,大修設廳。既成,漕司不肯破除。琪家有杜集善本,即俾公使庫鏤板,印萬本,每部直千錢,士人爭買之。既償省庫羨餘以給公廚,此又大裨帑費,不但文雅也。"⑤這就是爲什麽明朝雖然没有現代的繳送制度,但是中

---

① 連玉明、陳紅彦:《王陽明館藏文獻典籍普查、複製和研究叢書》,學苑出版社,2019年。
② 張秀民:《中國印刷史》,浙江古籍出版社,2006年,第237頁。
③ 趙萬里:《趙萬里文集第1卷 中國版刻圖録序》,國家圖書館出版社,2011年,第168頁。
④ 同上書,第169頁。
⑤ 〔清〕王士禛:《王士禛全集(五)·居易録》,袁世碩主編,齊魯書社,2007年,第3813頁。葉德輝亦引用此條史料,不過結論截然相反。詳〔清〕葉德輝:《書林清話》,華文書局,2012年,第180頁。

央及地方能够保存龐大數字書籍的原因。

在王士禛看來,這種贊助出版制度宋代已經有了先例,但未必就如宋人故事一樣,因爲明代官僚作爲贊助人參與刻書活動,不止刊刻藏家善本,也直接資助當代書籍的出版,也正因如此明代的文藝才如此繁盛。當然,如果我們僅僅從歷代正史的《藝文志》著録來看,尚無法發現明代的出版繁榮情況。

表 2 正史藝文志著録書籍統計表

	部　數	卷　數	二級類目數
漢書・藝文志	596 家	13 369	38
隋書・經籍志	4 191	49 467	55
舊唐書・經籍志	3 061	51 852	42
新唐書・藝文志	3 277	79 221	44
宋史・藝文志	9 819	119 972	45
明史・藝文志	4 633	10 597	35

注:本表據吕紹虞《中國目録學史稿》(武漢大學出版社,2012 年)及相關史籍記載製成

從上表可見,《明史・藝文志》著録的書籍量相較於前代的要少,要是我們由此得出明代文教出版事業不如前代,就是想當然了。事實是,《千頃堂書目》著録書籍 17 828 部,明史館臣編訂的《明史藝文志稿》尚保留有 13 000 餘部。清人編纂前代史書時,在著作出版方面依據的是《千頃堂書目》,最後定稿的主事人執行了"卷數莫考""疑信未定"兩條限制性標準,以"寧闕而不詳"爲標榜,所以明人著述數量看起來與雕版時代之前的寫本時代相差無幾。當然,清人之所以能釐定出書籍作者的姓氏、籍貫、書籍的卷數等等,就是因爲有比較準確的記載。若以此標準去删訂前代史志目録,或許前代著述將所剩無幾。明代人的著作之所以至少有三分之一左右能做出較爲準確的判定,若没有彼時官方書籍贊助人制度的完備和成熟,是絶無可能的。後世版本學家如葉德輝等人,或者只看到了當時官僚呈繳書籍的表像,並没有再進一步去思考如何理解表像之下的本質問題,所以,葉德輝在《書林清話》這部版本學名著中,僅以"好事之習"①四字來解釋明人著述大量版行的原因,而且認爲這種喜好承自宋人。這種理解並不足以説明書籍文化的内在價值,不足爲訓。

從某種意義來説,搞出版的人定然是好事之徒,但出版業的繁榮絶對是好事而非壞事。一個社會没有重視出版的風氣,何談文化自信?又何談繼承發展呢?

---

① 葉德輝説:"明時官出俸錢刻書,本緣宋漕司郡齋好事之習。"(〔清〕葉德輝:《書林清話》,第 180 頁。)

事實上,明代的出版在整個出版史上都具有舉足輕重的地位,其原因就在於當時上自中央政府各部,下至地方諸府縣,均有贊助出版的制度規範。就地方而言,各地方的督撫、學政等,往往是贊助出版的第一責任人。從明初開始,曾主持《永樂大典》的解縉就曾上疏朱元璋《太平十策》,其一就是資助出版:"宜令天下投進詩書著作,官爲刊行。令福建及各處書坊今國學見在書板,文淵閣見在書籍,參考有無,盡行刊完。於京城及大城港等處,官開書局。就於局前立碑刻詳書目,及紙墨二本,令民買販,關津免稅。每水陸通會州縣,立書坊一所,制度如前。"(《解文毅公集》卷一)① 解縉對於資助出版的具體辦法有四:官方資助私人著述;中央政府收藏書籍予以刊刻;根據經濟社會發展條件,設立官辦書籍經營,並且給予免稅政策優惠;支持地方設立書局書坊,促進本地文化繁榮。總之,在解縉看來,政府資助出版是禮興樂備、文化繁盛、教育昌明、天下太平的重要舉措。

我們無法獲知解縉的這一奏疏是否奏效,但明代的官僚們喜歡充當出版贊助人卻是人盡皆知的。胡應麟《經籍會通》卷四説:"今宦途率以書爲贄,惟上之人好焉。由諸經、史、類書,卷帙叢重者,不逾時集矣。朝貴達官,多有數萬以上者。"② 官僚支持出版,並以書籍的收藏作爲標榜,家藏萬部書也並非奇談。在官方贊助制度的推動下,書業發達了,藏書也就不再是少數人的事業,葉昌熾《藏書紀事詩》收錄五代到清末藏書家 1 175 人,明代將近一半,即 427 人。沒有大量的版刻書籍,藏書是不可能的。大量版刻書籍的生產和流通,十萬卷樓、萬卷樓等才能在全國遍地開花。私人藏書成爲風尚,政府部門自然也不例外。比如當時的行人司規定"其以事奉差復命者,納書數部於庫。秘閣而外,差可讀者,此耳。"後來有人專門爲行人司的藏書編寫了目錄,著錄數千種之多。③ 私人藏書之家編有目錄的也不在少數,據范鳳書在 20 世紀末所做的文獻調查,可考的明代藏書目錄有 167 種,存世的近 50 種。④ 要有書,才有藏書;要有大量的書,才有大藏書家。這似乎不必解釋。要明確的是:明代的藏書家收藏的書大多是刊刻的印本書,抄本、寫本已失去了它的歷史地位。王應麟説:

> 葉少藴(葉夢得,1077—1148)云:"唐以前,凡書籍皆寫本,未有模印之法,人以藏書爲貴。人不多有,而藏書者精於讎對,故往往皆有善本。學者以傳錄之艱,故其誦讀亦精詳。五代時,馮道始奏,請官鏤板印行。國朝淳化中,復以《史記》《前、後漢》付有司摹印。自是書籍刊鏤者益多,士大夫不復

---

① 此一材料經張秀民《中國印刷史》引用而廣爲書籍史學界所熟知。張秀民:《中國印刷史》,浙江古籍出版社,2006 年,第 239 頁。
② 〔明〕胡應麟:《少室山房筆叢甲部·經籍會通》,上海書店出版社,2001 年,第 41 頁。
③ 轉引自徐凌志:《中國歷代藏書史》,江西人民出版社,2004 年,第 277—278 頁。
④ 范鳳書:《中國私家藏書史》,大象出版社,2001 年,第 263 頁。

以藏書爲意。學者易於得書,其誦讀亦因減裂。然板本初不是正,不無訛誤。世既一以板本爲正,而藏本日亡,其訛謬者遂不可正,甚可惜也。"此論宋世誠然,在今則甚相反。蓋當代板本盛行,刻者工直重鉅,必精加讎校,始付梓人。即未必皆善,尚得十之六七;而鈔録之本,往往非讀者所急,好事家以備多聞,束之高閣而已,以故謬誤相仍,大非刻本之比。凡書市之中無刻本,則鈔本價十倍。刻本一出,則鈔本咸廢不售矣。(原注:今書貴宋本,以無訛字故。觀葉氏論,則宋之刻本患正在此。或今之刻本,當又訛於宋耶。余所見宋本訛者不少,以非所習,不論。)①

誠如胡應麟所説,明代人所出版的諸多書籍的確是校勘精良的,唯其有成熟的贊助人制度,才能夠形成如此局面。但是,晚清以來的學者們多沿襲舊聞,以王應麟的不得其善的十之三四來斷定整體,以至於有所謂的葉德輝"明人刻書而書亡"的經典論斷。當然,即便如此,葉德輝《書林清話》在主張"明人不知刻書"②的同時,也不得不承認"明時法制之嚴,刻書之慎"③,不得不承認"明人刻書,亦有極其慎重,必書刻並工者",其結果是清人把不少明刻本誤以爲是元代版刻或者更早,鄴架珍藏。④ 對於以收藏和鑒賞爲第一要務的版本家而言,或許這並非"好事",因爲它不具備"稀奇古怪"的善本性質,甚至還爲版本的鑒定帶來了無窮的麻煩。但對於普通讀者來説,却是一件幸事。

五、年徂道無聞:斯譜其無窮乎

如今,我們要想瞭解陽明的歷史世界,只能通過陽明年譜之類的著作,可以説正是這些版本繁多的著作構成了我們理解歷史的最佳入口,從此進入,既有知識上的收獲,也會得到智識上的考驗。

陽明年譜在明清的諸多年譜中具有標杆的意義。文獻學家鄭鶴生(1901—1989)曾説:"年譜之作,蓋始於宋元豐間吕大防撰之《韓文》及《杜詩年譜》。元明以還,其數漸增。然大抵出於後學者之手,不若出於自撰,或親故者之精審也。自撰年譜,以清初孫奇逢爲首創。出於親故者,莫善於《王陽明年譜》。王譜材料,由其門生分年蒐集,經錢德洪加以編纂,最爲精審。至於材料之運用,或僅采學術,或兼顧時事,要視譜主本身之行狀而異,不可以一格論。"(盧前《霜崖先生年譜》,民國《南北詞簡譜》本)也就是説,陽明年譜無論在撰寫者的水準,材料的完

---

① 〔明〕胡應麟:《少室山房筆叢甲部・經籍會通》,第44頁。
② 〔清〕葉德輝:《書林清話》,第180頁。
③ 同上書,第179頁。
④ 同上書,第185—186頁。

備程度和書寫的精細度等各方面都是足可稱道的,也是學者們所認可的可做作爲範本的著作。之所以如此,自然與陽明學人的努力有者之間的關係。

試想,如果没有陽明學人不斷地尋求贊助人刊行其學派的著述,没有海内外的大量留存的陽明學文本,僅僅有幾種所謂的珍本、善本,它絶無可能成爲世人皆知的常識,更没有可能造成長久且深遠的歷史影響。① 陽明學研究者張藝曦説,陽明學著作的刊行,打開了其學術傳播的範圍,破除了因人因地的限制,②由此,陽明學人用學術著作的編纂、刊行和閲讀、傳播構成了一個陽明學的學術思想的書籍循環:

學術傳播→書籍閲讀→書籍流傳→再版改編→學術傳播

在這個循環中,是没有書籍製造人的故事的。所謂的書籍製造人,不僅僅是書籍的作者、編者,還包括贊助者,闡釋者和傳播者。這是這些人共同構成了書籍的循環。比如,人人皆知《傳習録》是陽明門人徐愛、薛侃、陸澄、陳九川等人蒐集整理的,但要是没有錢德洪的編集,是没有南大吉、丘時庸、王應昌等上至總督巡撫,下至縣令教諭等地方官員的贊助支持,其書不可能在數百年間反覆刊行,讀者也就不可能最便利的獲取陽明學的文本,也就無法通過書籍來感受陽明學的精神世界了。而且,從贊助人的角度來看陽明學的傳播,我們還能得到另外一個與陽明學研究的常識不太一樣的認識。

傳統的觀點認爲,宋明以降的學者不管是心學,還是理學,從北宋諸子,直到明末清初諸儒,他們堅持的理想是不變的,即錢穆所謂的"夫不爲相則爲師,得君行道,以天下爲己任,此宋明學者幟志也。"但是清代學者就没有辦法以此志爲標榜了,因爲"爲之君者既不許其以天下治亂爲己任,充實齋(章學誠)論學之所至,亦適至於遊幕教讀而止,烏足以上媲王介甫、程叔子之萬一耶。"③20世紀三十年代以來,錢穆的這一説法得到了廣泛的認同,不過其弟子對此並不完全擁護,提出了新的歷史假説。例如在21世紀初,余英時曾於討論宋明理學時,提出清代考據學發端於晚明的洞見,並揭櫫朱子學是"得君行道"哲學,而陽明學則是"覺民行道"的哲學,這在一定意義上是將乃師的研究做了進一步的闡發。但其中的價值判斷轉移是不言自明的。自此以後,很多學者都認同陽明學之所以造成晚明以來

---

① 張藝曦認爲,一門學術流行有多重因素,學説的創造力、學術内容的吸引力、學術主張的樹立、講學活動的推廣和書籍的刊行等等皆不可少。在某種意義上來説,關鍵書籍的刊刻流傳是學術傳播的重要助力。事實上,不少學術領袖和中下層士人,讀詩通過書籍來接觸、瞭解和接受陽明學的,可以説這就是一個閲讀改變世界的最佳例證。(張藝曦:《明中晚期古本大學與傳習録的流傳極影響》,《漢學研究》,2006年,第24卷第1期,第235—268頁;張藝曦:《陽明學的鄉里實踐》,北京師範大學出版社,2013年,第294頁。)

② 張藝曦:《陽明學的鄉里實踐》,第294頁。

③ 錢穆:《中國近三百年學術史(一)》,九州出版社,2011年,第2頁。

的影響,其根源在於陽明學人將主要的精力放在了爭取基層民衆和士大夫的支持之上。余英時認爲,"王陽明在明代理學史上的劃時代貢獻,便在於他用'覺民'取代了'得君',示學者另一條行道的途徑,因而使'三代之治'再度成爲一種令人嚮往的理想"①。他認爲陽明後學中最重要的人物也當然是那些在基層發動人群信仰的人物,比如泰州學派。

余氏論述的矛盾地方在於,他認爲陽明及其弟子希望建立一種理想的社會秩序,這種秩序一定是要和現實的社會全然不同的,現實的政治秩序中的各色人物和種種制度設計也讓這一理想事實上没有達成的可能,爲了實現這樣的理想,只有發動群衆,通過個體意識的覺醒,最終才有希望來一個徹底的改變。但是,只要我們細緻考察陽明及其門弟子的行事、著述,我們就會發現他們的理想決不是要革命式的終結舊世界,更不是要通過個性解放實現個體意識的激蕩擴充,從而實現道的天下大化,恰恰相反,陽明學首先是一種政治哲學,他們首先要解決的問題不是理想問題,而是生命的安頓、學術的明悟和社會秩序的重建。所以,他們要建立事功,要編集著述,要尋求贊助,要反復講述、傳播良知之學。而且,最爲關鍵的是,傳統的中國一直具有士大夫的精神,這種精神即便經過了無數次血與火的洗禮,仍舊存在,這也就是爲什麽良知之學能夠在數百年之後再次成爲社會討論的焦點的一個緣由。

從陽明年譜而言,錢德洪等人完成年譜撰寫工作之後,做了幾個方面的工作。一方面是謀求贊助人刊行,一方面是將稿件的謄録本交由羅洪先校訂。這中間經歷了我們今天難以想象的困難。錢德洪説:"去年歸自懷玉,黄滄溪讀《譜》草,與見吾、肖溪二公互相校正,亟謀梓行。未幾,滄溪物故,見吾閩去,刻將半矣。六卷已後,尚得證兄考訂。然前刻已定,不得盡如所擬。俟番刻,當以兄考訂本爲正也。中間增采《文録》《外集》《傳習續録》數十條,弟前不及録者,是有説,願兄詳之。"②也就是説,錢德洪曾試圖尋求贊助人刊刻他本人編集的《年譜》,但是因爲贊助人的去世和轉任,並未完成,只能停工。在此期間,羅洪先完成了《年譜》的刪訂工作,錢德洪自然是非常樂見其成的。但他覺得還有些地方需要繼續增刪,如此才能得到一個比較完善的本子。

據現有資料,可以確認的是,嘉靖四十二年,錢德洪校定年譜的成稿完成,胡松的序文也寫就。錢氏將年譜稿本連同胡松的序文抄録了好幾份副本,分送陽明學人和贊助人,包括王畿、羅洪先和胡松等。贊助人胡松將刊刻事委託給贛州主官毛汝麒。胡松當是通過政府的公文形式發出指令給毛汝麒的。毛氏在得到任

---

① 余英時:《余英時文集(第10卷) 宋明理學與政治文化》,廣西師範大學出版社,2014年,第58頁。
② 〔明〕王陽明:《王陽明全集(新編本)》,吳光等編校,第1394頁。

務指令後,隨即展開工作,包括組織校勘學者,招募寫刻工匠,準備刊刻所需梨木板材,提供刊書場地,預備刊書日常用度等等。這項工作進展比較順利,毛氏還專門從江西省城聘請了寫工鄧班將書稿謄寫成用於雕版的稿件。徐昇等一衆刊書工匠也很快進入工作狀態。然而,毛氏沒有預料到其後因胡松的升遷讓此書的刊刻出現了較爲棘手的問題。

如果按照胡松的序,他是在嘉靖四十二年五六月間得到書稿,並且按當時的贊助人通例寫了序言。但是在毛氏尚未完工時,胡松就調離現職了,他沒有太多的時間就地等待工作的交接。按照明代官刻本的慣例,該書的完成尚需一位新的贊助人,當然最好是胡松的繼任者。但是,陽明的門人弟子們對於刊行該年譜很迫切,錢德洪曾說:"先師千百年精神,同門逡巡數十年,且日凋落,不肖學非夙悟,安敢輒承。非兄極力主裁,慨然舉筆,許與同事,不敢完也。又非柏泉公極力主裁,名山勝地,深居廩食,不能完也。豈先師精神,前此久未就者,時有所待耶?"① 由此可見,當年胡松作爲年譜的贊助人,爲陽明學人提供了相當大的幫助。不管是爲了完成師門事業,還是要完成贊助人的意圖,都有必要繼續推進。其中羅洪先立即行動,在這一年的八九月間找到了陸穩(1517—1581)作爲贊助人。陸穩的地位合適,而且他本人也很樂意做這個事情,所以他很快寫了一篇序跋。陸氏的跋文題寫的時間是嘉靖四十二年九月。

這就是說,胡松升遷之後,陽明門人弟子爲了確保該書的刊行完成,立即採取了補救措施,以確保年譜的順利完成,畢竟這是當時陽明學人的頭等大事。但是,他們萬萬沒有想到的是,前一贊助人胡松對年譜刊刻事宜非常上心,他與周相完成常規工作交接後,還把刊書事做了交接。因此,周相也成了年譜的贊助人了。

這樣一來,這部書出現了三位贊助人,分別是前任胡松、現任周相和陸穩。這中間如何進行工作的安排,可能令具體操辦人毛汝麒相當難辦。極有可能毛汝麒報送的時間是比較晚,這從周相的序文題寫時間就能看出來。其序落款時間爲嘉靖四十三年首夏九日,即該年四月。也就是說,從前一年九月到次年四月,毛氏有了足夠的時間完成刊刻、刷印和裝訂等各項工作。或許,當該書全部書版雕鐫完成之後,他們才將此事報告周相,並且請他做贊助人。其實,周相已經得到了前任的委託。這就令周相相當惱火。陽明門人弟子沒有第一時間請他當這個贊助人,而是找了另外一人。這就是爲什麼周相會在他的贊助序言中抱怨說,他沒有在年譜中看到陽明給他的一通書信的原因所在。

按常理,贊助人應該審閱手稿之後才開始刊刻。由於年譜的前任贊助人胡松是升遷前佈置的任務,而且陽明門人又做了一些工作,等於是繞開了應該是事實上的第一贊助人的周相。這樣,周相做了一次與當時的書籍刊刻第一贊助人身份

---

① 〔明〕王陽明:《王陽明全集(新編本)》,第1392頁。

略有不同的事情。當然,他贊助的這一刊本留下了很多比較有趣的故事,爲後來人考訂陽明生平事蹟和學術思想提供了不少史料。這一刊本曾在一定範圍内傳播,所以現存的毛氏刊本有中國國家圖書館、天一閣博物館和浙江圖書館等多家藏本。

但是,毛汝麒的這一刊本完成後没有得到皆大歡喜的結局。周相的不滿已經在序文中有所表達了。錢德洪等陽明門人弟子的反應如何呢?

羅洪先自然不能不滿意。因爲他請出陸穩做贊助人,讓年譜得以變成刊本。他説:"得吴堯山公書,知《年譜》已刻成。承陸北川公(陸穩)分惠,可以達鄙意矣。綿竹共四十部。此外寄奉龍溪兄(王畿)十部。伏惟鑒入。……弟去歲至今,皆在病中,無能復舊。然爲學之意,日夕懇懇,始知垂老惟有此事緊要。"①胡松離任後,羅洪先請託陸穩爲第一贊助人。在陸穩的協助下,這部書總算是刻成了。對此,羅洪先是比較欣慰的。他告訴錢德洪,他本人在校訂完成年譜之後生病一場,感覺身體大不如前。能見到年譜的刊定,自然是相當高興。另外,或許他自己出資從毛氏那裏領取了五十部綿竹紙的成品,其中十部贈予王畿,另外一部分給錢德洪。

六、心違跡未屏:天真書院之謎

作爲陽明著述的最主要的編集者,錢德洪的看法最值得我們注意。從現有的資料來看,他的態度是頗爲吊詭的:一方面,他的確是請羅洪先對年譜進行校訂,或許也允諾可以讓他盡情删訂;另一方面,他作爲陽明的忠實門徒,既然已經終身以傳揚陽明學爲己任,對於毛氏刊行的年譜中出現的某些話語,或許他是很不滿意的。比如説國圖本正德十四年六月記録朱宸濠造反有"孝宗爲李廣所誤,抱養民間子。我祖宗不血食者,十四年於兹矣"②、"是時武宗初生,李廣用事,外間不察,妄爲飛語"③之類的話。陽明學人在嘉靖時期的的處境艱難,正在積極争取士大夫官僚的支持,這類政治不正確的話語出現在年譜之中,是甚無謂的。諸如此類的文字在國圖本中尚有不少。陽明年譜旨在闡揚師説,彰示陽明事功,不宜有此,錢德洪當然不可能滿意。所以我們看到,文庫本和全書本皆没有這些無謂的話語。

這裏所謂的"飛語"就是民間傳聞,即所謂謠言滿天飛。在陽明的年譜中出

---

① 〔明〕王陽明:《王陽明全集(新編本)》,第 1385 頁。
② 北京圖書館:《北京圖書館藏珍本年譜叢刊》第 42 册,北京圖書館出版社,1999 年,第 605 頁。
③ 同上書,第 607 頁。

現這種話語,更加可以確認這應該不是錢德洪的手筆。所謂"飛語"云云往往是一種託辭,定會遭到學者質疑,以敬慎出名的錢德洪,或不至於做此等文章。當然,在明代中晚期以"飛語"來寫作的不僅此例。很多人撰寫年譜、行狀之類的文字時往往有之。如王世貞記載説:"盛榮簡端明墓表,歐陽文莊撰,出故人吴明卿手,甚雅健有法,且不爲浮譽,第少有抵牾。……云:'召拜春坊庶子,兼翰林侍讀,充經筵講官。己丑,公復坐飛語,調南符卿。'按公以經筵疾咳,失儀見糾,上不悦,改補南尚寶。今云中飛語,則似以人言調,非因公誤也。"① 顯然,飛語是當世傳聞,多爲諱語,既非可靠消息,也非實際發生,在年譜中用這類的民間傳聞,是不符合陽明年譜編者的傳播陽明學問事功的意圖。

因此,我們可以推定國圖本的内容變化或者自於羅洪先之手,或者出於校勘該本的毛汝麒等人。這些文字不會是錢德洪的手筆,所以當錢德洪見到由周相作爲第一贊助人的年譜時,並不是很滿意。甚至於對於年譜當如何才能成爲一部闡揚師説的著作,他和陽明其他門人之間的意見也並不能統一。故而我們看到謝廷傑所主持的全書本中對於其他部分都標明了著作者,而《年譜》部分却根本没有署名,其原因或許就在於年譜的編纂、修訂和刊刻經歷了很多難以爲外人所知的故事。② 當然,全書本的年譜附録部分也爲後人的考察提供了綫索。其一,《年譜附録》只收録了錢德洪和鄒守益、羅洪先的《論年譜書》。鄒守益是年譜的第一任總裁官,錢德洪是第二任總裁,羅洪先則是成稿後的删訂者,他們對於年譜的貢獻也是最大的。其二,《年譜附録》收録了錢德洪、羅洪先、王畿、胡松、王宗沐等人的序跋,没有周相和陸穩的序跋。也就是説,錢德洪等人對這一刊本是相當不滿意的。

當然,錢德洪也並没有因爲前一刊本的出現而放棄了他的努力,實際上他很快就尋求了新的贊助者,並且成功的將書版放在了陽明學大本營天真書院,這一重新製造的刊本曾在陽明學人群體中流傳,並且其中有些進入了市場流通,最終有一部東渡日本,保存至今,成了我們瞭解這一段歷史的唯一見證。

據《(嘉慶)大清一統志》卷二百八十四載,晚明時期,陽明後學因活動需要,曾在浙江杭州錢塘縣正陽門外的玉龍山設立過一個集會據點。傳説這裏原本是南齊的天真禪院舊址,所以他們將新建的這個地方命名爲天真精舍,也就是天真書院。萬曆年間,因爲禁毁書院的緣故,這個書院也被迫改名,在當地巡撫主官的奉請之下,得到了皇帝批准,並賜名爲勳賢祠,這個名稱也就一直保留下來,整個

---

① 〔明〕王世貞:《弇山堂别集》,第538—539頁。
② 即《編校文録及匯刻全書姓氏》。(〔明〕王陽明:《王陽明全集(新編本)》,第2094頁)按理説,全書本的主體部分是文録和年譜,但僅有編輯和校閲文録者名單,没有年譜編纂、校閲人名單,抑或後者的情況過於複雜的緣故,以至於全書編纂者認爲不列爲佳?

清代都存在。

按理説,天真書院作爲陽明學人的大本營,在此刻書並不需要其他的贊助人,也就没有必要保留胡松的跋文了,但是現在看到的這一刊本有胡松的序,同時還有錢德洪的序。這説明,此一刊本是錢德洪爲了對此前刊本的採取的補救措施。而且該刊本除了胡松和錢氏的兩篇序文之外,没有其他人的序跋文字,這在錢德洪等人刊刻的著述中也是相當少見的。當然,我們並不知曉傳承至今的文庫本,是否就是當年天真書院藏板的原貌,是否還有其他的序跋發生了丢失等等,故而對其刊刻的相關情形不能做過多的推論。

值得注意的是,文庫本中"天真書院版",未必就意味着是天真書院刻,它只能説明這部書的書版在天真書院。由於年譜中没有相關的訊息,我們無法考察其中刊刻詳情,但我們從另一所謂天真書院刻本《陽明先生文録》中,多少能看出一些端倪來。學界多以爲《陽明先生文録》有嘉靖三十六年(1557)的天真書院刻本,並且認爲這是錢德洪、王畿和胡宗憲(1512—1565)的一個刊本。① 這樣説是將陽明著作的編撰者和贊助者混同的結果,而且也没有注意到古代刻書的一些細節問題。事實上,贊助人胡宗憲在他的序文中已經説得非常清楚了。他説:

> 緒山錢子復詮次成編,名曰《陽明先生文録》。首刻於姑蘇。今閩、越、河東、關中皆有刻本,亦足以徵良知之達諸天下矣。天真書院爲先生(王陽明)崇祀之所,四方士來遊於此,求觀先生之文者,每病其難得。錢子偕龍溪王子謀於予曰:"古人有倚馬論道者,兵事雖倥偬,亦不可無此意。願以姑蘇本再加校訂,梓藏於天真,以惠後學,何如?"予曰:"諾。"遂捐俸金若干兩,命同知唐堯臣董其事,以九月某日刻成。錢子謂予:"宜有言。"予素不文,然慕先生之道久矣,何敢以不文辭。(胡宗憲《重刊陽明先生文録敍》)②

據胡序可知,錢德洪、王畿請求時任都察院左僉都御史、直浙總督的胡宗憲充當《陽明先生文録》的贊助人。極有可能當時杭州還没有陽明文録的刻板,所以他們提出的這個請求也是比較合理的。在蘇州、福建,甚至連關東都有了陽明的文録,而陽明曾經主政過的杭州地區却没有刻本;錢德洪還説,他們這個新的本子還會在蘇州版的基礎上進一步修訂,並不是純粹的翻板,於是胡宗憲就同意了。按照贊助人制度,他點頭之後,需要下級官員負責。胡氏令時任杭州府同知唐堯臣負責此事。錢德洪按照當時贊助人制度的慣例請"有言"。後來,胡松也的序言也同樣如此制度之下的産物。杭州府的同知是當地政府的二把手,他來負責刊刻事宜,自然不會把這部書放在天真書院來完成刊刻事務,但按照錢德洪與贊助人

---

① 束景南:《王陽明年譜長編》,上海古籍出版社,2017年,第1644頁。
② 〔明〕王陽明:《王陽明全集(新編本)》,第2108—2109頁。

胡宗憲的約定，刻書完成之後，書版放在天真書院，可以爲四方來學之士提供刷印服務。當然，既然是版片放在天真書院，書院人士在版片上加雕"天真書院版"五個字也是合理的。

綜上，通過我們考察，可以確認文庫本的刊定時間晚於國圖本。由此我們還能進一步去理解明代的書籍刊行的某些制度，比如贊助人制度；和某些與學術傳播相關的故事，比如後世學者，包括未見到文庫本之前的筆者本人，都試圖從國圖本中推論陽明的學術思想以及陽明門人弟子的思想世界，應該說與歷史的真相是存在著一定距離的。當然，如果我們沒有見到文庫本的話，我們無論如何是沒有辦法去想象這中間的複雜故事。這樣，學者認爲全書本的年譜從文庫本而來的設想，雖然從文本內容而言並不準確，但是從當時的年譜製造過程來説，却是相當準確的。

我們知道，版本學的一項任務在於書籍訊息的揭示。如果能通過我們的調查，揭示某一書籍的不同版本訊息，並且提供某種比較可靠的綫索，對於學術研究而言，自有其價值。但是，如果訊息是不准確的話，故事就可能完全成了另外一個樣子了。陽明年譜的信息即是一例。

《陽明先生年譜》的兩種嘉靖末年刊本，雖然都是陽明門人所作，經過了錢德洪、羅洪先和王畿等人之手，但刊行的機構性質的截然不同。文庫本是杭州天真書院以藏板來刷印的，而國圖本是贛州府刊行。天真書院此時還屬於陽明學人的私人組織，書院藏板刷印供士人使用，同時也會在市面流通。後者則明確屬於官刻本，因爲它的所有經費都來自地方政府部門，刊書的全部事宜皆有府縣主官負責組織協調。雖然我們沒有看到陽明年譜中記錄官方如何資助該本刊行，但從該書的贊助人之一巡撫胡松所支持的另一刻本能窺見晚明時期地方官刻本的一般情形。

王應電的《周禮傳》一書完成於嘉靖三十七年（1558），由於沒有經費，大概以抄本傳於學者之間。他的這部書得到了吉安府兩任主官的支持。先有何遷，認爲該書有價值，值得刊行，就讓吉安府下屬永豐縣辦理。不過，刊刻工作尚未完成（抑或僅有刊行意圖，而尚未正式啓動），何遷就轉任升遷了。這件事情就按下了暫停鍵。一年後，新任主官胡松熱衷此事，王氏著述得以由手稿變成刻本。當時，永豐縣知縣爲吳鳳瑞，專爲刊刻此書發了文書，並將它放在了該書的後面，即《永豐縣奉都察院行文》，該文稱：

> 前院業已處有工價銀近五十金，稍助米糧、板木，即可成書。爲此牌，仰本縣官吏照牌事理。即便於本儒處查取前書及工價。該縣再行湊助食米、梨板等項，將前《周禮傳》一書，顧覓工匠，校正刊行。完日仍刷拾數部送院，並具處過米石、板片緣由，一併繳報。[①]

[①] 李開升：《明嘉靖本研究》，第285頁。

從這一公文可知,當時府縣刻書,首先要主官同意批准後開始實施,其中府院以現金的形式資助,並且需要最後的成果,即十數本刷印裝訂好的成書。其次是縣政府有關部分出配套資金,不夠的部分需要當地政府自籌經費,他們需要完成的事項包括但不限於:文稿的校訂、刻工的招募、食宿的安排以及項目進度的管理等。或許由於時間緊的緣故,在經費允許的情況下,《周禮傳》全書含附錄不到十卷裝訂成書爲十册,延請的刻工將近四十人,而《陽明先生年譜》三卷三册的刻工則只有五人左右。所有刻工必須具名,也是爲了經費結算的便利。第三,府縣刻書採取的是縣令負責制,他們擁有在書本之後的署名權,即專寫一後序,即作爲他們工作成績的一種,也可以作爲考核的一個依據。第四,州府的主官是地方官刻本得以成爲可能的關鍵,因此他們的序跋多在書前位置。他們會將各縣呈送的書籍作爲禮物饋贈其上級和同僚。而且,各地方任職的官僚在全國流動,其所經之處的學者著述刊本會經由他們之手傳播到他們所經行之地。如果某些人覺得有必要擴大讀者群體,他們又會在其主政之地重新刊行,在一般情況下會直接用他們的藏本作爲底本付梓。

　　如此一來,增加了某一書籍讀者數量,擴大了作品的影響,同時也增加了後世考訂家們的判斷難度。這種原樣覆刻的本子,很難斷定其刊行時間和地點,除非有較爲明確的說明,或者刊刻風格出現了較大的變化。事實上,明代人刻書覆刻技術已經相當成熟,雕版印刷的技藝達到了一個新的高度。特别是從明中期以來,創造性地製造出仿宋體的雕版字體,對刻工技藝的要求降低,覆刻也就更加容易了。這樣一來,書籍越來越缺乏鑒賞家所期待的趣味,也就有了"嘉靖以前,風尚近古,時有佳本;萬曆以後,風氣漸變,流弊極於晚季"①之類的説法流行於版本鑒賞群中。時至今日,它還是我們判定善本佳刻的一個先見。

　　有意思的是該嘉靖本《周禮傳》與國圖本《陽明先生年譜》的開本大小幾乎一致。前者書高30.0釐米,寬17.0釐米,版框高19.9釐米,寬13.8釐米。後者與前者只有毫釐的差異。或許這一時期的書籍,一般都是此種大小。不止如此,兩本都注明了刻工,其中"月""昌""禾"等三名刻工同見於二書。② 若僅一人互見,或可認爲是偶合,三人互見或許說明當時有一批江西刻工在各府縣流動工作,他們中的某些人承攬了政府的業務,然後召集大家集體開工。由於刊刻一部書往往需要耗時數月之久,所以比較緊急的時候,也會從其他府縣趕來幫工。抑或者當時

---

①　鄭鶴生、鄭鶴春:《中國文獻學概要》,上海古籍出版社,2001年,第174頁。
②　國圖本《陽明先生年譜》刻工有:徐昇、劉鳳、肖韶、徐三、李葵、湛、言、月、昌、禾、八、召等。見《王陽明著述提要》,第112頁。《周禮傳》刻工有:十泗、存、忠、三、時、守、宣、定、溪、餘、肖真、羅光、高、東、宫、奇、坎、完、君、宗、月、文、正、徐述、法、名、用、康、恁、昌、羅忠、劉禾、辰、春、允、宋泰、羅煉等。見《明嘉靖本研究》,第286頁。

刊書的地點並不在各縣城,而是府城,如此一來刻工就只需要在各府城之間流動即可。

天真書院的版本又是何種情形呢？天真書院最開始作爲陽明學人的聚集地,後來改成祭祀陽明之地。再後來,它改成了不專祭祀陽明的勳賢祠。當然,不管是晚明以後延續了數百年的勳賢祠,還是曾經聚徒講學的天真書院,都在歷史的洪流之中消失了。作爲實物的那些建築,作爲故事的那些講説,大多不可考證。但正如很多歷史故事一樣,總有一些意外,天真書院曾經或者刊刻過不少學者用書,抑或者保存了不少他處刊刻書籍的版片,以方便前來學習的陽明學人。據《西湖遊覽志餘》載,天真書院除了祠堂之外,還有"文明閣、藏書室、傳注樓"等。[1] 也就是説,這一書院具有典型的傳統書院運作模式,保存書籍,包括保存書版,應是其中一項不可或缺的職能。

七、山泉豈無適：書皮之學釋義

版本學作爲一門學科,是近代才形成的。它是以書籍的不同版本樣式爲研究對象,在實踐操作層面强調科學調查和文獻搜集,在學術貢獻層面崇尚價值的判定和訊息的共享,在人員組成上多以圖書館和高校及科研院所文獻研究者爲主體。有學者甚至以爲,所謂的版本學是只管"版本"(即確認某種書是某時某地某人寫、刊、刻、印)而不管其内容的,版本叫做調查,内容叫做整理；版本叫做鑒賞,内容叫做研究；調查爲整理服務,鑒賞爲研究之餘。比如黄永年等老一輩學者就堅持這樣的觀點。[2] 如此一來,版本學就是通過某些特徵來確認版本,然後在此基礎上對其進行鑒賞。因爲大多數人看書並不關心版本的形式問題(行款、字數、板框、裝幀、刻工等,最多還包括序跋、藏印等),所以這些被研究者所棄之不顧的東西才是版本學所要觀察、關心和著録的。這種版本學的思考樣式,是清代以來的通識。版本鑒定和書籍目録也就成了版本學的最主要内容。至於如何做此種版本學,謝國楨在爲王重民《中國善本書提要》所作序中有較爲詳細的説明：

> 研究版本目録之學,所以要明瞭書籍的頁數、行款、尺度的大小、刻書人的姓名、裝訂的形式,爲的是給後人留下原書的本來面貌。在還没有攝影術的時代,書籍本貌的留存只有靠影鈔或模刻,古人叫做留真。留真這兩個字,見於《前漢書·景十三王傳》,其由來已久,清末楊守敬所鑴刻的書影,叫做《留真譜》,其來是有自的。有三兄(王重民)所撰的提要,對於每書的行款,每頁每行的字數,以及刊刻書籍的逸事,記載的極爲詳細。這種做法,不要看

---

[1] 李榕：《(民國)杭州府志》卷十一,民國丙寅(1926)年刻本。
[2] 黄永年：《古籍版本學》,江蘇古籍出版社,2009年,第8頁。

它是一樁細事;有人甚至諷刺爲"書皮之學",這是不對的。故友趙萬里先生嘗對我說:顧廣圻批、黄丕烈校、鮑廷博鈔的書籍和他們所著的題識之所以可貴,因爲書籍既經他們考定版本的年代,評定真僞,和當時獲得此書的情況,則此書的源流全都表現出來,給後人讀書或校刻書籍以不少的便利。有三兄不但能繪畫出書籍的本來面貌,而且能提要鉤玄,詳述書中的内容,不是浮皮潦草而是踏踏實實地做工作,這是極爲可貴的。①

謝國楨本人對於版本目錄的做法,也有兩點認識:第一,記録書籍體制的内容,主要是篇目的次序問題;第二,書籍刊刻的形式,比如行款、書口、扉頁、魚尾、書牌等。將大量書籍的體制和形式進行綜合整理,就成了版本目錄。② 此種版本目録,匯集成書就成了一部譜録,其書著録的範圍也必有相當的限定,如謝國楨所著《晚明史籍考》,其中有年譜一類,限於該書收書體例,没有收録晚明時期學者爲陽明所作的任何一種年譜。

最值得我們注意的是,謝國楨轉述趙萬里關於版本學價值的説法,提出了"版本學要對書籍的源流予以表現"這一當代版本學任務的主張。這實際上已經溢出了傳統目録學的範圍,不僅僅是舊有的書皮之學。换句話説,當代的版本學家對於版本學的認識不僅要把前人關於書籍的有關訊息予以揭示,更重要的是能够通過細緻的考察去表現書籍的源流變化,因爲透過這種源流變化的過程,能够讓我們注意到古籍所藴涵的古代歷史文化的價值,甚至能够從中得到某些於淺見途説不同的理解,如此一來書皮之學也就有了它的學術意義了。

談論版本的前提是作爲知識載體的書籍以諸樣式的存在。作爲調查和鑒賞的版本學是知識,是書皮之學;作爲一種關於書籍知識的智慧則起源甚早。鑒於一切版本的知識都是以版本的存在爲其先決條件,早期的版本學家主要關注的並不是版本是否以及爲何存在、是否以及爲何應當存在。所以,書籍存在的諸樣式作爲一個既成事實,是他們討論的起點。也即,他們並不關心版本的概念本身,而是要處理諸樣式之間的差異問題,以及某一具體樣式内部的問題。如果質疑某種版本樣式存在的,或者是否有必要,通常意味着他們對某種知識有了判斷,也就不再需要某一特定的存在了。换言之,版本的諸樣式所承載的知識是問題的關鍵,其他的問題並不成爲古典版本學家關心的課題,甚至他們根本不會意識到它還會成爲一個問題。所以,我們可以認爲,古典版本學的第一要務在於知識本身,而非樣式。它所關注的自然是某一樣式所呈現的内部文字和故事等是否足以傳遞某種價值或知識,從根本上來説,也是因爲價值和知識的追求,導致了版本的多樣性的問題,而不是相反。如此,我們進入一個書籍的某一個版本樣式,也就意味着我

---

① 王重民:《中國善本書提要》,上海古籍出版社,1983 年,第 10 頁。
② 謝國楨:《謝國楨全集》第 2 册,北京出版社,2013 年,第 646—647 頁。

們要從它內部開始進行理解。事實上,對於非藏書家的普通讀者來説,任何一個版本在其知識的價值意義上來説是等值的,造成其價值高下的原因是其內容本身。當然,從清代以來,這種古典的版本學被另外一種價值追求所掩蓋,版本學也就成了所謂的門徑或者鑰匙,人們也不再關心以某種版本樣式存在的知識的關鍵意義了。

對陽明研究者來説,但凡一個陽明學著述的版本,無論是確定無疑的,還是印信參半的,都是我們蒐集遺聞、找尋思想綫索的重要依據。輯佚的工作在陽明學研究中已經開展了數十年,不管是《遺言録》《稽山承語》《傳習録欄外書》,還是國圖本《陽明先生年譜》,其中的陽明話語都被先後整理出來,附録到了《王陽明全集》之後,爲陽明學研究增添了不少新的資料。而文庫本《年譜》長期以來沒有被學者細緻比勘,因此其中有大量資料屬於佚文性質,若能系統加以整理,當爲今後研究提供不少第一手的史料。我們且以有疑似錢德洪題簽的卷四爲例,略作説明。這一時期是陽明正式提出致良知主張的時期。這一時間段,國圖本在上中下三卷之卷中部分,全書本排在卷三十三和卷三十四(改卷自嘉靖元年起)。

文庫本卷四起正德十五年八月咨部院伸冀元亨冤狀,迄嘉靖二年十一月都御史林俊會先生於蕭山。全卷共二十四個雕版頁面,約八千餘字。其中標目有正德十六年的"是年先生始揭致良知之教",本年五月的"是月與嶺南同志書",六月的"按乞便道歸省書""與陸澄論養生之説","今皇帝"嘉靖元年七月的"按門人陸澄辯忠讒以定國是疏",嘉靖二年的"二月南宫策士"等六處。國圖本有"是年先生始言致良知""歸興""別謙之"等三處,全書本僅保留"是年先生始揭致良知之教"一處。

文庫本正德十六年,第一條標目"是年先生始揭致良知之教",全書本同。國圖本題爲"是年先生始言致良知"。文庫本全文爲:

> 十六年辛巳,先生五十歲。正月,居南昌。是年先生始揭致良知之教。先生聞前月十日武宗駕入宫消息,比舊頗佳,始舒憂念。自經宸濠、忠泰之變,益信良知真足以忘患難、出生死,幹旋化機,整齊民物,所謂考三王、建天地,質鬼神、俟後聖,無弗同也。乃遺書守益曰:"近來信得得致良知三字,真聖門正法眼藏。往年尚疑良知,恐有未盡。今自多事以來,只此良知,無不具足。譬之操舟得舵,平瀾淺瀨,無不如意,雖遇顛風逆浪,舵柄在手,可免没溺之患矣。"一日,門人在侍。先生喟然發歎。九川問曰:"先生何歎也?"曰:"此理簡易明白若此,乃一經沉埋,數百年來不得露頭面,是何説也。"九川曰:"亦爲宋儒從知解上入認,識神爲性體,故聞見日益,障道日深耳。今先生拈出良知二字,此古今人人真面目,更復奚疑。"先生曰:"然。譬之人有冒别姓墳墓爲祖墓者,鄰佑少年見其經管既久,俱不爲非,雖有知者,有先受賂,鳴

之於官,何以爲辯?只得開壙驗其誌石。然誌石有爲前人改過,又何以辯?幸有骸骨,將子孫滴血,真僞無可逃矣。我此良知二字,實千古聖聖相傳一點滴骨血。"

全書本的同一處的文字爲:

> 十有六年辛巳,先生五十歲。在江西。
>
> 正月,居南昌。
>
> 是年先生始揭致良知之教。先生聞前月十日武宗駕入宮,始舒憂念。自經宸濠、忠泰之變,益信良知真足以忘患難、出生死,所謂考三王、建天地、質鬼神、俟後聖,無弗同者。乃遺書守益曰:"近來信得得致良知三字,真聖門正法眼藏。往年尚疑未盡,今自多事以來,只此良知無不具足。譬之操舟得舵,平瀾淺瀨,無不如意,雖遇顛風逆浪,舵柄在手,可免没溺之患矣。"一日,先生喟然發歎。九川問曰:"先生何歎也?"曰:"此理簡易明白若此,乃一經沉埋數百年。"九川曰:"亦爲宋儒從知解上入,認識神爲性體,故聞見日益,障道日深耳。今先生拈出良知二字,此古今人人真面目,更復奚疑。"先生曰:"然。譬之人有冒別姓墳墓爲祖墓者,何以爲辨?只得開壙,將子孫滴血,真僞無可逃矣。我此良知二字,實千古聖聖相傳一點滴骨血也。"○又曰:"某於此良知之說,從百死千難中得來,不得已與人一口說盡。只恐學者得之容易,把作一種光景玩弄,不實落用功,負此知耳。"先生自南都以來,凡示學者,皆令存天理去人欲以爲本。有問所謂,則令自求之,未嘗指天理爲何如也。間語友人曰:"近欲發揮此,只覺有一言發不出,津津然如含諸口,莫能相度。"久乃曰:"近覺得此學,更無有他,只是這些子,了此更無餘矣。"旁有健羡不已者,則又曰:"連這些子亦無放處。"今經變後,始有良知之說。

顯然,僅從這一條來說,全書本是對文庫本進行了刪改和增補而來的,刪6處,增2處。增加的這兩處,在國圖本的原文中均有。另,格式調整1處,即全書本不再區分大小字型大小,而是通過分段的方式來表示。值得注意的是,國圖本此一條的内容尚有陽明語錄1條及錢德洪按語1條,但正文部分與其他兩種差異較大,其第一段爲:

> 先生自南都以來,凡稟學者皆令存天理去人欲以爲本。有問所謂則令自求之,未嘗指天理爲如何也。間語友人曰:"近欲發揮此學,只覺有一言發不出,津津然如含諸口,莫能相度。"久乃曰:"近覺得此學,更無有它,只是這些子了,此更無餘矣。"旁有健羡不已者,則又曰:"連這些子亦無放處。"其後經宸濠、張許之難,始有致良知之說。

國圖本的這一段中没有文庫本"憂心明武宗"之說。如果我們以有此語的版本來論證陽明思想變化,豈不是仍能要得君行道? 顯然,當時的情況没有得君與覺民兩條路綫的鬥爭問題。相反,對於陽明學人來說,重要的是争取一切可以争取的力量來實現現實秩序的改善和世道人心的維繫。所以,我們看到陽明學人對於年譜的編纂有着極爲慎重的考量,不單單將其視爲一部普通的書,而是希望通過這部嚴謹的作品來激勵讀者去實踐良知之學。所以,錢德洪説:"師殁後,吾黨之教日多歧矣。……刻《傳習續録》於水西,實以破傳者之疑,非好爲多述,以聳學者之聽也。故《譜》中俱不采入。而兄今節取而增述焉。然删刻苦心,亦不敢不謂兄一論破也,願更詳之。"①錢德洪對羅洪先的删訂年譜是有其保留意見的。這些地方在文庫本還有保留。這也從一個側面説明文庫本要晚於國圖本。

至於全書本到底出自國圖本,還是文庫本,其實全書本中已經有編刊者的答案。《王文成公全書》(中國國家圖書館藏隆慶六年原版)卷三十二至三十六爲附録一至五,即年譜附録一至五,卷三十七至八爲附録六至七,即世德紀和世德紀附録一。其中,年譜附録五前有編刊者的説明:

> 《增訂年譜》刻成,啓原檢舊譜,得爲序者五,得《論年譜》者二十。乃作而歎曰:譜之成也,非苟然哉。陽明夫子身明其道於天下,緒山(錢德洪)、念庵(羅洪先)諸先生心闡斯道於後世。上以承百世正學之宗,下以啓百世後聖之矩。讀是《譜》者,可忽易哉。乃取敍書,匯而録之,以附《譜》後。使後之志師學者,知諸先生爲道之心身,斯《譜》其無窮乎?②

啓原是秀水沈啓原,是校閲《文録》者之一。這裏,他稱陽明爲師,應該是陽明門人弟子。據明過庭訓《本朝分省人物考》記載,可知:

沈啓原(1525—1591),字道初,别號霓川,一號存石,秀水(今屬浙江嘉興)人。嘉靖二十五年(1546)舉人,嘉靖三十八年(1559)進士,曾任南京工部郎中、四川參議、山東參議。沈氏"所篤好惟圖籍。上自金匱石室之藏,以至古今集,悉購無遺。或少缺略,借之儲書家,務繕寫完好乃已。平居不耐酬應,或譚經史,評法書,而閽人持刺以進,蓋未啓緘,眉爲之攢矣。即當路諸公,多門生故吏,啓原絶跡不入城,不投謁。然當路推轂人才,必引以爲重,啓原視之泊如也。"(過庭訓《本朝分省人物考》卷四十五,明天啓刻本)沈氏熱衷藏書,且學術水準不錯,他恰好是浙江杭州府左近的嘉興府人,曾有一段時間任職於南京。那麽,他究竟是在何時參與刊定所謂的《增訂年譜》呢? 據過庭訓的記載,沈氏於嘉靖"癸亥(1563),轉本司郎中。尋調南儀制司。丙寅(1566)遷四川參議。己巳(1569),以内艱歸。服闋,補山東參議。其分道在濟南"。從此記録而言,他參與全書本年譜

---

① 〔明〕王陽明:《王陽明全集(新編本)》,第 1395 頁。
② 同上書,第 1371 頁。

的校勘事宜,可能時間有二:其一是嘉靖四十二年(1563)到四十五年(1566)間,其二是隆慶三年(1569)之後的三年居喪期間。由於目前所知的全書本是浙江巡撫謝廷傑於隆慶六年(1572)①刊行,所以我們可以推定沈啓原是在後一時間段應謝廷傑之請參與此事的。這一時期,他丁内艱在家,剛好有時間從事年譜的校勘事。

從前述贊助人的考察中,我們知道書籍編纂者對書籍的刊定未必就有指揮的權力,編纂者將書稿交給贊助人所指派的刊刻書籍負責人之後,他們的工作任務就暫告一個段落了。只有等到刻印完成,拿到了刷印的書籍之後,他們才會以讀者的身份再次與他們的著作相遇。

八、離人懷故境:譜其名世真才

陽明及其後學從正德年間開始登上歷史舞臺,造成了一個奇特的思想史奇觀,學者得出結論:"明儒之學,一陽明學而已。"②他們的理由是,宋元的那些儒學家們,主要的學術關注點在於經典闡釋,很少以某一兩個口號爲作爲宗旨來作爲講學號召的;而明代的儒者則基本上每個重要的學者都有自己的標誌性口號,其中口號最爲響亮,旗幟最爲鮮明的當屬陽明,"陽明所標者爲獨宏遠","蔚然爲有明唯一大儒"③。陽明及其門人的追隨者極多,晚明時期,陽明學人四處聚徒,設立書院,傳聞中"陽明書院之在宇内者,七十二,而浙中居其六"(邵廷采《姚江書院記》)④。這些書院吸引了不少人來瞭解陽明其人其學,自然也就傳播了陽明的學術思想。這些書院中人,除了講學之外,也要讀書,陽明年譜當是其中一個重要的選項。問題是,我們並不清楚當年那些人讀的是何種版本的年譜,大約只能根據後世所見來建立一種歷史的想象。因所見之書本的限制,容易對書籍的傳承產生誤判,比如梁啓超曾於1923年時就陽明年譜說過這樣的話:

> 陽明先生,百世之師。去今未遠,而譜傳存世者,殊不足饜吾儕望。集中所附年譜,諸本雖有異同,率皆以李卓吾所編次爲藍本。卓吾之雜駁誕詭,天下共見。故譜中神話盈幅,尊先生而適誣之。若乃事爲之犖犖大者,則泰半以爲粗跡而不屑意。梨洲《明儒學案》,千古絕作,其書固以發明王學爲職

---

① 徐階《王文成公全書序》云:"隆慶壬申,侍御新建謝君奉命按浙,首修公祠,置田以供歲祀。已而,閱公文,見所謂《錄》若《集》,各自爲書,懼夫四方正學者或弗克盡讀也,遂匯而壽諸梓,名曰《全書》。"(李文潔等:《王陽明著述序跋輯錄》,第117頁)
② 鄭鶴生、鄭鶴春:《中國文獻學概要》,上海古籍出版社,2001年,第87頁。
③ 同上書,第87頁。
④ 《姚江書院志略》,《中國歷代書院志第9冊》,第278頁。

志,然詳於言論,略於行事,蓋體例然也。其王門著籍弟子,搜采雖勤,湮没者亦且不少。餘姚邵念魯廷采,嘗作《陽明王子傳》《王門弟子傳》,號稱博洽,未得見,不識視梨洲何如,且不知其書今尚存焉否也。(梁啓超《陽明先生傳及陽明先生弟子録序》)①

梁啓超説,他考察的結果是大部分清代人看到的陽明年譜,都與明末李卓吾的作品相關。那是因爲李氏的作品,反復刊行,廣爲流傳。對當代學者來説,全書本則是比較容易獲得的書籍,所以有學者就據此認定,所有關於陽明的事蹟,多從全書本而來。比如楊正顯説,清代官方修撰的各種地方志,只要是提到陽明的傳記,都是沿襲了全書本的説法,後世對於陽明的理解都出於全書本的想象。② 這樣的説法,大概都是據所見所聞而提出的觀點。由此可見,陽明年譜的早期版本,在後世的流傳是相當稀見的,至於文庫本則更是孤罕的珍籍,能在今天讀到這部年譜,自然是相當幸運的事情了。

查考前人目録,我們的看法或許略有不同,如焦竑《國史經籍志》卷三、黄虞稷《千頃堂書目》卷十、《明史·藝文志》著録的是"《陽明先生年譜》十卷",范邦甸《天一閣書目》卷二著録的是"《陽明先生年譜》三卷",朱睦㮮《萬卷堂書目》卷二著録的是"《陽明年譜》三卷",十卷本的陽明年譜不知道是何種書,但天一閣所藏因有存世,可知與國圖本爲同一版本。看起來似乎此七卷的文庫本的確是少爲人知。

雕版時代,知識的傳播逐漸擺脱了口口相傳和傳抄摹寫的時空限制,依靠不斷翻刻覆刻的諸多書籍,人類的精神世界的深度和廣度可以借着讀書而拓展。然而,刻印書籍的傳播有其天然的限制,前代之書,往往不爲人知,讀未見書也就成了藏書之家的噱頭。就陽明年譜而言,時至今日,早期的幾種刊本均未有單行的整理本,需要讀它就得去故紙堆中找尋,或者去拍賣市場碰運氣。隨着電子版本時代的到來,今天的我們可以通過互聯網技術方便獲取相關數據資料,能夠較爲便利地從各種全書和叢刊中調閲所需的部分,未見書越來越不再成爲問題。可是,我們的前代人並没有這樣的條件,對他們來説能夠看到一部單行的年譜都是一件相當幸運的事情。

衆所周知,關於陽明的年譜,學界已經有了多篇考訂論文,也有不少新的譜著,幾乎將陽明及其學説的各種問題都進行了細緻的辨析,如果我們想要通過一個孤本秘笈來推翻這些論述,是不可想象的,也毫無意義。因此,新發現的善本,其價值並不在於將過去的研究予以反證式的終結,恰恰相反,它爲在既有的研究成果之上,推進我們的認識起到某種促動,從而爲我們更好地理解陽明學本身起

---

① 〔明〕王守仁:《王陽明全集(第 4 版)》第 4 册,徐楓等點校,天津社會科學院出版社,2015年,第 245 頁。

② 楊正顯:《覺世之道:王陽明良知説的形成》,北京師範大學出版社,2015 年,第 286 頁。

到一點學術的價值,大概也就是它的意義所在了。畢竟,至少四百年没有與讀者互動過的書籍,根本没有發揮其作爲書本身的價值,只能且必定是一過去式的文物。但是,當它重新出現時,我們見到了,並且閱讀了,就可能從此開啓了書籍的閱讀之旅,也就重新回到了書籍循環。這或許是我們閱讀它、推介它、闡釋它的價值所在。由此出發,考察其書曾經的歷史,揭示其製造的過程,甚至在某種程度上推進我們對於書籍的一般認識,則這一版本具有的歷史意義得到了新的闡發。

陽明學術在清代並不爲學者所重視是不爭的事實。相較於明代的地方政府官僚一再資助陽明著作的情形,清朝的官僚們已經很少將眼光聚焦在這上面了。陽明學看起來即將退出歷史舞臺,成爲真正的歷史故事。不過,作爲歷史人物的陽明並没有全然地隱没。我們看到,乾隆十六年(1751),皇帝南巡,爲陽明祠題寫了"名世真才"的匾額。後來,祠宇主事者還將這一片額刻石爲碑,以爲永久之計。① 西吴悔堂老人《越中雜識·祠記》説:"御書'名世真才'四大字,在府城内王文成公祠前河干,本乾隆十六年南巡時所賜祠額也。王氏後裔恭摹,勒石建亭覆之,碑陰刻左副都御史胡寶泉諭祭文,使往來之人咸瞻仰云。"② 道光庚子年(1840)四月,鄭光祖到杭州,乘船過錢塘:"從西興鎮,(有驛丞),雇烏棚船。(行家最多欺弊,以下略同。另有白棚船,較大,價較貴。)行内河。(不通外江。)路向東南,而東兩岸多巨樟。十里。陡見高山一座,蕭山也。縣城建於山下。舟進西門,兩岸墅廬密比,有王文成公祠。(明王守仁,餘姚人,卒諡文成。)祠前有大碑,刊御書曰'名世真才'。三里,出東門,夜行八十里,至紹興府。"([清]鄭光祖:《一斑録·雜述三》,清道光《舟車所至》叢書本)也就是説,至少在鴉片戰争時期,位於杭州的勳賢祠還是保存完好的。

陽明其人其學,或許因爲乾隆皇帝的這一舉動,在朱子學的鼎盛時期得到了延續護身符。故清人朱培行説:"竊以有真學者始有真才,學之不真,才即可議。天語煌煌,一字褒貶,榮於華衮;爝火之光,瓦釜之鳴,可以無庸矣。"③《四庫全書》

---

① 陳時龍:《論天真書院的禁毁與重建》,《明史研究論叢》(第 11 輯),紫禁城出版社,2013年,第 115—124 頁。錢明:《杭州天真書院的歷史沿革與功能轉化》,《教育文化論壇》2014 年第 1 期,第 11—20 頁。由於僅僅根據明代的《勳賢祠志》等史料進行分析,並未對清代杭州錢塘陽明祠的歷史進行追蹤,錢氏得出了這樣的結論,即"單一的祠堂祭祀功能,只是依託於朝廷政治的庇護和地方官員的監管。明清更替之後,政治庇護消退,監管流於形式,學風日趨虛浮,財産爭端紛起,勳賢祠走向衰敗和毁滅的命運已無法避免"。這與乾隆南巡時題賜匾額的歷史並不相符。後來,乾隆五十二年(1787),禮部右侍郎提督浙江學政以此爲據,修繕陽明先生墓石,並刻銘爲記,有"名世真才,皇哉天表"的説辭。([清]朱珪《知足齋文集》卷二)
② 轉引自余樟華:《王學編年》,吉林大學出版社,2010 年,第 669 頁。
③ 朱培行《重刻陽明先生集要三編後序》,乾隆五十二年(1787)刊本,載李文潔等:《王陽明著述序跋輯録》,第 258 頁。

中也收録了《王文成公全書》。對於這部書,四庫館臣有這樣的説法:"隆慶壬申,御史新建謝廷傑巡按浙江,始合梓以傳,仿《朱子全書》之例以名之。蓋當時以學術宗守仁,故其推尊之如此。守仁勳業氣節卓然,見諸施行,而爲文博大昌達,詩亦秀逸有致,不獨事功可稱,其文章自足傳世也。此書明末板佚,多有選輯別本以行者。"①不獨全書的書板不復存在,年譜的書板也早就不知去向,嘉靖年間的兩種年譜也就成了珍稀孤罕的珍本,成了藏書之家的什襲之珍,少有讀者能見到了。直到 20 世紀末,陽明學才以一種新的姿態進入人民的視野,陽明的著作也逐漸開始成爲普通讀者所能獲取的讀本。或許,陽明門人錢德洪等人編輯整理的,經當時政府資助刊行的兩種不同版本的《陽明先生年譜》也能在未來某一天,經當代人的整理,重新被讀者擺上書架,對此我們都很期待。

結　論

通過以上的考察,我們可以得出如下初步的結論:

首先,從文庫本出發,我們考察了陽明學著作的刊刻情況。明代的書籍刊刻自有其嚴格且成熟的制度化操作流程,官方的贊助人制度是其中之一。舉凡地方官刻本,皆經主官批准之後,由專官負責校勘,包括對文稿的處理,協調經費使用,聯繫專家學者校勘,以及組織匠户刻工執行,還包括對刷印成品的部分處置等。贊助人對刊本負有特定的責任,也享有在該刊本上留下序跋的權利。明代官僚熱衷於教育文化事業,喜好收藏各類書籍,也樂意贊助各類學術書籍的出版,形成了一個官方刊行與學者編集的良性出版互動關係,對於明代學術的發展有着導向性的作用。

第二,陽明學的著述大多以地方政府贊助的方式刊行,是陽明學人不懈努力的結果。他們不限於一時、不限於一地、不限於一人的尋求贊助,反復刊刻以陽明著述爲中心的各種作品,爲陽明學全國範圍内的推廣起到了學術出版和文化教育方面的效果,也進而推動了陽明學人群體的形成。就陽明年譜而言,經過數十年的準備之後,錢德洪完成了書稿的纂集工作,然後開始了尋求官方贊助出版的過程。在江西、浙江兩地的地方行政長官贊助了年譜的出版,但是人事的變動會造成這種官方贊助出版的問題,嘉靖末年出現兩部《陽明先生年譜》的刊本就是這一贊助人人事變動的結果。

第三,贊助人不僅負責刊刻的資金投入,享有寫序的權利,同時也需要對書籍的刊刻品質予以把關,因此官刻本的品質往往是可以保障的,通過層層把關和嚴格的審核,可以確保該刻本能够作爲禮物呈繳上官,甚至是報送至朝廷。更爲關

---

① 李文潔等:《王陽明著述序跋輯録》,第 130 頁。

鍵的是,贊助人及其下屬官僚甚至還能够對書稿進行實質性的修訂、删改和調整,也就是説書稿的作者在交出書稿之後,就不再享有對書籍刊刻的直接處置權了。雖然如此,作者仍舊可以用同一部書稿尋求新的贊助人進行再次出版,這就是爲什麽有些著作會在官方的資助下反復刊行的原因之一,這也是同一書稿會存在内容差異的一個原因。學術出版的官方贊助制度是較爲成熟的文化教育出版制度,其延續的時間較長,所涉及的書籍類型也相當多樣,對這一制度的相關研究尚有更大的學術研究空間。

第四,所謂的天真書院刻本,並不準確。"天真書院版"只能説明該書版片曾藏於此,並不意味着它必爲該書院刊刻。由天真書院藏板刷印的這一陽明年譜,其刊刻時間不早於另一已知的嘉靖本年譜。這兩部年譜和全書本的年譜之間各有異同,並不存在直接的承襲關係。該刊本保留了大量陽明學的佚文,特别是錢德洪的批注,是研究陽明學的一個重要版本。

最後,文化的繁榮,離不開著作和出版;出版的繁榮,離不開政治和學術。這不僅是古代王朝的歷史故事,也是當代的現實。陽明崛起於有明正德嘉靖時,襲平草寇山賊,戡定藩王作亂,有曠世之功,復以致良知教,講學江南,弟子三傳不竭,成世傳之學。推重他的人將他視爲有明第一人,而忌憚者亦苦心積慮予以貶斥。事功無可置喙,則以學術罪之,故以心學與朱子學相悖爲最大號召,鼓動士林;明廷傾覆,復以心學煽動罪之,①其事功亦爲前朝幻影。不僅如此,其書不僅板片不知所蹤,書籍本身也多佚失不存,他也就成了一個傳説的人物了。在我們這個時代,通過古籍的調查和保護,陽明相關的文獻不斷被揭示出來,就連隱藏於東瀛的陽明年譜,也在好事者的努力下讓我們得以睹見其真面目。此爲書籍循環的新故事。

向輝　中國國家圖書館　國家古籍保護中心　研究館員

---

① 比如,顧炎武《日知録》説:"以一人而易天下,其流風至於百有餘年之久者,古有之矣。王夷甫(王衍)之清談,王介甫(王安石)之新説,其在於今,則王伯安(王陽明)之良知是也。孟子曰:'天下之生久矣。一治一亂。'撥亂世反之正,豈不在於後賢乎!"(〔清〕顧炎武著、黄汝成集釋:《日知録集釋》,上海古籍出版社,2006年,第1068頁。)顧炎武找出來三位王姓人物,並指責他們造成了歷史的悲劇。這種指責在政治哲人那裏最爲常用,也廣爲流傳。

古籍初印、後印本例析十種

樊長遠

中國古籍傳統上絕大多數採用雕版印刷，版片一般使用梨木或棗木，質地硬實，如果保管得當，不遭水火兵燹之災，一副版片可以流傳幾百年。閱年既久，版片磨損，字跡難免缺壞，每當重新刷印的時候，不得不加工修復，會有修補或抽換的情況；個別版片丟失，或有嚴重損壞，則需要補版另刻；版片完好，而出於各種原因作剜改、更換的情況亦屢見不鮮，情況複雜。不同時期的印本從版面外觀到文字内容都會有這樣那樣的差異。元大德補刊《容齋隨筆》、明清遞修南監本正史之類，會在修補葉版心鐫刻重修年份，一目了然。而更多的情況是若非羅列異本、逐葉比勘，就看不出修版痕跡。有的初後印間隔時間較長，初印本版面清朗，字跡嶄然，後印本版面有磨損或斷裂，字跡模糊，剜改的文字及補刻的版片與原版字體多少有差異，仔細比對，不難分辨。有的印成不久就修版重刷，初後印版面狀態及字體毫無差別，則需要仔細校勘文字，推敲先後。對於古籍的初印、後印問題，從事版本研究的學者已取得了很多成果。兹就工作實踐中所見，再舉若干實例，稍加探討。

一、史通訓故補二十卷　清黄叔琳撰

清乾隆十二年（1747）黄叔琳養素堂刻本。

黄叔琳取明王惟儉《史通訓故》刪繁補遺，增其未備，參酌郭孔延《史通評釋》、陸深《史通會要》、陳繼儒《史通注》等明代各家舊注，撰爲《史通訓故補》二十卷，清乾隆十二年（1747）付刊。傳世本書名葉或鐫"乾隆丁卯年鐫""養素堂藏板",養素堂爲黃氏齋號,知是書爲其自刻本。

其後印本較初印本剜改若干誤字,如初印本"丘"字,後印本皆剜改作"丠";卷一第十葉注"史爲晉文帝諱",初印本"文"字誤作"武";卷二第十葉注"歷文成繆三王始至於嚴",初印本"文"字誤作"定";卷四第十五葉"何太師之蕘",初印本"師"誤作"史","豈非流宕忘歸",初印本"宕"誤作"岩";卷四第二十二葉注"赧王名延",初印本"延"誤作"誕";卷五第十三葉注"趙壹字元叔",初印本"壹"誤作"益";卷五第二十四葉注"西秦乞伏國",初印本"乞伏"二字誤乙;等等。

美國哈佛大學哈佛燕京圖書館藏本爲初印本,《四庫全書存目叢書》(據湖北省圖書館影印)、《續修四庫全書》影印本都是後印本。

哈佛本(武字朱筆改爲文)	續修四庫全書本
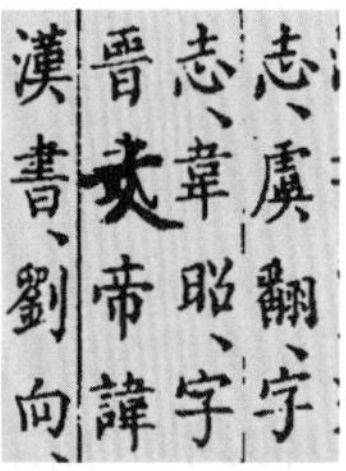 志、虞翻字 章、韋昭字 晉文帝諱 漢書、劉向	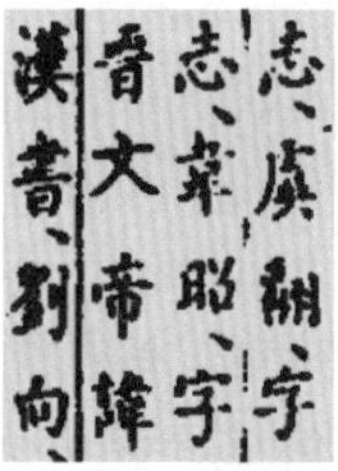 志、虞翻字 章、韋昭字 晉文帝諱 漢書、劉向

圖1 《史通訓詁補》的初印本與後印本

二、十七史商榷一百卷 清王鳴盛撰

清乾隆五十二年(1787)洞涇艸堂刻本。

是書爲正史考訂名著。清李賡芸《稻香吟館集》卷五《至吳門王公孫(汝平)以洞涇草堂圖卷屬題》詩有句云:"西莊先生今岱斗,歸田卜宅金閶右。洞涇橋畔草堂成,經史丹黃不離手。"知洞涇艸堂係王鳴盛讀書處。此本書名葉鐫"乾隆丁未新鐫""東吳王氏述""洞涇艸堂藏版",是王氏自刻本。

洞涇艸堂本有初印及剜改後印本之別。初印本序末署"王鳴盛字鳳喈號禮堂又號西莊撰",後印本改作"王鳴盛字鳳喈號西沚撰"。卷三"周敬王以下世次"條末:"據《索隱》係謐妄造,今《紀年》亦作貞定,詎有汲冢之文而預同於謐之説者乎?蓋《紀年》一書出于束皙輩僞撰,與謐等相爲表裏,皆不可信。"後印本剜改爲:"據《索隱》係謐妄造,今《紀年》亦作貞定,而海寧周廣業云班氏《古今人表》亦作貞定,則非謐妄造。年代悠遠,紀載錯互,但當闕疑,不可强説。"《續修四庫全書》據復旦大學圖書館藏本影印,實爲後印本。臺灣圖書館有清乾隆五十二年紫陽書舍刊本,疑爲另一後印本。

經修訂過的後印本通行後世，光緒六年太原王氏刻本、光緒間上海點石齋石印本、廣雅書局叢書本、叢書集成初編本所據底本都是後印本。

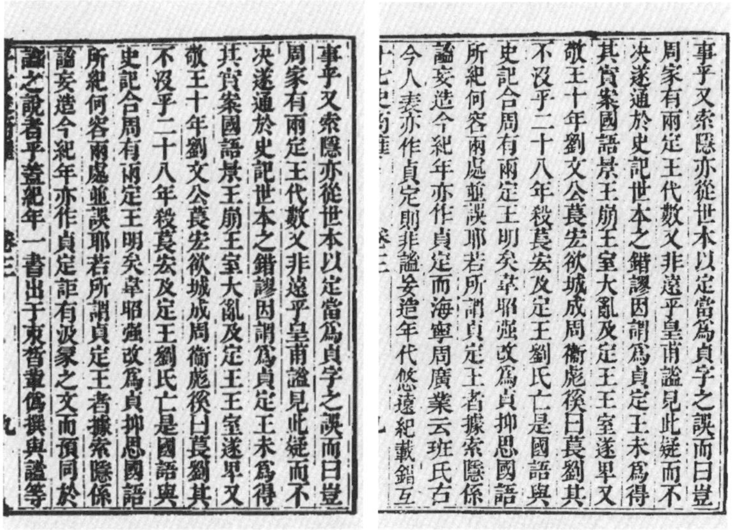

事乎又索隱亦從世本以定當爲貞字之誤而曰豈
周家有兩定王代數又非遠乎皇甫謐見此疑而不
決遂通於史記世本之錯謬因謂爲貞定王未爲得
其實案國語景王崩王室大亂及定王王室遂卑又
敬王十年劉文公萇宏欲城成周衞彪傒曰萇劉其
不沒乎二十八年殺萇宏及定王劉氏亡是國語與
史記合周有兩定王明矣韋昭強改爲貞抑思國語
所紀何容兩處並誤耶若所謂貞定王者據索隱係
謐妄造今紀年亦作貞定詎有汲冢之文而預同於
謐之說者乎蓋紀年一書出于束皙輩僞撰與謐等

十七史商榷　卷三　九

事乎又索隱亦從世本以定當爲貞字之誤而曰豈
周家有兩定王代數又非遠乎皇甫謐見此疑而不
決遂通於史記世本之錯謬因謂爲貞定王未爲得
其實案國語景王崩王室大亂及定王王室遂卑又
敬王十年劉文公萇宏欲城成周衞彪傒曰萇劉其
不沒乎二十八年殺萇宏及定王劉氏亡是國語與
史記合周有兩定王明矣韋昭強改爲貞抑思國語
所紀何容兩處並誤耶若所謂貞定王者據索隱係
謐妄造今紀年亦作貞定而海寧周廣業云班氏古
今人表亦作貞定則非謐妄造年代悠遠紀載錯互

十七史商榷　卷三　九

圖 2　《十七史商榷》的初印本與後印本

三、季漢書六十卷正論一卷答問一卷
明謝陛撰，明臧懋循訂

明萬曆間（1602—1620）刻本。

是書編纂東漢末獻帝至三國時期史事。《四庫全書存目叢書》據北京大學圖書館藏明萬曆刻本影印，與國圖藏本（索書號：16305）爲同一版刻，而印刷有先後之别，國圖本係後印，有挖改處。例如：陳邦瞻《謝氏季漢書序》，北大本"司馬氏又曰有國者"，國圖本作"蓋其説曰凡有國者"；《正論 · 正帝系第二》，北大本"作《魏武帝紀》則云父夏侯嵩中常侍曹騰養子且云莫能審其生出本末"，國圖本作"作《魏武帝紀》則云中常侍曹騰養子嵩嗣官至太尉莫能審其生出本末"。

美國芝加哥大學東亞圖書館收藏相同版本一部，上舉兩處異文同於國圖本，又有與兩本都不同之處：《季漢書答問二十篇》，北大、國圖本第八問爲"答諸葛亮之問"，第九問爲"答漢君臣魚水之問"，芝大本則第八問爲"答劉宋之問"，第九問重出，分别爲"答諸葛亮之問""答漢君臣魚水之問"，多一"又九"葉；北大、國圖本第十七問爲"答吴世家之問"，第十八問爲"答國志述魏之問"，芝大本則在兩問之間插入第十八問"答魏世家之問"，第十九問"答吴世家之問"，多一又"二十九"葉，之後又爲第十八"答國志述魏之問"；《本紀》卷三，北大、國圖本："六年春正月，丞相亮出師祁山，不克。冬十二月，復出散關，圍陳倉，糧盡，引退。魏將王雙來襲,亮與戰,大破之,斬雙,還軍漢中。七年春正月,丞相亮遣將陳式伐武都、陰平,遂克定二郡。"芝大本作:"六年春正月,丞相亮出師伐魏,敗績街亭,上疏自貶,詔以亮爲右將軍,行丞相事。冬十二月,復出散關,圍陳倉,糧盡,引退。魏將王雙來襲,亮與戰,大破之,斬雙,還軍漢中。七年春正月,右將軍亮出師伐魏,拔武都、陰平,復拜丞相。"

可見北大本爲初印,國圖本可稱爲中印,芝大本爲後印。

以上三例都是書版已然刻成,著者續有所得,修改原文。《史通訓故補》《十七史商榷》是只有個別改動,不必重新刻版,遂做剜改。《季漢書》則不止剜改內容,且增刻版片,改動重刷不止一次。古籍刻成後,正文陸續增刻的情況十分常見。有的續補內容增加卷數,內容加多一目瞭然。有的僅加刻書葉,卷數不改,若《季漢書》之類,增刻的內容就很容易被忽略。

四、爾雅翼三十二卷　宋羅願撰,元洪焱祖音釋

《爾雅翼》是一部重要的訓詁專著,考據精博而體例謹嚴,《四庫》館臣稱贊其水平在陸佃《埤雅》之上。宋咸淳六年(1270)王應麟知徽州府時校訂刊刻,元延祐七年(1320),洪焱祖爲全書作音釋。宋本已不可見,元本唯《皕宋樓藏書志》著錄一帙,今藏日本靜嘉堂文庫。明代所刊,有音釋本,有白文無音釋本。音釋本見於《中國古籍善本書目》等書目著錄者有萬曆三十三年羅文瑞(1605)刻本、天啓六年(1626)羅朗刻本、天啓六年羅朗刻崇禎六年(1633)羅炌重修本,三本存世尚有不少。今比對此三本,知實爲同一版刻。天啓本實據萬曆本重修,並非重新雕版,有數處改動:

(一)三本皆有李化龍序,序述刻書事云:"近羅山人伯苻(引按,即羅文瑞)過我,以抄本相示,比余所有更多音釋。伯苻曰,此吾遠祖鄂州公所爲,先大夫合州公手校而家藏之者,吾懼斬先人之澤,將壽諸梓,力不及也。余嘉其志,與崔冏卿自強各損貲助之,不數月告成。"此引自萬曆本,天啓本則刪改爲"近得其家藏本,比余所有更多音釋",隱去李氏助資刻書事,此葉及下葉序文的後半內容全部重刻。羅朗原是以抄本付刻,並非據宋元版,蓋恐怕其本不足以見重於人,故諱言之。

(二)《爾雅翼目錄》末增刻"從裔孫羅朗重訂"一行。

(三)元延祐七年洪焱祖跋末增刻"天啓丙寅從裔孫羅朗重訂"一行。崇禎本比天啓本書末多崇禎六年羅

圖3　《爾雅翼》

炌跋一篇,有云:"此梓出大司馬長垣李公(李化龍),當時失訂,後履經讎刊,猶有餘譌。近因殺青,復釐正數十字。雖曰掃葉拭塵,而門王河豕庶亦免矣。"跋稱"近因殺青",容易使人誤以爲是重刻者,臺灣《"國立中央圖書館"善本書目(增訂本)》經部小學類徑據羅跋著錄爲"明崇禎六年羅炌刊本",實非。

羅文瑞字伯符,以工書知名,[民國]《歙縣志》卷十有小傳。羅朗、羅炌生平不可考,應當都是一家眷屬。萬曆間文瑞刊刻其遠祖羅願的名著,書版即藏於家中,後世遞有翻印。天啓、崇禎二本應著錄爲萬曆三十三年羅文瑞刻天啓六年羅朗重修本、萬曆三十三年羅文瑞刻天啓六年羅朗、崇禎六年羅炌遞修本。古籍目錄中凡著錄爲"天啓六年羅朗刻本""崇禎六年羅炌刻本"者悉屬誤判。

五、綱鑑會編九十八卷歷代郡國考略三卷歷代統系表略三卷歷代官制考略二卷　清葉澐輯

是書以朱熹《資治通鑑綱目》爲主,參合司馬光《資治通鑑》紀事,故稱"會編",起自盤古,下逮元末。清康熙間(1699—1722)刻本。書前冠有康熙四十一年徐秉義序、四十二年宋犖序、三十八年劉德芳序、《凡例》十四則。《凡例》云:"余著有《歷代統系表》一書,尚未行世,今鈔撮其略,分爲三卷,列於卷首,益之以輿圖、官制,相輔而行,皆讀史者所必有事也。"所謂"輿圖、官制"即《歷代郡國考略》與《歷代官制考略》。

此書康熙間付刻,存世各本有印刷先後之不同。《四庫未收書輯刊》據中國科學院藏本影印,影印説明標爲"清康熙劉德芳刻本",《中國科學院圖書館藏中文古籍善本書目》則詳著爲康熙三十八年劉德芳刻本。[1] 美國哈佛大學哈佛燕京圖書館收藏一部,沈津先生《書志》著錄爲清康熙刻本。[2] 香港中文大學圖書館藏本亦著錄爲康熙刻本[3]。

各本書葉不同:中科院本左欄鐫"貴德里南陽藏板",鈐長方戳記"《州郡》《官制》《統系》三考刻完即出"(檢正文,無《郡國》《官制》二略),額鐫"文安劉悔庵先生訂定";哈佛本左欄亦鐫"貴德里南陽藏板",額鐫"新增讀史三略";港本則左欄鐫"新增讀史三略本衙藏板/翻刻必究"。"讀史三略"之刻印晚於正文,可知三本之中中科院本爲最早。

後印本於序文亦有改動。中科院本劉德芳序言刻書事云:

---

[1] 《中國科學院圖書館藏中文古籍善本書目》,科學出版社,1994年,第81頁。
[2] 沈津《美國哈佛大學哈佛燕京圖書館藏中文善本書志》,廣西師範大學出版社,2011年,第359頁。
[3] 《香港中文大學圖書館古籍善本書錄》,中文大學出版社,1999年,第54頁。

> 我友松川子經奇汲古，尤邃於史學。余承乏淮南，間曹多暇，因倩之商定涑水、紫陽二書，以逮陳氏之《外紀》、南氏之《前編》、宋元二代之《續編》，萃而成帙，上自盤古，下逮有元，得卷凡九十有八，隨付剞劂。

港本同。哈佛本則改爲：

> 我友松川子經奇汲古，尤邃於史學。嘗偕余在淮南讀書時峙雲亭中，間取涑水、紫陽二書，以逮陳氏之《外紀》、南氏之《前編》、宋元二代之《續編》，删訂成帙，上自盤古，下逮有元，會爲一編，得卷凡百，出示余。

因新增讀史三略，故序改爲"得卷凡百"。

中科院本徐秉義序云："觀察公（劉德芳）經國偉人，所至有聲，實政事之暇，究心墳典，特梓是編，以惠後學。"落款"康熙壬午長至日賜進士及第通議大夫經筵講官詹事府詹事兼翰林院侍講學士前吏部右侍郎東海徐秉義譔"，哈佛本爲："觀察公經國偉人，所至有聲，實政事之暇，究心墳典，助刊是編，以資後學。"落款"康熙壬午長至日東海徐秉義譔"，康熙壬午年徐秉義告老還鄉，疑因此而後印本遂刊去其官名。

中科院本宋犖序云："是編雖輯於松川，而文安劉觀察訂正刊布之功不小。"哈佛本則爲："文安劉觀察與（葉氏）爲莫逆交，資之剞劂以行世。是編之得以流播海內而傳示來兹者，觀察之功居多。"

哈佛本序文將劉德芳"特梓"之功皆改爲"助刊"，當出於葉氏後人之手。不知書刻成後劉氏與葉家有何齟齬。

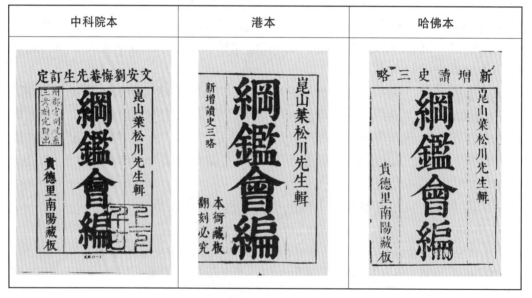

圖4 《綱鑑會編》的初印本與後印本

各館藏本又有據徐、宋序著録爲康熙四十一或四十二年刻本者。按此書各卷端署"文安劉德芳訂正,崑山葉澐輯録",徐、宋序皆提到劉德芳訂正、刊布之功,宜以劉序之康熙三十八年爲刻年,後印時增刻徐、宋二序並陸續新增讀史三略。

書籍刻成後,過若干年重印時往往新刻書名葉(或稱"内封""封面")。書版易手後,新主人重裝書名葉僞充己刻是常見的事情。若兩本書名葉不同,其内容的差異尤須留意。

六、吾學編六十九卷　明鄭曉撰

是書輯録明洪武至正德間史事遺文及朝章掌故(《地理述》内容增至萬曆間)。明萬曆二十七年(1599)鄭心材刻本。

此書於隆慶元年(1567)由鄭曉之子履淳初刻,萬曆二十七年鄭曉之孫心材依履淳本重校翻刻。《中華再造善本‧明清編》據中國國家圖書館藏本影印,《四庫禁燬書叢刊》據上海圖書館藏本影印,兩本略有差異。子目第一種《皇明大政記》,上圖本各卷端"臣海鹽鄭曉"之"臣"字爲小字,國圖本爲大字,與正文同;卷二第十一葉兩本字體不同,第一行"十一月亦力把力歪思弒其主",上圖本脱"亦"字,末行"安遠侯",上圖本作"安遠矦"。蓋國圖本爲後印本,有所修正。又上圖本卷五第九、十兩葉係據北京大學圖書館藏本配補,字體亦與國圖本不同,且國圖本第十葉末第三行"皇明大政記第五卷子履準校"、第四行"孫心材重校",配補葉在最末行,作"皇明大政記第五卷終　子履準校正"。疑北大本爲翻刻本,當與國圖、上圖兩本都不同。

圖5　《吾學編》的初印本與後印本

七、尚書私學四卷　清江昱撰

清乾隆間刻本。

此書乾隆二十年撰著完成,隨即刻印行世。中國國家圖書館分館普通古籍庫中收藏有兩部,書名葉都鈐有朱文木記"書呈欽定四庫全書館採入提要"。《四庫全書存目叢書》據其中一本影印(索書號:66882),爲後印本,另一部爲初印本(索書號:1556)。初印本凡清諱字"玄""胤""曆"爲墨釘,後印本修改爲通常諱字寫法。

玄		胤		曆	
初印本 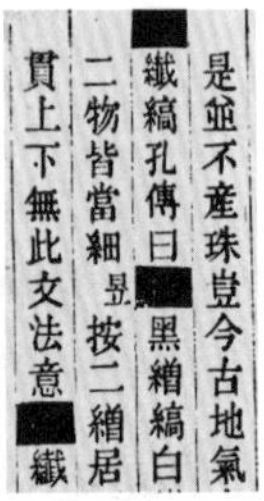	後印本 	初印本 	後印本 	初印本 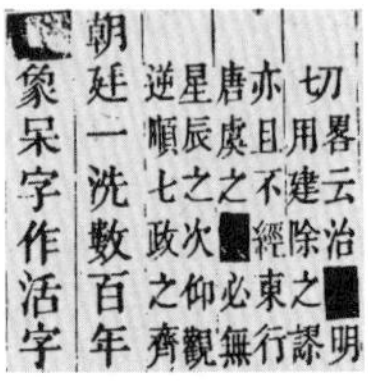	後印本 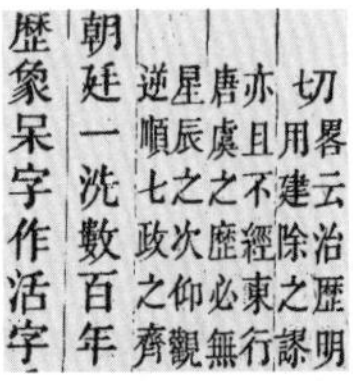

圖6 《尚書私學》初印本與後印本的避諱情況

八、[乾隆]口北三廳志十六卷首一卷
清金志章修,清黄可潤增校

清乾隆二十三年(1758)刻本。

是書未見翻刻,存世各本有初印、後印之不同。初印本"玄"字缺末筆,"曆"字作"曆",後印本凡"玄"字皆剜改爲"元","曆"字挖改爲"歷","夷"字剜改爲

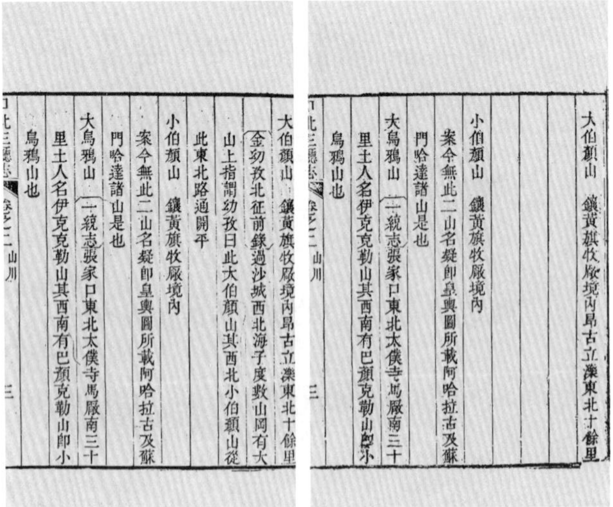

圖7 《口北三廳志》的初印本與後印本

"彝","狄"字剜改爲"部"。凡書中引用明人金幼孜《北征錄》《北征前錄》及《職方地圖》《職方圖考》等書之語,後印本皆削去,改爲空格,如卷二"封王陀""大伯顏山""凌霄峰""駱駝山""楊嶺""崗噶泊""白濼"及卷三"開平故城""白城"各條。卷二"虞臺嶺"條注引《元史·阿沙不花傳》"詔嶺中徙邑民百户居之",後印本刪"詔"字;"紅羅山"條注:"《明史本紀》洪武三年李文忠敗元兵於駱駝山進克紅羅山。"後印本刪"進克紅羅山"五字。後印本刪"方山""寬山""榆木山""牛心山"各條。改動處頗多。乾隆後期,文網嚴密,故後印本將犯忌語句悉加挖改,較初印本已面目大改。

九、[乾隆]任邱縣志十二卷首一卷
清劉統修,清劉炳等纂

清乾隆二十七年(1762)刻本。

美國哈佛大學哈佛燕京圖書館收藏一本,其卷十一《藝文上》之郭乾《議還把漢那吉》一篇、《藝文下》之龍膺《開府田公湟中破虜》一篇、張問仁《田開府湟中破虜曲六首》一篇,因内容犯清廷忌諱,被全部剜爲空格。檢中國國家圖書館藏本,各篇内容不缺,可知哈佛本爲後印。美國芝加哥大學東亞圖書館收藏另一部,不缺上述各篇,但這幾篇的版刻字體較拙,與全書不同,是又經重刻補足者,可知芝大本爲更後印本。愛如生方志庫所用本即更後印本。

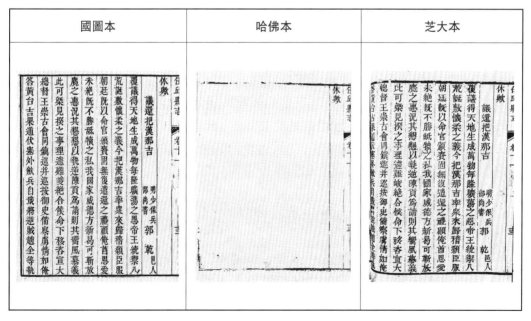

圖8 《任邱縣志》的初印本與後印本(一)

国图与哈佛两本其他内容没有不同之处。芝大本除增刻所阙各篇外,内容亦有修订,如卷八《选举》之"科名表",第三十八叶乾隆元年丙辰"王应鲸(五经),福鼎知县",初印本无"福鼎知县"四字;第三十九至又四十一叶全部改版,人物及介绍多所修订:如乾隆三年戊午,初印本"边中宝(见征辟,现遵化州学正)",芝大本删去"现遵化州学正"六字;九年甲子,边方泰"长沙知府",初印本作"现江南河工试用";十二年丁卯,边汉"祁州学正",初印本无"祁州学正"四字;十三年戊辰,边继祖"翰林侍讲学士内廷供奉广东湖北学政(内廷提行)",初印本作"现翰林侍读内廷供奉典试贵州(内廷不提行)";十六年辛未,刘伯埙"成都知县以军功加知州衔",初印本作"现奉贤知县";十七年壬申,高质敬"番禺知县",初印本作"现澄城知县"等等。第五十六至六十一叶,"武科表"之雍正元年至乾隆二十六年以及附录内容也都予以重刻。

国图本	芝大本
胡文豹 边中宝 见徵辟 现遵化州学正	胡文豹 边中宝 见徵辟 边继祖 进士

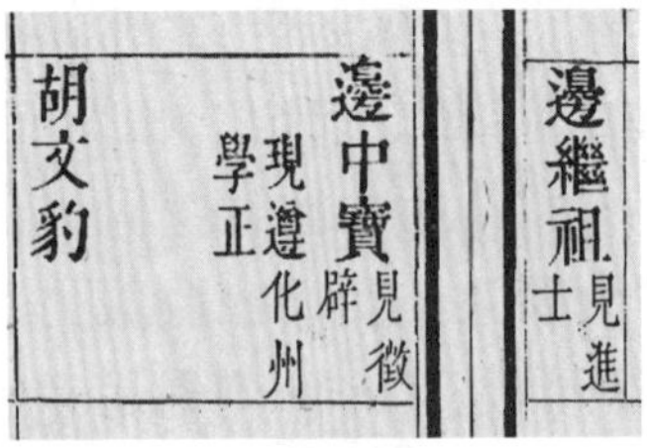

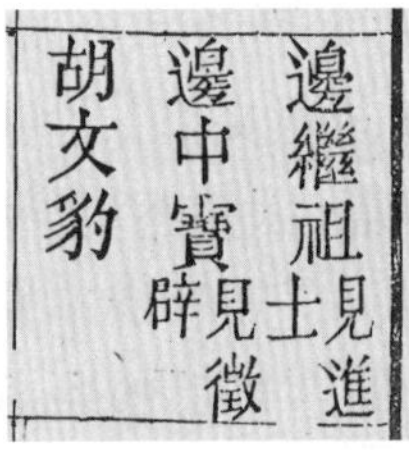

图9 《任邱县志》的初印本与后印本(二)

地方志一般每隔三四十年或更长时间重修一次。清代两百六十多年间,有的府州县纂修志书达五六次之多,有的仅修过一两次。重修县志之前,旧志书版存于衙署,需要时则取出刷印。旧版难免残损,就需要修补;前次纂修至重刷之际数十年间之邑事需要补充进去,内容不多的就剜改版片,内容较多的就增刻新版;又或因重印时剜改本朝避讳字或增删禁忌文章等而改版。乾隆朝跨越一甲子时间,地方志重刷最多,而此时文网最密,此类因政治顾忌而作的改动也最多。因此,地方志的初印、后印情况最多,留心比对常能发现问题。

十、论语集解义疏十卷　魏何晏集解,梁皇侃义疏

此书中土久佚,乾隆年间始由日本回传国内。日本有宽延三年(1750)刻本、宽正七年(1795)刻本、元治元年(1864)据宽延本补刻本。国内据宽延本翻刻,收入浙江鲍廷博《知不足斋丛书》第七集中。

顾洪在《皇侃〈论语义疏〉释文辨伪一则》及《王亶望与〈知不足斋丛书〉本

〈論語義疏〉》兩篇文章中業已指出，《知不足齋叢書》有初印、後印之別①。一再經過補刻的後印本通行於世，初印原本不易得，民國十年（1921）上海古書流通處曾據初印本影印，影印本較多見。影印本有"啓事"云：鮑氏家刻本《知不足齋叢書》"年久板燬，其僅存者歸於粵東，一再補刻，魯魚觸目，初印之書稀如星鳳。吳縣許博明先生以重金購得初印三十集足本，爲鮑氏家藏本，字畫精神與通行本迥不相侔，且有印行之後復一再校改者，故與通行本字句亦間有不同"。可知初印、後印本有較大差異。

初印、後印本差異有兩處：

（1）初印本各卷端第二至四行署"魏何晏集解　梁皇侃義疏　臨汾王亶望重刊"，後印本剜改爲"魏何晏集解　梁皇侃義疏"。

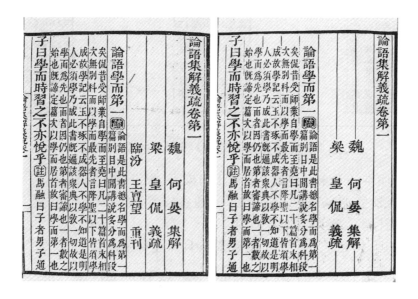

圖 10 《論語集解義疏》初印本與後印本的卷端

（2）卷二《八佾》篇"夷狄之有君不如諸夏之無也"章釋文，初印本作：

　　此章重中國，賤蠻夷也。諸夏，中國也。亡，無也。言夷狄雖有君主，而不及中國無君也。故孫綽曰，諸夏有時無君，道不都喪，夷者强者爲師，理同禽獸也。釋慧琳曰，有君無禮不如有禮無君也，刺時季氏有君無禮也。

後印本作：

　　此章爲下僭上者發也。諸夏，中國也。亡，無也。言中國所以尊於夷狄

---

① 顧洪《皇侃〈論語義疏〉釋文辨僞一則》《王亶望與〈知不足齋叢書〉本〈論語義疏〉》，分別見《文史》第 25、28 輯，中華書局 1985 年、1987 年。

者,以其名分定而上下不亂也。周室既衰,諸侯放恣,禮樂征伐之權不復出自天子,反不如夷狄之國尚有尊長統屬,不至如我中國之無君也。

初印本	後印本	日本寬延本

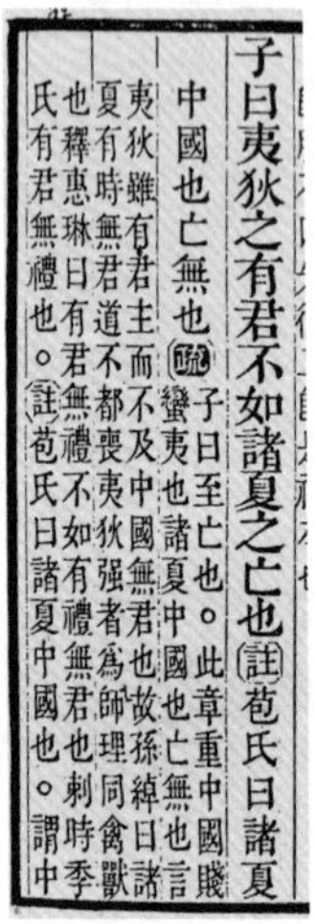

圖 11 《論語集解義疏》後印本的文字改動

(3)初印本各卷末分別署"仁和汪鵬校字、臨汾樊士鑑校字、秀水朱修度校字、臨汾王裘校字、臨汾王榮校字、仁和孫麗春校字、臨汾王焯校字、錢塘温廷楷校字、錢塘汪庚校字",後印本均鏟去。①

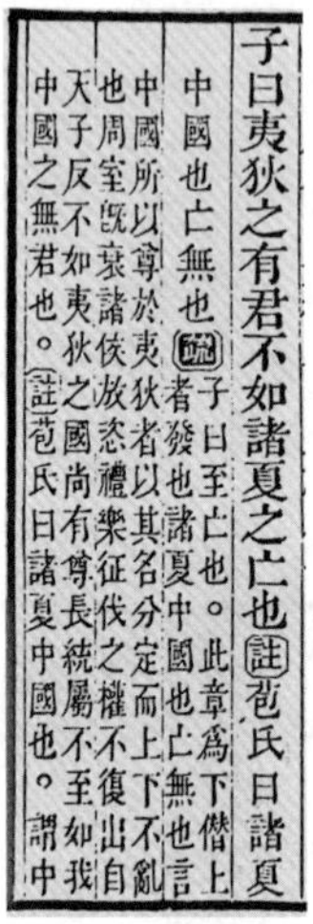

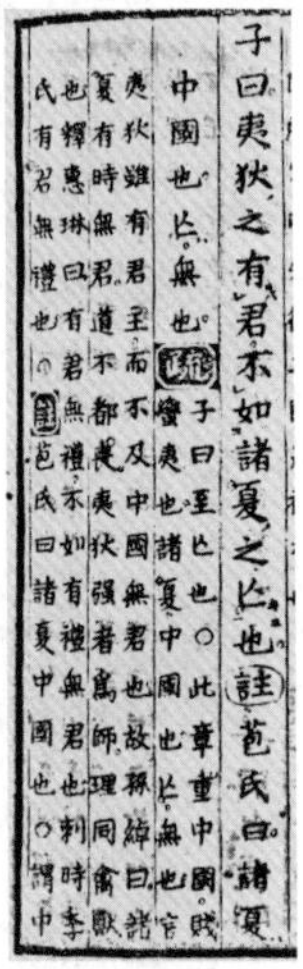

此外,初印本"玄""弘"字是缺筆諱,後印本全部剜改爲"元""宏"。

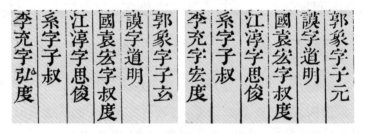

圖 12 《論語集解義疏》的避諱方法

古書流通處影印初印本附有乾隆五十三年(1788)盧文弨《皇侃論語義疏序》、日本寬延庚午(三年,1750)平安服元喬《皇侃論語義疏新刊序　附存日本元文》。檢中國國家圖書館所藏,有初印本、後印本各一部,此外另有兩部,異文均與

---

① 以上參見顧洪兩文及徐望駕:《皇侃〈論語集解義疏〉版本研究述評》,《古籍整理研究學刊》2002 年第 2 期。

後印本相同,唯卷十末多"臣王亶望恭刊進"七字。各本都沒有盧文弨序。

王亶望,山西臨汾人,自舉人捐納知縣,累遷浙江布政使,乾隆四十二年擢浙江巡撫,四十六年因貪污案被處斬。《清史稿》有傳。

盧文弨序述此書刊刻過程云:

> 吾鄉汪翼滄氏常往來瀛海間,得皇侃《論語義疏》十卷於日本足利學中。……新安鮑以文氏廣購異書,得之喜甚,顧剞劂之費有不逮,浙之大府聞有斯舉也,慨然任之,且屬鮑君以校訂之事,於是不外求而事已集。既而大府以他事獲譴死,名不彰,人曰是鮑子之功也。以文曰:"吾無其實,敢冒其名乎?"謂文弨曰:"是書梓成,末爲之序者,人率未知其端末。夫是書入中國之首功,則汪君也;使天下學者得以家置一編,則大府之爲之也。《春秋》襃毫毛之善,今國法已伸,而此一編,其功要不容没。子幸爲之序而并及之,使吾不尸其功,庶幾不爲朋友之所譏責,吾始得安焉。"

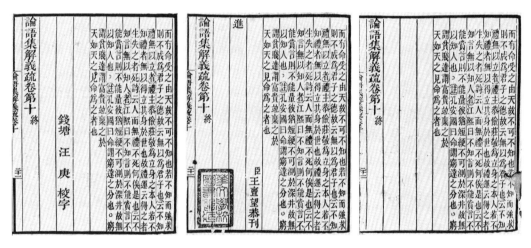

圖 13 《論語集解義疏》初印本與後印本的卷末

"大府"即王亶望。據書中題署及盧序所述,此書被稱爲知不足齋刻本並不確切,亦非鮑氏本意,應著錄爲"清乾隆間王亶望刻本",刊刻於乾隆四十六年之前。執行剞劂之事者則是鮑廷博,因爲鮑氏本打算收入《知不足齋叢書》,所以與《叢書》版式一致。乾隆三十八年起,清高宗諭令編纂《四庫全書》,各省督撫、學政奉詔徵訪遺書,時王亶望任浙江布政使,分十二次奏進浙江所採遺書,編爲《浙江採集遺書總錄》十集,又補編第十三、十四次所得爲閏集,乾隆四十年刊刻。檢《總錄》十集、閏集,均無《論語義疏》,可推斷其刻成不得早於乾隆四十年。待刊刻完成後,王亶望曾進呈內府。進呈本已將卷端題署、卷末校字人及"夷狄之有君"條注釋作了刪改。王亶望出資刊刻,但刻成後書版仍歸鮑氏,鮑氏印入《叢書》。因王氏伏誅,後印遂刪去"臣王亶望恭刊進"字樣。古書流通處影印的所謂初印本,盧序時間在王氏伏誅之後,顯係後來所增,但正文係未經改動者,疑爲鮑氏家中存有初印未改本,取以裝入盧序。此書有盧序者極少見,國圖所藏各本均無盧序。

綜上,此書先後印本有:

① 王亶望初印本。無盧序;卷端題署三行,有"臨汾王亶望重刊"字樣。

② 初印增序本。增加盧文弨序。即古書流通處影印者。

③ 王亶望進呈本。無盧序;卷端題署改爲二行,删去"臨汾王亶望重刊"字樣;避諱字、"夷狄之有君"條皆作剜改;末增刻"臣王亶望恭刊進"字樣。

④ 《知不足齋叢書》本。就進呈本書版重印,删去"臣王亶望恭刊進"字樣。此本世所通行。

世傳本多無盧序,當亦因王氏獲譴死,不便提及,故撤去。第④本習見,於是讀者都誤以爲此書是鮑氏刊刻者,殊不知鮑廷博本不欲隱没王亶望刊刻之功。《四庫全書》所據當即進呈本。顧洪論文云:"其中《八佾》篇'夷狄之有君不如諸夏之無也'章釋文,通行本(④)與景印本(②)完全不同。這是由於清廷輯修《四庫全書》時,將鮑氏刊本此段釋文全部改寫,而通行本又據以挖改原書,實屬'印行之後復一再校改者',故與反映初印本面貌的景印本相異。"不知其實是王亶望進呈時恐犯朝廷忌諱,已將"夷狄之有君不如諸夏之無也"章釋文自行修改了,並非《四庫》館臣所改,通行本乃是重印王氏修改本而已。

國圖有第①本,是傅增湘舊藏並細加批校者,傅氏將卷端"臨汾王亶望"墨筆改爲"歙縣鮑廷博",所改非是。

圖14　國圖本《論語集解義疏》卷端傅增湘批校

結　語

古籍刷印不止一次,初、後印版本有差異的現象屢見不鮮,雖然大部分並不涉及學術史上的大問題,但可以看到作者想法的改變和書籍動態發展的過程。每一套印本都有不同的個性,可能提供更多的信息。初印本一般紙墨精美,後印本有修訂增删,各有特色,兩者的區别亦久爲書賈、藏家及治版本之學者所留意。藏書家賞玩稀見印本,而學者則重視文字的佳勝。清黄丕烈曾説:"余最喜藏書兼購重本,取其彼此可互勘也。""書必備諸本,凡一本即有一本佳處,即如此本固多訛舛矣,而亦有一二處爲他本所不及,故購者必置重沓之本也。"①當代學者對此問題已取得了很多成果,如楊成凱、崔建英等都有專門探討的論文②,陳先行主編《伯克萊加州大學東亞圖書館中文古籍善本書志》、郭立暄著《中國古籍原刻翻刻與初印後印研究》對此有集中的揭示和系統的總結。有名的善本如群經義疏、正史宋元版、《昭明文選》等書已有不少專著討論其版刻源流,而古籍的初後印有異同乃是普遍現象,如前文所舉十例那樣的可謂不勝枚舉,大量貌似完全是複本而實際爲不同印次的古籍有待爬梳。

　　過去研究初、後印問題極受條件限制。私家藏書秘不示人,普通讀者不可能廣泛地搜羅異本;近代圖書館事業興起,尤其 1949 年以來,古籍大多流入公庫,開始提供公共服務,但在很長時期内,讀者仍不能縱覽,並不具備將不同印次的書進行比對的條件。但隨着圖書館服務理念的改變和技術的進步,研究條件正在改善。首先,大型古籍叢書不斷影印出版,如《四部叢刊》系列、《四庫》系列(《四庫全書》《存目》《禁毁》《未收》《續修》)、《中華再造善本》《明别集叢刊》《清代詩文集彙編》等等,至少可以獲得一個工作底本;其次,古籍數字化是大勢所趨,各圖書館在逐步公佈在綫閱覽,電子數據庫在不斷增多(如國圖的《數字方志》《中華古籍資源庫》),海外的古籍資源庫也可以使用(如日本國立公文書館、美國哈佛大學哈佛燕京圖書館善本特藏資源庫)。雖然影印本清晰度較低,電子數據庫的影響也大多不盡如人意,於讀者而言已有坐擁百城之便,善加利用,不啻將各館藏本並置目前。

　　竊以爲,初後印問題最需要引起注意的是圖書館古籍從業人員。讀者使用古籍,首先要查閱的是圖書館編纂出版的古籍書目和綫上檢索目錄,編目著録不準確,就會誤導讀者。程毅中先生曾呼籲:"研究古籍版本,不但要注意不同的刻本,還要注意同一刻本的不同印次。……特别期望圖書館的專業工作者能逐步提供有提要的善本書目,把古籍版本的研究工作推進一步。"③在現階段,"提供有提要

---

①　黄丕烈《蕘圃藏書題識》卷五《麈史》跋、卷六《歸潛志》跋,見〔清〕黄丕烈撰,余鳴鴻、占旭東點校:《黄丕烈藏書題跋集》,上海古籍出版社,2013 年,278 頁、337 頁。
②　楊成凱:《明寒山趙氏小宛堂刻〈玉臺新詠〉真僞考實》《初印和後印》,《藏書家》第 1、9 輯,齊魯書社,1999 年、2004 年;崔建英《古籍中的初印本》《古籍中的後印本》《古籍中的補修本》《古籍中的增修本和著録審校》,見《崔建英版本目録學文集》,鳳凰出版社,2002 年。
③　程毅中:《〈太平廣記〉的幾種版本》,《社會科學戰綫》1988 年第 3 期。

的善本書目"對圖書館來説有一定難度,但進一步精確著録版本還是可以做到的。所見古籍目録中,只有《中國科學院圖書館藏中文古籍善本書目》特别強調:"所收條目在審訂時皆盡量争取可能從群體視野進行觀察,雖只一部,亦力求斷出其在同版刷印中之相應階段,以'初印本''後印本''補修本''增修本''遞刻本''匯印本'等區分。"①堪稱古籍編目的典範。大圖書館古籍收藏豐富,一部書常有多個複本,而影印出版、在綫閲覽都只是選擇其一,不會將全部複本公佈,並且影印和在綫公佈的資料都只是各館收藏的很小一部分,浩如煙海的古籍需要古籍編目人員仔細比對,分辨初印本、後印本,將各本修版、遞修、補版或增刻之處,詳加揭示,以便讀書使用。即使館藏不够豐富,複本無多,充分利用影印資料、電子資源,也完全可以做精細準確的著録。版本研究論文對於古籍初印、後印等複雜情况的揭示個案成果已相當豐富,應隨時留意,充分吸收利用,以期涓滴不息、集腋成裘,不斷完善館藏著録。

樊長遠　國家圖書館古籍館　副研究館員

---

① 《中國科學院圖書館藏中文古籍善本書目·前言》,科學出版社,1994年。

校勘 版本目錄學研究

天曆本《漢書·楊雄傳上》校勘價值探微

陸駿元

日人上野精一收藏之《漢書·楊雄傳上》殘卷,乃唐末五代間東傳至日本的古卷子本。最初收録於狩野直喜(1868—1947)主持出版之《京都帝國大學文學部景印舊鈔本》第二集①,殘卷爲初唐抄本,底本爲唐顔師古(581—645)注本,該抄本天頭、地脚、邊欄分别有藤原良秀迻録南朝陳姚察(533—606)《漢書訓纂》(下文簡稱《訓纂》)、唐初顧胤(?—663)《漢書古今集義》(下文簡稱《集義》)之故訓、舊説共計354條②,爲六朝《漢書》舊説之新見者,數量可觀③,此卷亦係供當

---

① 京都大學文學部編:《京都帝國大學文學部景印舊鈔本》,京都帝國大學文學部藏版,1935年,第二集。
② 根據洲脅武志《漢書注釋書研究》之統計,殘卷録姚察《訓纂》120條、顧胤《集義》234條,合計354條(遊學社,2017年,第164、179頁)。由於殘卷過録姚、顧二書,有單獨抄録以及前後連言爲一體兩種形式,連言者則有近三百條。洲脇氏之計算乃詳爲區分姚、顧之說,因二氏分屬不同年代,故本文兹採用洲脇氏之統計數字。
③ 中古《漢書》抄本之存世者,除此《楊雄傳》殘卷外,目前尚有十八件。以孫顯斌《漢書顔師古注研究》(鳳凰出版社,2018年)羅列最爲詳盡,其中敦煌殘卷十件,分别是卷二十三《刑法志》(法藏 P.3557、3669),卷三十一《項籍傳》(法藏 P.5009),卷三十九《蕭何曹參傳》、卷四十《張良傳》(法藏 P.2973B),卷七十八《蕭望之傳》(法藏 P2485),卷九十九《王莽傳》(法藏 P.2513),卷七十八《蕭望之傳》(英藏 S.2053),卷八十一《匡衡》(英藏 S20),卷八十二《王商史丹傅喜傳》(英藏 S.10591),卷二十六《天文志》(俄藏 Дх.3131),卷八十一《匡衡張禹孔光傳》(羅振玉《敦煌石室碎金》);吐魯番殘葉一件,爲卷四十《張良傳》(德藏 Ch.938、大谷文書);日藏鈔本七件,分别爲卷一《高帝紀》(滋賀縣石山寺藏)、卷三十四《韓彭英盧吳傳》(滋賀縣石山寺藏)、卷二十四《食貨志》(轉下頁)

日藤原氏習讀自用之本。宋代獨行顔師古注本以來,顔《注》以前舊説之可得見者,多見諸《史記》三家注、李善(630—689)《文選注》與部分類書。清代以降,受到材料的客觀限制,學者輯佚舊注不能出以上範圍,且輯佚之舊説往往前後割裂,僅見片段。職是之故,學者的研究焦點仍集中於小顔是否攘竊舊注、六朝舊注是否優於顔《注》等議題,未能更進一步地蠡探六朝舊本與顔本在文本上之歷史層次之差異,以及舊注如何轉化爲顔《注》的具體過程,更毋論探究顔氏注本形成的深層原因。此殘卷的出現,適可提供吾人蠡測南北朝《漢書》舊注脈絡及文本變遷的實物證據,研究意義非凡。同時,此抄本爲初唐抄本,保存了宋刊本以前早期顔《注》的文本面貌,可與宋人校勘成果——宋祁校語兩相驗證。然而,自其問世以來,海内外學者雖對其有一定的探討,然涉及《漢書》文本變遷,以及注釋之演變者仍然鮮少。① 筆者不揣淺陋,對天曆本之本文與所存姚、顧二氏舊注進行校

(接上頁)(愛知縣真福寺寶生院藏)、卷二十八《地理志》(愛知縣真福寺寶生院藏)、卷四十《張周陳王周傳》(和歌山縣大明王院藏,未見)、卷四十二《申屠嘉傳》(不忍文庫藏)、卷八十七《楊雄傳》(景西宫武居氏藏,即本文論考者)。以上十八件寫本,除日本真福寺藏《地理志》與大明王院藏《張陳王周傳》未曾影印、刊刻傳世外,餘皆公諸於世。然而,上述抄本中部分爲顔本,且並無旁録舊注的情況,故只能證明宋祁校語確然反映了唐宋間流傳的寫卷、抄本的文本面貌洵非虛語,但無法反映六朝《漢書》注本之面貌。而其中非顔本者多存本文,所存注釋鮮少,學者對其屬蔡謨本或臣瓚本亦有爭議,未能定論。因此,其校勘價值顯然無如此《楊雄傳》殘卷。

① 中外對此抄本之研究,以日本學者爲最多。最先校勘者爲神田喜一郎(1897—1984),其以所見宋本、元大德本、明南北監本、汲古閣本等數種參校此卷正文與注釋,未及藤原氏校讀之姚、顧書二種;嗣後,松本光隆《漢書楊雄伝天曆二年点における訓読の方法》(《國語學》第128集,1982年3月,第28—40頁)與小助川貞次《上野本漢書楊雄伝天曆2年点における典拠の問題について》(《訓点語と訓点資料記念特輯》,1998年3月,第151—132頁)二文對此抄本藤原之校讀有所討論,唯彼二人所關注者,爲當日研習者藤原氏以日語訓讀《漢書》本文之方法與依據。蓋藤原氏如何通過取捨其所迻録之姚、顧舊説以及顔師古《注》,並將其改寫融入其訓讀之過程,其論述内容涉及日本語文學的研究範疇,於漢籍間注釋之相承問題並未措意;其後,洲脇武志撰寫博士論文(《"漢書"注釋書研究—顔師古注を中心に—》,大東文化大學博士論文,2011年3月,後修改爲《漢書注釈書研究》,由遊學社於2017年出版),對此殘卷所涉及的六朝舊注與顔《注》傳承關係等文獻問題進行了詳盡的分析。洲脇君之論點如下:一、姚察《訓纂》具有南朝注釋之傾向,雖小顔明確表明對南朝注釋強烈的批判,然其注多有襲用姚書者;二、顧胤《集義》成立於顔《注》之後,雖接受顔《注》部分觀點,然其書仍受南朝《漢書》學影響,故其書乃爲補顔《注》之不足而作;三、通過文獻比勘,知顔《注》成立以後,六朝《漢書》注本與注釋仍繼續通行,顔氏注本之佔據解釋班書的權威地位仍需一段時間。洲脇君之研究足有可資用吾人者;同時,中國學者對此抄本之研究稍後於日本,亦較爲豐富。比較詳盡者爲蘇芃《漢書·揚雄傳上校議》(《國學研究》第27卷,北京大學出版社,第349—367頁),蘇文對此抄本之本文進行了校勘,著重於寫本所用正俗字的比較情況,對姚、顧二書並未申論;童嶺《六朝隋唐漢籍鈔本研究》對此抄本收入《京都帝國大學文學部景印舊鈔本》之始末經過細數無遺,在學術傳播與背景方面爲吾人增添了詳細之研究;孫顯斌《漢書顔師古注研究》之第六章第一節《寫本時代〈漢書〉之流傳》(第195—222頁)提及此本,並將中古《漢書》寫本(轉下頁)

理,在考察其所反映的——顏本在唐宋間之文本異同、顏《注》與六朝舊注間之變化——兩方面校勘價值的基礎上,探論顏師古注本形成的歷史過程。本文所依據的基本文獻,爲筆者整理、對勘天曆本與蔡琪本、慶元本①等而製作的"天曆本《漢書‧楊雄傳上》殘卷校證"。

一、《楊雄傳》殘卷的基本情況與流傳

唐抄本《漢書‧楊雄傳上》殘卷係紙本,縱 27.4 cm,長 1 388.3 cm,被日本政府指定爲國寶,除收録在《京都帝國大學文學部景印舊鈔本》中,其圖版亦收入大阪市立美術館編《唐鈔本》一書。② 此舊鈔本之抄録時間,據正文"淵""民"二字避諱缺筆,大致可定在初唐;卷尾又有題語,云:"天曆二年五月廿一日點了,藤原良秀。"天曆二年爲公元 948 年,當中國五代後漢時,知其爲唐末五代時傳入日本,是以學者多稱其爲"天曆本"(本文後徑稱"天曆本")。卷首起自"反離騷其辭曰",卷末訖至《楊雄傳上》(卷八十七上)末。卷首有"島田翰讀書記"白文長方印、"江亭圖書記"朱文長方印、"上野藏記"朱文方印,卷首末俱有"井井居士珍賞子孫永保"朱文長方印。卷末有沈曾植(1850—1922)夾紙,云:"光緒丙午秋季,武進董康、山陰王儀通、嘉興沈曾植、介島田彥楨來此同觀 沈曾植"。蓋光緒三十二年(1906),沈氏與董、王、島田翰等人曾同觀此卷。神田喜一郎於昭和九年(1934)撰題記,交待了此卷的基本情況,文云:

> 據卷尾享德二年跋語,舊傳京紳花山院家,明治間爲竹添井井博士所獲,今歸西宮武居氏。有審其書法,規橅歐陽率更,精健儁逸,殊饒神味。"淵""民"二字缺筆,蓋初唐人所書,古澤盎然,可稱驚人祕笈。……大正丙寅,余奉官命校書祕閣,即就班書而言,所見宋本、元大德本、明南北監本、汲古閣本數種,而以校此卷文字異同,不勝枚舉。另有校記,藏於篋底。兹擇其可賴以訂正今本譌奪者,附載於後。世讀班書者,或應資考鏡焉。此卷欄內外有後人校語,書法與卷尾"天曆二年五月廿一日點了,藤原良秀"十五字相同,則知其出良秀。良秀未詳何人,然亦是千年舊迹。況其所徵引皆六朝隋唐佚

(接上頁)整理爲表格,俾有益於吾人對《漢書》寫本之認識;他如郭華《唐抄本〈漢書〉殘卷及其校勘價值》(《求索》2010 年第 10 期,第 187—189 頁)等文,亦於此抄本有簡要之介紹與研究。綜上,一百年來論述此《楊雄傳》殘卷者,涉及檢討六朝舊注與顏《注》者,以洲脇武志之研究最爲矚目,其他學者亦間有可稱。

① 南宋慶元黄善夫、劉元起本用北京大學圖書館藏本,南宋嘉定蔡琪一經堂刊本用中國國家圖書館藏本,此二本均有中華再造善本 2003 年影印本。
② [日]中田勇次郎監修:《唐鈔本》,同朋舍,1981 年,第 44—58 頁。

籍,斷圭殘璧,猶足以矜珍貴,其中有曰"訓"、曰"察按"者,乃姚察《漢書訓纂》;《隋志》"《漢書訓纂》三十卷,陳吏部尚書姚察撰",《日本見在書目》同。有曰"集"者,乃顧胤《漢書古今集義》,新舊《唐志》"《漢書古今集義》二十卷",《日本見在書目》同。多至百餘條。服、應古義,韋、晉佚訓,橫遭顏監割棄者,亦得藉存什一。是則天下至寶,不翅本文注語,足以訂正今本譌奪矣。①

根據神田氏所考,此卷舊爲京都花山院代代所藏,卷尾享德二年(1453)跋語可證。而明治(1868—1912)年間爲漢學家竹添進一郎(字光鴻,1842—1917)所得,當昭和初年之時,已歸西宮武居所有。今據大阪市立美術館編纂的《唐鈔本》圖版解說以及孫猛《日本國見在書目錄詳考》所述,此鈔本已爲兵庫縣蘆屋市的上野精一收藏,故亦有稱此本爲"上野本"者。② 此卷正文旁書寫之校語,與卷末藤原良秀跋語筆跡一致,神田氏判斷此即藤原良秀習讀之書。

卷中有曰"訓""察按""集"等之筆記,分別爲藤原良秀旁批之姚察《漢書訓纂》與顧胤《漢書古今集義》。姚察字伯審,僧垣子,思廉(557—637)之父,吳郡武康(今浙江湖州德清縣武康鎮)人。仕梁,轉陳,遷吏部尚書。後入隋,授祕書監。《陳書·姚察傳》云:"所著《漢書訓纂》三十卷,行於時。"③《隋書·經籍志》及兩唐《志》均有著錄,以爲陳時班書名家即姚察,其書作於師古之前。然而今顏氏《敘例》所載《漢書》注家二十三人,其中並無姚察姓名。察曾孫姚珽(641—714)《新唐書》本傳嘗云:"始,曾祖察嘗撰《漢書訓纂》,而後之注《漢書》者,多竊其義爲己說。珽著《紹訓》以發明舊義云。"④蓋暗諷小顏攘竊乃祖之注。顧胤乃蘇州吳(今江蘇蘇州)人,隋祕書學士顧覽之子,仕至司文郎中。《舊唐書》本傳云:"胤又撰《漢書古今集》二十卷,行於代。"⑤其書《新唐書·藝文志》有著錄,書成於小顏之後。然於《漢書》舊義多有所採。姚、顧二書當時傳於日本,藤原佐世(847—898)《日本國見在書目錄》均有著錄。良秀抄錄二書中之訓釋,鈔本中冠"訓""訓曰""察案""姚丞云"等均指《訓纂》,而冠"集""集云""集案"等皆指《集義》,又有"訓""集"並稱者,顯然爲藤原氏迻錄姚、顧二注以補小顏訓解之不足或相異者。

由於此天曆本是備載六朝舊注信息之唐抄顏氏注本,故具有唐前舊本與宋前

---

① 《京都帝國大學文學部景印舊鈔本》,第二集《楊雄傳》,卷末頁一。
② 〔日〕中田勇次郎監修:《唐鈔本》,第 168 頁;孫猛:《日本國見在書目錄詳考》,上海古籍出版社,2015 年,第 557 頁。
③ 〔唐〕姚思廉:《陳書》,中華書局,1972 年,卷二七,第 354 頁。
④ 〔宋〕歐陽修:《新唐書》,中華書局,1975 年,卷一〇二,第 3982 頁。
⑤ 〔後晉〕劉昫等:《舊唐書》,中華書局,1975 年,卷七三,第 2600 頁。

顏本之雙重身份。以下即將此抄本(由於藤原氏點讀於天曆二年,此本爲人逕稱爲"天曆本",下文姑以此稱之)與宋祁校語比勘,並根據此卷所載姚、顧舊説與顏《注》相校,在文本與解説兩個層面明舊本與顏本之同異,並藉以窺測六朝《漢書》注本之面貌,以及稽考顏氏注本去取六朝舊説的情況。

二、宋祁校語之比勘與驗證

北宋學者對《漢書》之校語多存於南宋慶元本、蔡琪本、元白鷺洲書院本中,其中的宋祁校語包含兩個部分,一爲宋祁(字子京,998—1061)對勘宋初諸本之校語,詳録文字異同;二爲宋祁附載之隋蕭該(？535—？610)《漢書音義》,涉及六朝舊義。由於宋祁校語原本的形式應爲批校於簡端的書寫形態,而爲刊刻者初步董理後收入刊本之中①,故其體例頗爲雜亂,致使多受近儒之質疑與指摘。② 宋祁《宋景文筆記》明云:"予曾見蕭該《音義》若干篇,時有異議,然本書十二篇,今無其本。顏監集諸家《漢書注》,獨遺此不收,疑顏當時不見此書云。"③據此,是景文確曾見蕭該《漢書音義》殘篇,蕭書《隋志》及兩唐《志》俱列其爲十二卷,殆景文所謂"十二篇",由是可見,其所見之"若干篇"者應爲此十二卷中之數卷。今檢覈此抄本,文字異同多與宋説合,所載姚、顧舊説亦間與景文附蕭該《音義》相符,知宋祁校語淵源有自,並足可證明蕭該《音義》的文獻真實性。今取有資考證者,申論如下。

(一) 證宋祁校語有文獻根據

宋祁校語包括對正文(注文)、引述蕭該《音義》文本、徵引舊注三方面的校勘,所存之文字同異皆可於天曆本得到印證。④ 首先,在正文部分,此抄本可證宋

---

① 關於宋祁校語的形成,以及其收入刊本時形式變化之始末,筆者另撰爲詳述其根由。
② 清儒對宋祁校語多持懷疑態度,王先謙《前漢補注序例》云:"景文校本,近儒錢大昕、王鳴盛等皆信之。惟全祖望以爲南渡末年麻沙坊中不學之徒依託爲之,非出景文。……今案宋説淺陋,誠所未免,惟劉之問輩曾用以校定,則固嘗有是書,不出南渡末也。"(《漢書補注》,上海古籍出版社,2008年,第4頁)據王氏所述,宋氏校本在清代有較大爭議,王先謙亦以爲"宋説淺陋",此可代表清人的一般看法(相關之爭論與辨析,參見馬清源《〈漢書〉宋人校語之原貌與轉變》,《文史》2014年第1輯,第75—89頁)。近來頗有以敦煌殘卷與宋祁校語相讎,以證明宋説的真確性研究,足證宋非臆説(詳見王勇:《宋刻〈漢書〉慶元本研究》,北京大學2010年博士論文;王華禮:《宋祁〈漢書〉校語考證》,北京大學2013年碩士論文)。
③〔宋〕宋祁:《宋景文筆記》,收入《景印文淵閣四庫全書》,臺灣商務印書館,2008年,第862册,卷中《考古》,第541頁。
④ 天曆本之正文、注文,所有與宋祁校語相合而得證明者,在筆者整理之"天曆本《漢書·楊雄傳上》殘卷校證"中,以"宋祁校語"/"天曆本"並列比勘之表格陳列,反映刊本時代前,唐宋間所存寫本與宋祁校語所指涉之文本面貌相同的事實。本文僅選取典型例證證明。

祁校語所出之異文反映了唐宋間《漢書》文本變異之面貌。《楊雄傳》:"河靈矍踢,爪華蹈裏。"蘇林曰:"河靈,巨靈也。華,華山也。裏,襄山也。掌據之,足蹈之也。踢音試嚼反。"①今各本"裏"俱作"衰"。宋祁校曰:

> 江鄰幾云:趙師民指中條山曰此所謂襄山,揚雄賦"爪華蹈襄"。檢余靖初校《漢書》監本作"襄"。馳介問之,云據《郊祀志》。"襄"字誤矣。《郊祀志》云"自華以西,名山七。華山、薄山。薄山者,襄山也。"《史記·封禪書》卻作"襄山",徐廣云"蒲坂縣有襄山"。則知二字紛錯久矣。又"襄"一本作"嶵"。蕭該《音義》曰:"該案:《説文》、《字林》並無嶵字,未詳其音,請俟來哲。"②

據宋説,余靖監本作"襄",與趙師民直認"爪華蹈襄"之"襄"爲襄山者不同,而余氏的文獻根據是《郊祀志》。宋祁雖以爲作"襄"者誤,然歷舉其所見本之爲"襄"者,如《史記·封禪書》正文及徐廣音,以及《文選》李善注引揚雄此賦俱作"襄"。今此本作"襄",實證明曾有一本作"襄"。景文又引蕭該《音義》,云一本作"嶵",則"嶵"者很可能因"襄"而譌,余靖監本有其來源。今景祐本、蔡琪本作"衰",惟慶元本作"襄",與天曆本同。觀今本之異,實須先辨"襄"與"衰",二字何者爲是。王念孫(1744—1832)以爲作"衰"爲是,文曰:

> 念孫案:"衰"與"沴"爲韻,則作"衰"者是也。今當先審定"沴"字之音,則"衰""襄"二字之孰是孰非,不辯而自明。案:《秦風·蒹葭》篇"宛在水中坻",毛《傳》"坻,小渚也"。坻與沴同字,故晉灼訓沴爲渚。李善注《南都賦》引郭璞《上林賦》注曰:"坻,岸也。"坻與沴同字,故服虔訓"沴"爲河岸之坻。張衡《思玄賦》"伏靈龜以負坻",此賦曰"跐魂負沴","負沴"即"負坻",此尤其明證也。沴字從㐱得聲,古音在脂部。脂部之音多與諄部相通,故從氏之字亦與從㐱之字相通。《曲禮》"畛於鬼神",鄭《注》"畛"或爲"祇"。《小雅·無將大車》篇"無思百憂,祇自疷兮",《思玄賦》"思百憂以自疢","自疢"即"自疷",是其證也。然則"負沴"之"沴",古讀若坻,故與"衰"爲韻,若改"衰"爲"襄",則與"沴"字不協。余靖初校本作"衰"是也。蕭該所見,一本作"嶵"者,雖非正體,然加山作"嶵",則其字之本作"衰"明矣。《郊祀志》作"襄"者,傳寫誤耳,未可引以爲據。③

王念孫所見本正文爲"衰",注文爲"嶵"而不作"嶵"。王氏詳考《詩經》《文選》《禮記》等文中經傳及群書注釋,以爲"沴"、"坻"上古同屬脂部,韻部相通,並證明

---

① 《京都帝國大學文學部景印舊鈔本》,第二集《楊雄傳》,頁二十四上。
② 《漢書》慶元本(中華再造善本),卷五十七上,葉十九上。
③ 〔清〕王念孫:《讀書雜志》,江蘇古籍出版社,2000年,志四之十三,頁二九—三十。

"從氏之字亦與從氵之字相通",因此前文"負沴"之"沴"讀如坻,與"衰"爲韻,因此此處應爲"衰",若作"襄",則不可與"沴"爲韻。石曜以聲韻爲斷,其前提即考"沴"讀若坻,天曆本提供了文獻證據。今此本"河靈矍踢,爪華蹈衰"一句前正文曰"跇魂負泜","泜"今本皆作"沴"。此句注文,服虔、晉灼諸訓"沴"者,皆作"泜"。"泜"爲"沴"之異體字,而"泜"乃別爲一字,《説文》不載,其韻部亦爲脂部,根據天曆本所示,則"泜"與"沴"音近相通。又,抄本顏《注》音云:"泜音直尸反。"今本"泜"均作"坻",此則時人讀"沴"亦書同音之"坻",而後人未改盡之明證也,正可以證明"沴"與"坻"同音,王念孫所考甚確。而文本所以有作"衰"、作"襄"、與作"襄"三本之相異者,乃揭示文本變異之軌跡。蓋"衰"訛爲"襄"分作兩個階段,第一階段由"衰"形訛爲"襄",慶元本所據者即爲此。第二階段復訛爲"襄";天曆本所存,正是發生訛誤之中間狀態,宋祁引蕭該本作"嶡"者,很可能爲傳習者所見本已作"襄"而再添山旁,故可作旁證。因此,異文變化的順序,即由"衰"→"襄"、"嶡"→"襄";殘卷所存之異文,正是唐宋間文本變化之明證。

而宋祁所見之異文又有六朝舊本流傳至唐宋而經訛變者,如《楊雄傳》:"燎熏皇天,招繇泰壹。舉洪頤,樹靈旗。"今天曆本載藤原批校曰:"招,《訓》《集》並作'皋'。"顧胤《集義》曰:

> 如曰:"皋挈,皋也。積柴於挈,皋頭置牲玉於其上,舉而燒之,欲其近天也,故云皋作(筆者案,似爲"作皋")。""招搖泰一",皆星名也。案:今或作"招"字。張説是。①

依顧説,則如淳本作"皋搖",與顏本不同,二本文字之異反映解説之不同。② 無獨有偶,蔡琪本附蕭該《音義》亦載如説,蕭書曰:

> 宋祁曰:"招繇",一本作"皋陶",晉灼《音義》作"皋搖"。蕭該《音義》曰:如淳作"皋搖",云:"皋,楔橾積柴於招搖頭,致牲玉於其上,舉而燒之,欲其近天也,故曰皋搖。"③

對比顧、蕭二注中如説,可證蕭該《音義》的文獻真實性。④ 據蕭《音》,可將六朝至顧胤之文字詳列表格如下:

---

① 《京都帝國大學文學部景印舊鈔本》,第二集《楊雄傳》,頁十七下。
② 作"皋搖"者,其義乃積柴於楔橾之頭,置牲玉,舉而燒之,此一動作稱之爲"皋搖";而作"招搖"者,則直謂神名。
③ 《漢書》卷八十七上,蔡琪本葉廿三下。
④ 此一問題下文第二小節將詳細論證;筆者又有《六朝〈漢書〉注釋之分合與彙整——漢唐間〈漢書〉注本之歷史脈絡析論》(未刊稿)一文,對由天曆本引發的有關六朝《漢書》文本與注釋體式改易、變遷的過程,有較爲詳盡的探討。

如淳本	晉灼本	姚察本	顏師古本	顧胤本
皋搖	皋搖	皋搖	招繇	皋搖今或作"招"字

在魏晉之時，晉室南渡以前之北方注本如晉灼《集注》多作"皋搖"，連帶使得南北朝位處江南之姚察本亦作"皋搖"；與此同時，根據顏師古所引張晏說，蓋張晏以"招繇"爲神名，故魏晉時有另一本作"招繇"者而爲張氏所本，顏氏以張說爲是，輒顏本遂定爲"招"字；顧胤雖處小顏之後，猶用作"皋"之本，而其以作"招"本爲是，反映"招""皋"二本在初唐之消長。再看宋祁校語，宋曰："'招繇'，一本作'皋陶'。"則至北宋初年，景文猶可得見六朝所遺另一本之作"皋"者，後人因"皋搖"不辭，故改爲"皋陶"。若以宋祁校勘立場觀之，實迺其見作"皋陶"之唐宋間抄本，而欲與所得蕭該《音義》殘本對校以爲旁證，由是留存蕭書記載。吾人今以蕭注對比天曆本中《集義》之批校，方知此二異文由六朝至宋初的變化因革歷程。

其次，天曆本本文之異文，與宋祁校語引蕭該《音義》者有相合者，可知唐初之顏氏注本，在傳抄過程中，仍然受到舊本影響，間有遺留六朝舊本異文而未改者。《揚雄傳》："沆沆容容。"①天曆本作"沆"，今慶元本、蔡琪本俱作"沈"。宋祁校語云：

"沈"，蕭該本作"沆"，音餘水反。《文選》亦作"沆沆"。②

宋氏依蕭本作"沆"，與《文選》同。按，作"沆"者爲是。王念孫《漢書雜志》曰：

案：蕭本是也。沆容雙聲字，謂禽獸衆多之貌也。上文"萃僸允溶"，《文選》亦作"沆溶"，李善曰："沆溶，盛多之貌也。《上林賦》：'沆溶淫鬻。'沆，以水切，溶音容。"是其證。沆、沈草書相似，故沆譌爲沈，而師古無音，則所見本已作"沈"矣。③

王氏云"沆容"爲雙聲字，爬梳文獻，知"沆沆"言禽獸衆多之貌，而因草書相似，故與"沈"字相譌，其說甚是。今天曆本引顧胤《集義》曰："《集》：余水反。"④注音與蕭該同，知蕭氏有所本。顏師古無音，故王念孫知顏本已譌作"沈"矣。由是言之，天曆本所存"沆"之異文，乃是六朝舊本遺文之存於唐抄本者。又，天曆本可證六朝舊說之異於顏本者，在顏《注》成立之後，仍爲學者所用。⑤《揚雄傳》："薌

---

① 《京都帝國大學文學部景印舊鈔本》，第二集《揚雄傳》，頁三十六上。
② 《漢書》卷八十七上，慶元本葉二十八下，蔡琪本葉四十一下。
③ 〔清〕王念孫：《讀書雜志》，志四之十三，頁三十二。
④ 《京都帝國大學文學部景印舊鈔本》，第二集《揚雄傳》，頁三十六上。
⑤ 六朝舊本舊說與顏氏注本之更替與轉換的過程，筆者《六朝〈漢書〉注釋之分合與彙整——漢唐間〈漢書〉注本之歷史脈絡析論》（未刊稿）已有論述，可參。

吷肝以棍根兮。"①顔師古音吷丑乙反,宋祁校語引蕭該《音義》曰:

> 吷,別本丑乙反。《文選》余日反。②

案,今《集韻》"吷"字有兩音:弋質反讀如逸,疾貌;敕栗反即丑乙反,讀如斥,言聲。玩蕭氏所以云"別本丑乙反"者,則其讀逸音。宋祁引《文選》説,音余日反,與蕭同。③ 天曆本旁標顧胤説,曰"《集》:音逸。"是蕭該、顧胤、李善三人均訓"薌吷"爲轉播香氣之貌,今小顔讀與蕭該所言別本同,顔師古曰:"又言風之動樹,聲響振起衆根合。"④蓋顔氏以爲上句"香芬茀以窮隆兮"已言氣味,故訓薌爲響,則"薌吷"爲聲響之狀,不同於前三人之説。因此,天曆本所存顧胤説應爲六朝遺説,而於顔《注》作成後一段時間仍爲時人所用。

第三,天曆本復證宋祁校語中之舊説。《楊雄傳》:"秬鬯泔淡。"宋祁曰:"泔淡,美味也。注文'以圭'以字下,別本有'文'字,一作'大'字。"⑤今天曆本注文:"張晏曰:……以大圭爲柄。"與宋祁所見別本同;又天曆本旁有顧胤説云:

> 《集》:服云:"泔淡,美味。蘇云:釀厚之味也。"⑥

關於"泔淡"之意,今顔本引應劭説,云:"泔淡,滿也。"與服虔、蘇林不同。由是可知,宋祁所以言"泔淡美味"者,乃不滿於應劭之説也。而結合天曆本引顧胤書,

---

① 《京都帝國大學文學部景印舊鈔本》,第二集《楊雄傳》,頁十五上。
② 同上。
③ 清儒因"蕭該音義"後,多有李善《文選注》,故多誣宋祁校語乃南宋福建書商妄增。實際上,李善《注》爲宋祁所引以證蕭該《音義》。試想,若宋祁校語本爲宋氏批校形態,則其於引證蕭本異文後,很可能再徵引相關文字校勘,以爲參考,此乃古人校讀典籍之常態。此條宋校後曰:"肸,別本作肝,靈乞反;案,今《漢書》本肝作肸者,傳寫誤。"可知"案"以前爲蕭語,以後爲宋語。蕭本作"肸",而宋祁所見本作"肝"。宋祁校勘亦時引蕭該書以證己所見本,所以有前後穿插的情況。清儒不知宋校義例,故有此誤解。筆者以爲,宋祁當日所以取北宋初年諸寫卷、刊本以批校班書者,殆有兩個目的:其一,宋景文校《漢書》即有匯校衆本之意;其二,由於宋氏得見蕭該《音義》殘本,故除取蕭本校勘以外,又有特存於批校中,以保存蕭書而不至湮滅的心態。近人胡玉縉(1859—1940)撰《讀説文段注記》,於疏證中全錄朱士端(1786—?)《説文形聲疏證》之説,王欣夫謂:"寶應朱詮甫《説文形聲疏證》手稿未刊,先生全部採錄,俾勿散佚。"(王著《蛾術軒篋存善本書錄》,上海古籍出版社,2002年,第1445頁)其理一也。而既然宋祁校語原爲批校形態,取其時所見群書(包括顔監以後之書)以證己意,亦事所當然,此猶李善《文選注》後竄入後人之注也(辨見[日]富永一登:《『文選』李善注の研究》,研文出版,1999年)。只是宋人刊書時未及董理、校勘宋祁直引、轉引的蕭該《音義》,故今刊本所存,多有訛誤相亂之勢,以致後人議論紛紛。此個中詳情,可參筆者"中古《漢書》傳本索隱"研究系列之四(未刊稿)。
④ 〔清〕王先謙:《漢書補注》,卷八十七下,第5331頁。
⑤ 《漢書》卷八十七上,慶元本葉十六上。
⑥ 《京都帝國大學文學部景印舊鈔本》,第二集《楊雄傳》,頁十九下。

則知顧氏已存六朝別解，宋祁訓釋猶本於服説。

今慶元本、蔡琪本中多存宋祁校語，反映了唐宋間多種顔本的文字情况，天曆本正可以相與驗證，如"撠北極之嶟嶟"注，晉灼曰："嶟嶟，概撠也。"①今慶元本、蔡琪本均作"概挃"。宋祁曰："姚本作概經。"②是以天曆本半與姚本同；"左欃槍右玄冥兮，前熛闕後應門"注，晉灼曰："《大人賦》：攬欃槍以爲旍。"③慶元本、蔡琪本"旗"均作"旍"，宋祁曰："浙本注文'旍'考作'旗'。"④天曆本與浙本同；"相與齊虖陽靈之宫"，天曆本存顧胤《集義》曰："姚云：祖諧反。"⑤宋祁云："《諸詮》云：齊，祖諧反。"⑥訓釋與姚察同。綜上各例以及諸表之臚列整理，知宋祁校語載各層次之異文皆可被此天曆本所證實，固可明其有六朝至唐宋之文獻淵源，以及六朝《漢書》舊説之解釋依歸。

（二）證蕭該《音義》之文獻真實性

宋祁校語所引蕭該《音義》在蔡琪本中分爲兩種形式：一曰宋祁徵引者，乃直接在"宋祁曰""宋祁云""宋氏校本""劉氏校本"之後，多屬景文因考辨而徵引者；二曰獨立列舉蕭氏《音義》者，乃承接顔《注》，徑以"○"分隔，乃景文欲採録而俾其書不亡佚者。⑦ 天曆本在文本與注釋兩方面，均可驗證宋祁直接、或間接徵引之蕭氏《音義》的文獻真實性。在筆者整理的"天曆本《漢書·楊雄傳上》殘卷校證"中，此逐以"蕭該《音義》蔡琪本"/"姚察《訓纂》藤原批校""蕭該《音義》蔡琪本"/"顧胤《集義》藤原批校"兩種表格對比呈現。在文本方面，蕭該《音義》所揭示的六朝異文可在天曆本中尋到蹤跡。《楊雄傳》："望崑崙以樛流。"⑧天曆本與今本俱作"樛"，顔師古曰："樛流，猶周流也。"蔡琪本附蕭該《音義》曰：

> 案：晉灼曰："樛流，猶繞繚也。"宋忠曰："樛猶糾也。"《字林》曰："縛殺也。"《蒼頡篇》曰："來也。"《聲類》曰："潔，束也。"該案："樛"字應作手旁，今作心旁㦗者，亦是古字通用。⑨

蕭氏引晉説，訓"樛流"爲"繞繚"，據其"今作心旁㦗"語，則其所據本作"㦗"，蕭

---

① 《京都帝國大學文學部景印舊鈔本》，第二集《楊雄傳》，頁十三上。
② 《漢書》卷八十七上，慶元本葉十一下。
③ 《京都帝國大學文學部景印舊鈔本》，第二集《楊雄傳》，頁十四上。
④ 《漢書》卷八十七上，慶元本葉十二上。
⑤ 《京都帝國大學文學部景印舊鈔本》，第二集《楊雄傳》，頁十七下。
⑥ 《漢書》卷八十七上，慶元本葉十四下。
⑦ 筆者認爲蕭氏《音義》在宋刻中的兩種形式有關宋祁校勘之體例：蓋宋祁徵引者，多有唐宋之文本證據，而有資於景文考證；蔡琪本中直接附列者，則僅爲備考。兩者分別代表《漢書》文本在唐宋及六朝兩種歷史層次，需要進行區分。
⑧ 《京都帝國大學文學部景印舊鈔本》，第二集《楊雄傳》，頁六下。
⑨ 《漢書》卷八十七上，蔡琪本葉十上。

該認爲字應作"摻"。慶元本引蕭説自"該案"以後始,無前諸説。天曆本載顧胤《集義》云:

> 《集》:蘇云:"齊恭音摻縛之摻。"晉云:"摻流,猶繞繚也。"①

顧胤引晉説與蔡琪本同,可證此蕭該《音義》爲真,非南宋刊刻書商所臆造。據蘇、晉二説,則蘇林、晉灼所見本均作手旁"摻",蕭該所言爲是。今蕭引晉灼所以作"樛"(包含"該案"後之樛字)者,乃後世手民據正文而改。因此,六朝舊本有作"摻"而釋義爲"繞繚"者,釋義與顏本不同。

在舊注方面,蕭本所引六朝舊義,亦能通過天曆本證實。《楊雄傳》:"青雲爲紛,紅蜺爲繯,屬之虖昆侖之虚。"慶元、蔡琪二本引蕭該《音義》曰:

> 紛,張晏曰:"紛,燕尾也。"韋昭曰:"紛,旗流也。音邠。"繯,該案:《説文》《字林》《三蒼》並于善反,云"繯,絡也"。陳武音環。《通俗文》曰:"所以懸繩,楚曰繯。"繯,胡犬反。②

蕭該所引舊説,張晏訓"紛"爲燕尾,古訓除韋説外,皆謂"繯"作維繫解,音胡犬反。此句意爲,以青雲、紅蜺繫於昆侖之山。今天曆本引顧胤《集義》、姚察《訓纂》中舊説,曰:

> 《集》:張云:"爲燕尾。"韋曰:"終旗流也。"
> 《訓》:察案,□云:"繯,絡。"晉:"繩,楚曰繞。音胡□反。"③

顧、姚二氏所引舊説,幾與蕭該《音義》全同。蕭注中舊説多可爲天曆本所驗證,如《楊雄傳》:"天動地岋。"姚察《訓纂》曰:"韋曰:岋,動皃,反疑及。"④蕭該《音義》曰:"岋,韋昭曰:岋,擬及反。"⑤二者同,今顏本引蘇林説,而不引韋昭説;又,《楊雄傳》:"閨中容競淖約兮,相態以麗佳。"顧胤《集義》曰:"韋云:淖約□,美好皃;韋云:言美目如荼荑之嘑坼。"⑥蔡琪本附蕭該《音義》曰:"韋昭曰:淖約,柔順,美好貌也。徒學反。"此條慶元本無。慶元、蔡琪二本又引韋昭舊説曰:"嫮音呼,言其目如荼荑之拆也。"⑦宋刻中兩條韋昭説均與天曆本載顧胤《集義》同。今顏《注》曰:"淖約,善容止也。相態以麗佳,言競爲佳麗之態以相傾也。淖音綽。"蓋承襲韋昭説,小變其詞句而述之也。

---

① 《京都帝國大學文學部景印舊鈔本》,第二集《楊雄傳》,頁六下。
② 《漢書》卷八十七上,慶元本葉二十五上。
③ 同上。
④ 《京都帝國大學文學部景印舊鈔本》,第二集《楊雄傳》,頁三十三下。
⑤ 《漢書》卷八十七上,慶元本葉二十六下。
⑥ 《京都帝國大學文學部景印舊鈔本》,第二集《楊雄傳》,頁三下。
⑦ 《漢書》卷八十七上,蔡琪本葉七上。

乾嘉以降,學界固無法確知《漢書》慶元、蔡琪二本所附之宋祁校語與蕭該《音義》之傳承來源,連帶蕭該《音義》之真實性亦無實物證據。據上述例證以及篇後整理之兩類表格,天曆本在文本、舊注兩方面皆已證明二本所附蕭該《音義》之文獻價值與真實性。現再附一綜合例證,尤其可證蔡琪本溢出的蕭説皆有歷史文獻根據,並可據此一窺六朝舊本與顔本之不同。《楊雄傳》:"登椽欒而豣天門兮,馳閶闔而入凌兢。"蔡琪本所附蕭書(此條慶元本無)曰:

> 蕭該《音義》曰:該引《諸詮》:"椽音治捐反。一音章角反。"《字林》曰:"欒,力丸反。"○又引晉灼曰:豣,古虹字也。自"招摇"以下,至於"椽欒",言車騎旌華采之盛,有似衆虹之帶天門也。①

蕭書所引訓釋,姚察《訓纂》亦引之,此抄本轉引之曰:

> 《訓》:服云:豣音攻云云。晉曰:"古虹字,自'招摇'以下至於'椽欒',言車騎旌旗華采盛,有似衆虹之帶天門。"②

比勘上述二説,由是可見蕭、姚二書所引晉説幾全同,而爲顔《注》所無,蓋當日顔師古整合六朝衆舊本所不取者。藤原氏之批校不僅證明了晉灼説之真實性,亦可證蔡琪本一系宋刻所附蕭該《音義》淵源有自,確實能夠反映了六朝《漢書》舊本的文本與解釋面貌。

清儒以降,對刊本所存宋祁校語多持懷疑態度。職是之故,即便詳列、綜理宋校所載唐宋、六朝異文,在沒有實物文本驗證的情況下,終究無法確實利用宋祁校語。今天曆本作爲實物證據,其正文與迻録之六朝舊説,正可證明慶元、蔡琪二本中宋祁校語的文獻價值,尤其是蔡琪本單列蕭該《音義》之文獻真實性。本節之考察,正爲今後充分利用二者,整理、精校之,而進一步還原《漢書》六朝舊本面貌、了解顔師古《注》去取六朝舊義情況,提供了文獻與校勘之基礎。

三、六朝《漢書》舊本蠡測

天曆本保存有姚察、顧胤舊説三百五十餘條,可供吾人蠡測《漢書》舊本面貌。檢覈天曆本所提供的信息可知,六朝《漢書》舊本無論從文本内容抑或義理詮釋方面,均與今顔師古注本有着一定程度之差異。本節即從文字、注釋以及訓解特點三個方面,管窺六朝舊本之面貌。

(一) 六朝舊本文字多有異於今顔本者

《楊雄傳》:"資娵娃之珍髢兮。"天曆本引顧胤《集義》云:

---

① 《漢書》卷八十七上,蔡琪本葉十五上。
② 《京都帝國大學文學部景印舊鈔本》,第二集《楊雄傳》,頁十一上。

《集》：如云云。韋昭作"頨",云問頨,梁王魏嬰之美人。《通俗文》："南楚以好爲娃。"①

據顧氏所引,則韋昭本"娪"作"頨"。蔡琪本引蕭該《音義》曰："音[晉]灼娪作諏,云'音訾,娪子須反'。韋昭作'頨',云'頨,梁王魏嬰之美人也,於往反。'"②依蕭説,韋本作"頨",與天曆本同;晉灼本作"諏"(後釋音曰娪,乃後人所改),蕭該本作"娪",與今本同。"頨""諏""娪"上古均屬侯部,故得通用,然此三注家即存在三種異文。又,《楊雄傳》："目寞眴而亡見。"③今各本作"冥",蔡琪本曰："該案,韋昭作'寞',音泒。眴音户見反。《諸詮》及《漢書》並作'瞑'。"④韋本作"寞",與天曆本"寞"近似,蕭本作"瞑",今顔本作"冥",與韋、蕭二本亦復不同。此種文本互有同異的複雜情況,勢必產生相當程度的文字訛誤與變化,并引發注家訓釋之改易。《楊雄傳》："雷鬱律而巖突兮,電倏忽於墙藩。"⑤天曆本作"实",而今本均作"突"。據抄本所存姚察、顧胤之説,知六朝時一本作"突",一本作"实"。姚察《訓纂》曰：

察案：《爾雅》云："東南奥謂之实。"《釋名》以爲"实,幽也",亦取幽冥也。《字林》："音一予反。"《楚辭》云："冬有实夏。"王逸以爲復室云云。《説文》以衒突,字從犬、穴,非此義也。⑥

據姚氏所言,則其所見本爲"实",姚訓爲幽,取其幽冥之義,此句意爲,雷聲響徹幽冥之處,而雷電閃現於墙藩。⑦ 同時,姚察駁斥王逸"復室"之説,以爲若按王説,此處當爲"突",不合楊雄本意。《説文》以实爲幽冥之意,訓"深也"。根據姚氏之判斷,其所見本似無作"突"者。顧胤《集義》曰：

《集》：包音徒浮反,又一予反。《集》：……包□□□依字,突者徒浮反,又一予反。《司馬相如傳上》集姚丞音一予反(筆者按:謂《司馬相如傳》載姚察音,音一予反),《樂産傳》徒忽反,同《司馬相如傳》"巖奋洞房"注。⑧

其中之"包"者,指的是隋代學者包愷,他與蕭該並稱儒學宗匠,以"《漢書》學者"

---

① 《京都帝國大學文學部景印舊鈔本》,第二集《楊雄傳》,頁二下。
② 《漢書》卷八十七上,蔡琪本葉五下。
③ 《京都帝國大學文學部景印舊鈔本》,第二集《楊雄傳》,頁十二上。
④ 《漢書》卷八十七上,蔡琪本葉十六下。
⑤ 《京都帝國大學文學部景印舊鈔本》,第二集《楊雄傳》,頁十三下。
⑥ 同上書,頁十三上。
⑦ 宋祁曰："而字當作於。"(《漢書》卷八十七上,慶元本葉十二上)若"实"作幽冥解,考慮上下兩句對應,上句言雷聲,下句言閃電,則宋説良是。
⑧ 同上。

齊名於世。① 包氏一音徒浮反,一音一予反,則包氏所見本已產生"窔""突"兩本,包氏以"徒浮反"居前,則似包愷所見本仍作"突",同時並陳"一予反"之異説。顧胤並陳諸説。王念孫《漢書雜志》云:

> 念孫案:"突"當從《史記》作"窔",字之誤也。《文選》作"窔",李善引郭璞《注》曰:"言於巖窔底爲室,潛通臺上也。"《説文》:"宦窔,深篠兒。"窔與窔同,"巖窔洞房",皆言其幽深,故下句曰"頼眘眇而無見"。《甘泉賦》"雷鬱律於巖窔兮",《魯靈光殿賦》"巖窔洞出,逶迤詰屈",皆其證也。②

王念孫以爲本當作"窔",作幽深解,引群書證之。《楊雄傳》所以作"窔"者,古字通用也,"突"是譌字。天曆本所引包説,可證當包、顧之時,譌誤已然産生。顔師古此句無注,於《司馬相如傳》"巖突洞房"曲爲之説,乃謂"若竈突然,潛通臺上",强爲"突"字作解,可見小顔所見本迺作"突"之本,復因王逸復室之訓,更誤信"突"字。今天曆本作"灾",乃"突"之再譌,旁有藤原氏筆跡,標云"突",於正字"突"上又多一點,介於突、突之間。由突而通窔,進而譌爲突、灾,甚至是突,天曆本所顯示的文字變化,猶可證明《漢書》舊本所產生的文字譌變,最終影響今顔本訓解之情形。

(二) 六朝舊注之解釋有異於顔《注》者

《楊雄傳》:"棄由、聃之所珍兮,蹠彭咸之所遺。"③蔡琪本《漢書》引蕭該《音義》曰:

> 該按,雄往往撫《離騷》文而反之。"蹠"應作手旁庶,《説文》:"撫,拾也。"韋昭、晉灼《音義》並云:"撫,拾也。彭咸之遺蹤也。"字應作手旁庶,今作足旁庶,此蓋世人見手爲謬久矣。《字林》:"蹠,跳也。楚云蹠,音升石反。"該謂今"撫彭咸"宜作手旁庶。④

據蕭氏所言,其所見本爲"蹠",而蕭認爲應作"撫",依據乃是韋昭、晉灼舊本並作"撫",意爲拾彭咸之遺跡。該又謂揚雄爲文往往反《離騷》之意,故不得爲足旁庶。今顔師古訓蹠爲蹈,徑以字面爲義,所釋亦可通。綜觀四本文字,製表如下:

晉灼本	韋昭本	蕭該本	顔師古本
撫	撫	蹠應作手旁庶	蹠

---

① 《隋書·包愷傳》:"于時《漢書》學者,以蕭、包二人爲宗匠。聚徒教授,著錄者數千人。"(卷七十五,第六册,第1716頁)
② 〔清〕王念孫:《讀書雜志》,四之十,頁十八下—十九上。
③ 《京都帝國大學文學部景印舊鈔本》,第二集《楊雄傳》,頁八上。
④ 《漢書》卷八十七上,蔡琪本葉十一下。今慶元本"韋昭晉灼"後之語無。

韋本、晉本作"撫",蕭本作"蹠"而解爲"撫",顏本直以"蹠"字爲訓,解釋不同的背後乃所據文字的不同。① 而此處並不一定是文字訛誤的原因,因此,手旁、足旁之異,不僅是文本選擇的結果,同時隱含著解釋的選擇,蕭氏之釋殆與今顏《注》不同。

由異文而產生別解,可能的原因無非有二:第一,文字產生明顯的訛變,通過訓詁或相關知識之考訂,能夠判定異解之不可通者,從而探繹出古本原貌;第二,早期文本在流傳中產生異文,而異解亦可通,遂形成多層次文本與解釋。後世注家在選擇文本的同時,亦選擇了解釋(反之亦然)。因此,六朝舊解所以有不同於顏《注》者,也有兩本/義皆可而注家選擇不同的情況。《楊雄傳》:"章黃周流,出入日月,天與地杳。"今顏師古《注》曰:

> 章黃周流,言帀遍也,謂苑囿之大,遙望日月,皆從中出入,而天地之際杳然縣遠也。說者反以"杳"爲"沓",解云重沓,非唯乖理,蓋以失韻。②

對於"杳"字,顏氏直解爲杳遠之貌,蓋"章黃周流,出入日月,天與地杳",謂苑囿之大,日月出入其間,而天地之際杳然懸遠。在韻腳上,"杳"與前"道""草""鎬"均合韻,語義與形式皆通。而顏師古復駁斥一本作"沓"者,乃以沓爲重沓義,與整句所述天地懸遠之意不同,從合韻角度而言,作"沓"亦失其韻。玩味小顏之注,知當時有"杳""沓"二本之爭。天曆本引顧胤《集義》曰:"作'沓',云沓,合也。"③顧氏以爲"杳"應爲"沓",證明所見確有一本作"沓"。王先謙《漢書補注》認爲應作"沓",考證云:

> 《選》"杳"作"沓"。善《注》:"章皇,猶彷徨也。出入日月,言其廣大,日月似在其中出入也。應劭曰:沓,合也。"先謙案:據應說,則所見本作"沓"。孫志祖云:《楚辭·天問》"天何所沓",王逸注:"沓,合也。言天與地會合何所。"子雲蓋祖屈原之語。④

王先謙根據《文選》李善注所引應劭"沓,合也"之說,認爲應劭所見本爲"沓"。更進一步,引孫志祖(1737—1801)《文選考異》之說,以爲揚雄此語乃承襲屈原(? 前343—? 前278)《楚辭·天問》中之舊語,故宜作"沓"。顧顧胤、應劭之意,訓沓爲合,天與地沓即天與地合也,意承自屈原《天問》,句意可通。再從合韻與否的角度言之,"道""草""鎬"上古音分別在幽部、幽部、宵部,據羅常培、周祖謨所

---

① 此處蔡琪本引蕭該《音義》存在斷句問題,若將韋昭、晉灼兩《音義》之語句在"字應作手旁庶",或是"爲謬久矣"後,則"蹠""撫"兩本之異,早在韋、晉時即有。
② 〔清〕王先謙:《漢書補注》,卷八十七上,第5352頁。
③ 《京都帝國大學文學部景印舊鈔本》,第二集《楊雄傳》,頁三十下。
④ 〔清〕王先謙:《漢書補注》,卷八十七上,第5352頁。

撰《漢魏晉南北朝韻部演變研究》整理之《兩漢詩文韻譜》,幽部字與宵部字在西漢時合韻,舉凡枚乘、司馬相如、王褒、揚雄諸賦皆然。① 顏本之"杳"字屬宵部,與前三字合韻。別本之"沓"字,上古音在緝部,兩漢時,緝部與盍部、職部、祭部、質部字合韻②,並無與幽、宵二部合韻之例。因此,以聲韻論之,顏師古本爲勝。然而顧胤及清儒所以是"沓"者,顯然認爲揚雄此處祖述屈原。《集義》出師古之後,其特言"作沓"者,用意在釐正顏説。由是可知,注家擇作"沓"者,一方面是保存異文,另一方面反映其主觀的選擇,既然《楚辭·天問》"天何所沓","沓"訓爲合,於義並無不同,且此處"天與地沓"亦未必定須合韻。況且,觀應劭已訓爲合,可知漢末既已產生作"沓"之本,六朝顯有作"沓"之或本與顏本相對,以後世研習者與注家在研讀、校注、訓解上的立場言之,仍有對等之選擇權,如此,則李、顧之説與顏《注》同樣具有歷史意義。

(三) 六朝舊注之訓釋方式異於顏《注》

天曆本所存姚察、顧胤二家舊説,訓解字詞多援引先秦兩漢小學典籍,釋義亦多承漢儒古注、舊訓。《楊雄傳》:"横江、湘以南泩兮。"對於"横"字,顏《注》無訓,《集義》云:

> 《集》:《廣雅》云:"横,□也。"《方言》云:"方舟謂之㶇。"郭璞云:"楊州呼度津舩爲杭,荆州云㶇,音横。"③

顧氏引《廣雅》《方言》,並郭璞注作説解,其説本於漢晉注家。又如"何必湘淵與濤瀨",顏氏直注"濤"云:"濤,大波也。"姚察《訓纂》云:

> 如曰:大波之迴轉者。察案:許慎注《淮南》云:"湖水涌起還者曰濤也。"④

姚察所引如淳説,今顏本無,如氏解濤爲迴旋之大波,姚氏復引《淮南子》許慎注證之,其所訓亦有所本也。另外,六朝舊注所訓多本傳注經典。《楊雄傳上》:"蹈飛豹,絹嗚陽。"《訓纂》《集義》並云:

> 《訓》《集》並案:《海内經》以爲"人面黑身"云云。高誘注《淮南》,以爲"梟楊,山精"。⑤

小顏僅訓嗚陽爲費費,姚、顧二氏引《山海經·海內經》、高誘《淮南子注》説釋之,

---

① 羅常培、周祖謨:《漢魏晉南北朝韻部演變研究》,中華書局,2008年,第136頁。
② 同上書,第241頁。
③ 《京都帝國大學文學部景印舊鈔本》,第二集《楊雄傳》,頁四下。
④ 同上書,頁七下。
⑤ 同上書,頁三十五下。

解説顯有依據。相較而言,顏《注》多爲語詞間互相解釋,務求解釋清晰,而姚察與顧胤多注重訓解與經典之連結。

姚、顧二家注《漢書》,又多引經典外之群書,顯示博洽的特點。如《楊雄傳》:"灌以岐梁,溢以江河。"小顏僅釋其曰:"梁,梁山。"①姚氏《訓纂》則引《史記》"周大王御踰梁山上於岐"之記載以駁晉灼之非;②"東延昆鄰,西馳閶闔",顧胤《集義》引《三輔舊事》、《淮南子》許慎注以證"閶闔"之所在。③ 如是者,所在多有。實際上,徵引群書,目的亦在於使解釋有所爰據,與訓有所本異曲同工。若吾人考察顏師古前漢魏以來的六朝舊解,可以發現,這是舊注普遍的解釋特點。臧庸(1767—1811)《漢書音義跋》稱:

> 蕭該《音義》……引經部如劉昌宗《周禮音》,又《尚書音》《儀禮音》《禮記音》;引小學如《三蒼》《埤蒼》《古今字詁》《聲類》《韻集》《通俗文》《字林》《諸詮》《賦音》;引羣籍如劉向《別錄》、《風俗通·氏姓篇》、《諡法》、《春秋説》、《五行書》、司馬彪注《莊子》、何承天《纂要》;皆後世已亡之書,誠希覯之典也。④

據臧氏所言,蕭氏《音義》不僅訓有所自,且博及群籍。以臧氏的輯佚成果觀之,蕭書引經部、小學書即有十三種之多,群籍更擴及子、史,可謂博矣。綜上,訓有所本與會綜群籍應是東漢以降學者注釋《漢書》的普遍作風。

然而,此種注釋的特點從反面而觀,則顯得蕪雜墨守、解釋迂曲而引證繁雜。《楊雄傳》:"鮮扁陸離。"《訓纂》《集義》解云:

> 《集》:姚丞云:"鮮"當爲"先"。蕭音先,音鮮讀依字。
> 察案:"鮮"當爲"先",古字之假借。《左傳》云:"鄭原繁彌以中軍奉公,爲魚麗之陳,先偏後立。"杜預以爲《司馬法》"五口乘爲偏,以車前以□□□□",此蓋"魚麗陳"注。案:鮮讀依字。⑤

《訓纂》《集義》同引姚察説,依姚氏之言,"鮮"當爲"先",則其所見本爲"鮮",今所以曰當爲"先"者,根據乃是《左傳》中"魚麗之陳"杜《注》,蕭該亦讀爲"鮮"爲"先"。殘卷此處蟲蛀數字不可辨識,今《漢書》刊本引蕭氏《音義》云:

> 鮮扁,服虔曰:"扁音篇,戰鬪車陳貌也。"該案:服云以《春秋傳》曰:"高

---

① 〔清〕王先謙:《漢書補注》,卷八十七下,第5363頁。
② 《京都帝國大學文學部景印舊鈔本》,第二集《楊雄傳》,頁三十七下。
③ 同上書,頁三十下。
④ 〔隋〕蕭該著,〔清〕臧庸輯:《漢書音義》,收入《兩漢書訂補文獻彙編》,北京圖書館出版社,2004年,影印光緒二十三年本,卷末,頁一。
⑤ 《京都帝國大學文學部景印舊鈔本》,第二集《楊雄傳》,頁三十一下—三十二上。

渠彌奉公爲魚麗之陳，先偏後伍，伍承彌縫。"杜預曰："《司馬法》車二十五乘爲偏，以車居前，以伍次之，承偏之隙而彌縫闕漏，五人爲伍。"此蓋魚麗法也。①

蕭該引服虔（？—192?）注，以爲此"扁"乃指戰車擺陣之貌，杜《注》同於服氏。蕭氏再引《司馬法》以釋之，蓋所謂"鮮扁"即"先偏後伍"之"先偏"也，謂戰鬥時以戰車居前，而後跟人。姚察説與蕭氏同，以爲"先"爲"鮮"之假借，此處可如"鮮"字讀，而義爲先。然而，二説雖有所本，實顯迂闊刻板。此處之"鮮扁"，應與"陸離"相對，意爲鮮明而㛹嫺，全然與《左傳》無關。② 因此，姚、蕭之解反而因循舊籍，顯得穿鑿無當。

顔師古深味於此，故其於《敘例》詳言整飭六朝舊注之方法，曰：

若汎説非當，蕪辭競逐，苟出異端，徒爲煩冗，秖穢篇籍，蓋無取焉。③

但凡舊注"蕪辭""煩冗"者，小顔皆無取之。故顔注《漢書》異於前儒，凡舊訓轉相祖述者，盡爲刪裁，即自爲訓解者，也盡量保持簡潔。顔監的注釋旨趣，反映了其"合理主義"的態度。《楊雄傳》："玄瓚觩䚩，柜鬯沕淡。"姚、顧二家解"柜鬯"云：

姚丞、顧胤並以爲：柜，黑黍。鬯，草也。築煮合而鬱之云鬯。鄭玄云："釀柜爲酒，取其芬芳條鬯。"④

二家分別解釋"柜""鬯"，並引鄭《注》加以補充。同釋此句，顔《注》云：

服虔曰：以玄玉飾之，故曰玄瓚。張晏曰：瓚受五升，口徑八寸，以大圭爲柄，用灌鬯。觩䚩，其貌也。應劭曰：沕淡，滿也。師古曰：觩音虬。䚩音力幽反。沕音胡敢反。淡音大敢反。⑤

師古雖引服虔、張晏、應劭諸説，然服氏、張氏主要訓"瓚"，應氏釋"沕淡"，小顔僅注音，故無特解"柜鬯"者，僅從張晏注"用灌鬯"涉及相關的解釋。由是言之，顔氏裁剪舊説，頗費功夫，其注《漢書》之風格與舊注明顯不同。

六朝舊注又多引雜説，《楊雄傳》："或稱戲、農，豈或帝王之彌文哉。"今此抄本所存姚察《訓纂》載應劭、張晏説，曰：

---

① 《漢書》卷八十七上，慶元本葉二十五上。
② 王先謙《補注》曰："先謙案：扁與㛹同。鮮扁，言鮮明而㛹嫺，與陸離對文。蕭説未當。"（《漢書補注》，第5354頁）
③ 〔清〕王先謙：《漢書補注》，卷首，第2頁。
④ 《京都帝國大學文學部景印舊鈔本》，第二集《楊雄傳》，頁十九下。
⑤ 〔清〕王先謙：《漢書補注》，卷八十七上，第5336頁。

> 《訓》：應曰：《書》或言伏羲神農之□，豈獨迷惑不知帝之奢麗乎？張云：稱羲、農之儉，豈或不知槁時雅。晉云云。①

按應劭説，以爲"或稱戲、農"之稱"戲、農"者，實指伏羲、神農二人；而張晏則謂此句重點在言古時帝王儉，以對比今上之奢。諸説皆甚迂闊，今顔《注》曰：

> 師古曰：設或人云，言儉質者皆舉伏戲、神農爲之首，是則豈謂後代帝王彌加文飾乎？故論者答之於下也。論者，雄自謂也。彌猶稍稍也。諸家之釋，皆不當意，徒爲煩雜，故無所取。②

蓋小顔以爲揚雄所以在賦首言及伏羲、神農者，乃二者爲後代帝王之祖，子雲設辭以問，故論者答之於下，自問自答，藉問答曉諷諫之意。因此，在師古看來，伏羲、神農爲帝王之代稱，無甚深意。其注又云"諸家之釋，皆不當意，徒爲煩雜，故無所取"，直接批評諸家舊解甚煩，均沒有切中揚雄賦文要害，因嫌其繁雜，"故無所取"。兩相對比，吾人可具知顔《注》與舊注之異矣。清儒考訂《漢書》，多右六朝舊注而左顔氏注本。究其原因，舊注因循經典字書，所訓多有所本，而顔師古常自撰解釋。因此，在顔氏不曉古義而妄爲別解時，舊注自然體現出其訓釋的優越性。然六朝舊注蕪雜墨守，復多迂曲穿鑿之説，此亦其失，二者實一體兩面之事也。

天曆本之校勘價值，厥在於反映六朝《漢書》舊本、舊説面貌之一隅。檢此殘卷所載異文、舊義，可知《漢書》舊本無論在文字，抑或是注釋方面與今顔師古本均存在一定程度之不同。漢魏六朝時間跨度既長，注本繁多，則不得不產生衆多異文，並由異文而衍生異解。注家各據其所見諸本作注，或於前儒有所因襲，或就異本有所選擇，由是形成注解繁多而層層相累之情況，如是，亟需學者進行整理與校勘。③ 顔氏注書，風格旨趣又與前儒相異，而今之《漢書》文本，未嘗不是顔師古擇取文本、整飭舊解的結果。

四、顔《注》接受舊本考徵

顔師古在《漢書敍例》中，表示對前人舊注"窮波討源，搆會甄釋"④，進行去取

---

① 《京都帝國大學文學部景印舊鈔本》，第二集《楊雄傳》，頁二十九上。
② 〔清〕王先謙：《漢書補注》，卷八十七上，第5350頁。
③ 筆者對蔡琪本一系中之蕭該《音義》進行初步的校勘，而爲《六朝〈漢書〉異文之傳衍與整合——漢唐間〈漢書〉文本之歷史層次探論》《六朝〈漢書〉注釋之分合與彙整——漢唐間〈漢書〉注本之歷史脈絡析論》兩文論述的文獻基礎。詳參"宋祁校語與蕭該《音義》校證"。
④ 〔清〕王先謙：《漢書補注》，卷首，第3頁。

與整理的工作，而顏氏之後注《漢書》者，多有補正顏《注》、恢復舊義的行爲①，此在在顯示六朝舊本與顏氏注本間存在著一定的差異。天曆本所存之異文與舊解，適提供吾人探繹顏《注》接受舊本情況的具體材料。本節以此爲中心，在利用此抄本存姚察、顧胤舊義的同時，亦參考刊本所附蕭該《音義》反映的文本綫索。

（一）顏氏注本整合舊本的方式

1. 顏《注》多裁剪、熔鑄六朝舊注

對比此《楊雄傳》殘卷遺存的姚察、顧胤舊説與顏氏注解之變化，可知顏《注》於六朝舊注多存剪裁、熔鑄之功。《楊雄傳》："屬堪輿以壁壘兮，梢夔魖而抶獝狂。"《訓纂》《集義》曰：

《訓》：曰：勘輿，天地總名，計此爲三。

《集》：《淮南子》："堪輿行雄以知雌。"許慎云："堪，天道。"此言使堪輿以當壁壘之任也。

《訓》：韋曰：獝音聿。狂音皇。察案：《埤蒼》云："獝狂，無頭鬼也。"

《集》：服曰：魖，虚元神也。②

對於"堪輿"之解釋，姚察直以爲乃天地總名，顧胤則引《淮南子》許慎説證明，並説解之；而訓釋"獝狂"時，姚氏先引韋昭説以定其音，復引《埤蒼》以訓其義爲無頭鬼，顧氏引服虔説解釋"魖"字。合併姚、顧二書，對此句始有一完整的解釋。然而二書説解頗顯凌亂，雖然不排除爲抄本引書之面貌，但對比顏《注》，顯然後者整飭有成，顏氏云：

張晏曰：堪輿，天地總名也。孟康曰：堪輿，神名，造圖宅書者也。木石之怪曰夔，夔神如龍，有角，人面。魖，耗鬼也。獝狂亦惡鬼也。今皆梢而去之。師古曰：堪輿，張説是也。屬，委也，以壁壘委之也。梢，擊也。抶，笞也。梢音山交反。魖音虚。屬音之欲反。抶音丑乙反。獝音揆聿反。③

---

① 顏師古以後注《漢書》者，有唐一代，有敬播《漢書注》四十卷、《音義》十二卷，顧胤《漢書古今集義》二十卷，郝處俊等《御銓定漢書》八十七卷，劉伯莊《漢書音義》，李善《漢書辨惑》三十卷，佚名《漢書正名氏義》十三卷，《漢書英華》八卷，姚班《漢書紹訓》四十卷，元懷景《漢書議論》，沈遵行《漢書答問》五卷，劉巨容《漢書纂誤》二卷，劉嗣《漢書音義》二十六卷，陰景倫《漢書律曆志音義》一卷，孔文祥《孔氏漢書音義鈔》二卷，釋務静《漢書正義》三十卷（據張儐生：《漢書著述目録考》，《女師大學術季刊》，1931年，第28—31頁）。其中卷帙頗富，且可考其撰旨者，乃顧胤、姚班二家，俱亡佚。據今存《集義》内容，可知顧書多補顏本以前舊義，故名其書曰"古今集義"；姚班《紹訓》祖述曾祖姚察《訓纂》之説，"以發明舊義"（《舊唐書·姚班傳》，卷八十九，第2907頁）。二書均取舊義補顏《注》之未備。

② 《京都帝國大學文學部景印舊鈔本》，第二集《楊雄傳》，頁九上。

③〔清〕王先謙：《漢書補注》，卷八十七上，第5321頁。

小顏先引張晏、孟康説,張氏僅訓"堪輿",而孟康於整句諸詞均有解釋。顏説先辨"堪輿"説張晏爲是,並在二氏之基礎上,解釋剩餘字詞,再對諸字注音。顏監排比、整理諸説有所條理,觀張、孟之説,其實與前服、韋、姚、顧所訓大同小異。舊注所重僅在解釋完足,故訓釋頗見隨意,相形之下,顏《注》經過整合,畢竟層次井然。

2. 顏《注》多斟酌、取捨六朝舊注

顏師古不僅整合諸家舊解,對舊注中互相牴牾矛盾者,亦多經斟酌,選取其認爲最符合班書文意者疏解之,因此,多數顏《注》有其六朝舊解根據。如《楊雄傳》:"因江潭而淮記兮,欽弔楚之湘纍。"《訓纂》《集義》引舊説云:

《集》:應云:楚人深淵曰潭。《訓》《集》:蘇曰:音深。

案:《説文》:淮,遠行也。《訓》:□□察案:《公羊傳》:"宋□[督]弒其君□[與]及其大夫□□[孔父]。及者何?纍也。"何休曰:"累,從軍死,齊人語。"徐邈:力追反,相累□[而]死也。又力傳反,並諸相累從也。《集》:韋曰:□稱纍而孔李□案□傳云云。①

顧胤引應劭説,訓"潭"爲"深淵",復引《説文》以"淮"爲遠行;姚察則認爲"累"爲從軍死,或相累而死,並引《公羊傳》何休注、徐邈説以爲經典依據。然而,此處訓"累"爲相累而死不合文意。今顏《注》云:

蘇林曰:潭,水邊也。鄧展曰:淮,往也。李奇曰:諸不以罪死曰纍,苟息、仇牧皆是也。屈原赴湘死,故曰湘纍也。師古曰:記,書記也,謂弔文也。言因江水之邊而投書記以往弔也。欽,敬也。潭音尋。淮音于放反。纍音力追反。②

小顏先引蘇林、鄧展并李奇説,再於其後疏解之。對於"潭"字,顏師古不取應劭"深淵"説,而取蘇林水邊之説;其引鄧展説,訓淮爲往,亦與遠行意微有不同;而對於舊注強取《公羊傳》比附之説,顏監亦不以罪死爲纍,徑棄何休、徐邈説,蓋顏氏以爲,此句意爲因在江水之邊,而投書記吊唁屈原,直以屈原赴湘死爲纍,根據爲李奇説。顏師古所釋更貼近句意,於"潭""淮""纍"之解釋皆與《訓纂》《集義》不同,然均有舊説依據。又,《楊雄傳》:"紛纍以其滭浻兮,暗纍以其繽紛。"《訓纂》曰:

《訓》:蘇曰:滭音禮不滭之,浻音撚。晉云:俗謂水漿不寒不温爲滭浻,以字義言之,蘇音是。察案:《方言》曰:"然音諾典反。"《楚辭》以爲"切滭浻

---

① 《京都帝國大學文學部景印舊鈔本》,第二集《楊雄傳》,頁一下。
② 〔清〕王先謙:《漢書補注》,卷八十七上,第5310頁。

之流俗",是。①

姚察據晉灼說,以爲㴲㴶謂水漿不寒不温,並引《方言》《楚辭》以補釋之。然而晉說並不符合文意,"㴲㴶"多言污濁、污穢,《楚辭·九歎》王逸注、《後漢書·張衡傳》李賢注,均訓爲垢濁,楊雄此句蓋訓《楚辭》而來。此句以前,歎天路不開,使得純善之人遭離此難;此句謂此純善之人(指屈原)身旁穢濁交雜。因此,姚氏引晉灼說則不免有誤。顏師古《注》云:

> 應劭曰:㴲㴶,穢濁也。師古曰:繽紛,交雜也。㴲音吐典反。㴶音乃典反。繽音匹人反。②

蓋顏氏直引應劭說,訓其爲穢濁,符合《楚辭》王逸之舊訓,並據本書注本書,取應說而棄晉說,良有以也。

3. 顏《注》有主觀取捨之標準

顏師古注《漢書》,在整理、去取舊注而外,於文本的選擇亦多加措意,反映其個人意見與去取標準。本文前節曾列舉六朝舊本與顏本文字之異數例,顯示《漢書》文本產生訛變後,顏監與前人在選擇上的差異。此處再舉一例,可與前例參證。蓋顏氏之擇取標準,固亦與其注書特秉持的原則相關。《楊雄傳》:"翠玉樹之青蔥兮,璧馬犀之瞵珚。"今顏《注》解"璧"爲墻壁,《注》云:

> 師古曰:玉樹者,武帝所作,集衆寶以爲之。用供神也,非謂自然生之。而左思不曉其意,以爲非本土所出,蓋失之矣。馬犀者,馬腦及犀角也。以此二種飾殿之壁。瞵珚,文貌也。③

顏氏以爲,所謂"璧馬犀之瞵珚",意謂以瑪瑙及犀角裝飾殿之墻壁,其貌斑斕,故"璧"乃謂墻壁。然而,《文選》五臣注本有作"璧"者。宋人王觀國據此駁顏訓之誤,曰:

> 此傳作"壁",師古訓爲殿壁。《文選》作"璧",五臣訓爲璧玉。其義迥不同。《賦》曰:……。凡此,皆以下句釋上句。其曰"據軨軒而周流兮,忽軮軋而亡垠",然後言玉樹、金人者,蓋謂依欄檻而四顧,見其廣大而無際畔,但見庭中玉樹之青蔥,金人之巖巖耳。玉樹植於殿庭,金人捧露盤亦在殿庭,皆言望見殿庭中物,不應反言殿壁也。案:《甘泉賦》,《漢書》《文選》字不同者甚多。它皆可以假意而讀,惟"璧""壁"二字不可假意通思,而注釋者又皆不

---

① 《京都帝國大學文學部景印舊鈔本》,第二集《楊雄傳》,頁一下。
② 〔清〕王先謙:《漢書補注》,卷八十七上,第5310頁。
③ 同上書,第5327頁。

同,不可不辨也。①

王觀國備舉揚雄賦文,以爲揚賦體例皆以下句釋上句,此上句既言及殿中之物(玉樹),下句應與上句同,乃謂殿中之物,因此,五臣注訓爲璧玉,合乎殿中物之所指,揚雄不應反言殿壁。由於此賦《文選》《漢書》俱收,注家頗多,互有不同。觀王氏考證,可知其時必有"璧""壁"不同之二本。今天曆本存顧胤《集義》曰:

> 《集》:晉云:壁之雍也。馬,金馬也。顏監云。案:今本皆作"璧"。《訓》:晉云云。②

此句有兩種理解,若按上文,則"案"以後爲顧胤説,蓋顧氏所見本有作"壁"者,與《文選》同。若"案"後爲顏監説,則小顏所見本乃"皆作璧",今本所以云"壁"者,是後人據顏《注》刊改之結果(筆者以爲後者可能性高)。然而,《集義》與《訓纂》皆引晉灼説,所謂"壁之雍",則晉氏訓其爲墻壁也,姚察同之。因此,無論何種句讀,顏監訓解之依據,應是晉灼之説,故小顏所訓未必無理。《文選》五臣本既作"璧",而《漢書》又"璧""壁"並存,在二解均可通的條件下,吾人若站在王觀國之立場,並不能遽據《文選》而改《漢書》也,這關係到注書的原則。顏師古於《敍例》明言其斟酌舊注所持之原則:

> 是以向、歆、班、馬、仲舒、子雲所引諸經或有殊異,與近代儒者義訓弗同,不可追駁前賢,妄指瑕纇,曲從後説,苟會扃塗。今則各依本文,敷暢厥指,非不考練,理固宜然。亦猶康成注《禮》,與其《書》《易》相背;元凱解《傳》,無係毛、鄭《詩》文。③

顏監以爲,《漢書》中諸漢人引經傳,其文本與義訓容有與今本異者,注釋者應"各依本文,敷暢厥指",據《漢書》本文而訓釋之,而非"追駁前賢""曲從後説"。因此,顏師古注書所秉持的原則,亦即循班書本文隨文解之,不強同文本。此例中,顏氏所據本作"壁",有晉灼舊解依據,故仍依"壁"作解。《文選》雖有作"璧"者,並不遽從《文選》以訓《漢書》。綜上,顏師古所以取"壁"而捨"璧",有主觀的價值判斷,其根據的即是《敍例》明訂的注書原則。④

根據天曆本所存異文與六朝舊説,可窺測顏氏注本去取舊注之一隅。蓋顏師古面臨紛繁的六朝注本,整理諸本使歸於一,乃是其首要任務。在此義下,整合舊説、甄選勝義,固其注解之必然。而顏監在整合之外,尚於文本多有選擇,去取背

---

① 〔宋〕王觀國:《學林》,《叢書集成新編》第12册,新文豐出版公司,1985年,第67頁。
② 《京都帝國大學文學部景印舊鈔本》,第二集《楊雄傳》,頁十二下。
③ 〔清〕王先謙:《漢書補注》,卷首,第3頁。
④ 然而,若以顧胤《集義》之撰作心態,迺是提供顏本以外另一流傳於六朝《漢書》文本,故其特標作"璧"之本,以並集"古""今"之説,斯亦審矣。

後儼然有其主觀的注書原則作指導。①

（二）天曆本所見的文本傳衍脈絡

若將此天曆本所反映之異文（包括姚、顧二氏所引舊解、音義）、刊本所附蕭該《音義》之訓釋，還原爲六朝注家各單本之實際情況，並與顏《注》相對應文字之音義加以比對，吾人可據之窺測六朝《漢書》舊本發展至初唐顏師古時的文本流傳變化。雖然考察範圍僅限於此天曆本，然因其有實物佐證，故所得出之推論有一定代表性，並可成爲進一步探析六朝《漢書》異文歷史層次之先導，得抛磚引玉之效。② 本節之論述與分析，均據文後所附"天曆本《漢書·楊雄傳上》殘卷校證"之文本與表格。

表中汲取的六朝諸本文字，樣本最多者爲蕭該本，而注本文字異文最多者爲韋昭本，若以韋本與後代諸本相校，顯然韋本多存異文。如"資娵娃之珍髢兮"，諸本多作"娵""諏"，而韋本作"頨"；"灑沉菑於豁瀆兮"，諸本作"灑"而韋本作"釃"；"秋秋蹡蹡"，今作"秋"或"啾"，韋本作"愁"；又如"昔者禹任益虞而上下和"，韋本"益"作"茲"，蕭該云"古益字"。韋昭本與諸本文字相異的特徵，反映其較強的地域特點，可爲南朝舊本頗多文字變異之證。韋昭，三國吳人，官至東吳中書郎、博士祭酒。其注備列顏師古《敍例》所舉二十五家，《隋書·經籍志》《舊唐書·經籍志》《新唐書·藝文志》均載"韋昭《漢書音義》七卷"，而爲《三國志》本傳不及。韋《注》爲單行本，並不附書而行，因此可解釋其濃厚的個人及地域色彩。蕭該《音義》多並言韋昭、晉灼，晉灼《漢書集注》，乃首次總集諸家注釋之"集注"本。③ 今天曆本及蕭該《音義》提供的晉灼本樣本並不多，然與後世蕭該本、顏師古本相比，仍可見部分異文保留着《漢書》的早期面貌：如"陵高衍之嶀嵷兮"，晉灼本"嶀"作"溶"；"雖增欷以於邑兮"，晉灼本"於"作"愁"；或者，"校騎萬師

---

① 吉川忠夫《顏師古の「漢書」注》（京都大學：《東方學報》第51號，1979年3月，第223—319頁）曾強調顏氏注本的兩個特點：第一，小顏重視所謂"古本"《漢書》，其所謂古本者，根據《敍例》所述，乃是流傳於北方的晉灼《集注》一系注本，因此，顏師古在選擇《漢書》文本時，傾向於北方本。相對於"古本"，則是所謂"流俗之本"，此處流俗本多指南方本而言。當然，顏氏家族應有一《漢書》精校本可供小顏參考；第二，顏師古雖有暗襲姚察《漢書訓纂》之行爲，然其注書始終摒棄南朝史注"多引雜説""競爲該博"的風格，對此持批判態度，反映其作爲經學家文本本位的特點。吉川氏意在還原顏監注書所面臨的各種問題，並突顯其於六朝舊注的整理、熔鑄之功，以平衡清儒極貶顏氏之評價。筆者校理天曆本殘卷，能夠體會小顏注《漢書》之功。然而經過對勘，亦可知今本《漢書》之面貌，部分取決於顏監當日主觀去取的結果，清儒之不服於顏氏注本，有其理由。

② 筆者有《六朝〈漢書〉異文之傳衍與整合——漢唐間〈漢書〉文本之歷史層次探論》一文，專就六朝異文問題進行探論。

③ 顏師古《漢書敍例》云："《漢書》舊無注解，唯服虔、應劭等各爲《音義》，自別施行。至典午中朝，爰有晉灼，集爲一部，凡十四卷，又頗以意增益，時辯前人當否，號曰《漢書集注》。"（《漢書補注》，卷首，第2頁）

帥",晉灼本"校"作"狡",音義俱與後世不同。① 因此,韋、晉本雖頗有異於後世之文本與説解,且未必合於班固原意,然因其具有早期文本特徵,是以亦爲後代注本提供了舊本面貌的參照標準。

以韋昭、晉灼本作爲參照,則蕭該本適正處於漢晉舊本與顏氏新本之間。一方面,從文本形式而言,蕭該本與顏師古本在文字上相同者頗多,而反與韋、晉舊本有較大差異。如"躡彭咸之所遺",韋、晉本俱作"摣",而蕭本作"躡",與顏本同;"望崑崙以樛流",韋、晉本皆作"摎",蕭本作"憀",顏本作木旁。以文字形訛言之,手旁與木旁常互訛,而"木"旁較"扌"旁,更易譌爲"忄"。因此,蕭氏恰爲中間狀態。前述韋、晉本各三例,蕭本在文字上均與之異,而與今本相近或相同。然而,另一方面,蕭氏《音義》訓解多保留韋、晉舊解。如前"躡彭咸之所遺",蕭本雖作"躡",仍云應作"摣",訓爲拾;又如,"鮮扁陸離",蕭該音先,取前儒《公羊傳》何休、徐邈説,而與顏訓輕疾貌異;"招繇泰壹",蕭本作"皋摇",與如淳、晉灼、姚察本均同,與顏氏"招摇"文異解異。諸例皆可證明,自韋、晉所處魏晉之時,至蕭、顏所在隋唐之際,《漢書》文本在傳承中,文本與解釋俱產生了部分變遷。

以此衡諸顏氏注本,雖顏師古訓解班書多本舊義,然而,其文本與六朝舊本存在着明顯差異,解釋亦隨之不同。其中,除了有時代變遷的因素外,顏監的主觀去取亦佔一定因素。前文曾梳理顏氏於《漢書》紛亂舊本之去取,如"壁馬犀之瞵㻞",小顏是"壁"而非"璧";"天與地沓",顏本棄"沓"而用"沓";又如"鮮扁陸離",不取何休説,"招摇泰壹",盡從新本"招摇"作訓;再如"雷鬱律而巖突兮",直曲依"突"解,而不顧別本之"窔"字;是均可見顏師古取義與舊義相違的注釋特質。若以顏本爲中心,比較姚、蕭及顧胤諸本,更可以見經顏師古整理後之新本,其文本業已定於一元的特徵。表中所列姚察之例不多,然姚説多從舊本,無論前舉"鮮扁陸離""皋摇泰壹",《訓纂》重申舊義,抑如"精瓊靡與秋菊兮",其訓"靡"同於如淳之説,都可明姚氏之偏向。蕭該本之文字雖頗與今本相近或相同,然其仍旁注異本之字以爲參考,如"啾啾蹌蹌",蕭云:"舊作愁。"提示韋本之異文;又如"神騰鬼趡",蕭該本作"趡",蕭氏猶注"一本作躓",以存別本。此與顏本徑直確定其文本有所不同,有其作爲六朝音義之特徵。顏師古欲整合諸舊本爲一本之企圖,緣於隋末初唐雜亂的《漢書》注本局面,觀《隋書·經籍志》之記載,其時大小注本便有十七種,《隋志》曰:

《漢書》一百一十五卷_{漢護軍班固撰,太山太守應劭集解};《漢書集解音義》_{應劭撰};《漢書音訓》一卷_{服虔撰};《漢書音義》七卷_{韋昭撰};《漢書音》二卷_{梁尋陽太守劉顯撰};《漢書音》二卷_{夏侯詠撰};《漢書音義》十二卷_{國子博士蕭該撰};《漢書音》十二

---

① 雖然晉灼本"狡騎萬師帥"未必爲是,於語義而言,仍應作"校"爲宜。然而,後世較難有作"狡"之異文,是以更可證其方具有早期的文本色彩。

卷廢太子勇命包愷等撰;《漢書集注》十三卷晉灼撰;《漢書注》一卷齊紫金光禄大夫陸澄撰;《漢書續訓》三卷梁平北諮議參軍韋稜撰;《漢書訓纂》三十卷姚察撰;《漢書駁議》二卷晉安北將軍劉寶撰;《定漢書疑》二卷姚察撰;《漢書敍傳》五卷項岱撰;《漢疏》四卷梁有《漢書》孟康音九卷,劉孝標注《漢書》一百四十卷,陸澄注《漢書》一百二卷,梁元帝注《漢書》一百一十五卷,並亡。①

其中,東漢、兩晉注家單本注釋如韋昭等間有存者,而宋、齊以來,注《漢書》者幾爲南朝學者,又姚察《訓纂》,包愷、蕭該《音義》等俱爲單注本,各《漢書》注本地域、年代跨度又大。因此,顔師古注釋之主要目標,即爲整理、統合諸本爲一,反映在文本上,必然具有整理的特性。② 以顔《注》以後文本觀之,六朝異文、異本逐漸降低與減少,注釋之文本亦漸與顔本趨同。顧胤之《漢書古今集義》出顔本後,以今存遺説觀之,其撰述多有補正顔本不足者,故顧書多列《漢書》舊義;如"沇沇容容",顧本作"沇"而不作顔本之"沈";"鮮扁陸離",强調"鮮"字依字讀;"壁馬犀之滕琘",提示有本作"璧"者。然而,其文本終究爲顔本所影響,如"招繇泰壹",六朝舊本均作"皋揺",顧氏所見本亦作"皋揺",而顧胤小注旁標"或作招"者,更以作"招"者爲是,曰:"今或作'招'字,張説是。"③因此,無論顧氏注中多闡發"古

---

① 〔唐〕魏徵等:《隋書》,中華書局,1997年,卷三十三,第954頁。《隋志》又列諸葛亮《論前漢事》一卷,似非注體,故此處不計入統計。

② 今人對六朝《漢書》舊注的傳承譜系承自顔師古《漢書敍例》,主要呈現"晉灼《集注》—臣瓚《集解音義》—蔡謨《集解》"此一單一流傳脈絡,然而此並不能反映小顔於唐初所見注本的多樣複雜局面。筆者以爲,顔監可得見六朝舊注分爲兩個部分:一、以《敍例》所列的脈絡言之,應劭、服虔、孟康、韋昭等分自别行之注釋,由於《隋志》及兩唐《志》皆有著録,故顔必見之;晉灼《集注》本雖在隋統一中國以前長期僅存於北方,然因顔師古之祖父顔之推(531—？597)歷仕北齊、北周,且當顔師古時爲唐初,以顔氏之推崇北方本,則晉本亦必見之;臣瓚《集解音義》二十四卷因晉室東渡而分别流傳,臣瓚本顔氏也應見之。以上均爲獨立不附本文之單行注本/集注本,顔氏所見,應爲各系注本中之一本或若干本。《敍例》又云東晉蔡謨將單行南方臣瓚本散入《漢書》本文,形成蔡氏《集解》南本,此是流行於南朝書肆之通行本,顔氏多有批評,故亦見之。惟因此本錯舛甚多,小顔應未多參考。誠如吉川忠夫所言,顔監重視北方本,因此,其校注亦應以晉灼北本、臣瓚北本爲底本,而參校其他諸本。二、《隋志》所列南朝注本,顔師古皆亦見之。南北朝時期,《漢書》注釋多出南朝,注家又以韋稜、劉顯、姚察、蕭該、包愷爲核心,其中韋、劉存書卷帙不多,故實亦姚、蕭、包三人之書爲中心。姚察《訓纂》涉及史學考證與名物訓詁等面向,小顔襲用其注無疑,知其於南朝注釋雖深輕視,然猶有取用也。蕭、包之書純以音訓爲主,二人入隋,蕭該與顔師古祖父顔之推共同論定《切韻》,必自相識,然小顔是否由是迴避,難以確定。清代學者輯佚蕭該音義,多云與小顔《注》同,故亦有可能得見,不能遽加論斷。另外,小顔之參用叔父顔游秦《漢書決疑》,亦爲世所共知。關於六朝《漢書》流傳譜系,詳參《六朝〈漢書〉文本傳衍探賾》(香港中文大學:清代乾嘉學術與科學思想研討會,2019年7月26日—29日,文見會議論文集第248—279頁);筆者另有專文考證,參《六朝〈漢書〉注釋之分合與彙整——漢唐間〈漢書〉注本之歷史脈絡析論》(未刊稿)。

③ 《京都帝國大學文學部景印舊鈔本》,第二集《楊雄傳》,頁十八下。

義",其文本已向顔本靠攏。對比宋祁所見唐宋間抄本,雖有零星六朝異文殘存於顔《注》,如"秋秋蹌蹌",淳化本有作"啾啾"者,與蕭該本同。然其產生之異文多爲顔本系統的内部異文,已然完成了自六朝至有唐一代文本間的轉换。

"天曆本《漢書·楊雄傳上》殘卷校證"所列異文有兩個來源,一曰慶元、蔡琪本附蕭該《音義》;二曰天曆本中藤原氏研習時謄抄《漢書》舊義之筆記。二者作爲文獻,皆有其研究限制。宋刊本中的蕭該《音義》,其所舉韋、晉諸本乃爲蕭本個人校勘所用,必補其不足而略其相同,吾人尤不可窺舊本之全豹。而藤原氏研習班書,爲學習之故,必採異於底本之詁訓、解釋以爲補充,因此,在材料範圍與使用上,均有不全面的客觀限制。然而,由於《楊雄傳》訓詁多的特點,以及天曆本所呈現密集的《漢書》舊義,與今刊本亦適足對勘,故可據其略得六朝《漢書》文本流傳之仿佛。若以此法全面校勘《漢書》全帙,應可探知六朝至唐宋《漢書》文本變遷之整體情况。

五、結　　語

唐抄本《漢書·楊雄傳上》殘卷唐末五代流入日本,正文保存了唐初《漢書》顔師古注本之舊貌,批校者藤原秀一氏於日本天曆二年點讀此卷,時值中國五代後漢乾祐元年(948)。卷中謄録有姚察《漢書訓纂》、顧胤《漢書古今集義》訓釋合計354條,保留了已亡佚的六朝《漢書》舊注之面貌,爲今唐抄本《漢書》之僅見者,文獻校勘價值罕有其匹。本文以此天曆本與宋刻慶元本、蔡琪本對校,並整理遺存之姚、顧舊説,結合顔《注》以及清代學者考訂成果,對《漢書》文本自六朝至初唐之傳衍進行辨析與梳理,兹得結論如下:

第一,天曆本之校勘價值,在於證明了宋代刻本所載宋祁校語之不虚。宋祁校語包括兩個方面:一曰宋祁校唐宋間諸抄本、刻本等文本之校勘成果;二曰宋氏引據蕭該《音義》或六朝舊説以證今本之相關資料。今天曆本俱可證明上述兩方面之宋祁校語確自有來源,可以爲今人了解唐宋間文本面貌提供校勘綫索與文獻佐證。清代以來,宋祁校語因其文本來源不明,且所示異文情况與今本有一定差距,故多爲學者所疑。然王念孫《讀書雜志》既頗證宋校之優於前,今敦煌抄本復又證宋校之可信於後,此天曆本可更添確證。目前學界對宋祁校語仍持審慎的態度[1],過去校勘的目的厥在於提供盡可能完善之文本,以及盡可能完備的文獻,是以嚴謹考訂實

---

[1]　《漢書修訂工作會議紀要》載時修訂《漢書》專家之觀點云:"宋人校語的情况目前仍是一個未有明確研究結論的複雜問題。"參見《點校本"二十四史"及〈清史稿〉修訂工程簡報》,第53期,第4頁。因此,今點校《漢書》以景祐本爲底本,而不納入慶元本、蔡琪本、白鷺洲書院本等刊本中宋人校語,有其謹慎的原因。

爲必須。然而,今校勘亦可爲探尋經典文本傳衍之歷史層次提供文獻依據,所求爲真。因此,天曆本實可證宋祁校語所反映的唐宋間《漢書》文本的多種面貌。

第二,天曆本之校勘價值,亦在於證明南宋蔡琪一經堂本所附多於南宋建安黄善夫、劉之問慶元本之蕭該《漢書音義》爲真。蔡琪本中所多出之蕭該《音義》亦爲時人所疑,今以此抄本遺存之姚、顧書所載舊說證之,與蕭該《音義》所載若合符節,足證其真實性。宋祁於《宋景文筆記》中所云得見蕭氏《漢書音義》殘本十二篇,蓋是事實。因此,宋刊本中所附蕭該《音義》可成爲今人了解六朝班書流傳脈絡的文獻基礎。

第三,天曆本所遺存之異文舊説,可呈現《漢書·楊雄傳上》六朝舊本的面貌與性格,並反映六朝舊注的訓解特點。首先,六朝舊本文字各有異同,多有異於今顔本者;復次,六朝舊注之解釋,根據其所據文本與理解之不同,往往與今顔《注》訓釋不同;其次,文本與解釋的不同,主要受到歷史異文的産生以及多層次文本的生成,而二者之差異與歧出乃是注家選擇的結果;最後,六朝舊注表現出獨有的訓釋特點:訓詁傳承兩漢舊訓,訓釋字詞亦多援引先秦兩漢字書舊訓,解釋多有所本;同時,廣引羣書,顯示博聞通洽的注釋特點。

第四,天曆本提供了吾人探繹顔氏注本接受六朝舊本的具體情況之文獻材料。漢魏舊注文本既繁、異解又多,注解復層層相因,尤須進行必要的統合與整理。顔師古《注》適當其任。顔監於舊注多有剪裁、熔鑄之功,於諸家舊解之是者,俾使解釋清晰簡潔,於舊注解説相互牴牾者,則斟酌解釋,或自撰注説釋之。另外,顔氏整合舊本以注書,有其個人去取原則與標準,反映一家之言。

第五,結合天曆本提供之六朝異文、舊解,以及前此得證宋本所附蕭該《音義》的文獻基礎,可梳理此《楊雄傳上》自六朝至初唐文本面貌之流衍與變化。六朝舊本文字與今顔師古本有一定的差異。以韋昭、晉灼本作爲參照標準,比勘抄本與文獻所載諸家文字與音義,可知姚察、蕭該諸本既保有了漢、晉諸儒舊解,同時,其自身文本之變化亦隨時代而與漢晉諸本不同。顔師古《注》以六朝衆多注本爲基礎,釐定了《漢書》文本,所産生的新本在表現顔氏一家之言的同時,文本面貌漸與漢、晉諸本漸遠。顔《注》既定《漢書》文本,其以後之文本自受顔本之影響,顧胤本雖補顔氏之不足,文本已然間有隨顔本而改者。唐宋間諸本均已爲顔本系統,而六朝異文之遺存今本者亦尠,顔《注》自是壟斷了對《漢書》文本與解釋的權力。

此天曆本校勘與文獻價值即在上述五端,其所承載的豐富信息,成爲吾人釐清六朝《漢書》文本流傳的第一步。今既證明宋祁校語、蕭該《漢書音義》的文獻真實性與校勘價值,爲來日全面檢證《漢書》全帙,明晰其流傳譜系,提供了堅實的文獻、校勘基礎。

陸駿元　上海交通大學人文學院　博士研究生

參考書目

專書

〔漢〕班固著,〔唐〕顏師古注:《漢書》,北京:北京圖書館出版社,2003年,《中華再造善本》影印〔南宋〕黃善夫、劉之問慶元本。

〔漢〕班固著,〔唐〕顏師古注:《漢書》,北京:北京圖書館出版社,2003年,《中華再造善本》影印〔南宋〕蔡琪一經堂本。

〔唐〕姚思廉:《陳書》,北京:中華書局,1972年。

〔唐〕魏徵等:《隋書》,北京:中華書局,1997年。

〔後晉〕劉昫等:《舊唐書》,北京:中華書局,1975年。

〔宋〕歐陽脩:《新唐書》,北京:中華書局,1975年。

〔宋〕王觀國:《學林》,收入《叢書集成新編》第12冊,臺北:新文豐出版公司,1985年。

〔隋〕蕭該著,〔清〕臧庸輯:《漢書音義》,收入《兩漢書訂補文獻彙編》影印光緒二十三年本,北京:北京圖書館出版社,2004年。

〔清〕王念孫:《讀書雜志》,南京:江蘇古籍出版社,2000年影印王氏家刻本。

〔清〕王先謙:《漢書補注》,上海:上海古籍出版社,2008年。

張元濟:《校史隨筆》,上海:上海古籍出版社,1998年。

王欣夫:《蛾術軒篋存善本書錄》,上海:上海古籍出版社,2002年。

童嶺:《六朝隋唐漢籍舊鈔本研究》,北京:中華書局,2017年。

孫顯斌:《漢書顏師古注研究》,南京:鳳凰出版社,2018年。

〔日〕京都大學文學部編:《京都帝國大學文學部景印舊鈔本》,第二集,京都市:京都帝國大學文學部藏版,1935年。

〔日〕中田勇次郎監修:《唐鈔本》,京都:同朋舍,1981年。

〔日〕富永一登:《"文選"李善注の研究》,東京:研文出版,1999年。

〔日〕洲脇武志:《漢書注釈書研究》,東京:游學社,2017年。

學位論文

王勇:《宋刻〈漢書〉慶元本研究》,北京大學博士論文,2010年。

王華禮:《宋祁〈漢書〉校語考證》,北京大學碩士論文,2013年。

期刊論文

張儐生:《漢書著述目錄考》,《女師大學術季刊》1931年,第28—31頁。

點校二十四史工作組：《漢書修訂工作會議紀要》，《點校本"二十四史"及〈清史稿〉修訂工程簡報》，第 53 期。

萬獻初：《顔師古〈漢書注〉音義研究綜論》，《古籍整理研究學刊》2010 年，第 6 期。

郭華：《唐抄本〈漢書殘卷〉及其校勘價值》，《求索》2010 年，第 10 期。

蘇芃：《〈漢書·揚雄傳上〉校議》，《國學研究》第二十七輯，2011 年 6 月。

孫顯斌《寫刻之間：〈漢書〉文本面貌之嬗變淺議》，《濟南大學學報（社會科學版）》，第 23 卷第 5 期，2013 年，第 27—30 頁。

馬清源：《〈漢書〉宋人校語之原貌與轉變》，《文史》2014 年第 1 輯，第 75—89 頁。

［日］吉川忠夫：《顔師古の"漢書"注》，《東方學報》第 51 號，1979 年 3 月，第 223—319 頁。

［日］松本光隆：《漢書楊雄伝天曆二年点における訓読の方法》，《國語學》第 128 集，1982 年 3 月，第 28—40 頁。

［日］小助川貞次《上野本漢書楊雄伝天曆 2 年点における典拠の問題について》，《訓点語と訓点資料記念特輯》，1998 年 3 月，第 151—132 頁。

［日］柿沼陽平：《"漢書"をめぐる読書行爲と読者共同體—顔師古注以前を中心に—》，《帝京史學》第 29 號，2014 年 2 月，第 29—68 頁。

稀見元人總集《武夷詩集》考論

杜春雷

　　《武夷詩集》是一部元人編纂的收録武夷山題詠之作的詩歌總集。此書著録於《文淵閣書目》《内閣藏書目録》《百川書志》《晁氏寶文堂書目》等多種明代藏書目録中①。明永樂年間修纂《永樂大典》，曾抄引其内容。清乾隆年間修纂《四庫全書》，曾經徵得兩淮鹽政采進本，後入存目。《武夷詩集》在明代還屢見流傳蹤跡，但在清代目録書中已罕見著録，現存傳本更是稀少，今只知静嘉堂文庫藏有一部明刊本，中國國家圖書館藏有一部清抄本，可謂稀見。静嘉堂文庫所藏《武夷詩集》二卷，裝爲一册，原屬清末藏書大家陸心源十萬卷樓藏書，後售歸日本岩崎氏。國圖藏清抄本外封上有"乾隆三十八年月兩淮鹽政李質穎送到武夷詩集壹部計書壹本"木印，首葉有"翰林院印"滿漢文大官印，知爲四庫存目書底本。此本與静嘉堂文庫藏明刊本的版式、内容基本一致，且明刊本漫漶難辨處，清抄本皆作闕文處理，因此該本應是從明刊本抄出。《武夷詩集》篇帙無多，加之較爲稀見，尚未引起研究者的重視，對該書的介紹與利用也多訛誤出現，下文試結合相關文獻資料，對其内容、編者、價值等作進一步探析。

---

*　本文係國家社科基金青年項目"元集序跋整理與研究"（17CZW040）階段性研究成果。
①　參見〔明〕楊士奇等：《文淵閣書目》卷二，文淵閣四庫全書本；〔明〕孫能傳等：《内閣藏書目録》卷六，清遲雲樓抄本；〔明〕晁瑮：《晁氏寶文堂書目》，明抄本；〔明〕高儒：《百川書志》卷二〇，觀古堂書目叢刊本。其中，《文淵閣書目》著録爲一卷一册，《内閣藏書目録》著録爲一册全，《百川書志》著録爲四卷。

一、《武夷詩集》的內容

《武夷詩集》卷首首列薩都剌序文,從"暮,風煙雨雪,不一其變,使人應接不暇"始,前有闕文。末署"文林郎燕南河北道肅政廉訪司經歷燕門薩都剌天錫序。"次爲《武夷山冲佑萬年宫實錄》,文中逢"皇帝""天""聖壽""聖朝"提行頂格,内容乃敍述武夷山之歷史淵源、人物形勝,兼述萬年宫遞擅始末,其中文字多漫漶難識。其後爲正文,首行題"武夷詩集卷之一",其下陰文題"前集",卷二首行題"武夷詩集",未依卷一例題"卷之二",其下陰文題"後集"。版式方面,薩都剌序文半葉七行,行十一字,《實錄》、正文半葉十行(正文首葉十一行),行二十字。黑口,雙黑魚尾,四周雙邊。版心鐫"武夷詩集"及葉次。正文首葉文字與它葉文字有異,且爲單黑魚尾,疑爲補版。

《武夷詩集》卷前無目錄,卷一收錄22位詩人的99首詩,卷二收錄23位詩人的65首詩,全書共收詩164首。全書實列作者、詩題如下:

卷一:文公《九曲棹歌》(十首)、韓元吉《次棹歌韻》(九首)、歐陽光祖《和棹歌》(十首)、文公《觀山亭》、李商隱義山《更不來》、陸務觀放翁《分白雲》、李綱伯紀《清夢》、前人《題武夷圖》、《晞真館》、《仙機岩》、《仙釣臺》、《仙船岩》、《雞窠岩》、蔡公亮《一字天》、馮端榮《兩絕句》(二首)、辛稼軒《幔亭》、李綱伯紀《三姑石》、留元綱《玉女峰》、辛稼軒《玉女峰》、蒲心泉《玉女峰》、李左史《玉女峰》、李綱《虎嘯岩》、白玉蟾《三杯石》、留元綱《架壑船》、辛稼軒《雜題》(七首)、蔡九峰《題詩岩》、留元剛《平林》、傅壅《五曲》、李綱《天柱峰》、李左史《仙跡岩》、葉夢鼎《鑄錢岩》、徐進齋《一綫天》、張充孫《鼓樓岩》、葉夢鼎《鼓樓岩》、李左史《仙廩石》、詹義《系舟》、留元綱《平川》、方嶽秋厓《三絕句》(三首)、曾肇《天柱峰》、陳夢庚竹溪《武夷山》、前人《幔亭峰》、前人《大隱屏》、前人《仙茶灶》、前人《漢祀壇》、前人《唐刻石》、前人《仙廩石》、《仙浴堂》、《仙浴堂》、《仙浴堂》、《仙船岩》、《仙鼓樓》、文公《武夷七詠》(七首)、《升真觀》、《玉女峰》、《茶焙》、《天柱峰》、《仙學堂》、《更衣臺》。

卷二:張之翰西岩《游武夷》、王都中本齋《青峰》、解之昂《石出水聲急》、張北牟《閉門甫謝事和之昂》、胡天民《侍明叟同知游曲》、何永年《游九曲》、陸文英《游武夷值雷雨》、管御史《題文公書院》、趙承禧御史《題武夷》、趙麟《宿武夷》、聶鐵峰《寄題武夷》、劉竹間《登升真》、陳子浩《寄題武夷山》、劉庭幹《游武夷》、李公平御史《題武夷》、張子周《借韻送陳浩然歸武夷》(二首)、陳元英《換骨岩》、前人《文公書院》、前人《天遊觀》、馬合麻《題武夷》、延平林錫翁君用《文公棹歌韻》(十首)、《游武夷》、《大王峰》、《一綫天》、《天遊觀》、《隱求齋》、《御茶園》、《金雞岩》、《天柱峰》《接筍岩》、《仙掌岩》、《三姑石》、《三教峰》、《三杯石》、《貓兒峰》、楊希古《武夷》、延平張仲信《和棹歌韻》(十首)、《大王峰》、《幔亭峰》、《鼓樓岩》、《大藏岩》、《萬年宮》、《換骨岩》、周草庭《游武夷》、丁希賢《武夷秋景》、陳元英《和》。

從文本銜接及版心所標葉次來看，該書有不少缺葉，並非完帙。如卷一版心鐫"四"的葉四b面收李綱《清夢》《題武夷圖》兩首詩(《題武夷圖》作者題"前人"，即李綱)；次葉版心葉次已不能辨別，a面收《晞真館》《仙機岩》《仙釣台》三首詩，b面收《仙船岩》《雞窠岩》、蔡公亮《一字天》、馮端榮《兩絕句》部分小序，其中《晞真館》至《雞窠岩》五首詩未題作者；再下一葉版心鐫"十"，a面首先即是緊承上葉的馮端榮《兩絕句》後半部分小序，可見此處版心葉次已不能辨別的"次葉"應該是葉九，這一葉直接上承葉四，説明葉五至葉八已然缺失。經查，葉九上的《晞真館》至《雞窠岩》五首詩的作者是翁彥約，與緊承的葉四李綱詩沒有什麼關係，可以推測，缺失的葉八甚至再上一葉中，還有翁彥約的詩作，且其第一首詩詩題下有作者"翁彥約"的署名。又如在卷一文公《武夷七詠》之後的該葉b面末行中，下署作者爲"文公"，上面的詩題已經漫漶難辨；緊接着次葉a面所錄《升真觀》《玉女峰》《茶焙》等詩，沒有標作者名，而這幾首詩的真實作者是劉説道，並非朱熹，可知這中間有缺葉，朱熹詩及標有作者名的劉説道詩都在缺葉上。卷二同樣也有缺葉現象，其版心所鐫葉次雖然已經不容易辨認清楚，但仍然隱約可見葉次數目間並不連貫，這也是書中有缺葉的又一證據。

此外，從上列收詩歌目錄可以看出，《武夷詩集》對詩作者名字的著錄沒有統一的標準，很不規範。作者署名，有的直接稱名，如韓元吉、歐陽光祖、留元綱、趙麟之類；有的稱謚號，如朱熹題"文公"；有的稱別號，如辛棄疾稱"辛稼軒"，蒲壽宬稱"蒲心泉"(蒲壽宬號心泉居士)，蔡沈稱"蔡九峰"(蔡沈號九峰)，徐幾稱"徐進齋"(徐幾號進齋)等；有的稱名、字，如稱"李商隱義山""李綱伯紀"，有的稱名、號，如稱"方嶽秋崖""陳夢庚竹溪""張之翰西岩""王都中本齋"，與前兩者不同，"陸務觀放翁"則是稱呼字、號；還有的冠以籍貫，如"延平張仲信""延平林錫翁君用"；有的稱官職，如稱"李左史""管御史""趙承禧御史"等。對於連續數首詩都出自同一作者的情況，在第一首詩詩題下著錄作者名，其後諸首則或題"前人"，或空白不題。從各詩作者所屬朝代來看，卷一、卷二截然有別：卷一詩作者除雜收唐人李商隱一詩外，基本都是宋代人，卷二詩作者基本都是元代人。《武夷詩集》所收錄的主要是宋元兩代人題詠武夷山的詩作。

二、《武夷詩集》的編者及後世徵引情況

今傳本《武夷詩集》未題編者名氏，關於該書的編者，學界存在幾種説法：一是認爲編者不詳，因此在著錄時不予標注或著錄"佚名"，如《静嘉堂文庫漢

籍分類目録》云"編者未詳"①,《中國古籍善本書目》《北京圖書館古籍善本書目》都著録了現中國國家圖書館藏清抄本,皆未題署編著者②,雒竹筠《元史藝文志輯本》著録《武夷山詩集》二卷,未題編者及存佚情況③,《全宋詩》徵引利用過《武夷詩集》,編者署"佚名"。二是認爲編者是宋代人。如卞東波先生《宋代詩歌選本叢考》未能見到今傳本《武夷詩集》,據《文淵閣書目》推斷該集是宋人總集,"佚名編"④。三是認爲編者是清代人。如王紹曾先生主編《清史稿藝文志拾遺》據《中國古籍善本書目》著録"《武夷詩集》二卷清抄本"⑤,未題編者名;近年出版的《中國古籍總目》著録國圖藏清抄本,編著者題爲"清□□輯"⑥。四是認爲編者是張一村。這一判斷基於薩都剌《武夷詩集序》得出,見於數種介紹薩都剌文學成就或武夷山水的著述中。如白壽彝先生編《回族人物志》在論及薩都剌詩論時曾言"薩都剌留下了一篇僅有的散文,是爲張一村編的《武夷詩集》作的序"⑦。

那麽,《武夷詩集》的編者到底是誰?

四庫館臣對此曾作考辨,《四庫全書總目》收《武夷詩集》提要(該集在提要中題"武夷山詩集")云:"《武夷山詩集》二卷,不著編輯者名氏……前有後至元三年舊序,云萬年宮提舉張一村攜示,似即一村所纂輯,其人無可考矣。"⑧察《武夷詩集》卷前有薩都剌序,提及"後至元三年丁丑九月,僕遷官出閩,過武夷,遇京兆清碧杜先生,卧游山溪,周覽竟日,夜宿萬年宮。提舉張一村者,攜示古今名人游山題詠二帙,欲壽諸梓,俾余爲序",明言編選此部"古今名人游山題詠二帙"《武夷詩集》的編者是武夷山冲佑萬年宮提舉張一村,應無疑義。

張一村生平不詳。元末有一松江人名張中,字子正(或作"子政"),自號一村,讀書學古,善畫山水,師黃公望,爲元代知名畫家。但其生平與身任萬年宮提舉的張一村並無關聯,兩者應該不是同一人。雖然張一村的生平事蹟,因文獻不足已無從考知,但尚可搜輯其遺詩一首。明人徐表然《武夷志略》"宮左題

---

① 《静嘉堂文庫漢籍分類目録》,静嘉堂文庫,1930年,第811頁。
② 參見中國古籍總目編纂委員會編:《中國古籍善本書目·集部》,上海古籍出版社,1989年,第1817頁。北京圖書館編:《北京圖書館古籍善本書目·集部》,書目文獻出版社,1987年,第2855頁。
③ 雒竹筠:《元史藝文志輯本》,北京燕山出版社,1999年,第411頁。
④ 卞東波:《南宋詩選與宋代詩學考論》第十章《宋代詩歌選本叢考》,中華書局,2009年,第282頁。
⑤ 王紹曾主編:《清史稿藝文志拾遺》,中華書局,2000年,第2124頁。
⑥ 中國古籍總目編纂委員會編:《中國古籍總目·集部》,第3100頁。
⑦ 白壽彝主編:《回族人物志》上册,寧夏人民出版社,2000年,第156頁。
⑧ 〔清〕永瑢等:《四庫全書總目》卷一九一,中華書局,1965年,第1737頁。

詠"、勞堪編《武夷山志》卷二"靈勝分紀"皆收錄"張一村"《幔亭峰》詩:"昆侖拋酒踏青蛇,冉冉歸來日未斜。獨倚幔亭吹鐵笛,海東琪樹又開花。"①這首詩題詠武夷山中的幔亭峰,所署作者"張一村"應即《武夷詩集》編者、武夷山冲佑萬年宮之"張一村"。

  作爲一部詩歌總集,《武夷詩集》在後世流傳過程中,受到一定的關注,曾被數種類書、總集、選集等徵引。明初修纂《永樂大典》就已經開始選錄《武夷詩集》中的詩篇。今存《永樂大典》卷8845收錄陳觀《賓天遊》,卷13075收錄《洞天》、張復《遊洞天題》、孟晉《題洞天》。② 這四首詩,只有《洞天》一首見於今傳本《武夷詩集》,此詩作者是朱熹,乃《武夷七詠》之一,同見於《晦庵集》卷六。張復《遊洞天題》較爲奇怪,其詩云"來遊九鎖山,忽遇菊岩仙。老翠偃千畝,黃金鋪萬錢。花經令尹愛,詞入北司編。最重水中石,平舟曾爲鐫"③,該詩又見《詩淵》,題目作"知宮高士菊岩"④,詩人所游"九鎖山"在浙江餘杭,《詩淵》文本中所謂"知宮",所知之宮應爲位於九鎖山南麓的著名道觀"洞霄宮","菊岩"應指龔文煥(號菊岩),全詩與武夷山没有關係,不應該出自《武夷詩集》。注意到《永樂大典》該葉下文徵引的是孟宗寶《洞霄詩集》的内容,張復《遊洞天題》很可能是誤抄在了"武夷詩集"之下。至於宋陳觀《賓天游》、宋孟晉《題洞天》兩首詩爲何未見收於今傳本《武夷詩集》,前文已證,《武夷詩集》卷一主要收錄宋人詩,而該卷有不少缺葉,陳觀、孟晉的兩首詩可能恰好載錄在缺葉上。

  此後,清人厲鶚編《宋詩紀事》,曾據《武夷詩集》收錄馮端榮《兩絶句》之一、詹義《系舟》、歐陽光祖《和櫂歌》之一、陳夢庚《大隱屏》、蔡公亮《一字天》等五首詩⑤,清人鄭傑《閩詩録》曾據《武夷詩集》收錄陳夢庚《大隱屏》⑥。今人編《全宋詩》,也注意到了利用《武夷詩集》,曾據《武夷詩集》輯收歐陽光祖《和櫂歌》十首,馮端榮《兩絶句》二首,詹義《系舟》,陳夢庚《幔亭峰》《仙鼓樓》等十五首詩。

---

  ① 〔明〕徐表然:《武夷志略》"宮左題詠",明萬曆四十七年(1619)刊本,葉十三a。〔明〕勞堪:《武夷山志》卷二"靈勝分紀",明萬曆年間刻本,葉八b。下文提及該書皆據此版本。
  ② 參見欒貴明:《永樂大典索引》,作家出版社,1997年,第224頁。該書對"陳觀賓天遊",斷句爲"陳觀賓《天遊》",疑有誤,按陳觀,字國秀,浙江奉化人,生活于宋末元初,〔清〕張豫章《御選宋金元明四朝詩》卷五五列陳觀小傳並録此詩,題《天遊峰》。
  ③ 〔明〕解縉等編:《永樂大典》第6册,中華書局,1986年,第5634頁。
  ④ 佚名編:《詩淵》,書目文獻出版社1984年版,第2254頁。《全宋詩》據《詩淵》輯録此詩,卞東波《宋代詩歌選本叢考》云此詩《全宋詩》未收(《南宋詩選與宋代詩學考論》,第283頁),誤。
  ⑤ 分别參見〔清〕厲鶚編:《宋詩紀事》卷五五、五八、六〇、六四、六五,清文淵閣四庫全書本。
  ⑥ 參見〔清〕鄭傑《閩詩録》丙集卷十四,清宣統三年(1911)刻本。

三、《武夷詩集》的文獻價值

作爲一部稀見的主收宋元人詩作的地方詩歌總集,《武夷詩集》的文獻價值主要體現在校勘、輯佚、輔助考察《詩淵》《全宋詩》誤署誤收等三方面。

(一) 校勘價值

《武夷詩集》主要收錄宋元人詩作,而該書編成時間在至元三年(1337)之前,編選時間較爲接近創作時間,很有可能保存了詩作較早的面貌,是重要的校勘材料。如《武夷詩集》收宋李綱《清夢》,中二句分別爲"萬山如玉白差差""而今帶雪尋歸路",《全宋詩》所錄李綱詩,以《文淵閣四庫全書》本《梁溪集》爲底本,廣校衆本,此二句作"玉峰積雪倍幽奇""小舟遊罷尋歸路"①,與《武夷詩集》所載異文明顯,可將其作爲校本參校。又如,《武夷詩集》收宋蒲壽宬《玉女峰》云:"玉女亭亭擁霧鬟,此心如雪照晴灣。願將一掬秋溪水,洗却人間脂粉顔。"《全宋詩》所錄蒲壽宬詩,出自《永樂大典》輯本《心泉學詩稿》,此詩作"玉女攢空擁霧鬟,鐵心千古照溪灣。願分一滴清溪水,去洗人間脂粉顔。"②異文也很突出,可利用《武夷詩集》所載進行校勘。通察全集,與現在的整理本比較,詩文中字、詞、句的差異比比皆是,今人在整理宋元詩時,應多利用《武夷詩集》中的這些異文開展校對工作。

特別是《武夷詩集》所載詩文文本更完整、用語更準確時,校勘價值尤見重要。如元張之翰《游武夷》,《全元詩》據董天工《武夷山志》卷二二輯收的文本比《武夷詩集》所載文本少了14句70字③,後者內容更爲完整,可據以校補。又如,《全宋詩》據《詩淵》收翁彥約《仙釣臺》詩,中有兩句云:"老仙臺上無明月,不釣凡魚只釣龍。"④句中的"無"字讓人頗難索解。《武夷詩集》收此詩,"無"字作"垂",所謂"垂明月",作垂釣解。以明月代指釣鉤,典出《唐才子傳》,釣鉤彎曲,形似月牙,故稱。"老仙臺上垂明月,不釣凡魚只釣龍",詩意圓通,豁然得解。再如,《武夷詩集》書末收錄的兩首詩,一首是丁希賢《武夷秋景》:"點易硯承松葉落,卧雲軒貯桂花風。幔亭鐵笛人何許,日照扶桑樹影紅。"一首是陳元英的《和》詩:"斑石濕餘蒼蘚雨,白雲收盡碧山風。柱頭歸鶴無人識,門對寒流霜葉紅。"《全元詩》據明衷仲孺《武夷山志》收錄這兩首詩,詩題却分別作"武夷""天柱峰"⑤。很顯然,根據兩首詩的詩意和相互關係(二詩皆描寫秋景,且陳詩係唱和丁詩之作),

---

① 傅璇琮等主編:《全宋詩》第27册,北京大學出版社,1996年,第17542頁。
② 傅璇琮等主編:《全宋詩》第68册,第42784頁。
③ 參見楊鐮主編:《全元詩》第11册,中華書局,2013年,第193頁。
④ 傅璇琮等主編:《全宋詩》第22册,第14336頁。
⑤ 分別見楊鐮主編:《全元詩》第67册,第32頁;楊鐮主編:《全元詩》第24册,第253頁。

《武夷詩集》所載詩題更爲合理。

（二）輯佚價值

《武夷詩集》收録的部分宋元人詩不見於其本人文集及《全宋詩》《全元詩》等斷代詩歌總集,具有輯佚價值。現考列如下。

1. 韓元吉《次棹歌韻》七絶九首

韓元吉(1118—1187),字無咎,號南澗,兩宋之際開封雍丘(今河南杞縣)人。學於尹焞,而與朱熹友善,官至吏部尚書、潁川郡公。晚年退居上饒。所著《南澗甲乙稿》已佚,清四庫館臣據《永樂大典》輯爲二十二卷。《全宋詩》據輯本《南澗甲乙稿》收韓元吉詩,並新輯集外詩附於卷末,其中未收《武夷詩集》所載韓元吉次韻朱熹《九曲棹歌》七絶九首。

2. 葉夢鼎《鑄錢岩》七絶一首

葉夢鼎(？—1278),字鎮之,號西澗,寧海(今屬浙江)人,官至右丞相兼樞密使,《宋史》有傳。《全宋詩》輯收其詩六首,其中《武夷鼓樓岩》《武夷九曲》乃歌詠武夷山景觀的詩。《武夷詩集》收其《鑄錢岩》《鼓樓岩》詩二首,其中《鼓樓岩》同《武夷鼓樓岩》,《鑄錢岩》則未見《全宋詩》輯録,可據以補遺。

3. 張充孫《鼓樓岩》七絶一首

張充孫,生平不詳。明勞堪《武夷山志》卷二收此詩,題"宋張充孫"。《全宋詩》未收其人其詩。

4. 何永年《游九曲》七律一首

何永年,生平不詳。《武夷詩集》將其置於卷二,應以其爲元人。

5. 趙麟《宿武夷》七律一首

趙麟,字彦徵,湖州人,趙孟頫孫,趙雍次子。善畫人馬,以國子生登第,嘗官江浙行省檢校、莒州知州。《全元詩》收趙麟詩三首,未收此詩,此詩又見明勞堪《武夷山志》卷一、清董天工《武夷山志》卷二三、張豫章《御選宋金元明·元詩》卷五三。

6. 劉竹間《登升真》七絶一首

劉竹間,生平不詳。明勞堪《武夷山志》卷二收此詩(題作《一覽臺》),言其爲元人。元初仇遠有《送劉竹間歸廬陵》詩(《山村遺稿》卷一),知其應爲元初人。《全元詩》未收其人其詩。

7. 劉庭幹《游武夷》七絶一首

劉庭幹,疑即元人劉貞。劉貞(1289—1361),字庭幹,益都(今屬山東)人,曾官嘉興路總管。《全元詩》自《澹遊集》輯劉貞《奉題見心禪師天香室》詩一首,然明言此劉貞,字子幹,①與劉貞庭幹非一人。

---

① 參見楊鐮主編:《全元詩》第51册,第316頁。

8. 張子周《借韻送陳浩然歸武夷》七絕二首

此二詩見收於《詩淵》,題宋人作,而《全宋詩》未收,黃權才《詩淵中的宋詩鉤沉》予以輯錄①。張子周,生平不詳,《武夷詩集》將其置於卷二,應以其爲元人。察元代隱居武夷山的名士杜本有《武夷道士陳浩然攜至虞太史所作萬年宫碑求予書丹就賡所作三章以贈》詩,提及"武夷道士陳浩然"②,又張子周詩第一首云:"君來幾日別山靈,我亦經年客上清。安得焚香同默坐,碧窗深處聽松聲。"據詩意,陳浩然正爲道士,可見杜本詩與張子周詩中陳浩然爲同一人。張子周與陳浩然皆爲元人。張子周其人其詩,《全元詩》應予輯收。

9. 林錫翁《一綫天》《天柱峰》《仙掌岩》七絕三首

《全宋詩》據《詩淵》輯收林錫翁詩6首,並有林錫翁小傳云:"林錫翁,字君用,延平(今福建南平)人。"③《全元詩》據《元詩選》、清王復禮《武夷九曲志》輯收林錫翁詩22首,云其"生平不詳"④。《全宋詩》所輯6首詩中有5首見於《全元詩》22首中。《武夷詩集》收錄"延平林錫翁君用"詩24首⑤,其中《一綫天》《天柱峰》《仙掌岩》三首不見於《全元詩》。《詩淵》言林錫翁爲宋人,並不可信。明卓有見《武夷山志》、勞堪《武夷山志》、清王復禮《武夷九曲志》皆言林錫翁爲元人。今武夷山四曲溪北題詩岩有題刻云:"至元後庚辰春浦城達魯花赤孛羅同崇安邑史林錫翁奉上司命造茶題"⑥,"至元後庚辰"即元順帝後至元六年(1340),可知林錫翁生活於元代中後期,曾任崇安邑史,其詩應歸錄於《全元詩》。

10. 張仲信《和棹歌韻》(十首)《大王峰》《幔亭峰》《鼓樓岩》《大藏岩》《萬年宫》《換骨岩》七絕十六首

張仲信,生平不詳。由署名"延平張仲信",知其爲延平人。《詩淵》收張仲信《萬年宫》一詩,並言其爲宋人,《全宋詩》因據以輯佚,收錄張仲信詩一首。明勞堪《武夷山志》收錄張仲信詩四首(《武夷詩集》中亦收錄其中三首,《靈峰仙都觀》一首未收),也標注其爲宋人。然而朝鮮名儒李滉(1501—1570)曾在介紹歷代唱和朱熹《九曲棹歌》之人時説"諸賢和詩,案次棹歌詩者,宋有韓元吉、方岳,元林錫翁、張仲信,皇明劉釴、鄭紀……"⑦,言張仲信爲元人,《武夷詩集》卷二收錄張

---

① 參見黃權才:《宋代文獻研究》,廣西民族出版社,2007年,第40頁。
② 〔元〕杜本:《清江碧嶂集》,《歷代畫家詩文集》影印明末汲古閣刊本,學生書局,1973年,第31頁。
③ 傅璇琮等主編:《全宋詩》第72册,第45420頁。
④ 楊鐮主編:《全元詩》第68册,第226頁。
⑤ 從署名可知《全宋詩》所擬林錫翁小傳可從。
⑥ 武夷山市地方誌編纂委員會:《武夷山摩崖石刻》,大衆文藝出版社,2007年版,第38頁。
⑦ 〔朝鮮〕李滉:《答金成甫》,轉引自金銀珍《〈九曲棹歌〉與韓國九曲文化》,同濟大學出版社,2013年,第25—26頁。

仲信詩,似乎也將其作爲元人。因此張仲信究竟是宋人還是元人,尚難完全確定。比較而言,《詩淵》《武夷山志》有不少誤署先例,張仲信爲元人的可能性較大。

綜而觀之,《武夷詩集》的校勘、輯佚價值不止表現在其所收詩歌,卷首薩都剌序、《武夷山冲佑萬年宫實錄》同樣值得注意。《全元文》據民國二十五年(1936)薩君陸編《雁門集編注增補》卷十七"逸文補遺"輯收薩都剌《武彝詩集序》,文中"後至元二年丁丑九月,僕遷官出閩,過武彝"中的"後至元二年"①,《武夷詩集》薩都剌序作"後至元三年",按,後至元三年(1337)爲丁丑年,且元盧琦《溪行中秋玩月》詩序提及薩都剌(由閩海廉訪知事)遷河北廉訪經歷:"後至元三年八月望,舟泊延平津上"②,可知薩都剌遷官出閩,過武夷山,應在後至元三年。據《武夷詩集》卷首薩都剌原序可以校改《武彝詩集序》之誤。而《武夷山冲佑萬年宫實錄》顯係元人所作,可以作爲佚文輯收入《全元文》。

（三）輔助考察《詩淵》《全宋詩》誤署、誤收問題

《詩淵》作爲明初一部收錄豐富的詩詞總集,雖然文獻價值巨大,但書中弊病頗多,其中很明顯的一個不足就是對於所收詩詞,"誤書朝代名者,比比皆是"③。《全宋詩》在利用《詩淵》輯收詩作時,有些沿襲其誤署,造成了誤收。

具體到《武夷詩集》,其卷二收錄的詩基本可以確定爲元人所作,其中有些詩作見收於《詩淵》,作者却被誤歸於宋代,以致《全宋詩》誤予收錄。這些詩作包括管御史《題文公書院》、趙承禧御史《題武夷》、聶鐵峰《寄題武夷》、陳子浩《寄題武夷》、李公平御史《題武夷》、陳元英《天遊觀》、馬合麻《題武夷》、林錫翁《天遊觀》《天柱峰》《接筍岩》《貓兒峰》《金雞岩》《隱求齋》（六首）、楊希古《武夷》、張仲信《萬年宫》等十五首。其中,陳新《全宋詩訂補》曾考訂趙承禧、李公平二人爲元人,對《全宋詩》誤收進行修正④。《全元詩》收錄馬合麻《題武夷》,並指出馬合麻是西域回回,字德卿,乃元人,"《全宋詩》沿《詩淵》之誤,以其爲宋人"⑤。這三首之外的其餘詩作則未見有人指出誤收問題。

據考察,聶鐵峰《寄題武夷》見收于明勞堪《武夷山志》卷一,作者朝代署"元",且隱居武夷山中的元代名士杜本有《次韻聶鐵峰見寄》詩⑥,可知其爲元人。陳子浩生平不詳,然而元代文獻中亦曾提及此名,其一爲著名道士王壽衍(1273—1353)之徒（見王禕《元故弘文輔道粹德真人王公碑並序》,《王忠文公集》卷十

---

① 李修生主編:《全元文》第28册,鳳凰出版社,2004年,第321頁。
② 楊鐮主編:《全元詩》第55册,第125頁。
③ 吳企明:《從唐詩載錄看〈詩淵〉的價值與弊病》,《唐代文學研究》第五輯,廣西師範大學出版社,1994年,第748頁。
④ 參見陳新:《全宋詩訂補》,大象出版社,2005年,第721頁。
⑤ 楊鐮主編:《全元詩》第52册,第275頁。
⑥ 參見〔元〕杜本:《清江碧嶂集》,《歷代畫家詩文集》影印明末汲古閣刊本,第59頁。

六);一爲元末明初人陳剛(字子浩),洪武初年曾任職神木知縣(見鄭真《陳剛小傳》,《滎陽外史集》卷四六)。陳元英,《全元詩》據《詩淵》、明衷仲孺《武夷山志》、清王復禮《武夷九曲志》、《元詩選癸集》收其詩五首,其中包括《武夷詩集》出現的四首(題名有不同)。陳元英雖然生平不詳,但據《全元詩》查考,衷仲孺《武夷山志》、王復禮《武夷九曲志》均題其爲元人,趙琦美《鐵網珊瑚》、卞永譽《式古堂書畫彙考》著録陳元英題畫詩,在元人陳旅與元明之際人全思誠之間,因此判定陳元英爲元人,①其説可從。林錫翁、張仲信爲元人的相關考證見上文,在此不再贅述。楊希古,生平不詳,其《武夷》一詩,《元詩選癸集》據明卓有見《武夷山志》輯收,《全元詩》又據《元詩選癸集》輯録,加之《武夷詩集》將其視爲元人録於卷二,相比《詩淵》所載,其爲元人更加可信。

綜合來看,儘管《武夷詩集》有編纂粗率的問題,如人名重列、錯誤,稱呼不統一,詩文中偶有誤字出現等,②但瑕不掩瑜。這部由武夷沖佑萬年宫道士張一村編纂的武夷山詩歌總集,集中收録了宋元人歌詠武夷風光的大量詩作,具有文獻校勘、輯佚,輔助判斷詩歌誤收、誤署等價值。作爲一部稀見的元人總集,《武夷詩集》應爲學者所知,並引起足夠的重視。

杜春雷　四川大學古籍整理研究所　副研究員

---

① 參見楊鐮主編:《全元詩》第 24 册,第 253 頁。
② 人名重列,如"李左史""李綱"實爲一人,却並行重列;人名錯誤,如"留元綱""留元剛"並行;詩文誤字,如張之翰《游武夷》,"平明一葉舟"中的"平明",誤作"年明"等。

麥都思與《馬可福音》中譯本

馬小鶴　楊麗瑄　王　系

一、引言：燕京藏《馬耳可書》

哈佛燕京圖書館藏《聖馬耳可傳福音書》一册（簡稱《馬耳可書》），共45葉，封面題《新遺詔書第二本》（圖1），第一葉正面題《聖馬耳可傳福音書卷二》（圖2）。哈佛綫上目錄（HOLLIS）將其譯者定爲麥都思（Walter Henry Medhurst，1796—1857），出版年代定爲1837年；在注釋中說明："參閱偉烈亞力（Alexander Wylie）《在華新教傳教士紀念錄》第31頁。《新遺詔書》主要是麥都思的譯作。巴塔維亞（Batavia），1837年。修訂版出版於新加坡（Singapore）和塞蘭坡（Serampore）。"

2020年10月26日，香港中文大學周歌珊博士發來電子郵件，提出此書恐非麥都思及其同事之作，而與馬禮遜—米憐（Morrison-Milne）版吻合。我們查證了有關資料，並與周歌珊繼續通訊討論。

《在華新教傳教士紀念錄》第31頁曰：

> 25.《新遺詔書》*Sin ê chaóu shoo*。《新約》。325葉。巴塔維亞，1837年。石印。此本名義上是1835年由麥都思、郭實臘（Gützlaff）、裨治文（Bridgman）和馬儒翰（J. R. Morrison）諸先生組成的委員會的勞作；但據瞭解這主要是麥都思先生的勞作，他1836年回到英國時，做了最後的修訂。此本的修訂版也在新加坡和塞蘭坡出版。《舊約》的新譯本也是郭實臘和

麥都思先生合作的成果。①

周歌珊與我們都同意,燕京藏《馬耳可書》僅封面題名《新遺詔書》與巴塔維亞版麥都思譯本書名相同,但實難據此斷定45葉的燕京藏《馬耳可書》是325葉的麥都思譯《新遺詔書》的一部分。

 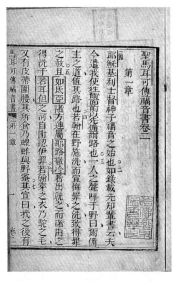

圖1　燕京藏《聖馬耳可傳福音書》封面　　圖2　燕京藏《聖馬耳可傳福音書》第一葉正面

張美蘭教授在其2013年出版的目錄提要中著錄了《馬耳可書》的索書號、書名、膠片號碼、HOLLIS號碼(括弧裏的字是筆者校正的):

【192】TA 1977.63 C1873 聖馬耳可傳福音書 C-043 B131
008127424

新遺詔書第二本,聖馬耳可傳福音書,十六章。半頁(葉),框10×13 cm,8行,行22字,白口,四周雙邊,版心上鐫書名,中鐫章次,共45頁(葉)。

【按】從用字看,該書與《耶穌基利士督我主救者新遺詔書》(1813,C-0238 B24)分册卷二《聖馬耳可書》相同,也用"啞吶"。

《聖馬耳可傳福音書》正是《耶穌基利士督我主救者新遺詔書》(1813,C-0238 B24)中第二本——十六章,共52頁(葉),兩者版式不一。

---

① Wylie, A., *Memorials of Protestant missionaries to the Chinese: giving a list of their publications, and obituary notices of the deceased. With copious indexes*, Shanghai: American Presbyterian Mission Press, 1867, p. 31. https://www.google.com/books/edition/Memorials_of_Protestant_Missionaries_to/jRQQAAAAIAAJ?hl=en&gbpv=1&printsec=frontcover 2020/10/31 (簡稱 Wylie, *Memorials*)

Cf. Wylie. Memorials. p.31. 新遺詔書 chiefly the work of Mr. Medhurst. Batavia, 1837. Modified editions were published at Singapore and Serampore.

【作者】Walter Henry Medhurst, 1796-1857.①

周歌珊與我們也都同意,從内容來看,燕京藏《馬耳可書》與馬禮遜(Robert Morrison, 1782—1834)所譯《耶穌基利士督我主救者新遺詔書》(1813)分册《聖馬耳可書》幾乎完全相同,但版式不同。馬禮遜譯《新遺詔書》有多種版本,燕京藏《馬耳可書》屬於哪個版本呢?

馬禮遜是第一位來華的新教傳教士。1807年,馬禮遜受倫敦傳教會(London Missionary Society)差派,抵廣州傳教譯經。1808年,在大英聖書公會(British and Foreign Bible Society,簡稱BFBS)資助下,開始翻譯聖經。1813年完成並於廣州出版整本新約,書名爲《耶穌基利士督我主救者新遺詔書》,以綫裝出版,大開本,總計8册②,爲楷體。燕京圖書館藏有一部,其第2册首葉正面題"聖馬耳可傳福音書"。③ 張美蘭認爲:"從用字看,燕京圖書館還藏有單行本,如:《聖馬耳可傳福音書》(1837)C-0343 B131,……但是没有任何其他的序言等,所以不知作者和出版社。"④

我們與澳大利亞西悉尼大學王智勤(Kenny Wang)博士探討了燕京藏《馬耳可書》的版本,我們一致同意,這是1815年在廣州出版的馬禮遜新約中文譯本,書名爲《耶穌基利士督我主救者新遺詔書》,以綫裝小開本出版,總計8册,爲仿宋體。其中第二本封面左邊黏貼上去的書名籤題爲"新遺詔書第二本",右上部黏貼上去的書名籤題爲"第二本 馬耳可書"(圖3),第一葉正面題爲"聖馬耳可傳福音書卷二"(圖4)。⑤ 燕京藏《馬耳可書》即這套書的第二本。

---

① 張美蘭:《哈佛燕京圖書館藏晚清民國間信教傳教士中文譯著目録提要》,廣西師範大學出版社,2013年(簡稱:張美蘭2013),第183頁。Wylie, *Memorials*, pp.5-6.

② Wylie, *Memorials*, pp.5-6. 劉平,《馬禮遜譯本版本考:兼從版本對比的角度分析譯名上的影響》,http://www.ccsana.org/ccsana/library/china/9_1_71.html 2020/10/31。*Historical catalogue of the printed editions of Holy Scripture in the library of the British and Foreign Bible Society*, compiled by T. H. Darlow and H.F. Moule, London: Bible House, 1903-1911(簡稱 British and Foreign Bible Society. Historical catalogue), v.2, pt.1, pp.183-184, no.2459 説馬禮遜譯新約初版於1814年初,燕京藏本及其他圖書館藏本通常編目爲1813年。

③ https://iiif.lib.harvard.edu/manifests/view/drs:432070515 $ 1i 2020/10/31.

④ 張美蘭2013,第93—94頁。

⑤ https://digital.staatsbibliothek-berlin.de/werkansicht/? PPN = PPN3308103303 2020/10/31 原書藏柏林國立圖書館(Staatsbibliothek zu Berlin),但誤編爲1813年版,譯者也在馬禮遜之外,誤增了麥都思。參閲: British and Foreign Bible Society. Historical catalogue, v.2, pt.1, p.184, no.2460.

对燕京藏《马耳可书》是否麦都思所译的考订,引发了我们以《马可福音》中译本为中心,一窥麦都思译经思想与实践的演进发展。

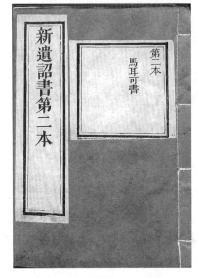 

图3　马礼逊(1815)《新遗诏书》第二本封面　　图4　马礼逊(1815)《新遗诏书》第二本第一叶正面

二、麦都思的圣经汉译

麦都思15岁在伦敦跟随一位印刷工人当学徒,掌握了印刷技术。他1816年应聘为英国伦敦会麻六甲印刷所的印刷工人,1819年被按立为牧师,1821年前往巴塔维亚(今雅加达)宣教,开办印刷所。此印刷所与麻六甲印刷所、新加坡印刷所鼎足而三,后成为伦敦会在南洋的主要出版基地。

在1827年或1828年,麦都思就曾直言不讳地指出过马礼逊《圣经》汉译本"外国的、蹩脚的风格",试图说服马礼逊合作对其新约译本进行共同的修订,但并未成功。1834年8月,马礼逊去世不久,麦都思就着手开始翻译一个全新的《圣经》中文本。1836年1月前,麦都思及其助手朱德郎等已经修订完成了整个《新约全书》中译本。① 马礼逊与麦都思代表了两种不同的翻译思想,马礼逊倾向直译,而麦都思倾向意译。马礼逊想以一种雅俗共赏的中文"俗语"或"普通语言"来翻译圣经,而不是只有受教育者才能明白的高雅、古典的语言,而后者正是

---

① [美]韩南撰,段怀清译:《作为中国文学之〈圣经〉:麦都思、王韬与"〈圣经〉委办本"》,《浙江大学学报(社会人文科学版)》2010年第2期,第16—22页。

麥都思當時所追求的。①

麥都思等人決定先在巴塔維亞、新加坡和麻六甲三地印刷修訂本新約中譯本，1836年2月麥都思從中國回到巴塔維亞，即以石印開始印刷。倫敦會要求他回英國一趟，他於1836年4月底啓程，在英國期間，爲了向聖書公會請求認可與資助印刷修訂版新約，他撰寫了《就新版中文聖經譯本致大英聖書公會備忘録》，其後附有對馬禮遜譯本《馬太福音》的詳細評注建議，於1836年10月28日完成。②

麥都思赴英之前，將新約中譯本印刷之事交給助理傳教士楊（William Young, ？—1886）照料。1836年底楊報導説，已完成第一版一千部，每部325頁，裝訂成兩册。而第二版也已印成了一部分。1838年10月，楊又報導第三版已經完工，仍是一千部。不過由於修訂引起争議，第三版和尚未分發的第二版都停止分發。

麻六甲方面完全不同。當地的倫敦會傳教士戴爾（Samuel Dyer, 1804—1843）和伊文思（John Evans, 1801—1840）收到修訂稿後，没有付印，在1836年4月25日寫信給郭實臘（Karl Friedrich August Gützlaff, 1803—1851），列舉修訂版的五個例子，證明其未仔細用心翻譯，採用的原則極爲散漫，拒絶將修訂版付印。他們在兩天后又寫信給大英聖書公會編輯委員會（Editorial Sub-Committee）的編輯主任喬維特（Joseph Jowett, 1787—1856），表示堅决反對，列舉了六個例子，説明麥都思修訂版的錯誤或不當，並附上他們4月25日給郭實臘的信。

戴爾1835年曾對麥都思用中文編譯的四福音合參《福音調和》極力推崇，但僅僅在一年多以後，却聯合伊文思徹底否定麥都思的新譯本，不排除他一向以修訂聖經爲職志，却未能參與麥都思等人的修訂活動，從而一變而爲激烈反對。伊文思是一位古典學教師，略懂中文，學習中文知識主要是拿中文譯本與希臘原文進行比較。

喬維特11月15日收到戴、伊的信之後，要求麥都思提出答辯。麥都思在11月19日做了答辯，認爲在對方指責的十一項錯誤或不當翻譯中，屬於戴、伊自己錯誤者四項，雙方見解有異者五項，而對方言之成理者不過兩項而已。③

僅僅閲讀這些書信來往，較難理解他們争辯的細節，而1837年巴塔維亞出版的麥都思譯本當時已被禁，存世甚少，不易得見。承蒙萊頓大學中文館員馬日新

---

① 劉立壹：《麥都思與聖經〈新遺詔書〉譯本》，《東嶽論叢》2012年第10期，第95—97頁。

② "Memorial Addressed to the British & Foreign Bible Society on a New Version of the Chinese Scriptures", *Documents relating to the proposed new Chinese translation of the Holy Scriptures*, London: s.n. 1836（簡稱 *Documents*），pp.1-44.

③ *Documents*, p.54. 參閱蘇精：《中文聖經第一次修訂與争議》，《編譯論叢》第五卷第一期（2012年3月），第1—28頁。

（Marc Gilbert）先生的幫助，我們得以一睹此本，可以對有關《馬可福音》的爭辯細節作一分析。

萊頓大學圖書館藏本索書號 SINOL. Gutz 28，封面書名爲《新遺詔書》，旁署"尚德者纂"，"尚德者"是麥都思的筆名，2 卷，共 325 葉，25 公分，出版地點爲巴塔維亞，注釋中説明，即 Wylie no.25，1837 年印製。第 1 卷上有郭實臘的荷蘭文親筆題記，説明："麥都思之石印《新約》新中文譯本，第一卷—包括四福音。"①此書即上文引用過的《在華新教傳教士紀念録》第 31 頁上著録的 No.25。②

麥都思雖然做了有力的答辯，但 1836 年 11 月 25 日，委員會作出決議，拒絕了他的意見，甚至還敦促聖書公會資助的已經出版的新約修訂譯本必須禁止繼續流通傳播。同年 12 月 5 日這個決議得到了總委員會（General Committee）的追認。③

但聖書公會對修訂版《新遺詔書》的否定並没有使麥都思氣餒，他同年 12 月 18 日寫的《就計畫中的聖經中譯本的修訂致倫敦傳教會董事們的一份備忘録》中，指出了未來聖經修訂的模式：讓所有在華傳教士都參與譯經，完稿後彼此互審，再集合統一校對，修訂成最終譯本。④ 這種思路在"委辦本"聖經的翻譯中得到了貫徹。

委辦本的翻譯，過程曲折複雜，在此不贅。⑤ 1843 年 8 月英美各傳教機構舉行關於聖經翻譯的會議，會議代表通過決議，承認麥都思所主譯的《新遺詔書》較優，以此譯本爲底本進行修訂。以麥都思爲主，與王昌桂（王韜之父）合作，1848 年 5 月 30 日完成馬太福音，7 月 26 日完成馬可福音。1849 年，王昌桂病故，麥都思邀其子王韜承繼父職，至 1850 年 8 月 1 日譯完新約，於 1852 年出版。⑥

麥都思一方面努力完成委辦本《新約全書》，一方面清楚瞭解中國社會各階層的複雜，文言文譯本的主要讀者是士大夫，要使文化程度不高的大衆讀懂聖經，需要將聖經翻譯成方言和官話（白話）。1847 年他曾用上海方言翻譯並刊行《約

---

① https：//catalogue.leidenuniv.nl/primo-explore/fulldisplay？vid＝UBL_V1&lang＝en_US&docid＝UBL_ALMA21226208180002711&context＝L 2020/1103.

② 參閲 British and Foreign Bible Society. Historical catalogue，v.2 pt.1, p.187, no.2480，著録尺寸：24.5×15 cm。美國羅格斯大學（Rutgers Univ.）圖書館、紐約公共圖書館和耶魯大學圖書館也藏有此書。

③ *Documents*, pp.54-55.

④ "Memorial Addressed to the Directors of the Missionary Society on the Projected Revision of the Chinese Scriptures"，*Documents*, pp.56-65.

⑤ ［美］韓南撰，段懷清譯：《作爲中國文學之〈聖經〉：麥都思、王韜與"〈聖經〉委辦本"》，第 23—37 頁。

⑥ 燕京圖書館藏有一部 1854 年香港英華書院出版的委辦本《新約全書》https：//iiif.lib.harvard.edu/manifests/view/drs：54456133 ＄ 1i 德國國立圖書館藏有一部上海墨海書館 1853 年出版的委辦本《新約全書》：http：//resolver.staatsbibliothek-berlin.de/SBB00009B1000000000 2020/11/08。

翰傳福音書》。① 麥都思與其他傳教士及佚名南京人合作,翻譯南京官話《新約全書》,至1854年已翻譯近半。1857年上海墨海書館印行了南京官話《新約全書》。②

我們下面即以戴爾、伊文思指責麥都思譯本馬可福音的三處爲例,對照馬禮遜譯本與麥都思1837年文言譯本的異同,分析戴、伊的指責與麥都思的辯解。並進而看看麥都思通過這場辯論,如何在委辦本中修訂自己的翻譯,以及最後如何在南京官話譯本中向大眾普及。南京官話譯本明白易懂,我們不僅著錄有過爭議的文句,而且著錄整個有關段落,以便更好地理解上下文。

三、《馬可福音》第一章第一節

戴、伊指責《馬可福音》修訂譯本的第一處是其第一章第一節。燕京藏《馬耳可書》(即馬禮遜譯本1815年版)第1葉曰:

<u>耶穌基利士督神子福音之始也</u>。

萊頓藏麥都思修訂本1837年版第1葉正面曰:

<u>上帝之子,耶穌基督,始傳福音,乃如左</u>。

以往的研究者已經指出,修訂本將"神"改譯爲"上帝(God)",將"基利士督"改譯爲"基督(Christ)",均爲後世譯本所廣泛接受。尤其是將基督教的最高神譯爲"上帝",影響深遠,否則太平天國的拜上帝會無由得名。但是,戴、伊沒有對這些修訂提出任何意見,而是對"乃如左"提出批評,認爲其用詞不當。麥都思則爲修訂本辯護,認爲伊文思和戴爾自己沒有掌握中文的有關用法。③

在燕京藏委辦本中,麥都思放棄了"乃如左"這一用法(第十八葉正面):

<u>上帝子、耶穌基督</u>,福音之始也。

爲了更好地瞭解整個施洗約翰傳道的故事,我們著錄1857年版南京官話本有關內容如下(第三十葉正面):

這本書是要講明上帝的兒子耶穌基督福音起頭的事。在先知書上,有上帝的話道:"我打發我的使者,在你面前,預備你的道路。在曠野有聲音喊道:

---

① Wylie, *Memorials*, p.34, no.38.

② http://resolver.staatsbibliothek-berlin.de/SBB00009B0F00000000 劉立壹指出,1856年上海墨海書館出版的麥都思、施敦力(John Stronach, 1810—1888)譯《新約全書》(南京官話譯本)只包括四福音書和使徒行傳。參閱劉立壹:《麥都思的翻譯、學術與宣教研究》,山東大學博士學位論文,2013年,第177頁。

③ *Documents*, pp.47, 53.

'預備上主的道兒,修直他的小路。'"約翰在荒野行洗禮,傳悔罪的道理,替人家施洗,可以免罪。猶太全地、耶路撒冷城的人,出來見他,各人認自己的罪,就在約旦河受約翰的洗禮,約翰身上穿的是駱駝的毛,腰上束的是皮帶,吃的是蝗蟲和野蜜。他說道:"在我後面來的一個人,比我更大,就是跪下,替他解鞋帶,我還不配呢。我是用水行洗禮的,他是用聖神替你們行洗禮咯。"

四、《馬可福音》第四章第三十六節

第二處是《馬可福音》第四章第三十六節。燕京藏《馬耳可書》第 10 葉正面曰:

> 伊等既使衆往去,即帶耶穌仍在船,而隨之另有小船。

萊頓藏麥都思修訂本第 45 葉反面曰:

> 既撒衆歸,則請耶穌下船,亦有他舟陪駛。

戴、伊在信中指責:

> 在《馬可福音》第 iv 章第 36 節中,修訂的譯本曰:"既撒衆歸,則請耶穌下船""Having dismissed the multitude, they requested Jesus to enter the ship." 希臘文作: παραλαμβάνουσιν αὐτὸν ὡς ἦν ἐν τῷ πλοίῳ。看到這樣的翻譯,我們實在不知所措;我們僅將其歸因於粗枝大葉。確實,在我們閱讀的幾乎每一頁中,最雷人的證據觸目皆是;我們説,粗枝大葉;因爲我們不能相信,那些把這樣的修訂本送到我們面前來的譯者,也可能對希臘文原文一無所知;但是,我們不能不得出這樣的結論:修訂者們一定沒有,甚至根本不能查閱原文,或者只是略加參閱而已。
>
> 在做出我們的批評時,我們認真地、最小心地參考了希臘文、敍利亞文和阿拉伯文文本;我們在任何地方都找不到像修訂本這樣隨心所欲的翻譯。①

與"既撒衆歸,則請耶穌下船"相應的希臘文應爲: καὶ ἀφέντες τὸν ὄχλον παραλαμβάνουσιν αὐτὸν ὡς ἦν ἐν τῷ πλοίῳ。② 麥都思辯解道:

> 在《馬可福音》第 iv 章第 36 節中,他們抱怨説修改者沒有充分注意希臘文原文;但是,他們是否要我們譯成:門徒們將耶穌抱在懷裏,把他帶到船

---

① Documents, p.49.

② The Gospel of Mark, part of The Holy Bible, the ancient Greek text, alternating verse by verse with A new translation from the Greek by David Robert Palmer, Nov. 2019 edition, p.20. https://bibletranslation.ws/trans/markwgrk.pdf 2020/11/21.

上,就像他仍在船上一樣? 當然,簡單的含義肯定是,他們扶他下了船;中文就表達爲:請他下船。①

這一段辯論相當清楚地顯示了馬禮遜直譯和麥都思意譯之差别。這句希臘文的含義本身比較費解。② 馬禮遜力求忠於希臘文原文,翻譯爲"即帶耶穌仍在船",但比較費解。麥都思意譯則簡單明瞭:"則請耶穌下船",但不太契合希臘文原意。翻譯要達到"信雅達"的標準,固非易事。

在燕京藏委辦本中,麥都思顯然在力求譯文簡單明瞭的同時,努力使譯文儘量貼近希臘文原文(第二十葉正面):

耶穌在舟,門徒卽散衆,則與耶穌偕往,他舟同行。

南京官話本關於耶穌平息風浪的故事寫道(第三十三葉反面):

晚上耶穌對學生説道:"我們到對面的岸上去!"耶穌在船上,學生們已經叫衆人散了,就同耶穌一塊兒去,有别個船同走。忽然刮起大風,有波浪打進艙裏,滿船的都是水。耶穌在船艄上靠着枕子睡覺。學生們把他叫醒,説道:"先生,爲什麽不照應我們呢? 我們將要死了。"耶穌起來,喝駡這風,對着海説道:"好生安静!"那風就止了,浪也平了。耶穌對學生説道:"你們爲什麽這樣的害怕? 爲什麽不信我呢?"衆人實在驚疑,彼此相問道:"這個是什麽人? 連風同海都順從他了?"

五、《馬可福音》第六章第十七節

第三處是《馬可福音》第六章第十七節。燕京藏《馬耳可書》第14葉正面曰:

蓋希羅德自差人出捉若翰,而在監縛之,因厥弟兄腓利百妻子希羅太亞其自所娶者。

萊頓藏麥都思修訂本第45葉反面曰:

昔者希囉得擒約翰下獄,乃爲希囉太亞之事。此婦本係希囉得弟非立之婦,而希囉得私通之。

戴、伊在信中指責:

---

① Documents, p.53.

② The Gospel of Mark: a commentary on the Greek text, by R.T. France, Grand Rapids, Mich.: W. B. Eerdmans; Carlisle: Paternoster Press, 2002, p.223. 王喬安(Joanna Elizabeth Wang)建議將這句希臘文直譯爲:"Having dismissed the crowd, they take Him along, such as he was, in the boat"。

在《馬可福音》第 vi 章第 17 節中，我們讀到：διὰ Ἡρῳδιάδα τὴν γυναῖκα Φιλίππου τοῦ ἀδελφοῦ αὐτοῦ, ὅτι αὐτὴν ἐγάμησεν；這段翻譯爲，[此婦本係希囉得弟非立之婦，而希囉得私通之。]"This woman was originally the wife of Philip, Herod's younger brother and Herod SECRETLY HAD INTERCOURSE WITH HER."

這可能是解釋，但不是翻譯；我們不知道在新約中有任何地方 γαμέω 意爲[私通]，到目前爲止，這段文句中的這個例子，看來是不加掩飾、獨斷專行的最公開和露骨的做法。

麥都思辯解道：

在《馬可福音》第 vi 章第 17 節中，批評的矛頭看來是反對使用"私"字，我承認，"私"字可以被省略。之所以使用"通之"一詞，是因爲中文從未將"娶"一詞用於亂倫。①

伊文思和戴爾對這一節修訂本譯文的批評，主要仍然是強調麥都思不忠實于希臘文原文。希臘文 γἄμέω 既可以意爲"結婚""娶"(to marry, take as a wife)，也可以意爲"當作情人"(to take as a lover)。② 此處希臘文可直譯爲：因其與自己的兄弟非立(Φιλίππος，又譯腓力)之妻希囉太亞(Ἡρῳδιάς，又譯希羅底)結婚/私通。③ 非立很可能爲希囉得(Ἡρῴδης，又譯希律)的同父異母的弟弟，希囉得與其妻希囉太亞結婚，顯然違反猶太教《利未記》中的婚姻法，《利未記》20：21 曰："人若娶弟兄之妻，這本是污穢的事，羞辱了他的弟兄，二人必無子女。"④

在這句中，中文是否不宜用"娶"來翻譯，而宜於用"私通"或"通"來翻譯希臘文 γαμέω？《大清律例》"娶親屬妻妾"條曰："若兄亡收兄嫂、弟亡收弟婦者(不問被出改嫁俱坐)，各絞。"另有"親屬相奸"條曰："若奸從祖祖母(祖)姑、從祖伯叔母(從祖伯叔)姑、從父姊妹、母之姊妹及兄弟妻、兄弟子妻者，(奸夫、奸婦)各(決)絞(……)，强者(奸夫決)斬(……)。"⑤《大清律例》繼承歷代法律，將與兄

---

① *Documents*, pp.49, 53.

② "γἄμέω" in：*The Brill Dictionary of Ancient Greek*, edited by：Franco Montanari. Consulted online on 05/11/2020 ⟨https：//dictionaries-brillonline-com.ezp-prod1.hul.harvard.edu/search#dictionary=montanari&id=25212⟩ First published online：July 2015.

③ *The Gospel of Mark*, part of *The Holy Bible*, p.26. https：//bibletranslation.ws/trans/markwgrk.pdf 2020/11/05 王喬安建議將這句希臘文直譯爲："… on behalf of Herodias, the wife of his own brother Philip, because Herod had married her/taken her as wife/had intercourse with her."

④ *The Gospel of Mark: a commentary on the Greek text*, by R.T. France, pp.254-257.關於圍繞這個故事的複雜的歷史問題，在此不贅。

⑤ 《大清律例》，卷十、三十三，清文淵閣四庫全書本。

弟的妻子結婚視爲亂倫,處以極刑,但仍然稱之爲"娶"。"娶親屬妻妾"與"親屬相奸"是分得很清楚的。

麥都思恐未充分瞭解中文"娶"和"通"(或"私通")之區別。希囉得與希囉太亞結婚,從猶太教《利未記》婚姻法來看,是亂倫。施洗者約翰(John the baptizer)指責希囉得娶希囉太亞爲亂倫,終於被殺。從中國法律的角度看,希囉得與希囉太亞結婚也是亂倫,但並非"親屬相奸",而是"娶親屬妻"。馬禮遜用"娶"要優於麥都思用"私通"(或"通")來翻譯希臘文 γαμέω。

在燕京藏委辦本中,麥都思也放棄了"私通"或"通",而用"娶"來翻譯希臘文 γαμέω(二十一葉正面):

> 初,希律遣人執約翰繫獄,以希律娶兄弟腓力妻希羅底。

南京官話本這樣講述施洗約翰之死的故事(第三十五葉):

> 所以耶穌的名聲傳揚出來。希律王聽見耶穌的事,説道:"這個人,定是施浸禮的約翰死而復生,所以會做這能幹的事啊。"有人説道:"這個是以利亞。"有人説道:"是先知的人,好像古時先知内裏的一個。"希律聽見説道:"這個人是我所斬的約翰,死而復生的啊。"從前希律打發人捉約翰放在監裏,爲的是希律曾娶兄弟腓立的妻子希羅底。約翰勸他道:"收兄弟的妻子,不合道理的。"希羅底也爲這件事恨約翰,想要殺他,總不能彀。因爲希律曉得約翰是個好人,是個聖人,素常聽他所説的話,便依着去做的,又歡喜受他的教,恭恭敬敬地保護他。剛剛希律壽誕的日子,擺設宴席,請許多文武官員,和加利利尊貴的人。希羅底的女兒進來跳舞,希律王和在席的人都歡喜。王對女兒説道:"但凡你要的東西求我,我就給你。"而且發誓道:"你所要的東西,就是國度的一半,我也要給你的。"女兒出去問母親道:"我應該要什麽的好呢?"母説道:"施洗約翰的頭。"女兒急忙進來,見王道:"我要施洗約翰的頭,請你放在盤子上,賜給我罷。"王十分憂悶,但是已經發過了誓,又見同席的人,都在這裏,難以拒絶,因而打發兵丁去取約翰的頭來。兵丁就在監裏斬了約翰,把頭放在盤上,賞給女兒,女兒拿來遞給母親。約翰的學生聽見這件事,就來收屍,葬在墓裏。

六、結　語

因爲要調查燕京藏《馬耳可書》是否麥都思譯本,我們通過萊頓大學中文館員馬日新得以一睹麥都思譯本 1837 年巴塔維亞版《馬可傳福音書》,並確定燕京藏《馬耳可書》並非麥都思譯本《新遺詔書》之一部分,而是馬禮遜譯本《新遺詔書》1815年版的第二本。從而引發了我們對馬禮遜和麥都思三種譯本《馬可福音》的比較。

馬禮遜漢譯《聖經》,篳路藍縷,功不可没。他來華前,謄抄了一份法國外方傳教會傳教士白日升(Jean Basset,1662—1707)漢譯的四福音、保羅書信,作爲其漢譯新約的參考。① 以此爲基礎,他到華才七年,就完成了新約的漢譯,但早在1826年已有傳教士提議再出一部更爲雅順的《聖經》中譯本。

在1827年前後,麥都思將自己漢譯的《馬太福音》前五節寄給馬禮遜,意在與馬禮遜合作修訂其譯文,但未爲馬禮遜所接受。1834年,麥都思編譯了《福音調和》②,成爲其以後翻譯四福音的基礎。1836年,麥都思完成其新約漢譯,隨即在巴塔維亞印刷出版。但新譯本受到了麻六甲傳教士戴爾與伊文思的批評,其中涉及《馬可福音》者有三處。我們比較馬禮遜舊譯本與麥都思新譯本,必須承認,馬禮遜譯本確實"很古怪,中國人聽起來佶屈聱牙;譯者無疑是盡力忠於原文的,但他們可悲地犧牲了中文的風格和習語"③。

麥都思非常重視與中國士人的合作,其《新遺詔書》就是與朱德郎合作的產物,追求更有古文風格的"深文理"(典雅的文言文)。戴、伊的批評,未免有吹毛求疵或小題大做之嫌,或許還有個人的偏見夾雜其間。而聖書公會諸公並不通曉中文,偏聽一面之詞,否決了新譯本。但實際上,麥都思譯《新遺詔書》比馬禮遜譯本更爲雅順與達意,在此後十至十二年間是在華及南洋新教教會的主要聖經譯本,被廣泛採用。④ 郭實臘後來多次修訂了麥都思的《新遺詔書》,發行了十多版,書名《救世主耶穌新遺詔書》。⑤ 郭實臘修訂本被太平天國所採用,書名爲《新遺詔聖書》,於太平天國癸好三年(1853)出版發行。⑥ 麥都思1853年談到太平天國所刻聖經時説:"《新遺詔聖書》是採用我和郭實臘1835年的譯本,……叛軍逐字

---

① 趙曉陽:《二馬聖經譯本與白日升聖經譯本關係考辨》,《近代史研究》2009年第4期,第41—59頁。

② 尚德者(麥都思)纂:《福音調和》,巴塔維亞,1834年。澳大利亞國立圖書館存卷下(卷五至八)。http://nla.gov.au/nla.gen-vn1805394 哈佛燕京圖書館存卷六至七。http://nrs.harvard.edu/urn-3:FHCL:32699642 2020/11/13。

③ 麥都思所引中國信徒梁發對舊譯本的批評,見 Documents, p.5。

④ 賈立言(A. J. Garnier)、馮雪冰:《漢文聖經譯本小史》,上海:廣學會,1934年,第29頁。

⑤ 哈佛燕京圖書館藏有未標明年代的一部 http://nrs.harvard.edu/urn-3:FHCL:30435103 標明"道光十九年(1839)鐫"的一部 http://nrs.harvard.edu/urn-3:FHCL:326581962020/11/14 另有屬於這部書的《馬可傳福音書》等單本多種。

⑥ 澳大利亞國立圖書館藏有卷一《馬太傳福音書》http://nla.gov.au/nla.gen-vn20336812020/11/14 參閱趙曉陽:《太平天國刊印聖經底本源流考析》,《清史研究》2010年第3期,第75—82+137頁。

仿刻"郭實臘新約修訂本"的最早版本之一"。① 實際上，麥都思譯的《新遺詔書》是太平天國《新遺詔聖書》的源頭版本，在歷史上有其特殊意義。

但是，戴、伊挑出來的麥都思譯《新遺詔書》的《馬可福音》三處文句也確有改進餘地。我們從此後麥都思主持的委辦本有關文句中即可看出這點。委辦本第一章第一節放棄了"乃如左"這個習語；第四章第三十六節接受了"耶穌在舟"這個短語；第六章第十七節放棄了"私通"，接受了"娶"這個詞彙。委辦本一方面繼承了麥都思譯《新遺詔書》追求典雅文言的優點，另一方面，又力求更切近原文，是公認的優秀文言譯本。

麥都思極有語言天才，在麻六甲學會馬來語、漢語和多種中國方言，1838年出版英文的《中國的現狀與傳教展望》②，對中國歷史與文明有全面而深入的瞭解。1843年到上海傳教，曾搭輪船深入江浙，瞭解絲茶產業，用英文寫出《中國內地一瞥——在絲茶產區的一次旅行所見》③，對中國的民間也相當瞭解。他深知文言譯本聖經固然適宜向中國士大夫傳教，但要面向大眾，尚需官話譯本聖經。麥都思完成南京官話譯本聖經之際，正是教會組織熱衷於向太平天國發送百萬聖經的時期，到1869年，官話本發行達10萬冊④，可能全部都是南京官話譯本，可見其在江南傳播之廣。麥都思譯南京官話譯本語言比較粗糙，失去了委辦本的雅致，但它是中國近代第一本聖經官話譯本，開創了以官話翻譯聖經的新方向，並從而對中國新時代白話文學的發軔起到了推動作用。⑤

馬小鶴　哈佛大學燕京圖書館　中文館員
楊麗瑄　哈佛大學燕京圖書館　中文館員
王系　哈佛大學燕京圖書館　中文館員

---

① Letter of Medhurst to LMS, from Shanghai, Dec. 29, 1853. Jost Oliver Zetzsche, Bible in China: The History of the Union Version or the Culmination of Protestant Missionary Bible Translation in China, Sankt Augustin: Monumenta Serica Institute, 1999, p.72.

② *China, its state and prospects, with special reference to the spread of the gospel: containing allusions to the antiquity, extent, population, civilization, literature, and religion of the Chinese*, by W. H. Medhurst, Boston: Crocker & Brewster, 1838.

③ *A glance at the interior of China: obtained during a journey through the silk and green tea districts taken in 1845*, by W. H. Medhurst, Shanghae: Printed at the Mission Press, 1849.

④ *A century of Protestant missions in China (1807-1907) being the Centenary conference historical volume*, edited by D. MacGillivray, Shanghai: Printed at the American Presbyterian Mission Press, 1907, p.558.

⑤ 參閱周作人：《聖書與中國文學》，《小說月報》1921年第12卷第1期，第1—7頁。

人物 版本目錄學研究

百擁樓主人鄒百耐遺事及貢獻

邵　妍

在著書、出書、讀書、藏書的過程中有個環節是不能忽視的,那就是業書,或者稱爲販書、流通。研究者通常把眼睛盯到大藏書家身上,對處在書籍流通中間環節的業書者却往往關注不够。他們或從敗落的人家,或在故紙堆中,把書籍撿選出來,用專業知識加以分等,把其中的善本送到藏書家手中,使之得以流傳於世。可以説,近人談"版本學",其中一些經驗和方法即來自販書者。

鄒百耐就是出色的販書者之一,只是相比孫殿起、王文進、羅振常等著名書商來説事跡不顯。遍查《文獻家通考》《江蘇藝文志·蘇州卷》等書,均無鄒百耐的詳細介紹,僅從來新夏主編的《清代目録提要》[①]找到寥寥數字:"近代吴縣人,書賈,有百擁樓書倉。"由於資料稀缺,筆者只能通過"百耐眼福"這方印章和零星的材料,做些鈎沉索引的工作,以期窺見鄒百耐的生平和業書情況,以免這位在文化史上有貢獻的人沉没于無聲息中。

一、鄒百耐生平與家世

鄒百耐,名紹樸,生卒年無考,乃清末翰林鄒福保(1852—1915)之子,曾在蘇

---

① 來新夏:《清代目録提要》,齊魯書社,2007年,第119—122頁。

州塔倪巷家中經營百擁樓書肆①。雖鄒百耐生年不可考,但依然能覓得一點蛛絲馬跡。鄒百耐在《雲間韓氏藏書題識彙錄自序》②中寫道:

> 余少隨先侍講京寓,國變南歸。侍講公著述之暇,輒喜考訂羣籍,命司整治之役,因得略施刊籍源流……丁卯冬,家居無俚,挈椠書爲易米計,與遠近通人往還探討,經眼既多,隨諧甄別……

"先侍講",即鄒百耐的父親鄒福保,字詠春,號芸巢,晚號"巢隱老人",光緒十二年(1886)丙戌科一甲第二名進士,授翰林院編修,歷典江西、福建鄉試,光緒二十三年(1897),升爲翰林院侍講,充順天府鄉試同考官。鄒福保博學多才,愛好藏書,一生著述甚豐。③

鄒百耐少時隨父寓居京師,算是世家公子。鄒福保在京做官時間是1907年之前④,由此推知,鄒百耐生年應不早於1890年。辛亥革命後,隨父南下。不久鄒福保去世,家道中落。丁卯(1927)冬甚至到以書易米的境地,這也應該算是他業書事業的開端,只不過賣的是自己的家藏。

鄒百耐深得家學,具備較高的古籍考鑒水平。據《蘇州狀元》一書記載,"鄒福保藏書多達10萬餘卷⑤……次子鄒紹樸,'有父風,能繼承父志'。"《自序》中也描述隨父治學的情況:"侍講公著述之暇,輒喜考訂羣籍,命司整治之役,因得略施刊籍源流。"鄒百耐在隨父整理古籍的過程中,善本考鑒能力能夠得到較大提升,這對其經理古書無疑有巨大的幫助。

鄒百耐在經營書店的理念上也受到了父親的影響。鄒福保著述中有很多平實易懂、經世致用的書籍,像《褒孝文編》《紳範》《讀書燈》《文鑰》等,多是普通讀者常買的讀物。鄒福保的著述理念與書店經營理念不謀而合,因爲書店的日常運轉終究要靠經營需求量大、普及性强的讀物。

---

① 在開設"百擁樓"之前,鄒百耐曾與屈伯剛合設"百雙樓"書店於護龍街怡園旁,後因意見不合而分開。參見江澄波:《古刻名抄經眼錄》,江蘇人民出版社,1997年,第46頁。

② 鄒百耐纂,石菲整理,陳先行審定:《雲間韓氏藏書題識彙錄》,上海:上海古籍出版社,2013年。

③ 關於鄒福保著述的記載,此不再詳述。參看蘇州市平江區地方誌編纂委員會:《平江區志》(下册),上海社會科學院出版社,2006年,第1509頁。

④ 光緒三十三(1907)年十月,鄒福保因感於時局多變引疾呈准開缺,離京還鄉。辛亥革命後,閉門養疴,不與世事,以訪書、吟詩自譴。參看李嘉球:《蘇州狀元》,上海社會科學院出版社,2003年,第250頁。

⑤ 臺灣圖書館藏明萬曆刻《秦漢文鈔》,即爲鄒福保舊藏,上有其手書題記及印記。參看臺灣圖書館:《善本書志初稿》(集部第三册),1997年,第402頁。

據吳梅①《日記》,知百耐有女②,後過繼一子。《日記》云"(一九三一年十一月)十一日。天果雨。早起見客。午時赴鄒百耐之召,蓋百耐是日立嗣也"③。中華人民共和國成立後,百耐行蹤無考,後人也早已遷居異地,尋訪不得④。

作爲一名書商,鄒百耐不僅販賣書籍,印刷書籍,還經理不易得的古籍善本⑤。而讓鄒百耐聲名鵲起,獲利頗豐的當屬郵介松江韓氏善本的業務。

二、鄒百耐經手松江韓氏善本書籍的情況

鄒百耐所經手過的韓氏善本目前主要分藏於中國國家圖書館、上海圖書館、臺灣圖書館等處,上鈐"百耐眼福"印章。筆者所能搜羅到的鄒氏經手過的善本有76種,其中臺灣圖書館的《善本書志初稿》著錄66種,散見在《四庫存目標注》⑥、《柏克萊加州大學東亞圖書館中文古籍善本書志》⑦以及某些書籍、文章中的善本有9種。下文的考查主要以這76種善本爲依據。

松江韓氏爲清代藏書大家,歷經韓應陛、韓載陽、韓德均、韓熙四代,藏宋元明刻本、舊抄本、稿本達500餘種⑧。其中多半爲黃丕烈、汪士鐘、戈載等藏書家所藏的故物,前後所積10餘萬卷。韓氏藏書處名"讀有用書齋"。藏書印有"雲間韓氏考藏""載陽父子珍藏善本書籍印""讀有用書齋藏校善本""韓應陛鑒藏宋元名鈔名校各善本于讀有用書齋印記""松江讀有用書齋金山守山閣兩後人韓德均

---

① 吳梅(1884—1939),字瞿安,號霜崖,江蘇長洲(今蘇州)人,著名的戲曲理論家和教育家、詩詞曲作家、藏書家,也是鄒百耐的堂姐夫,其《瞿安日記》常提及二人交往事。吳梅的《霜崖三劇》即將問世之際,曾委託鄒百耐代爲銷售,並曾通過鄒百耐花了上百元的廣告費,爲《三劇》行銷做宣傳。吳梅在《日記》中也曾記錄此事,"(一九三三年三月)十一日:……晚間百耐來,商酌《三劇》廣告事,留夜飯。"

② "(一九三四年七月)十四日:……晚間百耐以車來接,遂與吾婦同至塔倪巷,偕其妻女婿同往味雅晚餐,爲吾婦補祝五十……"參看吳梅:《吳梅全集—日記卷》(上),河北教育出版社,2002年,第455頁。另據韋力《著硯樓清人書劄題記箋釋》,知鄒百耐有四女,無子。參看《著硯樓清人書劄題記箋釋》,中華書局,2019年,第11頁。

③ 吳梅:《吳梅全集—日記卷》(上),第60頁。

④ 據蘇州市政協文史委夏冰先生提供綫索,後人遷往蘇州下轄的吳江區,但尋訪不得。

⑤ "(一九三三年三月)十三日:……百耐以菱翁校《南唐書》見示,頗精,而索價極昂,不果買。"參看吳梅:《吳梅全集—日記卷》(上),第294頁。

⑥ 杜澤遜:《四庫存目標注》,上海古籍出版社,2007年。

⑦ 柏克萊加州大學東亞圖書館:《柏克萊加州大學東亞圖書館中文古籍善本書志》,上海古籍出版社,2005年。

⑧ 石菲:《雲間韓氏藏書題識彙錄·整理說明》,《雲間韓氏藏書題識彙錄》,上海古籍出版社,2013年。

錢潤文夫婦之印""甲子丙寅韓德均錢潤文夫婦兩度攜書避難記""松江讀有用書齋""韓繩大(夫)①一名熙字價藩讀書印""曾爲雲間韓熙鑒藏"等。

韓氏藏書部分毀于咸豐間戰火之中,大部分在民國年間相繼散出。那麼,韓氏爲什麼要出售所藏的大部分善本呢?據李軍考證②:松江讀有用書齋韓氏出讓藏書,最初始于韓德均。韓德均經歷了1924年、1926年兩次戰事,有感於憑一己之力,終不能保全家傳之書,乃決定出讓藏書,時約在1929年。但由於售價過高,公私圖書館均無力購買,導致一再擱置。受涵芬樓善本毀於"一·二八"戰火一事影響,韓氏1933年夏再起讓書之議,委託者爲"讀有用書齋"第四代主人韓熙,鄒百耐是此次郵介。

那麼,韓氏爲什麼選擇鄒百耐作爲郵介呢?大概是因爲一方面韓熙當時年紀尚小,身邊僅有外祖父錢銘銓協理,祖孫二人無法全力操辦此事,只好找書商代爲中介。另一方面,鄒百耐作爲書商,"與遠近通人往還探討,經眼既多",深得家學,精於考鑒,有豐富的業書經驗,具備比一般書商更高一籌的古書甄別能力。而且鄒百耐對韓氏讓書之事極爲關注,韓氏剛起讓書之意,他就與王欣夫于民國二十二年(1933)六月三十日,同赴松江韓家觀書。王欣夫在學禮齋抄本《讀有用書齋書目》的題記中對此事有記載③:

> 主人號介蘩,年僅十八,彬彬有禮,佳子弟也,招待頗殷。宿東門錢氏復園,主人選青先生名銘銓,守山閣後人,而介蘩之外祖也。適館授餐,大有賓至如歸之樂,臨行又贈我《舒藝室全集》。

此外,鄒百耐身處蘇州書肆,而蘇州地區自明清以來就是圖書的中心,也是藏書家雲集的地方,適園張氏、密均樓(也作"密韻樓")蔣氏等很多著名藏書家都曾在那一帶活動。鄒百耐廣泛的人脈也便於韓氏善本書的轉讓。他與吳中學人多有交往,不僅業書有道,還積極參與到蘇州的文化事業中去,稱得上是一位八面玲瓏的文化商人,所以鄒百耐值得韓氏託付。

鄒百耐經手的松江韓氏的善本書賣給了誰呢?筆者查檢《善本書志初稿》等

---

① "近年所見如臺灣《善本書志初稿》、《祁陽陳澄中舊藏古籍善本圖錄》等書皆釋作'繩大',然黃裳、沈津等並釋作'繩夫',南圖沈燮元丈亦呼爲'繩夫',傅增湘《藏園群書經眼錄》卷十二集部一著錄韓氏舊藏明本《黃御史集》有'松江韓應陛、韓繩夫、韓德均各印',則藏園老人亦作'繩夫'明甚,故從後者",參看李軍:《松江讀有用書齋韓氏家世考》,《中國典籍與文化》,2012年(總第83期)。但本文主要以臺灣《善本書志初稿》爲依據,故從"繩大"。

② 李軍:《松江讀有用書齋韓氏讓書考——以傅增湘、張元濟論書尺牘爲中心》,《版本目錄學研究》(第3輯),國家圖書館出版社,2012年。

③ 李軍:《松江讀有用書齋韓氏家世考》,《中國典籍與文化》2012年總第83期,第62—70頁。

資料後發現,韓氏的書經鄒百耐之手后,主要的收藏者是密均樓蔣祖詒和適園張乃熊,葉恭綽、周叔弢、葉景葵等也有所獲。密均樓的書有一部分後來又讓至張乃熊和張珩。

蔣祖詒(1902—1973),字穀孫,吳興人,是藏書大家蔣汝藻(1877—1954)之子,藏書處爲"密均樓"。鄒百耐與蔣祖詒交往頗密,二人曾合輯《思適齋集外書跋輯存》①一書。鄒百耐在《思適齋集外書跋輯存跋》中記曰:

> 今秋過蔣氏密韻樓,與穀孫縱談之餘,旋出顧氏《思適齋書跋》一編示余曰:"此數年來辛勤裒輯所得,子其有以補苴之乎?"……亟謀鉛槧,以快先覩。歸就平日彙錄者補輯十數則,並向世契潘君博山徵集顧氏手跡,列之簡端,藉闡幽光而申景仰。

蔣祖詒不僅讓鄒百耐負責印行《思適齋集外書跋輯存》一書,還請鄒氏指正補闕,可見蔣祖詒非常信任鄒氏的人品和學問。

韓氏散書之時,蔣祖詒經鄒百耐得到至少31種善本,經、史、子、集均有涉及,其中不乏宋刻本和明刻本。例如宋淳熙元年(1068)錦溪張監稅宅刊本《昌黎先生集》(存二卷一冊),是黃丕烈舊藏,歸韓應陛,上有其手書"咸豐八年戊午五月朔得之滂喜園,十二月重裝"并附印記。該書是韓氏少有的幾部宋刻本之一,蔣祖詒能夠得到,足見二人交情不淺。另《絳州志》、《孫可之文集》、《歸田詩話》、《六朝聲偶集》、《皇明詩選》、《傷寒六書》、《陳伯玉集》、《韋蘇州集》(明覆宋刻本)、《守黑齋遺稿》等明刻本也歸密均樓。蔣氏還得到一些明抄本、舊抄本和清抄本。

蔣祖詒應該是通過鄒百耐得到善本最多的藏書家之一,他不僅財力雄厚,愛好藏書,有時還以書會友,曾將得自韓氏的舊抄本《南遷録》轉贈給吳湖帆,上有蔣祖詒和吳湖帆題跋②并印記:

> 明鈔本《金國南遷録》,金耿庵先生手校者,得之雲間韓氏讀有用書齋。吳縣吳氏雙林巷老屋即先生故居,因檢贈湖帆道長,以儷其所藏詩稿焉。丁丑(1937)元宵祖詒記。

> 明鈔金國南遷録爲吾鄉金耿庵先生藏舊書,有先生手校十餘處。昔藏華亭韓氏,去年韓氏書散,遂爲密韻廎主所得。廎主以吾家老屋爲先生故居,曩先祖所收耿庵先生書畫數事,今皆藏余處,因舉相贈,以符先志也。丁丑(1937)殘冬,兵事正亟,讀此録知古今似一轍也,曷勝慨嘆。漫志書後,擲筆惘然。吳湖帆。

---

① 元和顧廣圻撰、蔣祖詒、鄒百耐合輯:《思適齋集外書跋輯存》,吳縣鄒氏百擁樓印本,1935年。

② 杜澤遜:《四庫存目標注》,第588頁。

蔣祖詒的藏書印有"密均樓""蔣祖詒讀書記""祖詒審定""蔣祖詒""烏程蔣祖詒讀書記""穀孫""穀孫祕笈"等。蔣氏所藏善本後來大部分又轉歸適園張氏。

張乃熊（1890—1945），吳興縣人，張鈞衡長子。乃熊字芹伯，一字芷圃，好藏書，尤其是黃跋本。他與蔣祖詒是同鄉，與鄒百耐也應熟識。此次韓氏讓書，他直接通過鄒百耐郵介收藏了至少 23 種善本，大部分是抄本。如《九經補韻》（舊抄本）、《隸韻》（舊抄本）、《國語》（影抄宋明道二年刊本）、《黑韃事略》（明錫山姚咨烏絲欄手抄本）、《吳地記》（舊抄本）、《建康古今記》（清康熙間石門呂氏南陽村抄本）、《釣磯立談》（清刻本）等。他還有至少 15 種善本是後來陸續從密均樓得到的，如《出使錄》（明烏絲欄抄本）、《輿地廣記》（清嘉慶年間王士和手抄本）、《赤雅》（舊抄本）、《東園叢説》（明抄本）、《孫可之文集》（正德丁丑震澤王鏊刊本）、《静安八詠詩集》（元刊本）等。民國三十年（1941），乃熊以戰亂中守藏不易，有意出讓其所藏善本。當時文獻保護同志會幾經商洽，除一千多種鄉邦文獻和清代刊本外，大部分藏書均于是年十月底以七十萬元收歸中央圖書館，其中僅黃丕烈跋本即有百餘種，後來運到臺灣。①

蔣祖詒還有一部分書轉讓給張乃熊的侄子張珩（1917—1964）。張珩，字蔥玉，別署希逸，也愛好藏書。其書雖有適園舊藏，但大部分都是自己搜羅所獲。張珩收藏的松江韓氏善本至少有 11 種，如宋刊本《昌黎先生集》、明刻本《傷寒六論》《陳伯玉集》、明覆宋刻本《韋蘇州集》等，這些書都曾是密均樓所有。張珩藏書處爲韞輝齋。其藏書章有"張珩私印""韞輝齋圖書記""希逸""張蔥玉藏"等。抗戰中及抗戰勝利后，曾兩次售書於中央圖書館，韓氏讀有用書齋的善本也在之列。

葉恭綽（1881—1968）也通過鄒百耐獲得少量善本。葉氏與吳湖帆私交甚篤②，吳湖帆與鄒百耐也頗有交情，"百擁樓"招牌即爲吳湖帆所寫。葉、鄒二人又都曾參加由吳湖帆創辦的書畫社"正社"，正是有此淵源，葉氏能通過鄒百耐收得一些善本，像明嘉靖七年刻本《衡嶽志》、清初抄本《天童寺集》、明嘉靖間長水書院刊本《六朝聲偶集》等，其中前兩部入《四庫存目叢書》。葉恭綽藏書印有"曾藏葉氏遐庵""恭綽長壽"等。民國三十二年（1943）他將所藏地理類藏書捐贈上海合衆圖書館，以上三部善本也在其中，現存上海圖書館，上鈐"葉恭綽奉贈"印。

---

① 張乃熊讓書一事，參看鄭偉章：《文獻學家通考》，中華書局，1999 年，第 1435 頁。
② 葉、吳兩人結識定交於 1928 年秋天，葉恭綽在《佞宋詞痕序》（1953 年）中有云："嗣於一九二八年秋南下居滬，始識吳君湖帆。吳君工書畫，多藝能，與賢配潘静淑女士伉儷相莊，倡隨文史，侔于趙管。一日，以所藏宋刊《梅花喜神譜》屬題，始爲賦《疏影》詞一闋。"關於葉恭綽與吳湖帆兩人平生交誼，吳湖帆《醜簃日記》（《吳湖帆文稿》，中國美術學院出版社，2004 年）和何聞輯《葉恭綽致吳湖帆尺牘》（《新美術》2000 年和 2001 年）中均有較詳細的記載。此處不再贅述。

葉景葵①(1874—1949)通過鄒百耐收藏了清康熙十二年王乃昭抄本《陸右丞蹈海録》②,末有潘承厚(1904—1943)、潘承弼(1907—2004)兩跋:

> 承厚跋云:"右明遺民虞山王嬾髯先生迺昭手寫《宋陸右丞蹈海録》暨《元李江州遺墨卷》合訂本。《蹈海録》未見傳刻。《江州詩翰真迹》一卷向藏吾郡顧氏過雲樓,轉經鹽官徐氏、烏程蔣氏歸於余。"又云:"戊寅歲除,揆初丈買得此帙,同時《江州墨迹》適歸寒齋",揆丈命爲校勘,校畢附誌,藉存翰墨因緣。時民國二十八年己卯冬。

> 承弼跋云:"此本爲璜川吳氏故物,經藏雲間韓氏讀有用書齋,揆丈蓋得之韓氏者。"時民國二十八年十二月六日。

潘承厚與弟承弼(景鄭)收書藏書二十餘年,藏書多達30萬卷,深得葉景葵賞識。兄弟二人也與鄒百耐交往頗多,承弼早年曾拜吳梅門下學習詞章倚聲,而承厚每遇佳品,則邀鄒百耐一起飲酒賞鑒③。鄒百耐參加的書畫社"正社"就是由吳湖帆、潘博山等人創建,吳湖帆1933年元月6日《日記》有相關記錄:

> 博山來作正社畫會,與者博山、恭甫、子清、詩初、樂卿、梅邨及余七人。擬加入書家,如王栩緣、鄧孝先、吳瞿安、張紫東、潘子義、鄒百耐、葉譽虎。須分頭接洽。

正是因爲這些交往關係,葉氏1938年通過鄒百耐購得璜川吳氏④舊藏的《陸右丞蹈海録》。葉氏購買此書一方面是它未見傳刻,十分稀見。另一方面則是該書後附的《元李江州遺墨卷》也相當珍貴。與此同時《江州詩翰真迹》適歸潘博山,葉氏請博山相爲校勘。《陸右丞蹈海録》上鈐"王乃昭氏""嬾髯""璜川吳氏收藏圖書""卷盦六十六以後所收書""潘厚""博山""景鄭題記"等印記。是書在葉景葵與張元濟等人創辦合衆圖書館時一并捐獻,現存上海圖書館。上海圖書館所藏《史通》⑤

---

① 葉景葵,字揆初,號卷盦,別稱存晦居士,民國著名實業家、藏書家,喜收藏稿抄本。
② 杜澤遜:《四庫存目標注》,第757頁。《雲間韓氏藏書題識彙録》《卷盦藏書目録》[林夕:《中國著名藏書家書目匯刊》(近代卷)第三十册,商務印書館,2005年,第44頁。]亦有著録。
③ "(一九三三年一月)十五日,……鄒百耐來,與之商定書目價值,又同至博山家午飯,亦請譽虎、大千、亞儂等也……見顧篛溪選《唐詩》,卓少卿手寫本,尚是明時舊裝,有趙執信、何焯等題識,精美絶倫。又《尺牘》二卷:一爲錢辛楣款,有黃蕘翁、顧千里、王蘭泉諸公手筆;一爲劉松嵐款,則皆翁覃溪手書也。又見陳曼生紫砂壺壺二、六字齊刀十,皆佳。客散歸,仍與百耐定價,似明日寄申矣。"參看吳梅:《吳梅全集—日記卷》(上),第266頁。
④ "璜川吳氏"指吳志忠,字有堂,別號妙道人,與黃丕烈、顧千里遊,長於目録校勘之學,曾輯刻《璜川吳氏經學叢書》行世。參看江澄波:《古刻名抄經眼録》,江蘇人民出版社,1997年,第24頁。
⑤ 曹鑫:《上海圖書館藏〈史通〉明刻本述略——以張之象刻本系統爲中心》,圖書情報工作網刊,2012年第9期(總第58期),第47—51頁。

残本十三卷(二十卷存一至十三卷)也曾經鄒百耐之手,上鈐"百耐眼福"印章。

周叔弢(1891—1984),安徽省東至縣人,原名暹,字叔弢,是著名實業家、收藏家。周叔弢的藏書印"周暹",他經鄒百耐購藏過《建炎復辟記》一卷附《南渡録大略》(清張德榮抄本)①、《冀越集記》(清乾隆四十七年吴翌鳳抄本)②等善本,現均在中國國家圖書館。

此外,柏克萊加州大學東亞圖書館藏《林子真詩》,也曾是鄒百耐經手,上鈐"張瑞京""瑞京戊子前所得""百耐眼福"等印章。張瑞京③抗戰期間曾任中統上海區負責人,韓氏善本此時正在上海一帶流通,所以張瑞京有機會購得韓氏善本。該書應是從張瑞京處流到美國的。

總之,鄒百耐在此次松江韓氏讓書過程中發揮了巨大的作用。作爲郵介,他不僅爲韓氏尋求買家,協調供需雙方,還作了一些整理鑒别工作,甚至爲韓氏善本專編一目。如果韓氏抗戰之前没有請鄒百耐郵介讓書的話,這些善本將面臨更大的變故。正是由於鄒百耐在散書過程中發揮的巨大作用,使得大部分善本得以保存下來。

三、鄒百耐經手善本書的特點

筆者通過考查75種松江韓氏善本,發現鄒百耐經手書涉及經、史、子、集,其中經部有5種,史部20種,子部11種,集部39種,以集部數量最多。根據這些善本,筆者以一管而窺全貌,總結出鄒氏經手善本的四個特點:

1. 抄本居多,也不乏宋、元、明刻本。鄒氏經手的75種善本書中,抄本有50種,其中舊抄本21種(包括日本舊抄本1種),明抄本13種,清抄本12種,影抄本4種。像宋劉球撰《隸韻》,存六卷三册,爲舊抄本;《黑韃事略》一卷一册(附《籌邊一得》一卷、《渤泥入貢記》一卷、《慧山記》一卷)爲明抄本;士禮居舊藏署名徐渭的《南詞叙録》④是清抄本;宋戴復古撰《石屏續集》四卷《長短句》一卷一册,則是影抄宋臨安陳氏書籍鋪刊本。當然他也經手一些宋、元、明刻本,有23種,其中明刻本居多。例如,上面提到的《昌黎先生集》爲宋刊本;元釋壽寧編、錢鼐述《静安八詠詩集》是元刊本,惜該書頗爲漫漶,多處磨滅;明陶華撰《傷寒六書》十卷六册是明嘉靖十二年(1533)湖廣布政使司刊本,卷末有黄丕烈手書題記。

---

① 高柯立:《國圖藏韓應陛藏書題跋考釋》,《文獻》(2010年10月第4期),第75—88頁。《雲間韓氏藏書題識彙録》亦有著録。
② 杜澤遜:《四庫存目標注》,第2279頁。
③ 張瑞京,廣東人,畢業於國民黨中央軍校第六期。1939年任中統局上海特派員,後爲汪精衛親信。
④ 鄭志良:《關於〈南詞叙録〉的版本問題》,《戲曲研究》2010年第1期,第340—372頁。

2. 多名家遞藏。鄒百耐經手的善本多經名家遞藏，他所郵介的 75 種雲間韓氏善本中，僅黃丕烈舊藏就有 42 種，其餘還有錢曾、季振宜、朱彝尊、徐乾學、戈襄、汪士鐘以及其他名家舊藏 30 餘種。像宋劉球撰《隸韻》一書，舊抄本，存六卷三册，曾是戈氏家藏，有顧廣圻手校并跋，後韓應陛收得并跋。鈐有"半樹齋戈氏藏書印""戈小蓮祕笈印""戈襄私印""小蓮""臣戈載印""韓應陛鑒藏宋元名鈔名校各善本于讀有用書齋印記""松江讀有用書齋金山守山閣兩後人韓德均錢潤文夫婦之印""甲子丙寅韓德均錢潤文夫婦兩度攜書避難記""百耐眼福""茝圃收藏"等印。清揚州使院刻《棟亭十二種》本《釣磯立談》一卷一册附《墨經》一卷一册，曾是黃丕烈舊藏，是書黃氏收藏之前曾在何焯和顧廣圻之手，上有何焯的手校并跋，顧廣圻客居揚州歸舟時贈予黃氏，韓應陛于咸豐丁巳十二月十七日得之書友席楚白。再如舊抄本《司空表聖文集》十卷一册，在韓氏收藏之前曾歸錢曾、季振宜所有。上鈐"錢曾之印""季振宜印""季振宜藏書""御史振宜之印""季滄葦圖書印"等印記。

3. 多名家校跋。韓應陛在得到善本之後，往往會手書題記，寫下善本來歷，花費幾何，有的還會進行校勘。除韓氏手跡之外，很多善本上也不乏名家校跋。曾爲黃丕烈舊藏善本上的黃氏手書題跋自不必說，其他像明嘉靖間刊《唐百家詩》本《陳伯玉集》二卷一册，韓應陛咸豐十年得之滂喜園，原書經毛晉校改過，有應陛手書題記并附印記。戈氏舊藏清知不足齋抄本《石經考》二卷一册，曾經戈小蓮手校。再如唐陸廣微撰《吳地記》一卷一册，舊抄本，簡端有墨筆批注，又有袁廷檮嘉慶元年九月借《鹽邑志林》本手校批注，卷末有袁氏題記並錄錢大昕跋文。宋陳鵠撰《西塘集耆舊續聞》，十卷一册，舊抄本，全書經清鮑廷博以丁小山本校勘、朱墨筆批校圈點，各卷尾題前并有其題跋。

4. 經手朱彝尊手稿。鄒百耐所經手的善本書中，有朱彝尊手稿一部，桐鄉金雲莊舊藏，極其珍貴。該書把各代之詩，按照年代順序編排而成，名曰《美合集》，六卷一册。書首尾扉頁有黃丕烈題跋四則，述得此書始末。該書之所以寶貴是因爲"所重在竹垞手跡"。此手稿本經鄒百耐讓至密均樓，後又歸張乃熊，現存臺灣圖書館。

四、鄒百耐的著述

除了業書，鄒百耐也參與過著作，但相對較少，存世的僅《雲間韓氏藏書題識彙錄》和《思適齋集外書跋輯存》，前者借鑒了韓氏的藏書目錄，後者屬於抄錄彙輯，所以嚴格來說算是編著。

《雲間韓氏藏書題識彙錄》編纂於民國二十二年（1933），鄒百耐受韓熙所託郵介韓氏善本之時。是書著錄韓氏善本 406 種，包括宋刻本 21 部，元刻本 9 部，明抄本及影宋抄本190餘部,較韓氏《讀有用書齋藏書志》少了百餘種,有些百耐曾經手過的善本也未見此書著錄①。編排體例採用四部分類法。鄒氏在《雲間韓氏藏書題識彙錄自序》中云:

> 去歲(1933)冬,有以雲間韓氏藏目求沽者,介往披覽,讀盡所藏,得宋元明古本暨抄校善本,都四百餘種。觀其題跋藏印,得知輾轉收藏之跡。而聚久必散,爲藏家所必然,固無庸感慨。雖所見僅止於斯,要亦書林小史矣,苟不存錄,則過眼一瞥,又等雲煙……

鄒氏自序介紹了成書經過,迻錄善本的内容、種類、數量,並且强調了收藏的規律,"聚久必散,爲藏家所必然"。該書寫於1934年,吴梅在是年二月二十四日的日記中對此事有所記載:

> 二十四日(西七日)。晴。腹部仍不適……常、蘇二生及巍成、頌堯、百耐陸續至,爲留午飯。百耐編《雲間韓氏書錄》竟,求作一序,余允之。今讀其稿,誤字至多,蓋迻錄諸跋,事在倉卒,須細閱一過,方可排印。此序雖可做,此書實未善也。

雖然吴梅在日記中認爲鄒百耐匆匆迻錄而成的《雲間韓氏書錄》頗有瑕疵,但是《序》中却肯定了該書的價值,"欲徵韓氏搜羅之富者,非獨百耐此編亦不得要領"。鄒氏所纂對於我們今天全面認識了解韓氏善本具有重要的參考價值,因爲該目不僅記録韓氏的藏書題跋,還過録各家藏書批校題跋,其中包含大量有價值的版本目録學信息,是一部重要的版本目録學著作。

鄒百耐與蔣祖詒合輯的《思適齋集外書跋輯存》成書於1935年,潘博山題簽,潘承弼作序,由鄒氏的百擁樓印行,百耐在《跋》中寫到:

> 傭書十載,所見善本至夥,苟遇名家題識,輒録副藏諸篋笥。每爲友人襲寫以去,不少靳惜。曩歲應華亭韓氏讀有用書齋主人之徵整理藏書,得見蕘翁題跋,多爲名家所未録。

可見,鄒百耐雖是書商,但有家學,具有良好的讀書習慣,在業書之餘,"苟遇名家題識,輒録副藏諸篋笥",故而能在蔣祖詒輯得顧氏集外書跋八、九十篇之外,

---

① 清盧見曾編《金石三例》十五卷二册,清乾隆二十年盧見曾刻本;明顧從義撰《法帖釋文考異》十卷二册,舊抄本;宋楊士瀛撰《楊氏仁齋直指方論》十三卷六册,舊抄本;明陶華撰《傷寒六書》十卷六册,明嘉靖十二年湖廣布政使司刊本;元熊太古撰《冀越集記》二卷,清乾隆四十七年吴翌鳳抄本;晉陶潛撰《陶靖節集》十卷三册,明嘉靖丙午晉陵蔣孝刊本;唐元竑撰《杜詩攟》四卷二册,舊抄本;宋陳鵠撰《西塘集耆舊續聞》十卷一册,舊抄本;宋范晞文撰《對床夜話》八卷一册,清初抄本;元郭豫亨撰《梅花字字香》二卷一册,舊抄本;清朱彝尊編手稿本《美合集》六卷一册等善本均未見著録。可見,鄒氏在編此目時,有些書還没拿到或者因成書年代較近而未編入。

補以十餘篇,合編付梓。該書編排有序,書前有潘承厚所藏顧氏手跡五幀,正文以四部編次,其中經部十七種、史部二十七種、子部三十一種、集部二十九種,總計一百零四種,較《思適齋集》所錄爲多。鄒百耐的書跋寫得很有水平,不僅交代了前因後果,還向海内藏家征集更多的顧跋,"吾知顧氏著述遺存當不止此,儻海内藏家別有存錄,得蒙鈔示,重付棗梨,走也不敏,願任其責"。潘承弼在《序》中寫到,"余既服蔣君用心之勤且慎,而又嘉鄒君傳古之雅懷",對鄒百耐在古籍傳承中所作的貢獻給予了較高的評價。

因爲業書而成爲學者幷有所著述,這算是近代以來的一個特色了。清代葉昌熾《藏書紀事詩》最後一卷記載的幾位書商,幾乎鮮有著作。到了民國年間,就出現一些有著作的書商,像孫殿起著有《販書偶記》《叢書目錄拾遺》《清代禁書知見錄》《琉璃廠小志》,羅振常著有《善本書所見錄》,王文進著《文禄堂訪書記》,江澄波著《古刻名抄經眼錄》,嚴寶善著《販書經眼錄》等,可謂是其中的佼佼者。

鄒百耐雖然没有寫出更多的著述,但是這樣一位在民國書業界中有貢獻的人士是不應該被遺忘的。因爲正是有了像鄒百耐這樣的業書者,才幫助很多珍貴的善本古籍得以保存幷流傳於世。由於他的事跡不多,幾乎被人遺忘,所以本文作出了初步的鈎索,以期能够引起從事文獻研究的同仁關注。當然還有一些古籍上面會留下他的印跡,希望將來能進一步予以探討。

邵妍　泰山學院　副教授

收藏版本目錄學研究

芝加哥大學東亞圖書館藏吳引孫藏書考述

附錄：芝加哥大學東亞圖書館藏原吳引孫藏書目錄

洪 琰

2017年10月至2018年4月，筆者受中國國家圖書館委託，赴芝加哥大學東亞圖書館整理中文書目。遍閱其普通古籍和部分善本古籍，發現數冊藏書有"真州吳氏有福讀書堂"藏書印。回國整理書目時，特將其輯出，略作考述。

一、吳引孫及其測海樓藏書

吳引孫，字福茨，祖籍安徽歙縣，自其高祖遷入揚州。同治拔貢，累官額外主事、軍機處領班章京、寧紹臺道、廣東按察使、新疆布政使、湖南布政使至浙江布政使。①

吳引孫《有福讀書堂書目序例》中言："有福讀書堂者，先祖次山公所命名也。吳氏由歙遷揚，至先祖三世。祖居郡城，兵燹後室盡毀。先嚴輩幼時讀書有無斯堂，未曾詳考，先祖避寇安宜，曾授引昆弟讀。引甫十齡，竊見先祖題詠，每自稱有福讀書堂主人，並詔引等以有福方讀書，且勗以書能讀而福可致也。引謹志之，弗敢忘。"吳引孫制定了不同於一般藏書家的收書目標，其《測海樓書目自序》中言：

---

① 生平詳見潘建國：《晚清揚州吳引孫測海樓及所藏通俗小說考》，《上海師範大學學報》，2003年1月。

"余惟視力量所及,耳目所周,不拘一格,凡元明刊本、舊家善本、尋常坊本、殿刻局刊各本,隨時購覓,意在取其完備,不必精益求精,自宦遊浙粵十餘年來,節省廉俸,廣購儲藏,得八千零二十種,計二十四萬七千七百五十九卷。"①

吳引孫謝世之後,測海樓的大宗藏書由其子吳少茨掌管。1931 年,吳氏後人將測海樓藏書全部售給了北京富晉書社書商王富晉,共 589 箱。此次售書事件頗爲坎坷,陳乃乾在《上海書林夢憶錄》《測海樓舊本書目》自序皆談及此事,日記中也有記錄。《上海書林夢憶錄》②中提到的,"民國二十年揚州吳氏測海樓藏書出售,初由當地人黃錫生介紹於北京直隸書局主人宋星五(今直隸書局已易主),擬價未諧,忽爲北京富晉書社主人王君購成。王君已將書價付清而書則尚待裝運。錫生欲向其分利,不遂。因揚言於衆,謂富晉實代某國人經手,書將流出外洋,於是縣長及黨部出而阻止,禁其裝運。惟對於善後處置則絕不提及。當時吳氏已收之書價既不肯付還,而地方上亦無力籌款以圖保存。事成僵局。後經余與蔡子民先生分向民教兩廳解釋,保證絕不裝運出國,乃由兩廳令江都縣長放行。"《測海樓舊本書目》自序亦談及此事,且云"余惟禁止古書出口一案經中華圖書館協會年會議決咨請教育部執行者,其意蓋防止以中國古書售於外國者,惟所禁亦祇限於外輪,若併内地而禁之,則全國舊書店將爲違法之營業矣"。陳乃乾於 1930 年 5 月的日記中亦提到此事,"黃錫生"記爲"王錫生"(應爲"王錫生"),並錄有蔡元培致教育廳陳廳長劄:"孟鄰先生廳長大鑒:徑啓者北平富晉書社,購入江都吳氏藏書,檢書目所載,均係普通版本,故售價不過三萬元,邇因有人疑爲宋元舊刊名鈔名校,且有出售於日本之謠傳,致貴廳有密令揚由關禁止起運之舉,在貴廳保存國粹之盛情,良所佩服。惟富晉書社實未有轉售於國外之事實,而測海樓書目中亦並無舊刊名鈔可以指目。如蒙貴廳審核後,並無別種疑竇,尚祈飭關准其起運,以助成流通古書之葉,想亦先生所許可也。專此奉商,並祝時綏。弟蔡元培敬啓。五月十八日。"③

二、芝加哥大學東亞圖書館藏吳引孫藏書

芝加哥大學東亞圖書館成立於 1936 年,初名芝加哥大學遠東圖書館。其創建人爲當時任教遠東研究科目的顧立雅(Herrlee G. Creel)教授。④ 現藏有中文古

---

① 《測海樓舊本書目》四卷《附錄》一卷,《中國著名藏書家書目匯刊》(近代卷)第十五册,商務印書館,2005 年。
② 《上海書林夢憶錄》,《陳乃乾文集》(上册),國家圖書館出版社,2009 年,第 3 頁。
③ 陳乃乾著,虞坤林整理:《陳乃乾日記》,中華書局,2018 年,第 25 頁。
④ 貝托爾德·勞費爾、紐伯瑞圖書館與芝加哥大學東亞圖書館,《東學西漸——北美東亞圖書館 1868—2008》,高等教育出版社,2012 年 7 月,第 179 頁。

籍(不包括和刻本、朝鮮刻本等)4 000餘部,其中善本近1 000部。在這些古籍中,發現鈐有"真州吳氏有福讀書堂"印者35部,其中善本8部。其中26部爲富晉書社編纂的《揚州吳氏測海樓藏書目錄》七卷著錄。一部爲陳乃乾編《測海樓舊本書目》著錄。2部爲吳引孫自輯《揚州吳氏測海樓藏書目錄》十二卷著錄,而前二種書目皆未著錄。另有6部未見著錄。具體著錄及對照情況見附錄。

吳引孫"每得一書必鈐藏印於首葉並手識曰幾函幾册幾元幾角,函以板懸以籤"①,其藏書上當時記錄購買册數、函數及價格,今所見書上有些有,有部分書上價格被人爲抹去,恐爲富晉書社銷售時所爲。把書上尚存記錄的價格,與《揚州吳氏測海樓藏書目錄》七卷所著價格相比,後者高出許多,有的甚至高出十多倍。如清嘉慶十年至十二年刻本《七經精義》二十九卷,書上原有"真州吳氏有福讀書堂"印,記有"七本一函二元五角",而《揚州吳氏測海樓藏書目錄》七卷卷二經部群經總義類著錄:"七經精義二十九卷 武林黃淦嘉慶八年刊竹紙 八本一函洋三十元";清光緒十七年廣雅書局刻本《中興小記》四十卷,書上原有"真州吳氏有福讀書堂"印,記有"十二本一函三元",而《揚州吳氏測海樓藏書目錄》七卷卷三史部別史類著錄:"中興小紀四十卷 朱建陽熊克撰廣雅書局本白紙 六本一函洋十元";清光緒七年楊氏福州刻本《水經注匯校》四十卷《附錄》二卷,書上原有"真州吳氏有福讀書堂"印,記有"十二本一函三元",而《揚州吳氏測海樓藏書目錄》七卷卷三史部山水名勝類著錄:"水經注匯校四十二卷 江西新城楊希閔校本光緒辛巳刊於福州白紙 十二本一函洋二十元。"

三、芝加哥大學東亞圖書館藏原吳引孫藏書的來源

這批吳引孫藏書中,有四本來自李宗侗藏書。芝加哥大學圖書館於20世紀70年代,從李宗侗處購買一批藏書,即錢存訓先生所述李玄伯教授舊藏明刊本、稿本及寫本多種,約200餘册,係20世紀60年代李氏過世後,由其家屬轉讓,其中清嘉慶鄧顯鶴《沅湘耆舊集續編》65册、清光緒進士文廷式《知過軒隨錄》5册,均係手稿本未刊;又清工部尚書潘祖蔭致史部尚書李鴻藻(李玄伯的祖父)的手劄528件、梁鼎芬《節庵先生電稿》201通、《趙烈文書稿》,以及翁同龢《松禪老人詩册》等手跡,都至爲名貴。② 這批書上的藏書印有"生齋臺灣行篋記""高陽李宗侗印",及其妻子易漱平印、其岳丈易培基印"風尌亭"。這四本是清咸豐十年刻

---

① 《測海樓舊本書目》四卷《附錄》一卷,《中國著名藏書家書目匯刊》(近代卷)第十五册,商務印書館,2005年。
② 《留美雜憶》第四章《坐擁書城》,《錢存訓文集》(第三卷),國家圖書館出版社,2012年,第348頁。

本《雙梧山館文鈔》二十四卷,清同治元年青雲樓刻本《談徵》五卷,明萬曆刻清乾隆續刻《明州阿育王山志》十卷《續志》六卷,明嘉靖李元陽福建刻本《通典》二百卷。這四部書皆出現在富晉書社編纂的《揚州吳氏測海樓藏書目錄》中,當爲易氏或李氏在北京富晉書社中購得,後又轉入芝加哥大學東亞圖書館。

其餘 31 部中,有一部清乾隆四十七年保積堂刻本《孟子讀法附記》十四卷中夾有"富晉書社"圖書編目稿單,上載此書之書名、著者、刊本、紙類等內容,編目單左下印有"富晉書社編目稿"七紅字。在普通古籍編目時,也發現有一部清道光十七年歙縣胡氏刻求是堂全集本《毛詩後箋》三十卷,有富晉書社編目稿單。上文已述,1931 年吳氏後人將測海樓藏書全部售給了北京書商王富晉,"富晉書社"即是王富晉的書店。這 31 部書又是如何從北京富晉書社流入芝加哥大學東亞圖書館的呢?據芝加哥大學東亞圖書館前館長錢存訓先生回憶,芝大中文藏書的最初部分,主要是 20 世紀 30 年代後期第二次大戰前委託北平圖書館顧子剛先生用"大同書店"的名義所代辦,大部分是根據《北平人文科學研究所藏書目錄》有系統地採購,因此選擇嚴謹,除供學生使用的課本和參考書外,很少重複。其中很多是私家舊藏,紙墨精良,每冊都有襯頁及綫訂重裝,外加藍布書套,上貼手寫宋體字的虎皮紙書籤,可以在書架站立,十分精緻而整潔①。那麼這批書很有可能也是由顧子剛從富晉書社採購,再轉入芝大東亞圖書館的。顧子剛在北平圖書館時期兼任大同書店經理。大同書店由國立北平圖書館於 1931 年 8 月開辦,最初由北平圖書館購書委員會委員傅斯年提議設立,並經購書委員會討論批准成立。時任館購書委員會西文組委員兼書記的顧子剛兼任經理。書店開辦的初衷是無須通過仲介機構就可直接跟國外聯繫購買外文文獻,並能享受一定的折扣。從成立之日起到 1941 年,書店一直是北平圖書館西文文獻採訪的重要管道。大同書店除了爲館裏採購西文圖書外,另一項工作就是爲美國友館購買中國古籍。② 芝加哥大學東亞圖書館所藏古籍中部分有"子剛經眼"之印,應爲顧子剛所鈐。

當年富晉書社購買測海樓藏書被誣將售於國外,但兜兜轉轉,仍有不少測海樓藏書遠渡重洋。測海樓藏書確無宋元舊刊名抄名校,流傳海外,爲中外交流、海外中國學發展都發揮了自己的作用,亦不失爲一幸事。

附錄:芝加哥大學東亞圖書館藏原吳引孫藏書目錄

1. 萬充宗先生經學五書五種 〔清〕萬斯大撰 清乾隆二十四(1759)至二十六年(1761)萬福刻嘉慶元年印本 內封:姚江黃黎洲先生點定/萬充宗先生經

---

① 《留美雜憶》第四章《坐擁書城》,《錢存訓文集》(第三卷),第 345 頁。
② 趙愛學、林世田:《顧子剛生平及捐獻古籍文獻事蹟考》,《國家圖書館學刊》總第 81 期,2012 年 3 月。

學五書/學禮質疑 禮記偶箋 儀禮商 周官辨非 學春秋隨筆 辨志堂藏板。首有阮元嘉慶元年序,次盧見曾乾隆二十三年重刻經學五書序。禮記偶箋卷三末有"乾隆己卯歲孫福重校刻"牌記。儀禮商卷一末有"乾隆辛巳歲孫福重校刻"牌記。春秋隨筆卷三末有"乾隆辛巳歲孫福重校刻"牌記。內封上有"進呈御覽採入四庫全書"字樣,有"真州吳氏有福讀書堂藏書"印,記六本一函,六元四角。框高18.3釐米,寬13釐米。十一行二十一字,黑口,左右雙邊,雙黑魚尾。

《揚州吳氏測海樓藏書目錄》七卷(富晉書社)卷二經部群經總義類著錄:經學五書 四明萬斯大嘉慶丙辰刊本竹紙初印 六本一函洋二十五元。

2. 十一經初學讀本 〔清〕萬廷蘭輯 清嘉慶元年(1796)南昌萬廷蘭刻本 內封:"嘉慶元年新鐫/十一經初學讀本/計樹園藏板"。藏印:"真州吳氏有福讀書堂藏書""耕讀山房珍藏"。卷端書名下題"南昌萬廷蘭芝堂校刊"。

《揚州吳氏測海樓藏書目錄》七卷(富晉書社)卷二經部群經總義類著錄:萬刻十一經初學讀本 南昌萬廷蘭 嘉慶元年計樹園刊本竹紙初印 二十六本二函洋四十元。

3. 十三經客難五十一卷附黃淮安瀾編二卷經學史學策一卷畏齋文集四卷〔清〕龔元玠撰 清道光二十六年(1846)刻本 內封:"道光丙午年新鐫/南昌龔元玠畏齋著/十三經客難/西城龔氏藏版"。有"真州吳氏有福讀書堂藏書"。框高19.4釐米,寬12.5釐米。九行二十四字,白口,左右雙邊。

《揚州吳氏測海樓藏書目錄》七卷(富晉書社)卷二經部群經總義類著錄:十三經客難五十五卷附集七卷 南昌龔元玠著道光丙午刊本竹紙 二十四本一函洋四十元。

4. 禹貢匯解六卷首一卷 〔清〕洪兆雲輯 清光緒二十八年(1902)洪良猷刻本 內封後有"光緒壬寅年夏四月新鐫"。有"真州吳氏有福讀書堂藏書"印(四本一函一元)。卷端著者下題"姪良猷晉臣校刊"。末有光緒二十八年洪良猷跋。框高20釐米,寬13.7釐米。九行二十五字,白口,四周雙邊,單黑魚尾。版心上鐫書名,中鐫卷次。

《揚州吳氏測海樓藏書目錄》七卷卷二經部書類著錄:禹貢匯解六卷 黃岡洪兆雲輯光緒壬寅刊黃紙 四本一函。

5. 輪輿私箋二卷 〔清〕鄭珍撰 圖一卷〔清〕鄭知同繪 清同治七年(1868)獨山莫氏刻本 內封後有"同治七年孟夏獨山莫氏刊於金陵",鈐有"真州吳氏有福讀書堂藏書"(一本)。框高18.3釐米,寬12.4釐米。十行二十二字,綫黑口,左右雙邊,雙黑魚尾。版心中鐫卷次。

《揚州吳氏測海樓藏書目錄》七卷卷二經部禮類著錄:輪輿私箋二卷附圖一卷 遵義鄭珍撰同治戊辰獨山莫氏刊本 一本。

6. 韓氏三禮圖說二卷 〔元〕韓信同撰 清嘉慶十八年(1813)福鼎王氏刻本 內封:"嘉慶十八年仲夏初吉/元韓氏三禮圖說/福鼎王氏麟後山房刊"。鈐有

"真州吳氏有福讀書堂藏書"印（六本一函）。首有嘉慶十七年陳壽祺序，嘉慶十八年王學貞書後。卷末有"嘉慶十八年麟後山房王氏校本開彫"牌記。框高 17.8 釐米，寬 12.9 釐米。九行十八字，小字雙行同，黑口，左右雙邊，雙黑魚尾。版心中鐫書名及卷次，下鐫"麟後山房"。

《揚州吳氏測海樓藏書目錄》七卷卷二經部禮類著錄：三禮圖說二卷 元韓信同 嘉慶年王氏麟後山房刊竹紙 六本一函。

7. 讀禮條考二十卷 〔清〕王曜南撰 清道光二十九年（1849）刻本 鈐有"真州吳氏有福讀書堂藏書"印（六本一函價一元四角）。首有道光二十九年吳憲文跋。框高 18.4 釐米，寬 12.5 釐米。八行二十六字，小字雙行同，白口，四周雙邊。版心上鐫書名及卷次。

《揚州吳氏測海樓藏書目錄》七卷卷二經部禮類著錄：讀禮條考二十卷 婺源王曜南道光年刊　白紙　六本一函。

8. 春秋經傳闕疑四十五卷 〔元〕鄭玉撰 清康熙五十年（1711）鄭肇新天游堂刻本 卷端題"新安鄭玉纂集，裔孫于蕃校梓"。鈐有"真州吳氏有福讀書堂藏書"印。框高 18.4 釐米，寬 14.7 釐米。十行二十一字，白口，左右雙邊，雙黑魚尾，版心上鐫"春秋闕疑"，中鐫卷次。

《揚州吳氏測海樓藏書目錄》七卷卷二經部禮類著錄：春秋經傳闡疑四十五卷 元新安鄭玉集　清初鄭氏刊　竹紙　十本一函。

9. 四書集注箋疑八卷 徐天璋箋　徐浚仁疏 清光緒二十四年（1898）徐氏刻本 內封："四書牋疑疏證/中一堂藏版"。鈐有"真州吳氏有福讀書堂藏書"印（二本一函）。首有光緒二十二年徐天璋自序。卷末有光緒二十四年徐浚仁識。框高 18 釐米，寬 12.7 釐米。八行二十一字，小字雙行同，白口，四周單邊，單黑魚尾。版心上鐫"四書箋疑集證"。

《揚州吳氏測海樓藏書目錄》七卷卷二經部四書類著錄：四書牋疑疏證 泰州徐昌珍子天璋同著　光緒丙申刊　毛邊紙　二本一函。

10. 孟子讀法附記十四卷 〔清〕周人麒撰 清乾隆四十九年（1784）保積堂刻本 內封："乾隆甲辰年梓/孟子讀法附記/保積堂藏板"。末有乾隆四十九年程鳳翺跋。鈐有"真州吳氏有福讀書堂藏書"印。框高 17.9 釐米，寬 13 釐米。八行二十二字，白口，左右雙邊，單黑魚尾。版心上鐫書名，中鐫卷次。欄上鐫評。

《揚州吳氏測海樓藏書目錄》七卷卷二經部孟子類著錄：孟子讀法附記十四卷　周人麒　乾隆甲辰年刊　白紙初印　六本一函。

11. 然後知齋答問二十卷 〔清〕梅沖撰 清嘉慶二十一年（1816）刻本 首有嘉慶二十一年序（言及刻書）。有"三十六峰主人""黃雲海印""真州吳氏有福讀書堂藏書"等印。框高 18.3 釐米，寬 13 釐米。十行二十三字，白口，四周雙邊。

吳引孫自輯《揚州吳氏測海樓藏書目錄》十二卷書目中有，富晉書社本書目中無。

12. 七經精義二十九卷 〔清〕黃淦撰　清嘉慶十年(1805)至十二年(1807)刻本　內封有"蘇胥來遠橋寫韻樓書林"朱字。有"真州吳氏有福讀書堂藏書"印，下注：七本一函，二元五角。《書經精義》內封："嘉慶十年秋鐫/武林黃淦緯文氏纂/書經精義"。《詩經精義》內封："嘉慶十年冬鐫/武林黃淦緯文氏纂/詩經精義"。《春秋精義》內封："嘉慶十年夏鐫/武林黃淦緯文氏纂/春秋精義"。《禮記精義》"嘉慶十年秋鐫/武林黃淦緯文氏纂/禮記精義"。《周禮精義》："嘉慶十二年春鐫/周禮精義/武林黃淦緯文氏纂　尊德堂藏板"。《儀禮精義》"嘉慶十二年夏鐫/周禮精義/武林黃淦緯文氏纂　尊德堂藏板"。框高17.3釐米，寬12.7釐米。九行二十字，白口，四周雙邊。周易精義四卷，書經精義四卷末一卷古尚書序一卷，詩經精義四卷首一卷末一卷詩經傳序一卷，春秋精義四卷首一卷，禮記精義六卷首一卷，周禮精義六卷首一卷，儀禮精義一卷補編一卷。

《揚州吳氏測海樓藏書目錄》七卷卷二經部群經總義類著錄：七經精義二十九卷　武林黃淦　嘉慶八年刊　竹紙　八本一函　洋三十元。

13. 國語校注本三種 〔清〕汪遠孫撰　清道光二十六年(1846)汪氏振綺堂刻本　內封後有"道光丙午閏五月振綺堂汪氏刊藏"。鈐有"真州吳氏有福讀書堂藏書"印(六本一函)。首有道光二十五年陳奐序。國語三君注輯存四卷，末鐫"武林富元熙栞"。框高16.8釐米，寬12.2釐米。十行二十一字，小字雙行二十五或二十六字，白口，左右雙邊，單黑魚尾。版心中鐫"輯存""發正""考異"及卷次。國語發正二十一卷，國語明道本考異四卷。借閒生詩三卷詞一卷，內封後"道光庚子春三月錢唐振綺堂開雕"。框高17.2釐米，寬11.9釐米。十一行十九字，小字雙行不等，白口，左右雙邊，單黑魚尾。版心中鐫書名及卷次。

《揚州吳氏測海樓藏書目錄》七卷卷三史部別史類著錄：國語三君注輯存四卷發正三十三卷考異四卷附借閒生詩詞四卷　汪遠孫　道光年汪氏振綺堂本　白紙初印　六本一函　洋二十四元。

14. 四朝別史五種 〔清〕席世臣輯　清乾隆、嘉慶間掃葉山房刻本　內封："東都事略　南宋書　契丹國志　大金國志　元史類編/宋遼金元四史/掃葉山房藏板"。鈐有"真州吳氏有福讀書堂藏書"印。首有嘉慶三年謝啓昆序、阮元宋遼金元別史序。東都事略首有乾隆六十年席世臣序。框高21.5釐米，寬15釐米。十二行二十五字，白口，左右雙邊，單黑魚尾。版心上鐫各書名，中鐫卷次，下鐫"掃葉山房"。南宋書首有嘉慶二年席世臣序。契丹國志前有席世臣序。元史類編首有乾隆六十年席世臣序。

《揚州吳氏測海樓藏書目錄》七卷卷三史部別史類著錄：別史五種　朱孝純輯　嘉慶年掃葉山房刊　竹紙　十本一函　洋十五元。

15. 中興小紀四十卷 〔宋〕熊克撰　清光緒十七年(1891)廣雅書局刻本　內

封後有"光緒十七年二月廣雅書局校刊"。鈐有"真州吳氏有福讀書堂藏書"印（六本一函二元三角）。各卷末鐫校字者姓氏。框高21.1釐米,寬15.2釐米。十一行二十四字,小字雙行同,黑口,四周單邊,單黑魚尾。版心中鐫書名及卷次,下鐫"廣雅書局梓"。

《揚州吳氏測海樓藏書目錄》七卷卷三史部別史類著錄：中興小紀四十卷 朱建陽熊克撰 廣雅書局本 白紙 六本一函洋十元。

16. 藏書六十八卷 〔明〕李贄撰〔明〕陳仁錫評 明天啓刻本 首天啓辛酉（元年）陳仁錫《評正藏書序》。版框高22.2釐米,寬14.6釐米。半葉十行二十二字,白口,四周單邊,單黑魚尾。版心上鐫書名及小題,中鐫卷次,眉鐫評語。鈐"真州吳氏有福讀書堂藏書""生齋臺灣行篋記""微雲淡河漢疏雨滴梧桐"等印。

17. 續藏書二十七卷 〔明〕李贄撰〔明〕柴應槐、錢萬國重訂 明刻本 未署年。焦竑等序。版框高21.3釐米,寬14.9釐米。半葉十行二十二字,白口,四周單邊,單黑魚尾。版心上鐫書名,中鐫卷次。鈐有"真州吳氏有福讀書堂藏書""李宗侗藏書"等印記。

《測海樓舊本書目》卷二史部著錄：藏書六十八卷續二十七卷 三十四本二函 十四元 溫陵李載贄卓吾輯著 長洲陳仁錫序 天啓辛酉季秋 建業焦竑弱侯序 京山李維楨本寧序。

18. 西湖三祠名賢考略三卷首一卷 〔清〕戴啓文撰 清光緒三十年（1904）刻本 内封後有"光緒三十年梓"。有"真州吳氏有福讀書堂藏書"（二本一函七角）。卷末有"杭州任有容齋刻"。框高17.1釐米,寬11.7釐米。十一行二十字,白口,四周雙邊,單黑魚尾。版心中鐫書名,下鐫卷次。

《揚州吳氏測海樓藏書目錄》七卷卷三史部傳記類著錄：西湖三祠名賢考略 戴啓文 光緒年刊 白紙 二本一函 洋五元。

19. 國朝先正事略六十卷 〔清〕李元度撰 清同治五年（1866）刻本 内封後有"同治丙寅冬月循陔艸堂開雕"。有"真州吳氏有福讀書堂藏書"（廿四本四元）。凡例、目錄後有"平江孔廣心澄齋、湘陰蔣恭鎰東觀、平江楊存蔚玠生校訂"。框高19.2釐米,寬13.1釐米。十行二十四字,白口,左右雙邊,單黑魚尾。版心上鐫書名,中鐫卷次。

《揚州吳氏測海樓藏書目錄》七卷卷三史部傳記類著錄：國朝先正事略六十卷 平江李元度 同治年刊 白紙 二十四本二函洋 十六元。

20. 國朝詩人徵略六十卷二編六十四卷 〔清〕張維屏撰 清道光十年（1830）刻二十二年（1842）增刻本 鈐有"真州吳氏有福讀書堂藏書"印（十本一函,二元四角）。首有嘉慶二十四年張維屏自序,道光十年張維屏再識。末鐫"粵東省城西湖街富文齋刊刷"。框高17.7釐米,寬13釐米。十行二十二字,小字雙行同,黑口,左右雙邊,單黑魚尾。版心中鐫書名及卷次。二編六十四卷,首有道光二十二年序。框高17釐米,寬12.8釐米。

《揚州吳氏測海樓藏書目錄》七卷卷六集部詩文評類著錄:國朝詩人徵略六十卷　番禺張維屏輯　自刊本　毛邊紙　十本一函　洋十五元。

21. 通典二百卷　(唐)杜佑撰　明嘉靖李元陽福建刻本　首有李翰序。卷端標題下注"增入宋儒議論",鐫"明御史後學李元陽仁甫校刊"。版框高18.7釐米,寬13.6釐米。半葉十行十八字,小字雙行同,白口,四周單邊。版心上鐫小題,中鐫書名、卷次,下鐫刻工。鈐有"真州吳氏有福讀書堂藏書""生齋臺灣行篋記""高陽李宗侗印"等印。

《揚州吳氏測海樓藏書目錄》七卷卷三史部政書類著錄:通典二百卷增入宋儒議論　唐杜佑撰　嘉靖李元陽校刊　竹紙　一百本八函　洋一百六十元。

22. 水經注匯校四十卷首一卷　〔北魏〕酈道元注　〔清〕楊希閔校　附錄二卷　〔清〕趙一清輯　清光緒七年(1881)楊氏福州刻本　內封後有"光緒辛巳刊於福州"。鈐有"真州吳氏有福讀書堂藏書"印(十二本一函三元)。首有光緒七年周懋琦序。正文卷末鐫"福州吳玉田鐫字"。框高18.2釐米,寬14釐米。十一行二十三字,白口,四周雙邊,單黑魚尾。版心上鐫書名,中鐫卷次。

《揚州吳氏測海樓藏書目錄》七卷卷三史部山水名勝類著錄:水經注匯校四十二卷　江西新城楊希閔校本　光緒辛巳刊於福州　白紙　十二本一函　洋二十元。

23. 明州阿育王山志十卷　〔明〕郭子章撰　〔明〕祁承校　續志六卷　〔清〕釋畹荃撰　明萬曆刻清乾隆續刻本　卷十一至十六為"續集"。其卷端題"明州阿育王山續志"及"住山釋畹荃嵩來輯集",避諱"曆"字。版框高19.8釐米,寬14.5釐米。半葉十行十九字,白口,四周單邊。版心上鐫"阿育王山志",中鐫卷次。鈐有"真州吳氏有福讀書堂藏書""易印漱平""風尌亭藏書記"。

《揚州吳氏測海樓藏書目錄》七卷卷三史部山水名勝類著錄:明州阿育王志十六卷　明郭子章　明刊本　竹紙　清刊本　毛邊紙　各六本一函　洋二十元、十元。

24. 羅浮山志會編二十二卷首一卷　〔清〕宋廣業輯　清康熙五十五年(1716)刻本　康熙五十五年(丙申)宋廣業"敘"言成書事,宋志益"跋"言刻書事。版框高18.8釐米,寬13.7釐米。半葉九行二十字,白口,左右雙邊,小字雙行同,單黑魚尾。版心上鐫書名,中鐫卷次及篇名。鈐有"真州吳氏有福讀書堂藏書"印。

《揚州吳氏測海樓藏書目錄》七卷卷三史部山水名勝類著錄:羅浮山志會編二十二卷　長洲宋廣業輯　康熙原刊　竹紙初印　覆刊本白紙　二十本一函洋四十五元、十本一函洋十六元。

25. 虞夏贖金釋文一卷　〔清〕劉師陸撰　清同治十二年(1873)歙縣鮑氏觀古閣刻本　內封後有"同治癸酉冬十月鮑氏觀古閣重鐫"。有"真州吳氏有福讀書堂藏書"等印。首有同治十二年鮑康序。框高17.4釐米,寬13.6釐米。八行十六字,白口,四周單邊。

吳引孫自輯《揚州吳氏測海樓藏書目録》十二卷書目中有,富晉書社本書目中無。(原應有觀古閣叢刻,恐丢失僅存這一種。)

26. 談徵五卷 〔清〕外方山人撰 清同治元年(1862)青雲樓刻本 内封:"同治元年重鐫/歷朝小説談徵 青雲樓藏板 五雲樓發兑"。鈐有"真州吳氏有福讀書堂藏書"(五本一函六角)"風尌亭藏書記""生齋臺灣行篋記"等印。首有嘉慶十六年王玉樹序,二十年自序,九年吳烜序。框高12.5釐米,寬9.9釐米。九行二十一字,白口,四周雙邊,單黑魚尾。版心上鐫書名,中鐫部類。

《揚州吳氏測海樓藏書目録》七卷《測海樓舊本書目》未見。

27. 皇清文穎一百卷首二十四卷目録六卷 〔清〕張廷玉等輯 清乾隆十二年(1747)武英殿刻後印本 有乾隆丁卯(十二年)御製"皇清文穎序"。"弘"字缺筆。鈐有"真州吳氏有福讀書堂藏書"印。框高18.6釐米,14.1釐米,八行二十字,白口,四周雙邊,單黑魚尾.版心上鐫書名,中鐫卷次及文類。

《揚州吳氏測海樓藏書目録》七卷《測海樓舊本書目》未見。

28. 皇清文穎續編一百八卷首五十六卷目録十卷 〔清〕董誥等輯 清嘉慶十五年(1810)刻本 首有嘉慶十五年御筆序,鈐有"嘉慶御筆"印。有嘉慶十五年奏表。鈐有"真州吳氏有福讀書堂藏書"印(四十八本六函)。框高18.1釐米,寬13.9釐米。八行二十字,白口,四周雙邊,單黑魚尾。版心上鐫書名,中鐫卷次。

《揚州吳氏測海樓藏書目録》七卷《測海樓舊本書目》未見。

29. 國朝文徵四十卷 〔清〕吳翌鳳輯 清咸豐元年(1851)吳江沈氏世美堂刻本 内封:"長洲吳枚庵編輯吳江沈翠嶺校刊/國朝文徵/世美堂藏板"。首有嘉慶二十二年吳翌鳳序,道光二十九年尤崧鎮、咸豐元年沈楙德序(言及刊竣)。鈐有"真州吳氏有福讀書堂藏書"印(四十本)。框高17.4釐米,寬13釐米。十二行二十五字,白口,左右雙邊,單黑魚尾。版心上鐫書名,中鐫卷次,下鐫"世美堂藏板"。

《揚州吳氏測海樓藏書目録》七卷卷六集部總集類著録:國朝文徵四十卷 長洲吳翌鳳輯 咸豐年吳江沈氏世美堂刻本 竹紙 四十本二函 洋一百六十元。

30. 經義齋集十八卷 〔清〕熊賜履撰 清康熙二十九年(1690)刻本 書首有康熙庚午(二十九年)劉然《序》、康熙庚午錢肅潤《經義齋題辭》。末有未署年洪嘉植《讀經義齋集書後》、康熙庚午高菖生《跋》。内封:"孝昌熊敬修著/經義齋集/本齋藏板"。鈐有"熊家彦印""真州吳氏有福讀書堂藏書"等印記。框高20.2釐米,寬14.2釐米。半葉九行二十字,左右雙邊,白口,單黑魚尾。版心上鐫書名,中鐫卷次、文類。

《揚州吳氏測海樓藏書目録》七卷《測海樓舊本書目》未見。

31. 知足齋詩續集四卷 〔清〕朱珪撰 清嘉慶刻本 首有嘉慶九年阮元知

足齋詩集後序。鈐有"真州吳氏有福讀書堂藏書"印(十四本一函一元六角)。框高 16.3 釐米,寬 13.2 釐米。十行二十一字,白口,左右雙邊,單黑魚尾。版心中鐫書名及卷次。

《揚州吳氏測海樓藏書目錄》七卷《測海樓舊本書目》未見。

32. 雙梧山館文鈔二十四卷 〔清〕鄧瑤撰 清咸豐十年(1860)刻本 首有咸豐元年黃本驥序。末有咸豐十年鄧瑤識。鈐有"真州吳氏有福讀書堂藏書"(八本一函二元)"高陽李宗侗印""李宗侗藏書"等印。框高 18.5 釐米,寬 13 釐米。十行二十二字,白口,左右雙邊,單黑魚尾。版心上鐫書名,中鐫卷次。

《揚州吳氏測海樓藏書目錄》七卷卷五集部別集類著錄:雙梧山館文鈔二十四卷 清新化鄧瑤 咸豐年刊 黃紙 八本一函 洋十元。

33. 佚存叢書十七種 〔日本〕林衡編 清光緒八年(1882)木活字印本 內封:"佚存叢書 歸安沈秉成署檢",後有"光緒壬午孟夏校印"。首有光緒八年尤炳奎重刊佚存叢書序,次寬政十一年天瀑山人序。鈐有"真州吳氏有福讀書堂藏書"印。框高 19.6 釐米,寬 14.1 釐米。十行二十字,黑口,四周單邊,單黑魚尾。版心中鐫子目書名及卷次。

《揚州吳氏測海樓藏書目錄》七卷卷七叢部著錄:佚存叢書六帙十六種 日本天瀑山人輯 尤炳奎刊 活字本 竹紙初印 共一百十一卷 三十六本二函 洋八十元。

34. 宛鄰書屋叢書十種 〔清〕張琦編 清道光十年至二十年(1830—1840)張氏宛鄰書屋刻本 鈐有"真州吳氏有福讀書堂藏書"印(九本一函)。宛鄰書屋古詩錄,目錄末鐫"京都琉璃廠中間路南文德齋史鴻德鐫"。框高 18 釐米,寬 14 釐米。十一行二十三字,小字雙行同,白口,左右雙邊,單黑魚尾。版心上鐫子目書名,中鐫卷次,下鐫"宛鄰書屋"。詞選二卷,首有道光十年張琦重刻序(言及重刊)。宛鄰文內封:"宛鄰文二卷/道光二十年二月刻"。

《揚州吳氏測海樓藏書目錄》七卷卷六集部雜著類著錄:宛鄰書屋古詩錄十二卷 文詩四卷戰國策釋地二卷立山詞一卷附明發錄一卷 張琦 詞選二卷附一卷續二卷 張惠言等 附長沙藥解四卷 黃元御 原刊本 竹紙 九本一函 洋五十元。

35. 漢學堂叢書二百十三種 〔清〕黃奭編 清道光甘泉黃氏刻光緒印本 內封:"漢學堂叢書",後有"經解逸書考八十五種/通緯逸書考五十六種/子史鉤沉逸書考七十四種"。鈐有"真州吳氏有福讀書堂藏書"印(八十本四函)。框高 12.9 釐米,寬 9.6 釐米。九行十七字,黑口,四周單邊。版心中鐫子目書名。

《揚州吳氏測海樓藏書目錄》七卷《測海樓舊本書目》未見。

洪琰 中國國家圖書館 國家古籍保護中心 館員

徐恕校書題跋輯釋

羅 恰

  徐恕(1890—1959),現代著名藏書家,字行可,小字六一,號彊誃、彊簃,湖北武昌人。幼從黃陂劉鳳章先生學,17歲負笈日本,次年以弟喪歸國,自此以後,學無常師,市書自學,且購且讀,寒暑不輟,遂得遍覽群籍,探賾抉微,悉摒禄仕聲利,清以自居,以聚書讀書爲樂事。① 曾館於南潯著名藏書家劉承幹家,大量閱讀其藏書。徐恕生喜精校藏書,旁徵博引,考證辨疑,詮釋不悖於故訓,制度必稽乎典章,或制書衣題識,或撰首尾題跋,志其心得。所讀書之簡端行隙,往往丹黄交錯,匯證甚夥,勝義迭見。② 其一生秉持"不爲一家之蓄,俟諸三代之英"的藏書理念,以注重實用、有裨治學爲主,形成了稿抄本、精校精注本與明清珍善本爲多、綜合與重點相結合的收藏特點。③ 徐恕交遊廣泛,精通版本目録之學,柯逢時、文廷式等家的精本多歸其所有。中華人民共和國成立後,將其所藏圖書近十萬册全部捐獻國家。④ 徐恕自名其藏書樓爲"箕志堂""藏棱盫""知論物齋""徐氏文房""桐

---

  ① 徐孝定:《大藏書家徐行可事略》,《武漢文史資料》1994年第2期,第14頁。
  ② 萬獻初:《畢生收藏 化私爲公惠學林》,杜建國主編:《不爲一家之蓄 俟諸三代之英 徐行可先生捐贈古籍文物50周年紀念文集》,武漢出版社,2010年,第132頁。
  ③ 見陽海清:《自標一幟黄汪外 天下英雄獨使君——紀念徐行可先生向湖北省圖書館捐贈古籍50周年》,杜建國主編:《不爲一家之蓄 俟諸三代之英 徐行可先生捐贈古籍文物50周年紀念文集》,第124—125頁。
  ④ 倫明等撰,楊琥點校:《辛亥以來藏書紀事詩》(外二種),北京燕山出版社,1999年,第139頁。

風高"等。其藏書印有"徐恕""行可""臣恕""江夏徐氏文房""徐恕讀過""徐弨
諗藏閱書""曾歸徐氏彊諗""彊諗寓賞""桐風高繙尌疏録之書""貞勝小築"等。

作爲湖北地區私家藏書的重要人物,目前學界對徐恕的研究尚顯不足,尤其
是對其題跋的整理與研究更爲鮮見。湖北省博物館藏有徐恕批校古籍數種,其中
有其題跋六則,今予整理並略作考釋,以期對徐恕之相關研究提供一批新的材料。

一、《醉翁談録》八卷,宋金盈之撰,
清抄本,一册,徐恕校並跋

此書《四庫目》未著録,阮伯元氏始校寫奏進,所撰提要見《揅經室外集》
卷一。光緒中,巴陵方柳橋功惠始刊入《碧琳琅館叢書》,乃多傳本。壬子丕
變後一年,癸巳歲,烏程張石銘鈞衡復刻之《適園叢書》中,所據爲拜經樓鈔
本,可補正方本脱誤。兩本均八卷,視阮氏寫進五卷多卷六《禪林叢録》、卷
七卷八之《平康巷陌記》,爲完帙也。此册脱誤略同方本,亦有足正張本處,
亦舊鈔之佳者。沈疇春同志爲文物會購得此書。卷首附葉題字及卷五前題
"書鈔閣秘笈"等字,均爲祥符周季貺星詒手迹。季貺曾得舊鈔《北堂書鈔》,
爲孫伯淵①、嚴鐵橋②手校者,故以名閣。葉鞠裳昌熾③《藏書紀事詩》云同邑
蔣香生鳳藻④得季貺藏舊本虞祕監書,築書鈔閣貯之,昧厥由來矣。季貺以
服官絓誤遣戍,受蔣氏重金,以書歸之。其人定無行。李恋伯慈銘與潘伯
寅⑤書云,庚申冬,老母鬻田得四百金,將謀寄都而季尫尫貺音轉公肆無良,
劫敚以去。正謂其人。友儕居五倫之一,季貺所爲,寧復有交道邪? 校敬此
書,爲特記之,以著滿珠季末仕途之濫,彝倫之歝,其亡徵之先見也有如此者。

---

① 孫星衍(1753—1818),字伯淵,一字淵如,號季逑,也作季仇,江蘇陽湖(今江蘇常州)人。
乾隆進士,授翰林院編修,官山東督糧道。工詩文,深究經史、文字、音韻之學,旁及諸子百家、金石
碑版。著有《尚書今古文注疏》《金石萃編》《寰宇訪碑録》等。

② 嚴可均(1762—1843),字景文,號鐵橋,浙江烏程(今浙江湖州)人。嘉慶舉人,官建德縣教
諭,後以病歸。輯有《全上古三代秦漢三國六朝文》,著有《鐵橋漫稿》《説文聲類》等。

③ 葉昌熾(1847—1917),江蘇長洲(今江蘇蘇州)人,字鞠裳。光緒進士,授翰林院編修。光
緒二十八年(1902)督甘肅學政,後任禮學館顧問、存古學堂史學總教習。善詞,長於校勘學。著有
《藏書紀事詩》《語石》等。

④ 蔣鳳藻(約1838—1908),字香生,江蘇長洲(今江蘇蘇州)人。曾官福建知府。嗜書成癖,
在閩納交周星詒,盡傳其目録之學,後又盡得周星詒所藏精本,遂成藏書大家。刊有《鐵華館叢書》
《心矩齋叢書》,著有《心矩齋尺牘》。

⑤ 潘祖蔭(1830—1890),字東鏞,號伯寅,江蘇吳縣(今江蘇蘇州)人。咸豐進士,授編修。光
緒時,擢大理寺卿、工部尚書、太子太保,卒贈太子太傅,謚文勤。嗜學,通經史。著有《攀古樓彝器
款識》《滂喜齋藏書記》,輯有《滂喜齋叢書》《功順堂叢書》。

秉國之人宜知所取鑒矣。癸巳孟冬，武昌徐恕。（鈐朱方印"徐恕"）

此抄本半葉八行，行二十一字。傳世名"《醉翁談錄》"的著作有兩種，一爲羅燁所編，一般被視爲小説書，其中收有不少通俗傳奇作品而備受小説研究者重視，另有學者認爲是通俗類書。① 此書國内久佚，在日本發現有南宋刻本，1941 年影印出版，稱"觀瀾閣藏孤本宋槧"。此宋刻本現藏日本天理圖書館，爲"日本重要文化財"。② 另一種爲金盈之撰，内容記唐代遺事、宋人詩文和宋代京城風俗等，與羅燁所著《醉翁談錄》有很小的一部分相同，③ 著録於黄虞稷《千頃堂書目》、阮元《揅經室外集》及傅增湘《藏園羣書經眼錄》等書。此書先後收載於《宛委别藏》《碧琳琅館叢書》《芋園叢書》《適園叢書》，《宛委别藏》本只存前五卷，《適園叢書》本題作《新編醉翁談錄》，署爲從政郎新衡州錄事參軍金盈之撰，1958 年由上海古典文學出版社排印出版。④《宛委别藏》本只存五卷，莫友芝《宋元舊本書經眼錄》云："阮文達公撫浙時進呈遺書，金錄事《醉翁談錄》是其一種。然《外集》提要所述才五卷，相傳文達裁去後三卷，蓋如《直齋書錄》斥唐人《教坊記》猥褻之意。"⑤ 據此，則八卷本實爲足本。

方功惠（1829—1897），字慶齡，號柳橋，湖南巴陵（今湖南岳陽）人。曾官廣東番禺、南海、順德知縣、潮州知府，爲清末著名藏書家，輯有《碧琳琅館叢書》四十四種，金盈之《醉翁談錄》爲是書丙部所收。⑥ 張鈞衡（1872—1927），字石銘，號適園主人，浙江南潯（今浙江湖州）人。清光緒二十年（1894）舉人，授兵部車駕司郎中。家爲南潯巨富，築適園，藏書十餘萬卷。民國二年（1913）至六年（1917）刻《適園叢書》十二集七十二種，金盈之《醉翁談錄》爲是書第七集所收。⑦ 徐恕所謂"壬子丕變後一年，癸巳歲"之"癸巳"乃"癸丑"之誤，"癸丑"即 1913 年。

沈曦春（1890—1973），江蘇吴縣（今江蘇蘇州）人，曾任武漢市圖書館館長、武漢市文化局、武漢市文物管理委員會幹部，1954 年入武漢市文史研究館，⑧ 撰有

---

① 參見凌郁之：《羅燁〈新編醉翁談錄〉考論》，《中國文學研究》第十輯，中國文聯出版社，2007 年，第 213—214 頁。
② 嚴紹璗：《日本藏漢籍珍本追蹤紀實——嚴紹璗海外訪書志》，上海古籍出版社，2005 年，第 361 頁。
③ 戴望舒：《跋〈醉翁談錄〉》，《小説戲曲論集》，作家出版社，1958 年，第 56 頁。
④ 李劍國：《宋代志怪傳奇敘録》，南開大學出版社，1997 年，第 376 頁。
⑤ 〔清〕莫友芝撰，邱麗玟、李淑燕點校：《宋元舊本書經眼錄　持静齋藏書記要》，《中國歷代書目題跋叢書（第三輯）》，上海古籍出版社，2009 年，第 86 頁。
⑥ 吴格等整理：《續修四庫全書總目提要·叢書部》，北京圖書館出版社，2010 年，第 380 頁。
⑦ 同上書，第 412 頁。
⑧ 政協武漢市委員會文史資料研究委員會編：《武漢文史資料》第 53 輯，《紀念武漢市文史研究館建館四十周年專輯》，武漢市政協文史資料委員會，1993 年，第 171 頁。

《書目答問清代著述家姓氏韻編》一卷。① 徐跋所説"文物會"應指武漢市文物管理委員會。

周星詒(1833—1904),字季貺,號窳翁、窳橫、癸巳翁、癸巳人,祥符(今河南開封)人,祖籍浙江山陰(今浙江紹興)。平生好藏秘籍,因得陳徵芝藏陶宗儀抄宋本《北堂書鈔》,而榜其藏書室爲"書鈔閣"。清光緒二年(1876),因在福建建寧府知府任内虧空公帑,獲罪革職,由於無力償還,不得已將所藏書籍賣與長洲蔣鳳藻,得三千金以償公債。李慈銘(1830—1894),初名模,字式侯,更名後字愛伯,號蓴客,晚號越縵,别署霞川花隱生,浙江會稽(今浙江紹興市)人。清光緒六年(1880)進士及第,官山西道監察御史。著有《越縵堂日記》《白華絳跗閣詩集》《後漢書劄記》《越縵堂讀書録》等。李慈銘曾託周星詒之兄周星譽捐官,而周星譽以部分款項移爲周星詒捐外官用,李氏因此與二周構怨,乃至痛罵二周爲"鬼蜮"。② 徐跋所説周星詒劫奪李慈銘母親鬻田金事,即指此。癸巳年乃公元1953年。

此抄本收録於周星詒《周氏傳忠堂書目》及《書鈔閣行篋書目》,云"趙晉齋鈔本"。③ 卷前尚有周氏題跋一則,迻録於下:

《醉翁談録》八卷,裝二册。

《談録》著録盧學士《補四史藝文志》,注曰不知姓。此爲趙晉齋④寫校本,題曰"金盈之"。知學士未得見書,但據黄、倪《書目》耳。盈之籍貫無考,詳卷中記載,當是嘉定以後人。其書多輯録唐宋人小説及當時文之俳者,頗不足觀。特以宋人舊帙,寫本僅傳,存之篋衍,以供好事者旁求也。辛未立秋後三日己酉識。

盧學士指盧文弨(1717—1795),字召弓,一作紹弓,號磯漁,又號抱經,晚年更號弓父,人稱抱經先生,浙江仁和(今浙江杭州)人。乾隆十七年(1752)進士,授編修,直上書房,官至侍讀學士,以校書稱名於世,著有《群書拾補》,又彙刻《抱經

---

① 陽海清主編:《中南、西南地區省、市圖書館館藏古籍稿本提要(附鈔本聯合目録)》,華中理工大學出版社,1998年,第84頁。

② 見李慈銘《致潘伯寅書》,《越縵堂文集》卷四,〔清〕李慈銘著,劉再華校點:《越縵堂詩文集》,上海古籍出版社,2012年,第823頁。

③ 〔清〕周星詒藏並編:《周氏傳忠堂書目四卷附録一卷》,影印民國二十五年(1936)上海羅氏蟫隱廬石印本,林夕主編:《中國著名藏書家書目匯刊·近代卷⑨》,商務印書館,2005年,第140頁;〔清〕周星詒藏並編:《書鈔閣行篋書目》,影印民國元年(1912)海寧費寅復齋抄本,林夕主編:《中國著名藏書家書目匯刊·近代卷⑨》,第328頁。

④ 趙魏(1746—1825),字恪生,號晉齋,浙江仁和(今浙江杭州)人,康熙歲貢生。考證碑版有獨識,收藏金石甚富。兼善畫,人稱鬼工。有《竹崦庵金石目》《竹崦庵傳抄書目》等。

堂叢書》。所謂"《補四史藝文志》"者,指《宋史藝文志補》與《補遼金元藝文志》兩書,當初盧文弨刻《群書拾補》時並無此二書,故《抱經堂叢書》本《群書拾補》之目録中無此二書,後彙印時增刻進《抱經堂叢書》。民國十二年(1923)北京直隸書局影印清乾隆嘉慶間刻本無此二書,清光緒十六年(1890)徐氏鑄學齋《紹興先正遺書》第二集收此二書,合題"《明史藝文志》二卷"。① 稍晚於《紹興先正遺書》刊印的《廣雅叢書》也收録有此二書,《續修四庫全書》影印《抱經堂叢書》本《群書拾補》收録有此二書,列在末尾。

"黄"指黄虞稷(1629—1691),字俞邰,號楮園,明末清初福建晉江人,著名藏書家,與修《明史》。著有《千頃堂書目》《楮園雜志》等。"倪"指倪燦(1626—1687),字闇公,號雁園,江蘇江寧(今江蘇南京)人,史志目録學家。康熙十六年(1677)舉人,舉博學鴻詞,授翰林院檢討,充《明史》纂修官。所撰《藝文志序》,窮流溯源,與姜宸英《刑法志序》並推傑搆,②著有《雁園集》等。《宋史藝文志補》與《補遼金元藝文志》二書的作者,一般認爲是倪燦,實際上應是黄虞稷,王重民先生在《〈千頃堂書目〉考》一文中已有辨正③。黄氏所撰《千頃堂書目》,後來被王鴻緒采用,成爲《明史藝文志》的底稿。周中孚説《千頃堂書目》乃黄虞稷竊取倪燦底本增訂而成,云:"虞邰蓋佐闇公修《藝文志》者,後知史館不用倪藁,因取底本加以增訂,别改其標題爲一書。"④不知何據,恐未必然。⑤ 周跋此處提及《千頃堂書目》而將黄、倪並稱,不知是否受周中孚影響。

《千頃堂書目》子部云:"盈之《醉翁談録》八卷,不知姓,官從政郎衡州録事參軍。"⑥《宋史藝文志補》子部云:"盈之《醉翁談録》八卷,不知姓,衡州録事參軍。"⑦金盈之之生平已不可詳考。

此抄本鈐有"鄭齋校讀之本""讀書東觀""柯逢時印"等藏書印。"鄭齋"或爲沈樹鏞别號。

---

① 上海圖書館編:《中國叢書綜録》第1册,中華書局,1959年,第440頁。
② 趙爾巽等:《清史稿》卷四百八十四《文苑一》,中華書局,1977年,第13344頁;王鍾翰點校:《清史列傳》卷七十《文苑傳一》,中華書局,1987年,第5727頁。
③ 見王重民:《中國目録學史論叢》,中華書局,1984年,第195、209頁。
④ 〔清〕周中孚:《鄭堂讀書記附補逸》卷三十二《元史藝文志四卷》,商務印書館,1959年重印第一版,第599頁。
⑤ 梁啓超:《圖書大辭典簿録之部》,《梁啓超全集》第九册第十七卷《古書真僞及其年代》,北京出版社,1999年,第5148頁。
⑥ 〔清〕黄虞稷撰,瞿鳳起、潘景鄭整理:《千頃堂數目(附索引)》卷十二,上海古籍出版社,2001年,第348頁。
⑦ 〔清〕盧文弨:《群書拾補》收録《宋史藝文志補》子部,《續修四庫全書》第1149册,上海古籍出版社,2002年,第588頁。

二、《唐御覽詩》不分卷,唐令狐楚纂,
清抄本,一册,徐恕校並跋

  此書刻本傳世者僅有汲古閣本,據之以校此鈔册,互有得失,未可定孰爲優劣也。目錄前有"小字阿印""何公邁印"二印,詩首葉有"述皐"一印,其人均不可考。以抄手書迹及紙質言之,當是清初所寫,不知所據何本。然有可勘正毛刻處,宜以善本視之。紀顯平同志爲文物會購取是册于鄂城顯宦柯逢時家。三年前,其孫以舊書多帙鬻之廢紙肆,計斤論直,先後賣出者餘五十石,檢存完帙,殘失者當逾三之一。儈夫孼子,一身兼之,遂致書物罹此厄運。此雖小册,脱兹劫灰,後之人當重視之也。癸巳孟冬廿有六日,武昌徐恕。(鈐朱方印"徐恕")

此抄本半葉九行,行二十一字。《唐御覽詩》又名《唐歌詩》《選進集》《元和御覽》,陳振孫《直齋書錄解題》、陸游《渭南文集》及《四庫全書總目》均有載。是書除此抄本外,尚有明趙均抄本、明毛氏汲古閣刻《唐人選唐詩》八種本、清康熙三十二年(1693)黃虞稷稼草堂刻《唐人選唐詩》八種本及《四庫全書》本等。① 所選之詩,皆近體五、七言律詩及歌行,無古詩。

柯逢時(1845—1912),名益敏,字懋修,號欽臣,亦號遜(巽)庵,晚號息園,室名靈溪精舍,湖北武昌金牛(鄂州市古稱武昌,金牛原隸屬之,中華人民共和國成立後金牛劃歸大冶)人。光緒九年(1883)進士,歷任陝西學政、江西按察使、湖南布政使、江西、廣西巡撫、土藥統稅大臣等職。柯逢時一生喜著書、刻書、藏書,晚年設武昌醫館,校勘醫籍,刻成《武昌醫學館叢書》八種九十六卷。柯逢時藏書達數萬卷,建國後,其孫媳柯陳綉文曾捐獻其中三千餘册予中南圖書館。② 柯逢時女婿殷應庚纂有《鄂城柯尚書年譜》二卷,③可窺其生平。跋中所提紀顯平者,生平不詳。

三、《杜詩義法》二卷,清喬億撰,
清抄本,二册,徐恕校並跋

  寶應喬億《劍谿遺集》十九卷中有《杜詩義法》二卷,與此書倛名同、卷數合,而不著名氏,署其別號曰"内訟老人"。匛衍無《劍谿集》,未能質言之也。

---

① 陳伯海、朱易安編撰:《唐詩書目總錄(增訂本)》,上海古籍出版社,2015年,第13頁。
② 見《長江日報》1951年9月8日刊登之《中南軍政委員會文化部表揚啓事》,收錄於《湖北省志·文藝志》編輯室編:《〈文藝志〉資料選輯(四)·圖書館專輯》,1984年,第476頁。
③ 此書湖北省博物館有藏。

沈君疇春爲文物會購得此書,黄岡杜君衛初本倫方事裒録箋釋杜集之書,都爲一目,别鈔存之,爲此書多留一傳本,待後逄寫。記之末簡,以自識其好事云爾。癸巳冬孟,武昌徐恕。(鈐朱方印"徐恕讀過")

此抄本半葉十行,行十九字,分上下兩卷,無序跋、目録,上卷選五言古詩一百二十多首,下卷選七言歌行八十餘首,不選近體,大致以編年爲序。其體例不録詩文,詩題之後,即作簡略分析評解。如於某句有所論述,則再標出詩句。重在闡釋杜詩藝術、作詩義法,並注意與其他詩家比較,敢於對名家成説提出異議,獨抒己見,時有精見。如評《北征》詩云:"首則曰'蒼茫問家室',又曰'詔許歸蓬蓽',一再提明,故中間述妻子小兒女輩以及閨中叢細之事不遺。此謀篇之各有體要也。"評《示從孫濟》云:"前半皆古興,'阿翁'以下,自出規模,蓋因事感發,不如是不足以暢其旨。而漁洋先生徑抹'覺兒行步奔''亦不爲盤飱',且曰笑柄。似未得其指義,遂下雌黄也。"審其内容,確乃喬億所著之《杜詩義法》。

喬億(1702—1788),字慕韓,號劍溪。江蘇寶應人,少以詩名江淮間,與沈德潛、沈起元、方觀承、查慎行交善。乾隆中以太學生再試不售,輒棄仕進,肆力於詩。其五言直追漢魏,近體宗法盛唐,不屑作大曆以後語,頗能獨樹一幟。著有《小獨秀齋詩》《三晉遊草》《夕秀軒遺草》《惜餘存稿》《劍溪文略》《劍溪説詩》《窺園吟稿》《江上吟》《詩朦記》《藝林雜録》《元祐黨籍傳略》等。①《杜詩義法》有清乾隆刻本,著録於《販書偶記》,②國家圖書館有藏。

杜本倫,字衛初,湖北黄岡人,求學於兩湖總師範學堂,能畫,曾捐官知縣,③癡愛古籍,藏書甚豐,尤以杜工部詩爲最,且多珍本,室名"知道齋"。

此抄本鈐有"不學便老而衰""息園"等印,"息園"爲柯逢時别號,知爲柯逢時舊藏。

四、《明夷待訪録》一卷,清黄宗羲撰,清抄本,一册,徐恕校並跋

此本首葉有王鳴盛印,爲西莊先生藏書。卷中訛奪不少,《方鎮》《兵制

---

① 參見王鍾翰點校:《清史列傳》卷七十《文苑傳一》,第5764頁;〔清〕孟毓蘭修,〔清〕成觀宣等監訂:《重修寶應縣志》卷十九《文苑》,《中國方志叢書》華中地方第四〇六號,臺北成文出版社,1983年,第793—794頁;〔清〕朱彬:《遊道堂集》卷四《劍溪先生墓表》,《清代詩文集彙編》第437册,上海古籍出版社,2010年,第634頁;〔清〕阮元:《廣陵詩事》卷五,王雲五主編:《叢書集成初編》,商務印書館,1939年,第65頁。

② 孫殿起録:《販書偶記》卷十三,中華書局,1959年,第319頁。

③ 胡香生輯録、嚴昌洪編:《朱峙三日記(1893—1919)》,華中師範大學出版社,2011年,第234頁。

二》《胥吏》三篇有挩字,自十餘至逾卅者。然以依四明萬①氏二老閣初刻本迻寫者校之,尚可補正其訛闕,則此舊鈔爲足貴矣。是書之論治道至矣、備矣。其《原君篇》言之於異族僭主中夏之日,爲人所不敢言,尤爲後世傳誦。文中推論堯舜禹心迹,《論語》所云"有天下而不與焉"者也。其《學校篇》云必使治天下之具皆出於學校,漸摩濡染以《詩》《書》寬大之氣。《尚書》所云"學古入官",《論語》所云"學優則仕",鄭子産所云"學而後入政,未聞以政學也"。其《奄宦上篇》云一世之人心學術爲奴婢之歸,又孟子所斥爲妾婦之道者也。憀舉數則,審夫通儒至言定非創論,莫不本祖經術,以究察乎理極。時有古今,理無同異也。此册舊藏鄂城柯氏。程燿駿同志奔走累日,爲文物會購得。恕得假歸勘對,亦墨汁因緣也。敬識卷尾。癸巳孟冬,武昌徐恕。(鈐朱方印"徐恕")

此抄本半葉十行,行十九字。《明夷待訪錄》爲明末清初著名思想家黃宗羲的一部重要著作,其現存最早刻本爲乾隆年間浙江慈溪鄭性二老閣刻單行本及《二老閣叢書》本,二本同出一源,②後又有道光二十九年(1849)番禺潘氏《海山仙館叢書》刻本、同治十三年(1874)虞山顧湘《小石山房叢書》刻本,光緒五年(1879)餘姚黃承乙五桂樓刻本,光緒三十一年(1905)杭州群學社《黃梨洲遺書十種》石印本,宣統二年(1910)上海時中書局《梨洲遺著彙刊》鉛印本等。湖北省博物館藏有兩種《明夷待訪錄》抄本,皆爲《中國古籍善本書目》子部所著錄。一題《明夷待訪錄》,一題《明夷待訪錄附思舊錄》,均有徐恕校並跋。跋中所提程燿駿者,生平不詳。

此抄本封面有謝章鋌題記一則,可供研究此本之遞藏情況,照錄於下(蟲蝕及漫漶不清處以□代替,後文同):

> 明代遺老講求經濟者,推黃梨洲、顧亭林二□□。亭林所著《日知錄》《天下郡國利病書》《文集》等編□,蓋獲讀之矣。若梨洲此書則寤想二十餘年不得見。歲庚申,偶至故書肆,于叢殘中搜得之,不惜重價奉持而歸。讀之再遍,信乎識時務爲俊傑也!昔亭林素以經世之學推梨洲,夫亭林固不輕許人者矣。嗟夫!今非常卓越□□至於發憤著書,天下事尚惡言哉!吾□□是編而太息不已也。季冬十四日章鋌記。(鈐朱方印"養正齋")

謝章鋌(1820—1903),字枚如,號藥階退叟,福建長樂人。光緒三年(1877)

---

① "萬"爲"鄭"之誤。二老閣爲浙東學派黃宗羲高弟鄭梁之子鄭性所創,建閣之初衷是爲紀念鄭溱和黃宗羲兩位老人,故以"二老閣"名之,閣内藏書達五萬餘卷。

② 參見吴光:《〈明夷待訪錄〉略考》,《浙江學刊》1985年第2期,第74頁;方祖猷:《〈明夷待訪錄〉考》,《河南大學學報(社會科學版)》1986年第1期,第83—84頁。

進士，官内閣中書，後任致用書院山長。謝章鋌爲福建古文大家，工詩詞，而以詞作及詞論成就最高，主張"詞主性情"說，對當時詞壇頗具影響。謝章鋌嗜書，在賭棋山莊有近兩萬卷藏書，①其中不乏名家抄校本、稿本。庚申年即咸豐十年（1860），是年謝章鋌四十一歲，據《謝章鋌年譜簡編》記載，是歲謝"過舊書肆，得黄宗羲《明夷待訪録》。"②所記正與此跋相合。

五、《明夷待訪録》一卷附《思舊録》一卷，清黃宗羲撰，清抄本，一册，徐恕校並跋

此册乃祥符周季貺星詒依德清戴子高望鈔慈谿鄭氏二老閣叢書本迻録者。鄭氏本爲梨洲先生二録第一刻，故視後來諸刻爲勝，然不無奪譌，非盡緣謄寫致闕誤也。文物會得此本，紀顯平同志惠許借讀，爲檢傳世各本，悉心校補，亦一適也。癸巳孟冬下旬，武昌徐恕識于漢口是古寓廬。（鈐朱方印"徐恕"）

戴氏校語廑于全氏《思舊録序》，云集本無兩"之"字，它未加是正也。恕又識。（鈐白方印"行可"）

此抄本半葉十行，行二十字。

戴望（1837—1873），字子高，浙江德清人，爲詁經精舍名宿周中孚甥，經學家，喜講顔元、顧炎武遺書，尤留心明末記載，擬輯《續明史》，未就。曾校書金陵書局，後卒於局中。著有《謫麐堂遺集》等。

此抄本封面尚有題記一則（未題撰人，或爲周星詒作），其文録下：

《明夷待訪録　思舊録附》，太沖先生遺書，鄉後生周星詒借戴子高藏本寫出，書鈔閣珍藏。先生著述傳流日少，已刻板片乾隆時已毀。□故並文集亦未易覯，此更難之尤難者也。近粤潘氏刻《待訪録》入叢書，伍氏亦刻《詩曆》《文定》，獨遺《思舊》一録，當由未見也。然此片金可寶尤也。擬先付梓，爲有志遺□者倡□新刻。王氏集百許種（王名夫之，桂王時官行人），吾鄉豈獨無。好事者□集而槧之，天下之幸也。又不僅表章先生一人而已。

所云伍氏刻本，指清咸豐間伍崇曜所輯刻《粵雅堂叢書》本，收録有黃宗羲《南雷文定》與《南雷詩曆》。

---

① 劉大治：《清代福州藏書家》，《閩都文化研究》2006年第1期，第220頁。
② 陳昌强：《謝章鋌年譜簡編》，《閩江學院學報》2009年第1期，第41頁。

六、《訂譌類編》三卷,清杭世駿撰,清抄本,三册,徐恕校並跋

　　此書有吳興劉氏嘉業堂槧本,初編六卷續編二卷,所據爲漢陽葉潤臣名澧敦夙好齋藏精鈔本。兩編分《義譌》等目,均爲十七類,録存舊説者爲多,自下己意論駁者極少,於同論一事散見它書者,甄采亦復不備。蓋菫浦先生雖手自鈔撮,成此兩編,憪以埵唐代顔師古《匡謬正俗》之作,未自視爲完具,故未及身刊傳之也。此鈔本爲劉刻續編,分卷爲三,與劉本異,復闕《義譌》《事譌》《句譌》三類,《地理譌》類較劉刻少東箱一條,寔非完帙。餘類中多出劉刻者卅八條,多不足存,似録後重加删去者。鈔本卷上首葉有"劉文淇"白文、"孟詹"朱文、"儀徵劉孟瞻氏藏書印"白文三印,均别紙黏坿於上,蓋假經儒之名以取重,拙目書賈作偽爲之也。然有可勘正劉刻脱誤者,未可以鈔本書迹惡劣而忽視之。文物會從鄂城柯氏購得,沈疇春同志惠假勘讀。既依劉刻補訂譌闕,復檢所徵引各書覆校一過,于各條論駁中失有可加平議者,理而董之,俟諸異日。癸巳冬十月十八日夜燈下識。武昌徐恕。(鈐朱方印"徐恕")

此抄本半葉十行,行二十字。

杭世駿(1696—1773,一作 1695—1772),字大宗,晚號菫浦老人,又號秦亭老民,浙江仁和(今浙江杭州)人。乾隆元年(1736)召試博學鴻詞,授翰林院編修,因直言奪職罷歸,後主講揚州安定書院、廣東粤秀書院。著有《道古堂詩文集》等。《訂譌類編》於清乾隆十一年(1746)成六卷,十七年(1752)後又成續編二卷。是書分十七類:義譌、事譌、字譌、句譌、書譌、人譌、天文譌、地理譌、歲時譌、世代譌、鬼神譌、禮制譌、稱名譌、服食譌、動物譌、植物譌、雜物譌,取古人行事及古書紕繆處,參互考訂,譌者正之,謬者糾之,不作一模棱語。[①] 民國七年(1918),劉承幹輯入《嘉業堂叢書》。

葉名澧(1811—1860),湖北漢陽(今湖北武漢)人,字潤臣,號翰源。道光十七年(1837)舉人,歷官內閣中書、文淵閣侍讀等。藏書甚豐,能校讎。工詩,著有《敦夙好齋詩集》等。

劉承幹(1881—1963),字翰怡,浙江吳興(今浙江湖州)人,藏書家。光緒三十一年(1905)秀才,候補內務府卿銜。耗巨資構築嘉業藏書樓,聚書近六十萬卷。曾刻印《吳興叢書》《嘉業堂叢書》《求恕齋叢書》等。《嘉業堂叢書》本《訂譌類

---

① 見劉承幹:《訂譌類編跋》,《續修四庫全書》第1148册,上海古籍出版社,2002年,第164頁。

編》,據劉承幹跋,知底本爲葉奂彬(葉德輝)藏漢陽葉氏敦夙好齋精鈔本,葉德輝曾欲梓行,未果,①此精鈔本現藏復旦大學圖書館。

附記：小文草成後,蒙湖北省圖書館馬志立先生提出寶貴修改意見,謹此表示深深的感謝！文中錯漏,概由本人負責。

羅恰　湖北省博物館　館員

① 〔清〕吳慶坻撰,張文其、劉德麟點校：《蕉廊脞錄》卷五《訂譌類編》,《清代史料筆記叢刊》,中華書局,1990年,第147頁。

《版本目録學研究》徵稿啓事

《版本目録學研究》論文要求如下:

1. 行文通順簡練,言之有物,論之有據,不襲舊説,不蹈空言。
2. 請發繁體字版(包括圖版説明),請認真核對繁簡體字。
3. 題目與作者姓名須附英譯,均用宋體 4 號字。
4. 内容提要用第三人稱寫法,用宋體 5 號字。
5. 正文用宋體 5 號字。
6. 正文層次序號爲一、(一)、1、(1),層次不宜過多。
7. 正文中儘量少用圖表,必須使用時,應簡潔明瞭,少占篇幅。
8. 正文中的夏曆、歷代紀年及月、日、古籍卷數、葉數等數字,作爲語素構成的定型詞、詞組、慣用語、縮略語、臨近兩數字并列連用的概略語等,用漢字數字。西元紀年及月、日、各種記數與計量等,用阿拉伯數字。
9. 引用文獻隨文注釋,用宋體小 5 號字。每頁單獨編號,編號用①②③……。請認真核對引文。
10. 參考文獻用宋體 5 號字。
11. 文末請附作者姓名、出生年月、工作單位、職務、職稱、聯繫地址、郵編、手機號碼、Email 地址。用宋體 5 號字。姓名、單位、職稱將隨文刊出。
12. 投稿如附圖版,請務必達到清晰度較好和幅面適當,圖版模糊或過小將不予刊出。
13. 凡已經接到编輯部收到投稿的復函,没有接到未能通過審稿的通知函,則所投稿件正在編輯刊發之中,謹請釋念。
14. 論文出版後,出版社向作者支付稿酬,並寄送樣書 1 册、抽印本 15 册。
15. 投稿請勿郵寄紙本,請提供 Word 文檔,可同時提供 PDF 文檔,以 Email 發至《版本目録學研究》編輯部,邮箱如下: bbmlxyj@fudan.edu.cn。

Contents(英文目録)

Bibliographical Studies of Traditional Chinese Texts, *No.13*

Bibliography

 Corrections of the sources of quotations used in the book *jing yi kao*（The Collections of Research on Canons） *Cao Jingnian* ···················· 3

 Differentiation of the Confucianism general catalogue of *Siku Quanshu*（Imperially Authorized Annotated Catalog of the Imperial Library） *Wang Yong* ·· 16

 A reorganized catalogue of the incomplete manuscript *Siku quanshu zongmu*（Imperially Authorized Annotated Catalog of the Imperial Library）from Shanghai Library *Luo Yifeng* ································ 33

 The cultural significance of The Library Catalogue of the Iron Zither and Bronze Sword Tower *Ye Xianyun* ······························ 59

 A supplement to the title of the New General Catalogue of Epitaphs of Tang Dynasty *Feng Lei* ··· 67

Manuscript

 Copied manuscript or imitated manuscript — Based on books of copied manuscript from Mao Jin's Jigu Library *Ding Yanfeng* ············ 91

Edition

 On the Song edition of *chang duan jing*（Political Stratagem of Warring States Period）— the speculation of the incomplete part in volume 10 *Huang Huanbo* ··· 101

 On the edition of *yu gong shuo duan*（Materials on Yu Gong） *Zhang Yu* ·· 132

 A detailed textual and bibliographic research on the Small Character Edition in Yuan Dynasty of *guo chao wen lei*（Classified Writings of the Yuan Dynasty） *Xu Longyao* ····································· 144

 Two studies on *shi jing kao wen ti yao*（The summary of studies on Stone

Classics by Peng Yuanrui) *Jing Chao* 157

An exploratory study of editions of extant *zhong min ji* (Writings of Li Ruoshui), 3 vols *Zhao Yu* 168

An analysis of the Shanghai Huang's reprint of *yicun* series (A Collection of Lost Ancient Writings in China) compiled by the Japanese *Tu Liang* 182

Study on the Qing manuscript of *jian zhai shi ji* (The Poems of Zhang Qianyi) from Beijing Normal University Library *Ding Zhihan* 194

The system of academic sponsorship and the puzzle of book versions: A study conducted on the only existing copy of the annual book of Mr. Yang Ming *Xiang Hui* 207

On the differences between the first and the later printings of ancient works, ten cases *Fan Changyuan* 243

Collation

In the research of the collation value on '*Hanshu-Yangxiong zhuan shang*' (Biography of Yang Xiong, part I in *The History of the Han Dynasty*), transcribed text version *Lu Junyuan* 261

A Study on *wu yi shi ji* (A collection of poems of the Yuan Dynasty) *Du Chunlei* 291

Walter Henry Medhurst and The Gospel of Mark, Chinese version *Ma Xiaohe, Yang Lixuan and Wang Xi* 301

People

Zou Bainai, the owner of Baiyonglou, his incidents and contributions *Shao Yan* 317

Collection

A research on books formerly belonged to Wu Yinsun held in East Asia Library, The University of Chicago
    Attached: Bibliography of books formerly belonged to Wu Yinsun in East Asia Library, The University of Chicago *Hong Yan* 331

Compilation and interpretation of collations given by Xu Shu *Luo Qia* 342

Contributions Wanted 353
English Contents 355

圖書在版編目(CIP)數據

版本目録學研究/沈乃文主編.—上海：復旦大學出版社，2022.3
ISBN 978-7-309-16047-5

Ⅰ.①版… Ⅱ.①沈… Ⅲ.①版本目録學-中國-文集 Ⅳ.①G256.22-53

中國版本圖書館 CIP 數據核字(2021)第 261693 號

版本目録學研究
沈乃文　主編
責任編輯/杜怡順

復旦大學出版社有限公司出版發行
上海市國權路 579 號　郵編：200433
網址：fupnet@fudanpress.com　http://www.fudanpress.com
門市零售：86-21-65102580　　團體訂購：86-21-65104505
出版部電話：86-21-65642845
常熟市華順印刷有限公司

開本 787×1092　1/16　印張 22.75　字數 433 千
2022 年 3 月第 1 版第 1 次印刷

ISBN 978-7-309-16047-5/G・2325
定價：100.00 元

如有印裝質量問題，請向復旦大學出版社有限公司出版部調換。
版權所有　　侵權必究